ISBN 978-0-282-95324-9
PIBN 10374756

This book is a reproduction of an important historical work. Forgotten Books uses state-of-the-art technology to digitally reconstruct the work, preserving the original format whilst repairing imperfections present in the aged copy. In rare cases, an imperfection in the original, such as a blemish or missing page, may be replicated in our edition. We do, however, repair the vast majority of imperfections successfully; any imperfections that remain are intentionally left to preserve the state of such historical works.

English
Français
Deutsche
Italiano
Español
Português

www.forgottenbooks.com

Mythology Photography **Fiction**
Fishing Christianity **Art** Cooking
Essays Buddhism Freemasonry
Medicine **Biology** Music **Ancient
Egypt** Evolution Carpentry Physics
Dance Geology **Mathematics** Fitness
Shakespeare **Folklore** Yoga Marketing
Confidence Immortality Biographies
Poetry **Psychology** Witchcraft
Electronics Chemistry History **Law**
Accounting **Philosophy** Anthropology
Alchemy Drama Quantum Mechanics
Atheism Sexual Health **Ancient History**
Entrepreneurship Languages Sport
Paleontology Needlework Islam
Metaphysics Investment Archaeology
Parenting Statistics Criminology
Motivational

Paris. Imprimerie Guiraudet et Jouaust, 338, r. S.-Honoré.

PRÉFACE.

L e roman de Melusine est un des plus intéressants de l'époque ancienne. Le style en est simple, souvent naïf, et, dans plusieurs passages, il ne manque pas d'une certaine élévation. Les noces de Raimondin présentent un tableau qui a de la majesté; les instructions données par Mélusine à deux de ses enfants, Urian et Guion, au moment où ils vont porter secours au roi de Chypre, assiégé par le soudan de Damas, sont d'un esprit juste et droit. Les regrets de Geoffroy à la Grant Dent, lorsqu'il a brûlé l'abbaye de Maillières, et fait périr son frère Froimond avec les autres moines; ceux de Raimondin lors du départ de Mélusine, sont rendus d'une manière touchante. L'on ne peut lire cet ouvrage sans être attendri sur le sort de Mélusine, et l'on regrette cette pauvre serpente, si malheureuse de quitter son mari, ses enfants, les lieux où elle était aimée et honorée, et obligée de subir sa pénitence jusqu'au jour du jugement.

La légende de Mélusine a été pendant bien long-temps très populaire en France, et particulière-

ment dans le Poitou, contrée où, suivant la Vraye
Chronique, *se sont passés les faits qui lui ont donné
tant de célébrité. Si l'histoire de Mélusine s'est un
peu effacée de la mémoire du peuple, du moins
n'en est il pas ainsi de son nom, car il est peu de
localités où l'on ne se serve encore de cette locution
devenue proverbiale :* Faire des cris de Melusine,
ou de Merlusine.

*Sans doute il en est de la légende de Mélusine
comme de la plupart des autres légendes : elle a un
fond historique. Nous n'avons pas l'intention d'exa-
miner ici si Mélusine est bien Mélisende, veuve
d'un roi de Jérusalem, comme on peut l'inférer de
l'*Histoire des Croisades *de Guillaume de Tyr, ou
bien encore Eustache Chabot, dame de Vouvant
et de Mervant, femme de Geoffroy de Lusignan,
ainsi que l'ont prétendu* MM. *de Sainte-Hermine et
Charles Arnaud, d'après le bénédictin dom Fonte-
neau. C'est une question dont nous laissons la so-
lution à de plus doctes que nous. Notre seul but a
été de donner une nouvelle édition de l'ouvrage de
Jean d'Arras.*

La Melusine, *réimprimée tant de fois, est deve-
nue si rare qu'il est à peu près impossible de s'en
procurer un exemplaire d'une bonne édition, et
que les mauvaises éditions tronquées, imprimées à
Troyes, chez la veuve Oudot, se vendent des prix
très élevés, et encore en rencontre-t-on fort peu
souvent.*

Les diverses éditions du roman de Melusine *dif-
fèrent notablement entre elles. Nous avons dû re-
chercher le meilleur texte, et notre choix s'est ar-
rété sur celui de l'édition «* imprimée par maistre
Steinschaber, natif de Suinfurt, en la noble cité de

Genève ; l'an de grâce 1478, au mois d'aoust », *in-fol. gothique, avec des figures en bois.*

Notre savant homonyme s'exprime ainsi sur cette édition, dans son Manuel du Libraire : « *Voici une* » *édition fort précieuse, et la première, sans doute,* » *de ce célèbre roman. Elle a été précédemment at-* » *tribuée à Mathis Husz, imprimeur à Lyon vers* » *1480, d'après l'exemplaire de la bibliothèque* » Royale, *dans lequel il manque le feuillet où doit* » *se trouver la souscription ci-dessus, et qui fait* *partie de l'exemplaire complet appartenant à la bibliothèque de Wolfenbuttel.* »

Nous ajouterons que l'édition de 1478 contient le plus ancien texte connu, et qu'elle renferme une partie des prouesses de Geoffroy à la Grant Dent, qui ne se trouvent pas dans toutes les autres éditions.

On y trouve encore, quoique pour ainsi dire détachée du roman, l'aventure du château de l'E-pervier, gardé par Mélior, seconde sœur de Mélusine; mais l'auteur ne parle pas de la troisième sœur, Palestine, condamnée par sa mère Pressine à rester enclose dans la montagne de Guigo pour y garder le trésor du roi Elinas, son père, jusqu'à ce qu'un chevalier de la lignée vienne la délivrer et gagner ce trésor, qui doit aider à conquérir la terre de promission. Nous avons vainement cherché cet épisode dans les diverses éditions et dans les manuscrits de Mélusine qu'il nous a été donné de consulter. Nous n'en avons trouvé qu'une relation imparfaite dans les manuscrits 630, 98[6], et 2782, supplément 53, fonds La Vallière (Bibliothèque de la rue de Richelieu), qui contiennent le roman de Mélusine, mis en vers par un nommé Coudrette.

D'après cette relation, un chevalier anglais fait

des prodiges de valeur pour conquérir le trésor,
mais il succombe dans son entreprise parcequ'il
n'est pas de la lignée : Godefroy à la Grant Dent,
qui apprend cette aventure, veut entreprendre la
conquéte du trésor, mais, déjà âgé, il tombe ma-
lade et meurt.

Le livre imprimé par Steinschaber est rempli de
fautes typographiques : nous avons tâché de les
faire disparaître. Nous avons, en outre, ponctué et
accentué l'ouvrage, qui, sans cette addition, serait
parfois difficile à comprendre. Mais nous avons
poussé le respect du texte jusqu'à conserver l'ortho-
graphe de certains mots écrits de diverses manières,
bien que nous eussions pu, sans scrupule, considé-
rer ces orthographes différentes comme des erreurs
de typographie.

Sauf les corrections que nous venons d'indiquer,
la nouvelle édition est la reproduction exacte du
texte de celle de 1478.

MELUSINE

En toutes œuvres commencer on doibt toute premierement appeller le nom du createur des creatures, qui est vray maistre de toutes choses faictes et à faire qui doibvent aulcunement tendre à perfection de bien. Pour ce, au commencement de ceste histoire presente, combien que je ne soye pas digne de la requérir, supplie très devotement à sa haulte digne majesté que ceste presente histoire me aide à achever et parfaire à sa gloire et louange, et au plaisir de mon treshault puissant et doubté seigneur Jehan, filz du roy de France, duc de Berry et d'Auvergne; laquelle histoire j'ay commencé selon les vraies croniques que j'ay heues comme de luy et du conte de Salebri en Angleterre, et pluiseurs autres livres qu'ils ont cherchez pour ce faire; et pour ce que sa noble seur Marie, fille de Jehan, roy de France, duchesse de Bar, avoit supplié à mon dit seigneur d'avoir ladicte histoire; lequel, en faveur de ce , a tant fait à son povoir qu'il a sceu au plus prez de la pure verité , et m'a commandé de faire le traictié de l'istoire qui ci aprez s'ensuyt ; et moy, comme cuer diligent, de mon povre sens et povoir, en ay fait veritablement au plus prez que j'ay peu. Si prie devotement à mon createur que monseigneur le vueille prendre en gré , et aussi tous ceulx qui l'orront lire, et que ils me vueillent pardonner se j'ay dit aulcunes choses qu'ilz ne soient à leur bon gré. Et commençay ceste histoire presente à mettre aprez le mercredi devant la saint Clement en yver, l'an de grace mil trois cens quatre vingz et sept. Et aussi supplie à tous qui la liront et orront lire que ils me pardonnent mes faultes se aulcunes en y a , car certainement je l'ay traicté le plus justement que j'ay peu, selon les croniques que je cuide certainement estre vrayes.

Comment ce livre fut faict par le commandement de Jehan, filz du roy de France, duc de Berry et d'Auvergne.

David le prophète dit que les jugemens et les pugnitions de Dieu sont comme abimes sans fons et sans ripve ; et n'est pas saige qui telles choses cuide comprendre en son engin, et cuide que les merveilles qui sont par l'universel monde sont les plus vraies, si, comme on dit des choses que on appelle faées et comme est de pluiseurs aultres choses, nous n'avons pas la cognoissance de toutes. Or adoncques la creature ne se doibt pas travciller par oultrageuse presumption, que le jugement de Dieu vueille comprendre en son entendement, mais doibt-on, en pensant soy esmerveiller de celuy, et en soy merveillaut, considérer comment elle puisse dignement et devotement louer et glorifier celuy qui tellement juge et ordonne de telles choses à son plaisir et vouloir sans contredit.

La creature de Dieu qui est raisonnable doibt

moult songneusement entendre, selon que dit Aris-
tote, que les choses qu'il a fait ça bas et crées, par la
presence qu'elles ont en elles, certifient estre telles
qu'elles sont. Si comme dit saint Pol en l'epistre
qu'il fist aux Rommains en disant en ceste manière
que les choses qu'il a faictes seront sceues et veues
par la creature du monde, c'est assavoir par les hom-
mes qui sçavent lire les livres, et adjoustent foy aux
acteurs qui ont esté devant nous, quant à congnois-
tre et sçavoir les pays, les provinces et les estrange
contrées, les diverses terres et royaulmes visiter,
ont trouvé de tant de diverses merveilles selon com-
mune estimation et si tresnoble, que l'umain en-
tendement est contraint de Dieu que ainsi qu'il est
sans ripve ne sans fons. Et ainsi sont les choses mer-
veilleuses en tant de divers pays, selon les diver-
ses natures qui saulve leur jugement. Je cuide que
oncques homme se Adam n'eut parfaicte congnois-
sance des choses invisibles de Dieu; pour quoy me
pense de jour en jour prouffiter en science et en ouyr
et veoir pluiseurs choses que on ne croit estre veri-
tables ; lesquelles se elles le sont en ces termes cy je
vous metz en avant, pour les grans merveilles qui
sont contenues en ceste presente histoire, dont je vous
pense atraicter au plaisir de Dieu et au commande-
ment de mondit trespuissant et noble seigneur.

Laissons à present les acteurs en paix, et retour-
nons veritablement à ce que nous avons ouy dire et
racompter à nos anciens, et que cestuy jour nous
avons ouy dire que du pais de Poetou on y a veu de
fait, pour coulourer nostre histoire à estre vraie com-
me nous le tenons, et de la demonstrer et publier par
les vraies croniques nous l'entendons. Nous avons oy
racompter à nos anciens que en pluiseurs parties

sout apparus à pluiseurs tresfamilierement pluiseurs
manieres de choses, lesquelles les ungz appeloient
luytons, les autres faées, et les aultres bonnes da-
mes, et vont de nuyt et entrent es maisons sans huys
rompre et ouvrir, et ostent et emportent aulcunesfois
les enfans des berceaux, et aulcunesfois ilz leur des-
tournent leur memoire, et aucunesfois ilz les brulent
au feu. Et quant ilz s'enpartent ilz les laissent aussi
sains comme devant; et aulcuns donnent grant heur
en cestuy monde; et encore dit iceluy Gervaise que
aulcunes aultres fantaisies s'aparent de nuyt à plui-
seurs, en divers lieux, en guise de femme à face ri-
dée, de basse et petite stature, et font tantost les
bessours de nuyt ès hostelz liberalement, et ne fai-
soient aulcun mal. Et aussi dit que pour certain il
avoit en son temps ung ancien amy qui estoit viel
homme qui racomptoit pour verité qu'il avoit veu en
son temps pluiseurs fois de telles choses. Et dit en-
core ledit Gervaise que les dites faées se mettoient
en guise de tresbelles femmes, et en ont eu aulcunes
fois pluiseurs hommes aulcunes pensées, et ont prins
à femmes moiennant aulcunes convenances qu'ilz
leur faisoient jurer; les ungz qu'ilz ne verroient ja-
mais l'ung l'aultre; que le samedi ilz ne les enquer-
roient que elles seroient devenues en aulcunes ma-
nieres; les autres que se elles avoient enfans, que
leurs maris ne les verroient jamais en leurs gessines.
Tant qu'ilz leur tenoient leur convenance, ilz es-
toient en audience et prosperité, et si tost qu'ilz def-
failoient en celle convenance, ilz decheoient de tout
leur bonheur. Et ces choses advenues d'avoir en-
fraint leurs convenances, les aultres se convertis-
soient en serpens en pluiseurs jours. Et plus dit ledit
Gervaise qu'il croit que ce soit pour aulcuns meffais

estre fais en la desplaisance de Dieu, pour quoy il les pugnit si secretement et si merveilleusement, dont nul n'a parfaictement congnoissance, fors luy tant seullement. Et pour ce compte, il dit les secrez de Dieu abismes sans fons et sans ripve; car nul parfaictement ne scet riens au regard de luy, combien que aulcune fois de sa provision sont toutes choses sceues, non pas par ung seul, mais par pluiseurs. Or voit-on souvent que quant l'omme n'aura issu de sa contrée, non obstant qu'il ait veu de merveilleuses choses veritables qui sont prez de ses contrées et regions, que pourtant jamais ne vouldroit croire pour le dire ne ouyr se de fait ne le veoit; mais quant de moy qui n'ay esté guaires loing ay veu des choses que pluiseurs ne pourroient croire se ils ne le veoient. Avec ce dit ledit Gervaise et met exemple d'ung chevalier nommé messire Rocher, du chasteau Roussel, en la province d'Acy, qui trouva d'aventure sur le serain une faée en une prairie, et la vouloit avoir à femme; et de fait elle si consentit par telle convenance que jamais il ne la verroit nue; et furent long temps ensamble, et cressoit le chevalier de jour en jour en prosperité. Or advint grant temps aprez que il vouloit veoir la dicte faée, et tant que ladicte faée bouta sa teste dedens l'eaue, et devint serpent; et oncques puys ne fut veue. Et depuis le chevalier de jour en jour peu à peu commenca à decliner de toutes ses prosperitéz et de toutes choses. Je ne vous veulx plus faire de proverbes ne d'exemples; et ce que j'en ay fait si est pour ce que je entens à traicter comme la noble fortresse de Lusignen fut fondée par une faée, et la maniere comment, selon la juste cronique et vraie histoire, sans appliquier nulle chose quelconque qui ne soit veritable et juste et de la propre matere. Et me orrez dire de la noble

lignée qui en est issue, qui regnera toujours jusques à
la fin du monde, selon ce qu'il appert qu'elle a tou-
jours regné jusques à présent. Mais pour ce que j'ay
premierement commencé à traicter des faées, je vous
diray dont celle faée vint qui fonda la noble place et
fortresse de Lusignen dessusdit.

_____

Cy après s'ensuyvent les noms et les estas des en-
fants qui furent au mariage de Raimondin et de Me-
lusine. Et premierement en saillit le roy Urian qui
regna en Chippre, et le roy Guion qui regna moult
puissamment en Armenie; item le roy Regnauld
qui regna moult puissamment en Behaigne; item
Anthoine qui fut duc de Lucembourg; item Rai-
mond qui fut conte de Foretz; item Geuffroy au
Grant Dent qui fut seigneur de Lusignen; item en
saillit Thieri qui fut seigneur de Parthenay; item
Froimond qui fut moynne de Maillières, lequel Geuf-
froy au Grant Dent ardit l'abbaye et l'abbé avecq
cent religieulx.

Il est vray qu'il y eut ung roy en Albanie qui fut
moult vaillant homme, et dist l'istoire qu'il eut de sa
première femme pluiseurs enfans, dont dist l'istoire que
Mathathas, qui fut pere de Florimont, qui fut son pre-
mier filz, et ce roy eut nom Elinas, et fut moult puis-
sant et preus chevalier de la main. Et advint que,
après le trespas de sa femme, il chassoit en une forest
prez de la marine, en laquelle avoit une moult belle
fontaine, et en ung mouvement prinst si grant soif
au roi Thiaus de boire de l'eaue, et adonc tourna

son chemin vers ladicte fontaine, et quant il approucha la fontaine, il ouyt une voix qui chantoit si melodieusement qu'il ne cuida pas pour vray que ce ne fut voix angelique; mais il entendit assez pour la grand doulceur de la voix que c'estoit voix de femme. Adonc descendit de dessus son chevau, affin qu'il ne fist trop grant effroy, et l'atacha à une branche et s'en alla peu à peu vers la fontaine le plus couvertement qu'il peut; et quant il approucha la fontaine, il vit la plus belle dame que il eut oncques veue en jour de sa vie, à son advis. Lors s'en arresta tout esbahi de la beaulté qu'il appercevoit en celle dame qui tousjours chantoit si melodieusement que oncques seraine ne chanta si melodieusement ne si doulcement; et ainsi il s'arresta tant pour la beaulté de la dame que pour sa doulce voix et son chant, et se mucha le mieulx qu'il peut dessoubz les feulles des arbres, affin que la dame ne l'apperceut; et oublia toute la chasse et la soif qu'il avoit par avant, et commença à penser au chant et à la beaulté de la dame, tellement qu'il fut ravy et ne sceut se il estoit jour ou nuyt, et ne sçavoit s'il dormoit ou veilloit.

Ainsi que vous pourrez ouyr fut le roy Elinas si abusé tant du tresdoulx chant comme de la beaulté de la dame, que il ne sçavoit se il dormoit ou s'il veilloit; car tousjours chantoit si melodieusement que c'estoit une melodieuse chose à oyr. Adonc le roy Thiaus fut si abusé qu'il ne luy souvenoit de nulle chose du monde, fors tant seullement qu'il oyoit et veoit ladicte dame, et demoura là grant temps; lors vindrent deux de ses chiens courans qui luy firent grant feste, et il tressaillit comme ung homme qui vient de dormir, et adoncques lui souvint de la chasse et si grant soif que, sans avoir advis ne mesure;

il s'en alla sur le bort de la fontaine et print le bassin qui pendoit sur laditte fontaine et beut de l'eaue ; et lors regarda la dame qui eut laissé le chanter, et la salua treshumblement en luy portant le plus grand honneur qu'il peut. Adonc elle, qui sçavoit moult de bien et d'onneur, lui respondit moult gracieusement. Dame, dist le roy Thiaus, par vostre courtoisie ne vous vueille desplaire se je vous ay requis de vostre estat et de vostre estre et qui vous estes ; car la cause qui à ce me meut elle est telle que je vous diray. Treschière dame, plaise vous sçavoir que je sçay et congnois tant de l'estre de cestuy pays et d'environ, que de quatre à cincq lieues n'y a nul meschant chasteau ne forteresse que je ne sache, excepté celle dont huy matin m'en suys parti, qui est environ à deux lieues d'icy, et que je ne congnoisses les seigneurs et dames, et quieulx ilz sont, et pour ce je m'esmerveille dont une si belle et si gente dame comme vous estes peut estre venue si despourveue de compaignie ; et pour Dieu pardonnez-moy, car c'est à moi grant oultraige de l'enquerre ; mais le grand desir m'a enhardy et donné couraige de ainsi le faire.

Syre chevalier, dist la dame, il n'y a point d'oultraige, mais vient de grant courtoisie et honneur ; et sachiez, sire chevalier, que je ne seray pas longuement seule quant il me plaira ; mais j'en ay envoié où je me devisoie comme vous avez ouy. Lors vient à ce parler ung varlet bien abillié monté sur ung grant courcier, et menoit en destre ung palefroy se richement enharnacié que le roy Elinas fut moult esbahi du noble atour et de la richesse que il vit entour ledit pallefroy, et dist en soy mesmes qu'il n'avoit oncques veu si riche pallefroy ne atour.

Adoncques le varlet dist à la dame : Madame, il est temps de vous en venir quant il vous plaira; et elle prestement va dire : De par Dieu; puis dist au roy : Sire chevalier, à Dieu vous comment, et grant mercis de vostre courtoisie. Adoncques elle s'en alla au palefroy pour monter, et le roy s'avanca et lui aida à monter moult doulcement; et elle le mercia et s'enpartist; et le roy vint à son chevau et monta. Lors vindrent ses gens qui le querroient, et luy disdrent qu'ilz avoient pris le cerf, et le roy leur dist : Ce me plaist. Lors commença à penser en la beaulté de la dame, et la print si fort à amer qu'il ne sceut quelle contenance prendre, et dist à ses gens : Allez vous-en devant, je vous suivray tantost; et s'en allèrent, et bien apperceurent que le roy avoit trouvé quelque chose. Et à tant s'en departirent de luy, car ilz ne luy osèrent contredire; et adonc le roy tourne le frain de son chevau, et s'en alla aprez tout hastivement par le chemin qu'il avoit veu la dame aller.

L'ystoire nous racompte que tant suyvit le roy Elinas la dame, qu'il la trouva en une forestz où il y avait grant foison d'arbres haultz et drois; et estoit en la saison que le temps est doulx et gracieux; et le lieu de la forestz estoit moult delectable. Et quant la dame ouyt le fray du chevau du roy Elinas qui venoit grant erre, elle dist à son varlet : Arrestons-nous et attendons ce chevalier, car je crois qu'il nous vient dire une partie de sa voulenté dont il n'estoit pas pour lors advisé; car nous l'avons veu monter fort pensif. Dame, dist le varlet, à vostre plaisir. A tant vint le roy qu'il arriva d'encoste la dame comme se il ne l'avoit oncques veue, et la saluá moult effreemcnt, car il estoit si surpris de

s'amour qu'il ne sçavoit nulle contenance faire.
Adoncques la dame, qui congneut assez que c'estoit
et qu'il adviendroit à son entreprise, luy dit : Roy
Elinas, que vas-tu querant aprez moy si hastive-
ment? Emporté-je riens du tien? Et quant le roy
se ouyt nommer, il fut moult esbahi, car il ne cong-
noissoit point celle qui parloit à luy ; et neantmoins
il luy respondit : Ma chière dame, du mien n'em-
portez riens, fors tant seullement que vous passez
parmy mon pays, et est grant vilonnie à moy, puys
que vous estes estrangière, que je ne vous passe
moult honnourablement parmy mon pays, ce que je
feroie moult voulentiers se je fusse en lieu propice
pour ce faire. Adoncques, respondit la dame, roy
Elinas, je vous tiens pour excusé, et vous prie que
se vous ne nous voulez aultre chose, que vous ne
laissez ja de vous en retourner pour ceste cause.
Lors respondit le roy   aultre chose je quiers, dame.
Et quoy, dist-elle, dictes-le-moy hardiement. Ma
treschière dame, puysqu'il vous plait, je vous le
diray. Je desire tant que nulle chose du monde à
avoir vostre bonne amour et vostre bonne grace.
Par ma foy, dist-elle, roy Elinas, à ce n'avez-vous
riens failly ; mais que vous n'y pensez que tout hon-
neur, car ja homme n'aura m'amour en sa ventance.
Ha, ma treschiere dame, je ne pense en nul cas
deshoneste. Adoncques vit la dame qu'il estoit em-
pris de son amour, et luy dist   Se me voulez pren-
dre en femme par foy, par la foy de mariage, en-
samble que vous ne metterez ja paine de me veoir
en ma gessine, ne ne ferez par voie quelconque que
vous m'y voiez ; et se ainsi le voulez faire, je suys
celle qui obeiray à vous ainsi comme femme doibt
obeir à son mari. Lors le roy luy va jurer : ainsi le

vous feray-je. Sans long parlement ilz furent espou-
sez et menèrent longuement bonne vie ensemble. Mais
le pays du roy Elinas estoit moult esbahi que celle
dame estoit, combien qu'elle gouvernoit bien à droit
saigement et vaillamment. Mais Nathas, qui estoit
filz du roy Elinas, la haioit trop. Si advint qu'elle
fut en gessine de trois filles, et les porta bien et gra-
cieusement son temps, et les delivra au jour qu'il
appartenoit. La première née eut nom Melusine ; la
seconde Melior ; et la tierce Palatine. Le roy Elinas
n'estoit pas lors présent en ce lieu, et le roi Nathas
y estoit, et regarda ces trois seurs qui estoient si
belles que c'estoit merveilles. Adoncques il s'en alla
par devers le roy son père et luy dist ainsi : Sire,
ma dame la royne Pressine vostre femme vous a porté
les trois plus belles filles qui oncques furent veues ;
venez les veoir. Adoncques le roy Elinas, auquel ne
souvenoit de la promesse qu'il avoit faicte à Pressine
sa femme, dit : beau filz, si feray-je, et s'en vint
apertement et entra en la chambre où Pressine bai-
gnoit ses trois filles. Et quant il les vit il dist en
ceste manière : Dieu benoit la mère et les filles, et
eut moult grant joye. Et quant Pressine l'ouyt, elle
luy respondit : Faulx roy, tu as failly ton convenant,
dont moult grant mal il vous viendra, et m'as per-
due à toujoursmais ; et sçay bien que c'est pour ton
filz Nathas, et me fault partir de vous soudainement,
mais, encore seray-je vengée de vostre filz par ma
seur et compaigne madame de l'Isle-Perdue ; et ces
choses dictes print ses trois filles et s'en alla à tout
icelles, et oncques puis ne fut veue au pays.

L'istoire nous dit que quant le roy Elinas eut
perdu Pressine sa femme et ses trois filles, qu'il
fut si esbahi qu'il ne sceut que faire ne que dire ;

mais fut par l'espace de sept ans qu'il ne faisoit que
se plaindre, et gemir et soupirer, et faire tous-
jours griefs plains et piteuses lamentations pour
l'amour de Pressine sa femme qu'il amoit de leal a-
mour; et disoit le peuple de son pays qu'il estoit as-
soté; de fait ilz donnèrent le gouvernement à son
filz Nathas, qui se gouverna vaillamment et tint son
père en grant charité. Adoncques les barons d'Alba-
nie luy donnèrent à femme une gentyfemme qui es-
toit dame Dicris; et de ces deux issist Florimont dont
dessus est faicte mention, qui depuys moult grant
paine prenoit et traveillait. Toutesfois nostre his-
toire n'est pas entreprise pour luy, et pour ce nous
nous en taisons sans plus parler, et retournerons à
nostre histoire.

 L'histoire dit que quand Pressine s'en partist à
tout ses trois filles, elle s'en alla en Avalon, nom
mée l'Ilsle-Perdue, pour ce que nul homme, tant y
eut esté de foys, n'y saroit jamais rassener, sinon
de grant adventure; et illec nourrit ses trois filles
jusques en l'aaige de quinze ans, et les menoit tous
les matins sur une montaigne haulte, laquelle estoit
nommée, comme l'istoire dit et racompte, Elinéos,
qui vault à dire en françoys autant comme montai-
gne florie; car de là elle veoit assez la terre de Ybernie;
et puys disoit à ses trois filles, en plourant et en
gemissant: Mes filles, veés là le pays où fustes nées
et où eussiez eu vostre bien et honneur se ne fut le
dommaige de vostre père, qui vous et moy a mis en
griefve misère sans fin jusques au jour du jugement
de Dieu qui pugnira les mauvais et exaucera les bons
en leurs vertus.

 Melusine, la premiere fille, luy demanda: Quelle
faulceté vous a fait nostre père pour quoy avons ceste

griefveté? Adoncques la dame leur commenca à ra-
compter toute la manière du fait ainsi comme vous
avez ouy racompter par avant. Et lors quant Melu-
sine eut ouy sa mère racompter le faict, elle remist
sa mère en aultres parolles en luy demandant l'ettre
du pays, les noms des villes et des chasteaux d'Al-
banie ; et en racomptant ces choses, elles descendi-
rent ensamble de la montaigne, et s'en revindrent
en l'isle d'Avalon. Et adonc Melusine tira à part ses
deux scurs, c'est assavoir Melior et Palatine, et leur
dist en ceste manière : Mes chières seurs, or regar-
dons la misère où nostre père a mis nostre mère et
nous, qui eussions esté en si grant aise et si grant
honneur en nostre vie; que vous est il advis qu'il en
soit bon de faire? car quant de moy je m'en pense
vengier; et ainsi que petit solas a impétre a nostre
mère par sa faulceté, aussi peu de joye lui pensé-je
faire. Adoncques les deux seurs luy respondirent en
ceste manière : Vous estes nostre aisnée seur , nous
vous suivrons et obeirõns en tout ce que vous en
vouldrez faire et ordonner. Et Melusine leur dist :
Vous monstrez bonne amour et d'estre bonnes filles
et leales à nostre mère, car par ma foy c'est très-
bien dit. Et j'ay advisé s'il vous semble bon que
nous l'enclorons en la haulte montaigne de Nor-
thumbelande nommée Brumbelioys, et en celle mi-
sère sera toute sa vie. Ma seur, dist lors chascune,
or nous delivrons de ce faire, car nous avons grant
désir que nostre mère soit vengée de la desleaulté
que nostre père luy a fait. Adoncques firent tant les
trois filles que par leur faulce condition elles prin-
drent leur père et l'enclouirent en ladicte montaigne.
Et après que ce fut fait, elles revindrent à leur
mère, et lui disdrent en telle manière : Mère, ne

vous doibt challoir de la desleaulté que nostre
père vous a fait, car il en a son paiement; car
jamais ne iscera ne partira de la montaigne de Brum-
belioys où nous l'avons enclos; et là il usera sa
vie et son temps en grant douleur. Ha, ha, va dire
adoncques leur mère Pressine, comment l'avez osé
faire, mauvaises filles et dures de cuer? vous avez
tresmal fait quant celluy qui vous a engendrées vous
avez ainsi pugni par vostre orgueilleux couraige;
car c'estoit celluy où je prenoie toute la plaisance
que j'avoie en ce mortel monde, et vous me l'avez
tolu. Si sachiez que je vous pugniray bien du me-
rite selon la desserte. Toy, Melusine, qui es la plus
ancienne, et qui de toutes deusse estre la plus cong-
noissant, et tout ce est venu par toy, car je scay
bien que ceste charte a esté donnée par toy à ton
père, et pour ce tu en seras la première pugnie; car
non obstant la verité du germe de ton père, toy et tes
seurs eut attrait avec soy, et eussiez bien briefment
esté hors des mains de l'adventure de japhes et des
faées, sans y retourner jamais; et desoresmais je te
donne le don que tu seras tous les samedis serpent
des le nombril en abas, mais se tu trouvez homme
qui te vueille prendre en espouse, et qu'il te pro-
mette que jamais le samedi ne te verra ne descelera
ne revelera ou dira à personne quelconques, tu vi-
vras ton cours naturel et morras comme femme na-
turelle, et de toy viendra moult noble lignée qui sera
grande et de haulte proesse; et par adventure si tu
estoies decellée de ton mary, sachies que tu retour-
neroyes au tourment auquel tu estoies par avant, et
seras tousjours sans fin jusques à tant que le tres-
hault juge tiendra son jugement, et toy apperras par
.trois jours devant la fortresse que tu feras et que tu

nommeras de ton nom, quant elle devra muer sei-
gneur; et par le cas pareil aussi quant ung homme
de ta lignée devra morir. Et tu, Melior, je te donne
en la grant Arménie ung chastel bel et riche où tu
garderas un esparvier jusques à tant que le maistre
tiendra son jugement; et tous nobles chevaliers de
noble lignée qui y vouldront aller veillier la sur-
veille, la veille, le xx jour de juing sans sommeiller,
auront ung don de toy des choses que on peut avoir
corporellement, c'est assavoir des choses terriennes;
sans point demander ton corps ne t'amour pour ma-
riage ne aultrement; et tous ceulx qui te vouldront
demander sans eulx vouloir deporter, seront infor-
tunez jusques à la neufiesme lignée, et seront dechas-
sez de tout en tout de leurs prosperitez. Et tu, Pa-
latine, seras enclose en la montaigne de Guigo à
tout le trésor de ton père, jusques à tant que ung
chevalier viendra de vostre lignee, lequel aura tout
celuy tresor et en aidera à conquerre la terre de pro-
mission et te delivrera de là. Adoncques furent ces
trois filles moult doulentes, et atant s'en departirent
de leur mère. Et s'en alla Melusine parmy la grand
forest et bocage; Melior aussi se departit, et s'en
alla au chasteau de Lesprevier en la grand Armé-
nie; et Palatine aussi s'en partit pour aller en
la montaigne de Guigo où pluiseurs luy ont veuë,
et moy de mes oreilles le ouy dire au roy d'Arragon
et à pluiseurs aultres de son pays et de son royaul-
me. Et ne vous veuille desplaire se je vous ay ceste
adventure racomptée, car c'est pour plus adjouster de
foy et verifier l'istoire où desorenavant je vueil entrer
en la matière de la vraye histoire. Mais avant je
vous diray comment le roy Elinas fina ses jours en
cest siecle, et comment Pressine sa femme l'ensep-

velist dedens la dicte montaigne en ung moult no-
ble sercueil, comme vous orrez cy aprez.

Long temps fut le roy Elinas en la montaigne, et
tant que la mort qui tous affine le prinst. Adonc-
ques vint Pressine sa femme et l'ensepvelist en une si
noble tombe, que nul ne vit oncques si noble ne si
riche; et avoit en la chambre tant de richesses que
c'estoit sans comparation. Et y sont candelabres d'or,
et y a pierres precieuses, et aussi torches et chandel-
liers et lampes qui y ardent nuyt et jour; et au piet
de la tombe mist une image de albastre de son hault
et de sa figure, si belle que plus ne pourroit estre;
et tenoit la dicte image un tablier doré auquel l'ad-
venture dessusdicte estoit escripte; et là establit ung
gayant qui gardoit celluy image, lequel gayant es-
toit moult fier et horrible, et tout le pays tenoit en
subjection et patis; et aussi le tindrent après luy
pluiseurs gayans, jusques à la venue de Geuffroy à
la grant dent; de quoy vous orrez cy aprez parler.
Or avez ouy parler du roy Elinas et de Pressine
sa femme; si vous vueil doresnavant commencer la
verité et l'histoire des merveilles du noble chasteau de
Lusignen en Poitou, et pour quoy et par quelle ma-
niere il fut foudé

L'histoire nous racompte qu'il y eut jadis en la
brute Bretaigne ung noble homme, lequel eut riot
avecq le nepveu du roy des Bretons; et de fait il
n'osa plus demourer au pays, mais prist tot sa finance
et s'en alla hors du pays par les haultes forestz et les
haultes montaignes; et si, comme racompte l'histoire,
il trouva ung jour sur une fontaine une belle dame
qui lui dist toute son adventure, et finablement ilz
s'amourèrent l'ung de l'aultre, et lui fist la dame
moult de confort, et commencèrent en leur pays,

qui estoit désert, bastir et fonder pluiseurs villes et
fortresses et grans habitations; et fut le pays en brief
.temps assez bien peuplé ; et appellèrent le pays Fo-
retz, pour ce qu'ilz le trouvèrent plain de bocages ;
et encores au jourduy est appellée. Or advint que
entre le chevalier et la dame eut discort, je ne sçay
pas bonnement comment ne pourquoy ; elle se de-
partist tout soudainement d'avec luy, dont le chevalier
fut moult doulent, et non obstant ce il croissait tous-
jours en grant honneur et en grant prosperité. Or
advint que les nobles de son pays le pourveurent
d'une gentille dame qui estoit scur au conte de Poi-
tiers qui regnoit pour le temps, et eut d'elle plui-
·seurs enfans masles, entre lesquieulx il en y eut
ung, c'est assavoir le tiers, qui fut appellé Raimon-
din, qui estoit bel, gent et gracieux, et moult acten-
tif, soubtil et intellectif en toutes choses, et en
icelluy temps ledit Ramondin povoit avoir xiiii
ans.

---

*Comment le conte de Poetiers manda le conte de
Forestz de venir à la feste qu'il faisoit pour son
filz.*

e conte de Poetiers tint une moult grand
feste pour ung filz que il avoit et vou-
loit faire chevalier, et n'avoit que celluy
et une moult belle fille qui fut nommée
en son propre nom Blanche ; et le filz estoit appelé
Bertrand. Adoncques le conte Emery manda moult
belle compaignie pour l'amour de la chevalerie de
son filz, et entre les autres manda au conte de Fo-

restz qu'il venist à la feste, et qu'il amenast trois de ses enfans les plus aagés, car il les vouloit veoir. Adoncques le conte de Forestz alla à son mandement le plus honnourablement qu'il peut, et y mena trois de ses enfans. La feste fut moult grande, et d'icelle furent faitz pluiseurs chevaliers pour l'amour de Bertrand, filz du conte de Poetiers, qui fut fait chevalier; et aussi fut fait le aisné du conte de Forestz, et il jousta moult bel et bien; et fut la feste continuée par huit jours, et fist le conte de Poetiers moult beaulx dons.

Comment le conte de Poetiers demanda au conte de Forestz d'avoir Raimondin, lequel luy accorda.

Et au departir de la feste le conte de Poetiers demanda au conte dè Forestz qu'il lui laissast Raimondin son nepveu, et qu'il ne luy chaussist jamais de luy, car il le pourvoiroit bien. Et le conte luy ottroia; et demoura ledit Raimondin avec le conte de Poetiers son oncle, qui bien l'ama; et aussi s'en partist la feste moult honnourablement et amoureusement. Et cy s'en taist l'istoire de parler du conte de Forestz qui s'en alla luy et ses deux enfans et toute sa compaignie qu'il avoit amené avec luy, et commence nostre histoire à proceder avant et à parler du conte Aimery et de Raimondin.

L'istoire nous certiffie, et aussi les aultres vrayes croniques, que celluy conte Aimery fut grant père sainct Guillanen qui fust conte et delaissa possessions mondaines pour servir nostre createur, et se mist en

l'ordre et religion des Blancs-Manteaulx; et de ce
ne vous veulz-je faire grand location, mais veulz
procéder avant en nostre histoire et parler du conte
Aimery et de nostre vraie histoire et matère. Et l'is-
toire nous dit que celluy conte fut merveilleusement
vaillant chevalier, et qu'il aima toujours noblesse,
et fut le plus saige en astronomie qui fust en son temps
né depuys Aristote. En celluy temps que le conte
Aimery regna, l'istoire nous monstre que de moult
de sciences estoit plain, et specialement de la science
d'astronomie, comme j'ay dessus dit; et sachiez que
il aimoit tant Raimondin que plus ne povoit, et aussi
faisoit l'enfant luy, et s'efforçoit moult de servir le
conte son oncle, et de luy faire plaisir en toutes ma-
nières. Or est bien vray que le conte avoit moult de
chiens, oyseaux, braches, levriers, chiens courans
et limiers braconniers, oyseaulx de proye et chiens
de grosse chasse de toute manières. Advint, si comme
l'istoire dit, que l'ung des forestiers vint denoncier
que en la forest de Colombiers avoit le plus mer-
veilleux porc que on eust de longtemps veu, et que
ce doibt estre le plus beau deduit que on eut pieça
veu. Par ma foy, dist le conte, il me plaist bien;
faictes que les veneurs et les chiens soient prestz de-
main, et nous irons à la chasse. Monseigneur, dist
le forestier, à vostre plaisir: et tout ainsi s'en partist
du conte, et apresta tout ce qu'il apartenoit à la
chasse et pour chasser à l'eure qu'il avoit ordonnée.

Comment le conte alla chasser, et Raimondin avecques luy

t quand le j u fut venu, le conte Aimery se partist de Poetiers, et avec luy grand foison de barons et de chevaliers ; et estoit Raimondin au plus prez de luy, monté sur ung grant courcier, l'espée çaincte et l'espieu sur le col. Et eulx venus en la forest, tantost encommencèrent à chasser, et fut trouvé le porc, qui estoit fier et orgueilleux, et devoura pluiseurs allans et levriers, et prinst son cours parmy la forest, car il estoit fort eschauffé; et on commença à le sievre grant erre; mais le porc ne doubtoit riens, mais se mouvoit en tel estat qu'il n'y avoit si hardi chien ne levrier qui l'osast attendre, ne se hardi veneur qui l'osast enferrer. Adoncques vindrent chevaliers et escuiers, mais il n'y avoit nul si hardi qui osast mettre piet en terre pour l'enferrer. Adonc vint le conte, qui cria à haulte voix en disant: Et comment, ce filz de truye nous esbahira-il tant que nous sommes? Lors quant Raimondin ouyt ainsi parler son oncle, si eut grant vergongne, et descent de dessus le courcier à terre, l'espée au poing, et s'en alla vistement vers le porc, et le ferit ung coup par grand hayne, et le porc se tire à luy et le fist cheoir à genoulx; mais tantost il ressaulte comme preus et hardi et vite, et le cuida enferrer; mais le porc s'enfuyt et commença à courir par telle manière qu'il n'y eut oncques chevalier ne chien qui n'y perdit la veue et la trasse, fors seullement le conte et Raimondin son neveu, qui estoit remonté et le suivoit si asprement devant le conte et les aul-

tres que le conte en avoit tresgrant paour que le
porc ne l'afolast, et lui cria à haulte voix : Beau
nepveu, laisse ceste chasse ; que mauldit soit celluy
qui le nous annonça ; car se ce filz de truye vous af-
folle jamais je n'auray joye en mon cuer. Mais
Raimondin, qui estoit eschauffé, ne reputoit pas sa
vie, ne fortune bonne ne mauvaise qui lui advint,
le suyvoit toujours moult asprement, car il estoit bien
monté ; et tousjours le suyvoit le conte à traces qu'il
avoit veues. Que vous vauldroit de ce tenir long
parler ? Tous les chevaux commencèrent à eschauf-
fer et à demourer derrière, fors seullement le conte
et Raimondin ; et tant chassèrent qu'il fut obscure
nuyt. Adoncques s'arrestèrent le conte et Raimon-
din soubz ung grant arbre ; lors va dire le conte à
Raimondin : Beau nepveu, nous demourerons icy
jusques la lune soit levée. Et Raimondin lui va dire :
Sire, ce qu'il vous plaira. Adoncques il descendit et
prist son fusil et fist du feu. Et tantost aprez, le-
va la lune belle et clère, et aussi les estoilles luy-
sans et clères. Adoncques le conte, qui scavoit moult
de l'art d'astronomie, regarda au ciel, et vit les es-
toilles clères et l'air, puys la lune qui estoit moult
belle, sans tache, ne nulle obscureté quelconques. Et
adoncques commença à souspirer moult parfonde-
ment, et aprez les grans et aigres souspirs qu'il avoit
faictz et jettez il disoit en ceste manière : Ha, ha,
vray Dieu sire, comment sont grandes les merveil-
les que tu as laissé cha jus de congnoistre parfaicte-
ment les vertus et les natures merveilleuses de plui-
seurs et diverses conditions de choses et de leur ex-
pédition ; ce ne pourroit estre parfaictement se tu
n'espandoies aulcunement ton sçavoir de ta plainiere
et divine grace, et especialement de ceste merveil-

leuse adventure que je voy cy presentement ès es-
toilles que tu as là sus assises pour ta haulte science
d'astronomie, dont, vray sire, tu m'as presté une des
branches de eongnoissance, de quoy je te doibs loer,
mercier et gracier du cuer parfait en ta haulte ma-
jesté où nul ne se peut comparer. O vray et hault
sire, comment pourroit-ce estre raisonnablement se
ce n'estoit en ton horrible jugement, quant à con-
gnoissance humaine, car nul homme ne pourroit
avoir bien pour mal faire, et non obstant je vois bien
par la haulte science et aussi de ta saincte grace qui
m'as presté la congnoissance de sçavoir que c'est, et
aussi dont je suys moult esmerveillé; commença à
souspirer plus parfondement que devant. Adoncques
Raimondin, qui avoit alumé le feu et qui avoit ouy
en partie ce que le conte Aimery avoit dit, luy dist
en ceste manière : Monseigueur, le feu est bien a-
lumé; venez vous eschauffer, et je croy que en peu
de temps viendront aulcunes nouvelles, car je croy
que la venason soit prise; j'ay ouy, ce me semble,
bruit de chiens. Par ma foy, dit le conte, il ne m'en
est de gaires plus, mais que de ce que je voy; et
lors regarda au ciel et souspira plus fort que devant;
et Raimondin qui tant l'amoit lui dist : Ha, ha,
monseigneur, pour Dieu, laissez la chose ester, car
il n'appartient pas à si haut prince comme vous es-
tes à mettre cuer de enquerre de tels ars ne de telles
choses; car il convient, et sera bien fait, de regracier
Dieu qui vous a porveu de si hault et si noble sei-
gnourie et possessions terriennes dont vous vous en
povez bien passer se il vous plaist, mais de vous y
donner couroux ne ennuy pour telles choses qui ne·
vous peuvent aidier ne nuyre, c'est simplesse à vous.
Ha, ha, fol, dist le conte, si tu sçavoies les grans

richesses et merveilleuses adventures que je vois, tu
en seroies tout esbahi. Adoncques Raimondin, qui
ne pensoit à nul mal, respondit en ceste manière :
Mon treschier et doubté seigneur, plaise vous de le
me dire, se c'est chose qui se puisse faire, et aussi
se c'est chose que je puisse ou doibve sçavoir. Par
Dieu, dist le conte, tu le sçauras, et je vouldrois
que Dieu, le monde, ne aultre, ne t'en demandast
riens et l'adventure te deut advenir de moy mesmes ; car je suys desormais vieul et ay des amis assez pour tenir mes seigneuries ; et je t'aime tant que
je vouldrois que si grant honneur fut eschu pour
toy ; et l'adventure si est telle que se à ceste heure
ung subject occisoit son seigneur, que il deviendroit le plus puissant et le plus honnouré que oncques saillist de son lignage ; et de luy procederoit si
noble lignée qu'il en seroit mention et ramembrance
jusques en la fin du monde ; et sachies de certain
qu'il est vray. Lors respondist Raimondin qu'il ne
pourroit jamais croire que ce fut chose veritable, et
contre raison seroit que homme eut bien pour mal
faire, ne pour impétrer telle mortelle traison. Or le
croy fermement, dist le conte à Raimondin, que il
est ainsi vray comme je te le dis. Par ma foy, dist
Raimondin, si ne le croiray-je ja, car ce n'est chose
que vous me faciez croire ; et lors commencèrent à
penser moult fort, et adonc oirent au long du bois
ung grant effray et derompre les menus ramonceaulx. Adoncques prist Raimondin son espée qui
estoit à terre, et aussi le conte tret son espée, et attendirent ainsi en pensant longtemps pour sçavoir
que c'estoit ; et se mirent au devant du feu du costé
où ilz ouyrent les rames rompre ; et en tel estat demourèrent tant qu'ilz virent ung porc sanglier mer-

veilleux et horrible, moult eschauffé, tout droit à eulx menant les dens. Adoncques va dire Raimondin : Monseigneur, montez sus quelque arbre, que ce sanglier ne vous face mal, et m'en laissez convenir. Par ma foy, dist le conte, jà ne plaise à Nostre Seigneur que je te laisse à telle adventure ; et quand Raimondin ouy ce, il s'en va mettre au devant du sanglier, l'espée au poing, par bonne voulenté de le destruire, et le sanglier se destourna de luy et alla vers le conte. Adonc commence la douleur de Raimondin et le grant heur qui depuys luy advint de ceste tristesse, si comme la vraie histoire le nous racompte.

Comment Raimondin occist le comte de Poetiers, son oncle.

En ceste partie racompte l'istoire que quant Raimondin vint à l'encontre du sanglier pour le destourner qu'il ne venist sur son seigneur, si tost que le sanglier l'apperceut, il se destourna de sa voie, et s'en va venir vers le conte grant erre ; et quant il le vit venir, si regarda devers soy, et vit ung espieu, et bouta son espée au fourrel, et prinst l'espieu et le baisse. Et adoncques va venir le sanglier à luy, et le conte, qui scavoit moult de la chasse, le va enferrer en lescu de la pointe de l'espieu qui tant fut aguë ; mais le cuir du sanglier vira le conte à terre à genoux ; et adoncques vint Raimondin courant, en empoignant l'espée, et cuida ferir le sanglier entre les quatre jambes, et le sanglier estoit cheu à revers, du

coup que le conte luy avoit donné; et adoncques
ataint Raimondin le sanglier du tranchant de l'espieu
sur les soyes du dos, car il venoit de grant radeur,
et la lumelle de l'espieu eschappa par dessus le dos
du porc, et adonc vint le coup et ataint le conte,
qui estoit versé d'autre part à genoux, parmy le nom-
bril, et le persa de part en part parmy le dos. Ce
fait, Raimondin fiert le porc tellement qu'il le mist
à terre tout mort, et puys vint au conte et le cuida
soubslever; ce fut pour neant, car il-estoit jà tout
mort. Adoncques quant Raimondin apperceut la
plaie et le sang en saillir, il fut moult merveilleuse-
ment couroucé, et commenca à crier en plourant et
gemissant moult fort et le regarder et plaindre, en
faisant les plus grans lamentations que oncques vit
homme jour de vie, en disant ainsi : Ha, ha, faulce
fortune, comment es-tu perverse que tu m'as fait oc-
cire celluy qui parfaictement m'aimoit et qui tant de
bien m'avoit fait? he, he, Dieu, père tout puissant,
où sera ores le pays où ce faulx et dur pecheur se
pourra tenir; car certes tous ceulx qui orront par-
ler de ceste mesprison me jugeront, et à bon droit,
de mourir de honteuse mort; car plus faulce ne plus
mauvaise traison ne fist pecheur. Ha, terre, ouvre toy
et m'englouti, et me metz avec le plus obscur ange
d'enfer qui jadis fut le plus bel des autres, car je l'ay
bien desservi. En ceste douleur et tristesse fut Rai-
mondin par longue espace de temps, et fut moult
couroucé et pensif, et se advisa en luy mesmes et
dist en ceste manière : Monseigneur qui là gist me
disoit que, se une telle adventure me venoit, que je
seroie le plus honnouré de mon lignage; mais je
voys bien tout le contraire, car veritablement je se-
ray le plus maleureux et deshonnouré; car, par ma

foy, je l'ay moult bien gaigné, et est bien raison.
Or non obstant, puys qu'il ne peut aultrement estre,
je me destourneray de ce pays, et m'en iray querir
mon adventure telle que Dieu la me vouldra donner
en aulcun bon lieu là où je pourray amender mon
pechié, se il plait à Dieu. Adoncques vint Raimondin
à son seigneur, qui estoit tout mort, et le laissa en
plourant de si triste cueur, qu'il ne povoit dire ung
seul mot pour tout l'or du monde; et tantost qu'il
l'eut baisé, il alla mettre le piet en l'estrier, et monta
sur son chevau, et se partist tenant son chemin au
travers de la forest, moult desconforté, chevauchant
moult fort, et non sachant quelle part, mais à l'ad-
venture; si grand dueil demenant, qu'il n'est per-
sonne au monde qui peut penser ne dire la cinc-
quiesme partie de sa douleur.

Quant Raimondin se partist de son seigneur et
l'eut laissé tout mort en la forest auprez du feu, et le
sanglier aussi, il chevaucha tant parmy la haulte
forest, menant tel dueil que c'estoit piteuse chose à
ouyr et à racompter, que il se approucha, environ
la minuyt, de une fontaine faée nommée la fontaine
de soif; et aulcuns aultres du pays la nomment la
faée pour ce que pluiseurs merveilles y estoient plui-
seurs fois advenues au temps passé, et estoit la fon-
taine en ung fier et merveilleux lieu, et y avoit
grant roche audessus de celle fontaine, et au loing
de celle fontaine avoit belle prarie prez de la haulte
forest. Or est bien vray que la lune luysoit toute
clère, et le chevau emportoit Raimondin à son plai-
sir où il vouloit aller, car advis n'avoit en luy de
aulcune chose, pour la grand desplaisance qu'il avoit
en luy mesmes; et neantmoins qu'il dormoit, son
chevau l'emporta tant en celluy estat, qu'il approu-

cha la fontaine. Et pour lors sur la fontaine avoit
trois dames qui là s'esbatoient, entre lesquelles en
avoit une qui avoit la plus grant auctorité que les
aultres, car elle estoit leur dame; et de ceste vous
vueil parler selon que l'istoire racompte.

---

*Comment Raimondin vint à la fontaigne, où il trouva
Melusine accompaignée de deux dames.*

'istoire dist que tant porta le chevau Rai-
mondin, ainsi pensif et plein d'ennuy
du meschief qui luy estoit advenu, qu'il ne
sçavoit où il estoit, ne où il alloit, ne en
nulle maniere il ne conduisoit son chevau, mais al-
loit à son plaisir, sans ce que il luy tirast point les
brides; et Raimondin ne veoit ne entendoit. Et en
ce point passa par devant la fontaine où les dames
estoient, sans ce qu'il les veist, et de paour que le che-
vau eut quant il vit la dame, il eut effroy et em-
porta Raimondin grant erre. Adoncques elle qui es-
toit la plus grande dame des aultres dist en ceste
maniere : Par foy, celluy qui passe par là samble
estre ung moult gentil homme et toutesfois il ne le
monstre pas; mais il monstre qu'il ait de gentil
homme rudesse, quant il passe devant dames ainsi
sans les saluer; et tout ce disoit par courtoisie, affin
que les aultres ne apperceussent ce à quoy elle ten-
doit; car elle sçavoit bien comment il y estoit, com-
me vous orrez dire en l'istoire cy aprez. Et adon-
ques elle va dire aux aultres : Je le vois faire parler,
car il me semble qu'il dorme. Lors se partist elle des
aultres, et s'en vint à Raimondin et prist le frain du

chevau et l'arresta en disant en ceste maniere : Par
ma foy, sire vassal, il vous vient de grant orgueil
ou rudesse de ainsi passer par devant dames sans les
saluer, combien que orgueil et rudesse peuvent bien
estre ensamble en vous. Et à tant se tint la dame,
et il ne l'ouyt ne entendit, et ne luy sonnoit mot :
et elle, comme moult couroucée, luy dist aultres foys :
Et comment, sire musart, estes-vous si despiteux
que vous ne daigneriés respondre à moy? et encores
il ne luy respondist mot. Par ma foy, dist-elle en
soy mesmes ainsi, je croy que ce jeune homme dort
sur son chevau, ou il est sourt ou muet ; mais je croy
que je le feray bien parler se il parla oncques.
Adoncque elle prist par la main, et tira moult fort
en disant en ceste maniere : Sire vassal, dormez
vous? Lors Raimondin fremist aussi comme ung qui
s'esveille en sursault, et mist la main à l'espée com-
me celluy qui cuidoit fermement que les gens du
conte son oncle, qu'il avoit laissé mort en la forest,
luy venissent sus ; et adoncques la dame apperceut
qu'il estoit en tel estat, et sceut bien qu'il ne l'avoit
point encores apperceue, et luy va dire tout en
riant : Sire vassal, à qui voulez commencer la ba
taille? Vos ennemis ne sont pas cy. Et sachiés, beau
sire, que je suys de vostre partie. Et quant Raimon-
din l'oyt, si la regarda, et apperceut la grant beaulté
qui estoit en elle, et s'en donna grant merveille ;
car il luy sembla que oncques mès si belle n'eut
veue. Adoncques Raimondin sauta de dessus son
chevau, et s'encline reveramment en disant : Ma
treschière dame, pardonnez moy mon ignorance et
vilonnie que j'ay fait envers vous, car certes j'ay trop
mespris, et je ne vous avois ouye ne veue quant vous
me tirates par la main ; et sachiés que je pensoie

moult fort à ung mien affaire qui moult me tou-
che au cuer; et je prie à Dieu devotement que il
me doinct grace et puissance de moy amender en
vous, et de saillir hors de ceste peine à mon hon-
neur. Par ma foy, dist la dame, c'est tresbien dit;
car à toutes choses commencer on doibt toujours ap-
peller le nom de Dieu en son aide, et je vous crois
bien que vous ne m'avez ouye ne entendue. Mais,
beau sire, où allez-vous à ceste heure? Dictes le moy,
se le povez bonnement descouvrir, et se ne sçavez le
chemin, je vous aideray bien à le tenir, car il n'y a
voie ne sentier que je ne sache bien, et de ce vous
fiez en moy hardiement. Par ma foy, dist Raimon-
din, dame, grans mercis de vostre courtoisie; et sa-
chiés, ma treschière dame, puys qu'il fault que je
vous le die, j'ay perdu mon grant chemin par la
plus grande partie du jour jusques à maintenant; et
encores ne scay-je où je suys. Adoncques elle vit
qu'il se celloit fort d'elle, si luy dist la dame : Par
Dieu, beaul amy Raimondin, riens ne vous fault
celler, car je sçay bien comme il vous va. Adonc-
ques quant Raimondin ouyt qu'elle le nommoit par
son propre nom, il fut si esbahi, qu'il ne sceut que
respondre; et elle, qui moult bien apperceut qu'il
estoit honteux de ce qu'elle sçavoit tant de son se-
cret, luy dist en ceste manière : Par Dieu, Raimon-
din, je suys celle, aprez Dieu, qui mieulx te puys
conseillier et advancer en ceste mortelle vie; et tou-
tes tes malefices et adversitez fault revertir en bien;
riens ne te le vault celler, car je sçay bien que tu as
occis ton seigneur tant de mesprison comme de cas
vouluntaire, combien que pour celle heure tu ne le
cuidoies pas faire; et je sçay bien toutes les parolles
qu'il te dist par art d'astronomie, dont en son vivant

il estoit bien garny. Quant Raimondin ouyt ce, il
fut plus esbahi que devant, et luy dist : Treschière
dame, vous me dictes la verité, mais je m'esmer-
veille comment vous le povez si certainement sçavoir,
et qui vous l'a sitost annuncé. Et elle luy respondist
en telle manière : Ne t'en esbahi point, car je sçay la
plaine verité de ton fait, et ne cuides point que ce soit
fantosme ou œuvre diabolique de moy et mes parol-
les, car je te certiffie, Raimondin, que je suys de par
Dieu, et crois comme bon catholique doibt croire ;
et sachies que sans moy et mon conseil tu ne peus
venir à fin de ton fait; mais se tu veulz croire fer-
mement toutes les parolles que ton seigneur te dist,
elles te seront moult pourfitables à l'aide de Dieu ;
et je dis que je te feray le plus grant seigneur qui
fut oncques en ton lignage, et le plus grant terrien
de tous eulx. Quant Raimondin entendit la promes-
se, il lui souvint des parolles de son seigneur qu'il
luy avoit dictes, et considera en luy mesmes les grans
périlz où il estoit, exillé, mort et dechassé de son
pais, où il povoit estre cogneu; il advisa qu'il se
metteroit en l'adventure de croire la dame de ce
qu'elle luy diroit; car il n'avoit à passer que une
fois le cruel pas de la mort. Si respondist moult
humblement en ceste manière : Ma treschière dame,
je vous remercie de la grand promesse que me of-
frez; car vueillez scavoir que ce ne demourera pas
par moi à faire ne pour traveil que vous sachez ad-
viser que je ne face vostre plaisir, et tout ce que vous
me commanderez, se c'est chose possible à faire, et
que crestien puisse ou doibve faire par honneur. Par
ma foy, dist la dame, Raimondin, c'est dit d'ung
franc cœur; car je vous diray ne conseilleray chose
dont bien ne doibve advenir; mais avant, dist elle,

il fault tout premièrement que vous me promettés que
vous me prendrcz tout principalement à femme, et ne
faictes quelconques doubte en moy que je ne soye de
par Dieu. Et adoncques Raimondin va dire et jurer en
ceste manière : Dame, par ma foy, puys que vous me
affermez qu'il est ainsi, je feray à mon povoir tout ce
que vous vouldrez et commanderez, et de fait je
vous prometz leaulment que ainsi le feray-je. Or
Raimondin, dist-elle, il fault que vous jurez aultre
chose. Ma dame, quoy plus? Je suys tout prestz, se
c'est chose que doibve bonnement faire. Oui, dist
elle, et ne vous peut tourner à prejudice, mais à
tout bien. Vous me promettez encore, Raimondin
sur tous les sacremens et seremens que ung homme
catholique de bonne foy peut faire et doibt jurer, que
jamais, tant que seray en vostre compaignie, le jour
de samedi vous ne metterez paine ne vous efforce-
rez en manière quelconques de me veoir, ne de en-
querir le lieu ou je seray. Et quant elle eut ce dit à
Raimondin, elle lui va dire en ceste manière : Par
le peril de mon ame, je vous jure que jamais en cel-
luy jour ne feray chose qui soit en vostre prejudice,
ne qui y puisse estre, mais en tout honneur, et ne
feray ne penseray chose fors en quelque manière je
pourray mieulx acroistre en valleur vous et vostre
lignée. Et Raimondin luy va dire en ceste manière :
Ainsi le feray-je, au plaisir de Dieu.

　　Or, dist la dame, je vous diray comment je vous
feray, et ne faictes doubte de chose qui soit, mais al-
lez tout droit à Poetiers, et quant vous y serez, vous
trouverez jà pluiseurs qui sont venus de la chasse qui
vous demanderont nouvelles du conte vostre oncle.
Vous direz en ceste manière : Comment, n'est-il pas
revenu? et ilz vous diront que non. Et vous leur di-

rez que vous ne le veistes oncques puys que la chasse
commença à estre forte, et que lors vous le perdites
en la forest de Colombiers, comme pluiseurs firent;
et vous esbahissez moult fort comme feront les au-
tres. Et assez tost aprez viendront les veneurs et
aultres de ses gens qui apporteront le corps tout
mort en une litière; et sera advis que la plaie est
faicte de la dent du sanglier, et diront tous que le
sanglier l'a tué; et encores diront-ilz que le conte
aura tué le sanglier et le luy metteront sus, et le
tendront à grant vaillance pluiseurs. Ainsi la dou
leur commencera moult grant. Le conte Bertrand,
son filz, et Blanche, sa fille, et tous les aultres de sa
famille, grans et petits, feront ensamble grant dueil,
et vous le ferez avec eulx, et vestirez la robe noire
comme les autres. Aprez tout ce que noblement sera
fait, et le terme assigné que les barons devront faire
hommaige au jeune conte, et quant ces choses seront
ainsi faictes et ordonnées, vous retournerez icy à
moy parler le jour de devant que les hommaiges se
devront faire, et vous me trouverez en ceste propre
place. Et ad ce se departirent, qui proprement n'est
-pas departement. Tenez, mon redoubté amy, pour
nous amours ensamble commencer, je vous donne
ces deux verges ensamble, desquelles les pierres ont
grandes vertus : l'une a que celluy à qui elle sera
donnée par amours ne pourra mourir par nul coup
d'armes tant qu'il l'aura sur luy; l'autre est qu'elle
luy donnera victoire contre ses malveillans, se il se
habandonne soit en plaidoirie ou meslée; et tant
vous en allez seurement, mon amy. Et lors prist
congié de la dame en l'acolant moult doulcement,
et la baisa moult honnourablement, comme celle en
qui il se confioit du tout : car il estoit desjà si sur-

prins de s'amour que tant qu'elle lui disoit, il affermoit estre verité ; et il avoit raison, si comme vous orrez cy aprez en l'istoire.

Comment Raimondin , par le conseil de la dame , alla à Poetiers.

aymondin monta à chevau, et de fait la dame le mist au droit du chemin de Poetiers ; et se departist de la dame, et au departir Raimondin fut moult doulent : car il aimoit jà tant sa compaignie que bien eut tousjours voulu estre avec elle, pour ce que si bon conseil luy avoit donné de sa subtilité. Adoncques en pensant commença moult fort à chevauchier vers Poetiers, et la dame se retourne vers la fontaine où lès aultres dames estoient et l'atendoient. Et icy l'istoire d'en parler s'en deporte.

Or dist l'istoire que Raimondin chevaucha tant qu'il fut à Poetiers, où il trouva pluiseurs qui estoient retournez de la chasse, les aucuns dès le soir, et les aultres dès le matin, qui luy demandèrent : Où est monseigneur? Comme, dist Ramondin, n'est-il pas venu? et ilz respondirent que non. Et il leur dit Je ne le vis oncques puys que la forte chassé commença et le sanglier se commença à eslargier des chiens. Et ainsi qu'ilz parloient de cette matère entre eulx ensemble, commencèrent à venir les gens de la chasse, les ungz apréz les aultres, en demandant nouvelle du conte ; chascun disoit comme Raimondin. Et disoient aulcuns que oncques n'avoient veu si oultrageuse chasse, ne si merveilleux asne de sanglier estrange qui estoit passé hors de ses repaires. Adoncq chascun s'esmerveilloit de ce que le conte demouroit tant, et vindrent atendre à la porte pour sçavoir se il venoit, et furent grant temps en l'atendant, et venoient tousjours gens qui disoient comme les aultres, et que ilz estoient toute la nuyt esgarez parmy la forest sans sçavoir congnoissance ne voie. Adoncques ils s'esmerveillerent moult grandement, et la contesse, qui estoit en la salle de Poetiers; mais tantost furent mieulx couroucez, ainsi que vous oyrez cy aprez.

Comment le conte fut apporté mort à Poetiers.

'ystoire nous racompte que tant attendirent à la porte ceulx qui estoient avec Raimondin, qu'ilz visdrent approucher ung grant troupeau de gens, et eulx approuchans ilz entendirent moult de piteuses voix qui griefvement se lamentoient, dont ilz furent moult fort esmerveillez. Et adoncques commencerent pluiseurs à doubter qu'ilz n'eussent aucun empeschement de leur seigneur, et tant attendirent que ceulx qui apportoient leur seigneur se commencèrent moult fort à escrier et plourer, disans en ceste manière : Plourez, plourez, vestez-vous tous de noir : car ce filz de truye nous a tué nostre bon seigneur le conte Aimery; et aprez le corps venoient deux veneurs qui apportoient le sanglier moult grant à merveilles; et entrèrent en la cité moult grant dueil faisans; et commencèrent moult piteusement à crier : Ha! ha! mauldit soit celluy de Dieu que ceste chasse anon-

cha, et la commença; et fut la douleur si grant que
oncques homme ne vit greigneur; et en faisant tel
dueil s'en vindrent jusques au palays, et là fut le
corps descendu. Et pour ce que on ne doit pas main-
tenir dueil longuement je m'en passc briefvement.
Adoncques la contesse et ses enfans menèrent mer-
veilleusement grant dueil, et aussi firent les. barons
et les communes du pays; et sachies que Raimondin
aussi, ainsi comme s'ensuyt.

Raymondin faisoit moult grant dueil plus que nul
des autres, et se repentoit de son meffait, que ce
ne fut l'esperance du confort que il prenoit de sa da-
me, il ne se fut peu tenir qu'il ne leur eut dit toute
son adventure, pour l'amour de la moult grant con-
trition que il avoit de la mort de son seigneur. Or ne
vous veulz-je pas longuement parler de ceste matère.
Tantost lors que ce fut fait moult noblement et ri-
chement en l'eglise de Nostre Dame de Poetiers, se-
lon la coustume du temps. Et devez sçavoir que les
bonnes gens du pays qui eurent perdu leur seigneur
furent moult doulens, et de chaude cole prindrent le
sanglier et le portèrent en la place devant l'eglise,
et l'ardirent en ung feu, devant l'eglise, que ilz fi-
rent de motes de terre. Or il est bien verité qu'il
n'est douleur, tant soit angoisseuse, qui ne se adoul-
cisse sur les trois jours; et adoncques quant tout ce
fut fait, les barons du pays vont moult doulcement
reconforter la dame et ses deux enfants à leur po-
voir; et tant firent que la douleur assoulagèrent.
Mais la douleur de Raimondin croissoit tousjours de
plus en plus, tant pour la cause qui le contrai-
gnoit à se repentir du meffait, comme de la grant
amour qu'il avoit eue au conte son oncle; et tant fist
le conseil que tous les barons du pays furent man-

dez à ung certain jour pour faire leur hommaige à leur gracieux seigneur, le filz dudit conte jadis , du relevage de leurs terres et de leurs fiez. Et tantost que Raimondin le sceut , il monta à son chevau , et tout seul saillit de ·Poetiers , et entra en la forest pour venir tenir son convenant à sa dame.

Comment Raimondin retourna devers sa dame et vit une chappelle que oncques mais n'avoit veue.

'istoire nous dit que tant chevaucha Raimondin qu'il vint à Colombiers et trespassa la villette , et se mist sur la montaigne et alla tant qu'il apperceut la prarie qui est dessoubz la roche qui estoit audessus de la fontaine de soif, et apperceut ung hostel fait de pierre, en manière d'une chappelle ; et sachiés que Raimondin y avoit esté pluiseurs fois , mais oncques ne l'avoit veue ; et quant il approucha plus prez, il apperceut devant le lieu pluiseurs damoiselles , chevaliers et escuiers , qui luy firent grant feste et le loèrent grandement, dont il s'esmerveilla moult fort, car l'ung luy dist : Sire , descendez , et venez par devers ma dame , qui vous attent en son pavillon. Par ma foy , dist Raimondin , ce me plait. Tantost descendit et s'en alla avec eulx , qui le conduirent vers la dame moult honnourablement. Et adonc la dame le prinst par la main et l'amena dedens le pavillon , et se assirent ensemble , main à main , sur une riche couche , et tous les aultres demourèrent dehors. Adonc commença la dame à aresonner Rai-

mondin, et lui dist en ceste maniere : Mon amy, je
sçay bien que vous avez bien tenu tout ce que je
vous avoie introduit; si en auray desoresmais plus
grant fiance en vous. Dame, dist Raimondin, j'ay
trouvé si bon commencement en vos parolles, que
vous ne me sçaurez chose commander que corps hu-
main puisse ou doibve bonnement comprendre, que
je ne vueille faire et entreprendre à vostre plaisir.
Raimondin, dist-elle, pour moy ne entreprendrez-
vous nulle chose de quoy vous ne venez à bon chief.
Adoncques vint ung chevalier qui se agenoilla de-
vant elle et le honnoura moult, et dist en adressant
ses parolles à la dame : Ma dame, il est tout prest
quant il vous plaira. Et la dame lui respond et dist
Couvrez-vous, sire. Et adoncques estoit tout prest
et appareillé, si lavèrent et s'assirent, Raimondin et
la dame, à une moult riche table; et aval le pavil-
lon avoit grant foison des aultres tables dressées, où
avoit moult de honnourables gens assis. Et quant
Raimondin vist cet appareil, il fut moult esmerveil-
lé, et demanda à sa dame dont tant de peuple luy
estoit venu; et ad ce la dame luy respondist rien;
pour quoy Raimondin luy va demander de rechief :
Ma dame, dont vous viennent tant de gens et de si
belles damoiselles? Par ma foy, dist la dame, Rai-
mondin, mon amy, il n'est pas besoing que vous en
donnez merveilles, car ilz sont tous en vostre com-
mandement, et appareillez de vous servir, et moult
d'aultres que maintenant vous ne voiés pas. A tant
se taist Raimondin, et lors on apporta les metz à si
grant habondance que c'estoit merveilles à regarder.
Mais de ce ne vous vueil plus long plait faire : car
quant ilz eurent disné et les napes furent ostées, ilz
lavèrent les mains, et aprez les graces furent dictes

ct toutes choses faictes. La dame prinst Raimondin par la main et le mena rasseoir sur la couche, et à tant chascun se retraist là où il leur pleut à retraire, ou que faire le devoient selon leur estat.

Lors dist la dame à Raimondin : Mon amy, à demain est le jour que les barons de Poetiers doibvent faire hommaige au jeune conte Bertrand; et sachiez, mon amy, que il vous y fault estre et faire ce que je vous diray, s'il vous plaist. Or, entendez et retenez mes parolles. Vous attendrez là tant que tous les barons auront fait leur hommaige; et lors vous vous trairez avant, et demanderez au jeune conte ung don pour le salaire et remuneration que oncques vous fistes à son père; et luy dictes bien que vous ne luy demandez ne ville, ne chasteau, ne fortresse, ne aultre chose que gaires luy couste. Et sçay bien que il le vous accordera, car les barons luy conseilleront; et tantost qu'il vous aura accordé vostre requeste, si luy demandez en ceste roche et à l'environ autant de place que ung cuir de cerf peut comprendre et enclore. Et il vous le donra si franchement que nul ne pourra mettre aulcuns empeschemens pour raison et hommaige de fief, ne par charge de rente ou aultre redevance quelconque. Et quant vous aura ce accordé, si en prenez et faictes tant que vous en avez bonnes chartres et lettres seellées du seel de la dicte conté et des seaulx des pers du pays. Et quant vous aurez tout ce fait, le lendemain, en vous en venant, vous trouverez ung homme portant en ung sac ung cuir de cerf conroié en allant tout en une pièce moult gentement et sentivement. Et tantost l'achettez tout ce que le vous fera, et luys faictes ce cuir taillier en une couroie le plus desliè que on le pourra faire bonnement, et puys

vous faites delivrer vostre place que vous trouverez
toute taillée et ordonnée où il me plaira que vostre
place se comporte ; et au rapporter les bous ensam-
ble, se la couroie croist, faictes le remener contre
val la vallée, et illec souldra une fontaine, où nais-
tra et courra ung ruissel assez grant, que ung temps
advenir aura bien besoing en cestuy pays. Allez et
faictes hardiement, mon amy, et ne faictes doubte
de riens, car toutes vos besongnes seront bonnes et
bien faictes. Et vous retournerez à moy icy le len-
demain quant on vous aura delivré vostre don, et
en prenez les lettres et chartres. Et adoncques il res-
pondist : Ma dame, je feray à mon povoir tout vos-
tre plaisir. Lors se entrebaisèrent moult doulcement
et prindrent congié l'un de l'aultre. Et à tant se taist
l'istoire de plus en parler, et commencé à parler de
Raimondin, qui monta tantost à chevau, et s'en alla
tirant à Poetiers le plus tost qu'il peut oncques che-
vaucher.

Comment Raimondin, aprez que les barons eurent
fait hommage au jeune conte, luy demanda
ung don, lequel luy accorda.

'istoire nous dist que tant chevaucha Rai
mondin que il vint à Poetiers, où il trouva
de haultz barons grant foison et de contes
qui là estoient venus pour faire hommage
au nouvel conte Bertrand, qui luy firent moult grant
honneur et louèrent moult grandement. Et le lende-
main vindrent tous ensamble à Saint-Hilaire de Poe-
tiers, et là firent le service divin moult richement et

honnourablement; et à icelluy service fut le jeune conte en estat de chanoyne comme leur abbé, et y feist son devoir comme il appartenoit et estoit acoustumé. Adonc vindrent les barons qui luy firent hommage; et aprez ces choses faictes se trahit Raimondin avant humblement, et va dire : Entre vous, messeigneurs, nobles barons de la conté de Poetiers, plaise vous entendre la requeste que je vueil faire à monseigneur le conte, et se il vous semble qu'elle soit raisonnable, qu'il vous plaise de luy prier qu'il me la vueille accorder. Et les barons luy respondirent : Tresvoulentiers nous le ferons. Et à tant s'en vindrent tous ensemble devant le comte. Et lors tout premierement Raimondin commença à parler moult advisement, en suppliant et disant en ceste manière : Treschier sire, je vous requiers humblement que en remuneration de tous les services que je fis oncques à vostre père, dont Dieu aye l'ame, qu'il vous plaise de vostre benigne grace à moy donner ung don, lequel ne vous coustera gaires, car sachiés, sire, que je ne vous vueil demander ville, chasteau, ne fortresse, ne nulle aultre chose qui gaires vaille. Lors respondist le conte : Se il plaist à mes barons, il me plaist bien. Et adoncques ilz luy disdrent en ceste manière : Sire, puys que ce est chose de si petite value, vous ne luy devez pas refuser, et il le vault bien et l'a bien desservi. Et le conte leur va dire : puys qu'il vous plaist à le me conseiller, je le accorde, et demandez hardiement. Sire, dist Raimondin, grans mercis; sire, je ne vous requiers aultre don fors que vous me donnez au dessus de la fontaine de Soif, ès rochers et aux haultz bois, où il me plaira à prendre, tant de place que ung cuir de cerf se pourra extendre, et aprez la

cloisture de long de tous les esquarris. Par Dieu, dist
le conte, je ne le vous doibs pas refuser; je le vous
donne, dist le conte, franchement, que vous ne de-
vrez, à moy ne à tous mes successeurs, foy ne hom-
maige ne quelconque redevance. Adonc Raimon-
din se agenoilla et le mercia de ce humblement, et
le requist de ce avoir bonnes lettres et chartres, les-
quelles luy furent joyeusement accordées et faictes le
mieulx que on peut faire et deviser; et furent seel-
lées du grant seel du conte par la relation des douze
pers du pays, qui mirent et pendirent leurs seaulx
en congnoissance de affermer le don à estre raisonna-
ble, avec ledit grant sel du conte. Adonc se depar-
tirent de ladicte eglize de Saint-Hilaire de Poetiers,
et vindrent en la salle. Et là fut la feste grande, et
y eut moult de seigneurs qui moult noblement furent
servis de pluiseurs services et de pluiseurs metz en
celluy jour; et y eut moult grant melodie de son de
menestriers et aultres sons de musique. Et donna le-
dit conte au disner moult de riches dons. Mais il est
vray que de tous ceulx qui furent en celle feste on
reputoit et disoit que entre les aultres Raimondin es-
toit le plus gracieux, le plus bel, et de la meilleure
contenance, que nul des aultres qui y estoient. Et
ainsi se passa la feste jusques à la nuyt, que chascun
s'en alla reposer. Et aprez lendemain au matin se le-
vèrent et allèrent ouyr la messe en l'abbaie de Mon-
tiers, et là pria Dieu devotement Raimondin qu'il
luy pleut aydier à son besoing et à le achever au
salut de son ame et au prouffit et salut de son corps,
et au prouffit et honneur de toutes les deux parties
ce qu'il avoit commencé et entrepris. En faisant
ainsi sa requeste à Dieu, il demoura en sa devotion
au Montier jusques à l'eure de prime.

Comment Raimondin trouva ung homme qui portoit ung cuir de cerf, et l'achetta.

r dist l'istoire que quant Raimondin eut ouy la messe et fait sa devotion, que il saillist hors du moustier neuf, et à l'issue de l'abbaie, au delà du chasteau, il trouva ung homme qui portoit ung cuir de cerf sur son col, qui luy vint à l'encontre et luy dist en ceste maniere : Sire, acheterez-vous ce cuir de cerf que j'ay en mon sac, pour faire bonnes cordes chasseresses pour vos veneurs? Par ma foy, dist Raimondin, ouy, se te veulx; et que coustera-il, en ung mot, ainsi qu'il est? Par ma foy, sire, vous en paierez cent soulbz se vous l'avez. Amy, dist Raimondin, apportez le en mon hostel, et je vous paieray. Et il luy respondist : Voulentiers. Adoncques il suyt Raimondin jusques à son hostel et luy bailla le cuir, et il le paia. Et après manda Raymondin ung sellier, et luy dist ainsi : Mon amy, il fault, se il vous plait, que vous me taillez tout ce cuir le plus delié que vous pourrez, en forme d'une courroie qui se entretiengne tant que vous le pourrez faire courrir. Et ainsi le fist le sellier; et puys le mirent arrière au sac ainsi taillé. Que feroye ores plus long prolongation? Il est vray que ceulx qui commis estoient à luy faire la delivrance de son don se departirent de Poetiers, et Raimondin avecques eulx; et tant chevauchèrent ensamble qu'ilz vindrent sur la montaigne qui estoit au dessus de Colombiers. Et lors ilz apperceurent sur la roche de la fontaine de Soif que on y avoit fait grant trenchée et abbatis d'arbres d'une part et d'aultres, dont ilz se prindrent moult fort à esmerveiller : car oncques mais ilz n'avoient veu illec d'arbres trenchez, ne nul temps aulcuns tronches. Adoncques Raimondin, qui bien apperceut que la dame y avoit ouvré, se teut. Et quant ilz furent en la prarie, ilz descendirent et jetterent le cuir hors du sac.

Comment ceulx qui estoient commis vindrent delivrer le don à Raimondin.

Quant les livreurs visdrent le cuir taillé si delié, ilz en furent tous esbahis, et disdrent à Raimondin qu'ilz ne sçavoient que faire; et sur ce vindrent deux hommes ves tus d'ung gros burel, qui disdrent en ceste manière : Nous sommes icy envoiez pour vous aydier. Adoncques ilz desvidèrent le cuir de la masse où l'avoit enroulé celluy qui l'avoit taillé, et le portèrent au fons de la vallée, au plus prez du rocher qu'ilz peurent; et là plantèrent ung pieu fort et gros, et y lièrent l'ung des bous du cuir; et avoit l'ung d'eulx ung grant fais de pieus que ilz fichèrent de lieu en lieu en environnant la roche, et ainsi que ilz trouvèrent la tranche faicte; et les aultres le sievoient en atachant le cuir au pieus, et par ceste maniere ilz environnèrent la montaigne; et quant ilz revindrent au premier pal, il y eut grant foison de remanant de cuir, et pour l'acomplir et fournir le tirèrent contre val la vallée, tellement qu'ilz parfournirent l'enchainte dudit cuir. Et sachiés que selon ce que on dist au pays, et que la vraie histoire le nous tesmoingne, que il sourdit ung ruisseau duquel plui-

scurs molins molurent et ont molu depuys. Adonc-
ques ceulx qui livroient la place furent moult esba-
his tant du ruissel que ils veoient devant eulx soul-
dainement sourdre, comme la circuite du cerf com-
prenoit, car il contenoit bien deux lieues de tour.

L'ystoire nous racompte que les livreurs, comme
devant est dit, furent moult esbahis quant ilz vis-
rent le ruissel sourdre souldainement, et courrir
contre la vallée grans sourions d'eaue, et aussi se es-
merveilloient-ilz de la grant ençainte que le cuir du
cerf comprenoit ; et neantmoins delivrent-ilz à Rai-
mondin la terre à luy donnée selon le texte de sa
chartre. Et aussi tost qu'ilz l'eurent baillé, ilz ne
sceurent oncques que les deux hommes vestus de bu-
rel devindrent, qui au devant estoient devant leurs
yeulx. Lors se departirent tous ensamble pour eulx
en aller à Poetiers ; et quant ilz vindrent là, ilz
comptèrent au conte et à sa mère ceste merveil-
leuse adventure. Et adonques dit la dame en ceste
maniere : Ne me croy jamais de chose que je die
se Raimondin n'a trouvé quelque adventure en la
forest de Colombiers, car celle forest est aulcunes
foys moult plaine de moult merveilleuses adventu-
res. Et lors dist le conte : Par ma foy, ma dame, je
croy que vous dictes vray, et j'ay piecha oy dire que
sur la fontaine qui est dessoubz celluy rocher, on a
veu advenir pluiseurs fois maintes merveilleuses
adventures ; mais quant à luy, je prie à Dieu qu'il
luy laisse jouir à son honneur et à son preu. Amen,
dist la dame. Ainsi qu'ilz parloient Raimondin ar-
riva, qui tantost se agenoilla devant le conte en le
remerciant de l'onneur et de la courtoisie qu'il luy
avoit faicte. Par ma foy, Raimondin, dist le conte,
c'est peu de chose ; mais se Dieu plait je feray mieulx

au temps advenir. Or, mon amy Raimondin, dist le
conte, que on m'a compté moult grant et merveil-
leuse adventure qui est advenue à present en la place
que on vous a delivré de par moy, laquelle je vous ay
donnée legièrement; si vous prie tresaffectueuse-
ment que vous me vucillez dire la plaine vérité. Par
ma foy, dist Raimondin, mon treschier seigneur, se
ceulx qui ont esté avecques moy ne vous en ont
compté fors que ce que ilz en ont veu, ilz ont bien
faict; toutes fois il est vray de la place que le cuir du
cerf a circuy de rond environ de deux lieues. Et
quant est de ces deux hommes qui sont vestus de bu-
reau, lesquels ont aydé à le mesurer et circuier, et
aussi du ruissel qui est sours tout souldainement,
c'est toute plaine verité, monseigneur. Par ma foy,
dist le conte, Raimondin, vecy grant merveille. En
bonne foy, Raimondin, ainsi comme il nous est ad-
vis, il faut que vous ayez trouvé quelque adven-
ture; je vous prie que vous nous le dictes aulcune-
ment, ainsi que vous le savez, pour nous en oster
hors de merencolie? Mon seigneur, dist Raimondin,
je ne ay encore trouvé que bien et honneur ; mais,
mon treschier seigneur, j'ay plus de plaisir de han-
ter en celluy lieu quant à present, que je n'ay ailleurs,
pour ce que est commune renommée du lieu estre
adventureux; et pour ce j'ay esperance que Dieu
m'envoiera quelque bonne adventure qui, par son
plaisir, me sera pourfitable et honnourable au corps et
à l'ame. Et, mon treschier seigneur, ne m'en en-
querez plus, car certainement aultre chose, pour le
present, ne vous sçauroie bonnement que dire.
Adoncques le conte, qui moult l'aimoit, se teut à
tant pour ce qu'il ne le vouloit point couroucer; et ce
fait Raimondin prinst congié du conte et de sa mère.

Et à tant me tairay quant à present de plús parlér
d'eulx, et diray comment Raimondin retourna par
devers sa dame où il sçavoit bien qu'il l'avoit laissée.

Comment Raimondin prinst congié du conte et retourna vers sa dame.

En ceste partie nous dist l'istoire que
Raimondin, qui moult estoit enamouré de
sa dame, se partit sur heure de Poetiers,
tout seul, moult hastivement, et chevau-
cha tant qu'il vint en la haute forest de Colombiers,
et descendit de dessus la montaigne au val, et vint
à la fontaigne où il trouva sa dame qui moult liement
le receupt, et luy dist en ceste manière : Mon amy,
vous commencez moult bien à celler nos secrez, et
se vous perseverez à faire ainsi, il vous en viendra
grant bien, et tantost vous vous en apperceverez et
le verrez. Adoncques va Raimondin respondre en
ceste manière : Ma dame je suis tout prest de acom-
plir à mon povoir tout vostre plaisir; par ma foy,
Raimondin, dist la dame, tant que vous m'aiez
espousée, ne povez-vous plus sçavoir ne veoir de
nos secrez. Dame, dist Raimondin, je suis tout
prest; non mie encore, dist la dame, il fault que il
soit aultrement, car il convient que vous allez prier
le conte, sa mère, et tous vos aultres amis, que ilz
vous viennent faire honneur à vos nopces, en ceste
place, au jour de lundi prouchainement venant, af-
fin qu'ilz voient les noblesses que je pense à faire
pour vostre honneur acroistre; pourquoy ilz ne
soient pas plus en suspition que vous soiez petitement

marié selon vous, et tout leur povez bien dire seure-
ment que vous prenez une fille de roy ; mais plus
avant ne vous en descouvrez, mais bien vous en
gardez si chier que vous avez l'amour de moy. Dame,
dist Raimondin, ne vous en doubtez. Amy, dist la
dame, n'aiez jà soing que pour grans gens que vous
sachés amener, que ilz ne soient trestous bien re-
ceups et bien logez, et qu'ilz n'aient bien à vivre à
grant foison pour eulx et pour leurs chevaux ; et
allez tout seurement, mon amy, et ne vous doub-
tez de riens. Et à tant se entre-accolèrent et baisè-
rent, et se partit Raimondin d'elle, et monta à che-
vau. Et à tant se taist l'istoire d'en plus parler, et
commence à parler de Raimondin, qui va grant erre
vers Poetiers.

Or nous dist l'istoire que tant erra Raimondin
aprez qu'il fut parti de sa dame, que il vint à Poe-
tiers, où il trouva le conte et sa mère, et grant foi-
son des barons de Poetiers et du pays, qui moult
fort le bienveignèrent, et luy demandèrent dont il
venoit ; et il leur respondit qu'il venoit de soy esba-
tre. Et quant ilz eurent grant pièce parlé d'une chose
et d'aultre, Raimondin vint devant le conte, et se
agenoilla et luy dist ainsi : Treschier seigneur, je
vous supplie humblement, sur tous les services que
je vous pourray faire jamais, que il vous plaise à
moy faire tant d'onneur de venir le lundi prochain à
mes espousailles à la fontaine de Soif, et que il vous
plaise de y amener vostre mère et toute vostre ba-
ronnie pour nous honnourer et nous faire compai-
gnie. Et quant le conte l'entendit, il fut moult es-
bahi. Dieu, dist le conte, beau cousin Raimondin,
estes-vous jà si estrange de nous que vous vous ma-
riez sans ce que nous en aions riens sceu jusques à

l'espouser? Pour certain nous nous en donnons grant merveilles, car nous cuidons que se vous eussiés voulenté de femme prendre, que nous fussions le premiers à qui vous en deussiez avoir pris conseil. Adoncques Raimondin respondit : Mon treschier seigneur, ne vous en vueille desplaire, car amours ont tant de puissance qu'ilz font faire les choses ainsi que il leur plaist, et je suys si avant allé en ce meschief que je ne puis reculer; et se je pourroie ores endroit défaire, je ne le defferoie pas. Or, beau sire, dist le conte, au mains dictes qui elle est et de quelle lignée. Par ma foy, dist Raimondin, vous me demandez chose que je ne vous pourroie respondre, car oncques en ma vie de ce je n'enquis riens. Par ma foy, dist le conte, vecy grans merveilles; Raimondin se marie et ne scet quelle femme il prent, ne de quel lignage. Monseigneur, dist Raimondin, puys qu'il me souffist, il vous doit bien souffire, car je ne prens pas femme pour vous ennoisier, mais pour moy; si en porteray le dueil ou la joye, lequel Dieu plaira. Par ma foy, dist le conte, vous dictes bien. Quant est de moy, je ne vueil mie avoir la noise, se elle y est; combien puys qu'il est ainsi, je prie Dieu devotement qu'il vous envoie paix et bonne adventure ensemble; et tresvoulentiers nous irons aux nopces, et y menerons madame et pluiseurs aultres dames et damoiselles, et nostre baronnie. Raimondin respondist : Monseigneur, tresgrans mercis, car je croy que quant vous viendrez là et vous verrez la dame, qu'elle vous plaira bien. Et à tant laissèrent le parler de ceste chose, et parlèrent d'une chose et d'aultre tant qu'il fut temps de sopper. Et nonobstant ce, tousjours le conte pensoit à Raimondin et à sa dame, et disoit que c'estoit quelque fortune qu'il avoit trouvé à la fontaine de Soif.

En ceste manière pensa le conte longuement, et tant que le maistre d'ostel luy venist dire : Monseigneur, il est tout prest quant il vous plaira. Par foy, dist le conte, ce me plaist. Adonc ilz lavèrent et furent assis, et furent bien servis; et aprez souper parlèrent de pluiseurs matières, et puis s'en allèrent couchier. Lendemain au matin le conte se leva et ouyt sa messe, et fist mander ses barons pour aler avec luy aux nopces de Raimondin, et ilz vindrent delivrement. Et manda ledit conte le conte de Forestz, qui estoit frere de Raimondin, car son père estoit mort. Et demantiers la dame fist son appareil en la prarie de dessoubz la fontaigne de Soif, qui fut si grant et si noble, que à dire voir riens n'y failloit de quelque chose qui appartenist à honneur pour celle besongne, et fut ores pour ung roy recepvoir à tout son estat, et vous en parleray plus à plain. Le dimence vint, chascun se appareilla pour venir aux nopces; la nuyt passa et le jour vint. Adonc le conte se mist en chemin et avecq luy sa mère, sa seur et sa baronnie à noble compaignie. Et adonc le conte enquiert Raimondin de l'estat de sa femme; mais il ne luy en voulsist riens dire, dont le conte estoit moult doulent, et tant vont ensamble parlant qu'ilz montèrent la montaigne et qu'ilz virent les grans tranchées qui faictes avoient esté soudainement, et virent la fontaigne qui y sourdit habondamment. Adonc chascun s'esmerveilla comment celle chose povoit estre ainsi faicte si soudainement. Et aprez vont regarder contre val la prarie, et voient tant de pavillons si treshaultz, si grans et si chiers, et de si nobles et merveilleuses fasson, que chascun s'esmerveilloit; et par especial quant ilz voient si grant foison de nobles gens allans et venans pour les affaires de la feste, les ungs les aultres conseillans, aval la prarie ; car là veissiés dames, damoiselles, chevaliers et escuiers de nobles atours ; là veissiez courir chevaux et palefrois à grant multitude, et contre val les estres à grant foison de cuisines fumans, où on faisoit grans et merveilleux apparelz. Et si voyoient au dessus de la fontaine la chappelle de Nostre-Dame, qui estoit belle, gracieuse et bien ordonnée que oncques mès n'avoient veu si belle chappelle, ne si noblement aournée. Si s'en vont esmerveillant en disant entre eulx : Je ne sçay qu'il adviendra en aprez du surplus, mais veey tresbeau commencement, grant et apparant de grans noblesses et honneurs.

Comment le conte de Poetiers vint aux nopces de Raimondin acompaigné de noble baronnie.

En ceste partie nous dist l'istoire que quant le conte et ses gens furent descendus de la montaigne, adonc ung chevalier ancien, noblement aourné et çainct d'une noble çaincture et riche et à pierres precieuses et perles, monté sur un hault palefroy liart, noblement acompaigné jusques au nombre de .xii. hommes d'onneur noblement aournez, s'en vint joieusement vers la route du conte. Et en la première route trouva le conte de Forestz et Raimondin son frère noblement acompaignez ; et sitost que le chevalier ancien apperceut Raimondin, que il congneut bien entre les aultres, il alla saluer honnourablement, et aprez le conte de Forestz son frère et toute leur compaignie.

Et à brief parler icelluy ancien chevalier et ceulx de sa compaignie les receuprent joyeusement, disant ledit chevalier soy adressant envers ledit Raimondin : Monseigneur, faictes-moy mener vers le conte de Poetiers, s'il vous plait, car je veulx parler à luy ; et ainsi le fist-il faire. Et quant l'ancien chevalier vint devant le conte, il le salua doulcement, et le conte luy va dire : Vous soiez le tresbien trouvé. Or me dictes ce pour quoy vous me demandez ; lors le chevalier dist au conte ainsi : Sire, madamoiselle Melusine d'Albanie se recommande à vous tant qu'elle peut, et vous mercie du grant et hault honneur que vous faictes à Raimondin vostre cousin, et à elle, quant il vous plait de vostre grace de leur venir faire compaignie à leurs espousailles. Par foy, dist le conte, sire chevalier, en ce cas povez-vous dire à vostre damoiselle que cy n'a nul de merciement besoing, pour ce que je suys entenu de faire honneur à mon cousin. Sire, dist le chevalier, vous dictes vostre courtoisie, mais nostre damoiselle est saige pour sçavoir ce que on doibt faire, et, sire, elle m'a envoié à vous, et mes compaignons. Sire chevalier, dist le conte, il me plaist bien ; mais sachiés que je ne cuidoie mie trouver logée damoiselle cy prez de moy de si hault affaire, qui eut tant de si nobles gens avecques elle. Ha, sire, dist le chevalier, quant il plaira à madamoiselle elle en aura bien plus, car il ne luy convient que demander. Et ainsi parlans les ungs aux aultres, ilz arrivèrent au pavillon et fut le conte logié au plus riche logis qu'il eut oncques mais veu. Et aprez fut chascun logié selon son estat, et disoient que en leurs propres hostelz ilz ne fussent point mieulx logez. Leurs chevaux furent logez ès grans tentes, et liez si à leur aise qu'il n'y eut varlet qui ne s'en loast, et s'esmerveillèrent tous dont tant de biens et de richesses povoient si habundamment venir.

Comment Raimondin et Melusine furent espousez.

n aprez vint la contesse, la mère au conte, et Blanche sa fille, et adoncques Melusine, qui fut moult saige, envoia au devant d'elle l'ancien chevalier qui avoit tenu compaignie au conte, et aussi avec celluy ancien chevalier s'en allèrent pluiseurs dames et damoiselles de hault et noble estat, qui moult bienveignèrent et honnourèrent la contesse et sa fille, et les menèrent logier en ung moult noble pavillon de drap batu en or, perles et pierres precieuses. Si richement, à brief parler, furent logez que tous s'esmerveilloient de la grant richesse et du grant atour qu'elles visdrent au pavillon, et là furent-elles recenes à moultz grans et melodieux sons de divers instrumens, moult honnourablement à toute sa compaignie, et furent tresbien logiés. Et quant la contesse fut ung peu reposée et habillée, et les seigneurs, dames et damoiselles qui estoient en sa compaignie, elles allèrent en la chambre de l'espousée, qui estoit sur toutes les aultres chambres la plus noble sans comparaison, et si estoit tant belle et si tresnoblement aournée que chascun disoit que oncques si belle ilz n'avoient veu jour de leur vie, ne si noblement aournée. Et se commencèrent tous à esmerveiller de sa beaulté et de la grant richesse de son abillement. Et adoncques la comtesse en soy-mesme

considerant l'estat, dist que en tout le monde elle ne
cuidoie mie que on peut trouver royne ne emperresse
qui peut finer autant d'avoir que les joyaulx qu'elle
avoit sur elle valoient. Que ferois-je ores long
plait? Le conte de Poetiers et ung des plus haultz
barons, c'est assavoir le conte de Foretz, adressè-
rent et mirent à point l'espousée, et la menèrent
moult doulcement à ladicte chappelle, qui estoit tant
noblement aournée que nul ne sçauroit priser la ri-
chesse tant des parements qui là estoient le plus
estrangement ouvrez et si richement de fin or et de
brodure de perles, que on n'avoit oncques mais veu
nul temps les pareilz, come d'ymaiges et de croix,
de crucifis d'or et d'argent, et si avoit de livres tant
nobles que on ne pourroit plus au monde souhaidier.
Et là fut ung evesque qui les espousa.

---

*Comment à disner ilz furent moult honnourable-
ment servis.*

t aprez le service divin ilz se reposèrent;
et fut le disner en ung moult grant pavillon
qui estoit moult riche et de noble atour,
tout emmy la prarie, et furent servis de
tant de metz si grandement, et de si bons vins es-
tranges et aultres, et d'ipocras, si largement que
chascun s'en esbahissoit dont tant de biens povoient
venir, et les servoit-on si appertement en vaisseaulx
d'or et d'argent que chascun s'esmerveilloit, et quant
ung mès estoit osté, l'aultre estoit prest si tost que
chascun s'esmerveilloit comment les serviteurs es-
toient de ce faire si diligens.

Aprez ce qu'ilz eurent disné et que les tables
furent ostées et graces dictes, que on eut
servi d'espices, pluiseurs s'en allèrent ar-
mer et montèrent à chevau ; et lors l'es-
pousée et pluiseurs aultres dames furent montées sur
eschafaulz moult richement parez de draps d'or, et
estoient les aultres dames sur pluiseurs aultres escha-
faulz. A tant commencèrent moult fort les joustes,
et jousta moult bien le conte de Poetiers et le conte
de Forestz ; si firent les Poetevins. Mais le chevalier
de l'espousée faisoit merveilles de bouter chevaux et
chevaliers par terre. A tant est venu Raimondin sur
un destrier liart qui moult noblement fut aourné, de
blanc tout couvert, et lui avoit envoié la dame ; et
du premier poindre qu'il fist à son chevau, il abba-
tist le conte de Forestz son frere, et fist tant qu'il
n'y eut chevalier d'ung costé ne d'aultre qui ne le
redoubtast. Adone le conte de Poetiers s'esmerveilla
moult qui le chevalier estoit, et joingt le sal au pis
et s'en vient vers luy lance baissée ; mais Raimondin
qui bien le congneut s'en tourna d'aultre part, et
assiet sur ung chevalier de Poetou et le fiert si roi-
lement en la partie de l'escu qu'il le porta par terre
luy et son chevau ; et à brief parler tant fist Rai-
mondin en celle journée que chascun disoit que le
chevalier aux blanches armes avoit tresfort jousté.
La nuyt approucha et la jouste se departist, dont
retournèrent les dames et s'empartirent avecques
l'espousée, et s'en allèrent en leurs pavillons, et se

reposèrent ung peu ; et ne demoura gaires qu'il fût temps de soupper. Adonc se assamblèrent en la grant tente, et lavèrent et s'assirent à table, et furent moult richement servis, et aprez soupper furent les tables levées et graces dictes. Ce fait, les dames allèrent à leurs retrais et ostèrent leurs grandes robes, et vestirent plus cours habis, et firent feste moult belle ; et furent les honneurs moult grans, et tant que tous ceulx qui là estoient venus avecq le conte s'esmerveilloient du grant luminaire, des grans honneurs et des grans richesses que ils visdrent là. Et quant il fut temps, ilz menèrent l'espousée coucher moult honnourablement en ung tresmerveilleusement riche pavillon qui fut pour ce nouvellement tendu, et la livrèrent le conte de Poëtiers et le conte de Forestz aux dames. Et lors la comtesse de Poetiers et les aultres grandes dames vindrent, qui menèrent l'espousée dedens, et l'administrèrent et instruirent en tout ce qu'elle devoit faire, combien qu'elle estoit assez pourveue de ce ; mais non obstant ce, elle les mercioit moult humblement de ce qu'elles luy montroient pour son bien et garder son honneur ; et quant elle fut couchée, elles attendirent autour du lict en devisant pluiseurs choses tant que Raimondin venist, qui estoit encores demouré avec le conte et son frère, et le mercioit de ce qu'il avoit le premier combatu. Par ma foy, dist le conte de Poetiers, beau cousin de Forestz, vous avez piecha ouy dire que aulcunes foys l'amour des dames donne paine et travail aux amoureux et la mort aux chevaux. Monseigneur, dist le conte de Forestz, Raimondin mon frère le m'a huy monstré que c'est verité. Et Raimondin, qui fut ung peu honteux, va respondre en ceste manière : Beaulx seigneurs, frappez du plat,

et ne me donnez jà tant de los, car je ne suys mie
celluy que vous pensez, puys que vous me congnois-
sez pour celluy aux blanches armes ; se ne suys-je
pas ; je vouldroie bien que Dieu m'eut donné la
grace de faire si bien. Et à ces parolles vint ung
chevalier que les dames envoièrent, qui leur dist :
Beaulx seigneurs, ne rigolez pas trop fort, car sachiés
bien qu'il a aultre chose à penser. Par ma foy, dist
le conte de Poetiers, je croy que vous dictes vray
Et de rechief va dire le chevalier : Mes seigneurs,
amenez Raimondin, car les dames le demandent
pour ce que sa partie est toute preste, et de ce
commencèrent tous à rire, et disdrent que il ne
luy en failloit jà de tesmoing, car c'estoit chose bien
croiable.

Comment l'evesque beneist le lict où Raimondin et Melusine estoient couchiés.

A ces parolles admenèrent Raimondin au pa-
villon, et fut assez tost couché ; et lors vint
l'evesque qui les avoit espousé, lequel be-
neist le lict, et aprez chascun prist congié,
et furent les courtines tirées. Et à tant se taist l'is-
toire sans plus avant parler de la matère, et com-
mence à parler des aultres qui s'en allèrent les ungz
coucher, et les autres dansser et esbattre tant qu'il
leur pleut. Et aprez vous parlera l'istoire de Raimon-
din et de la dame comment ilz se gouvernèrent, et
les parolles qu'ilz se disoient au lict quant ilz furent
couchiés ensamble
En ceste partie nous dist l'istoire que quant tout

fut departi et les pans du pavillon furent joinctz, que
Melusine parla à Raimondin en ceste manière : Mon
treschier seigneur et amy, je vous mercie du grant hon-
neur qui m'a aujourduy esté faict de vostre lignée et a-
mis, et aussi de ce que vous celez si bien ce que vous m'a-
vez promis en nostre première convenance. Et sa-
chiés pour certain se vous le tenez tousjours aussi
bien que vous serez le plus puissant et le plus honnouré
qui oncques fut en vostre lignée; et se vous faictes
le contraire, vous et vos heritiers decherrez peu à
peu de vostre estat et de la terre que vous tiendrez,
quant vous ferez la faulte, s'il est ainsi que vous la
facés, ce que Dieu ne vueille jà consentir, ne ne sera
jamais tenue par nul de vos heritiers ensamble. Et
adoncques luy va respondre Raimondin : Ma tres-
chière dame, ne vous en doubtez mie, car ce ne
m'aviendra jà, se Dieu plaist. Et lors la dame lui res-
pond en ceste manière : Mon treschier amy, puys
que ainsi est que je me suys mise si avant, il me con-
vient attendre la voulenté de Dieu, et moy confier
en vostre promesse. Or, vous gardez bien, mon tres-
chier amy et compaignon, que vous ne me faillez de
ce convenant, car vous serez celluy qui plus y per-
drez aprez moy. Ha, ha, chière dame, dist Raimon-
din, de ce ne vous faut jà doubter, car à ce jour mé
faille Dieu quant je vous fauldray de mon povoir de
convenant. Or, mon chier amy, dist la dame, lais-
sons ester le parler, car pour certain de ma part ny
aura point de faulte que vous ne soiez le plus for-
tuné que oncques fut en vostre lignage, et en serez
de tous le plus puissant, se il ne tient à vous. Et adonc
en ce parti laissèrent aler de ceste matere, et pour ce
nous dist l'istoire que en ceste nuyt fut engendré
d'entre eulx deulx le preux vaillant Urian, qui de-

puys´fut roy de´ Chippres, comme vous ouyrez bien
cy aprez au long.

---

*Comment le conte de Poeitiers et de Foretz et les
barons et dames prindrent congié de
Raimondin et Melusine.*

'istoire nous dist en ceste partie que tant
demourèrent ces deux amans au lict que le
soleil fut hault levé; et adoncques se leva
Raimondin et se vestit, et saillist hors du
payillon. Et desjà estoit le conte de Poetiers et le
conte de Forestz et les aultres barons qui attendoient
Raimondin, et l'emmenèrent-tous ensamble en la
chappelle, et là ouyrent la messe moult devotement,
et puys vindrent en la prarie, et là de rechief com-
mença la feste qui fut moult grande. Or vous en
laisserons à parler, et dirons en avant de la contesse
et des autres grans dames qui atournèrent Melusine
et la menèrent moult richement appareillée en la
chappelle; et là ouyrent la messe, et fut l'offrande
grande et riche; et aprez ce que le service divin fut
fait, se retrairent au pavillon. Que vous feroie ores
long compte, la feste fut grande et noble, et dura
par l'espace de quinze jours entiers, et donna Melu-
sine de moult grans dons et joyaulx aux dames et
damoiselles, aux chevaliers et escuiers; et aprez la
feste prindrent congié le conte et la contesse et toute
la baronnie, pour eulx en aler. Et lors convoia Me-
lusine la contesse et sa fille jusques oultre la villette
de Colombiers; et au departement donna Melusine
à la contesse ung si riche fermail d'or que ce fut sans

nombre, et à sa fille ung chappeau de perles à sa-
phiers, gros rubis, diamans, et aultres pierres pre
cieuses; et tous ceulx qui veoient le fermail et le chap-
peau s'esmerveilloient de la beaulté, bonté et val-
leur d'iceulx. Et sachiez que Melusine donna tant
aux grans et aux petis, que nul ne fut en la feste qui
ne se louast des grans dons que Melusine leur donna;
et s'esmerveilloient tous dont tant de biens povoient
venir; et disoient trestous que Raimondin estoit
moult grandement, puissamment et vaillamment
marié. Et aprez toutes ces choses, Melusine prinst
congié honnourablement du conte et de la con-
tesse et de toute la baronnie, et s'en retourna en son
pavillon en moult noble et belle compaignie; et
Raimondin convoia tousjours le conte, et en chevau-
chant leur chemin le conte luy dist en ceste manière :
Beau cousin, dictes moy, se faire se peut bonnement,
de quel lignage est vostre femme   combien que quant
le chevalier vint à nous de par elle pour nous logier,
il nous mercia de l'onneur que nous vous venions
faire, de par ma damoiselle Melusine d'Albanie, et
je le vous demande aussi pour ce que nous en sçau-
rions voulentiers la verité, car à tant que nous po-
vons appercevoir de son estat et maintieng, il con-
vient qu'elle soit saillie de moult noble et puissant lieu;
et la cause qui nous meut de le voulentiers sçavoir est
pour ce que nous n'aions point mespris de luy faire
l'onneur qui lui appartient. Par ma foy, monseigneur,
dist le conte de Foretz, tout ainsi estoit ma voulenté.

L'istoire nous dist que adonc Raimondin fut moult
couroucé au cuer quant il ouyt la requeste que le
conte de Poeitiers, son seigneur, luy faisoit, et pa-
reillement le conte de 'Foretz, son frère; car il a-
moit, doubtoit et prisoit sa dame tant qu'il haioit

toutes choses qu'il pensoit qui luy deussent desplaire; non pourtant il luy respondit moult froidement : Par ma foy, monseigneur, et vous mon frère, plaise vous sçavoir que par raison naturelle à qu que je cellasse mon secret, à vous deux je ne le debveroie pas celler, voire se c'estoit chose que je le peusse dire, et aussi que je le sceusse; et pour ce je vous responderay à ce que vous m'avez demandé selon ce que je puys sçavoir. Sachiés que je ne demandé ne enquis oncques tant que vous m'avez demandé et jà enquesté; mais tant vous en sçay bien dire qu'elle est fille de roy puissant et hault terrien; et par l'estat, gouvernement et maintieng que vous avez veu en elle, vous povez bien assez appercepvoir qu'elle n'est ne a esté nourie en mendicité ne en rudesse, mais en superfluité d'onneur et largesse de tous biens; et vous requiers comme à messeigneurs et amis que plus n'en enquerez, car aultre chose ne povez vous sçavoir de moy; et telle qu'elle est elle me plaist bien, et en suys trescontent, et congnois bien que c'est le sourion de tous mes biens terriens présens et advenir, et aussi crois-je certainement que c'est la voie première de tous mes biens et le saulvement de moy. Adonc, respondist le conte de Poeitiers, par ma foy, beau cousin, de ma part je ne vous en pense plus à enquester, car comme vous avez saigement mis en termes de haultes honneurs, richesses et maintieng de ma cousine, vostre femme, nous devons de nous mesmes concepvoir qu'elle est de noble extraction, et de trespuissant et hault lieu. Par ma foy, monseigneur, dist le conte de Foretz, vous dictes vray; quant est de ma part je ne l'en pense jamais à enquester, jà soit ce qu'il est mon frère, car je l'en tien tresbien asseuré selon mon advis. Las! depuys il luy faillit de convenant, dont Raimondin emperdist là dame, et le conte de Forestz emprist depuys, pour ce, mort par Geuffroy au grant dent, dont on vous parlera cy après plus-à plain en l'istoire, mais quant pour cause de briefveté. Raimondin prist congié du conte et de son frère et des barons, et s'en retourna à la fontaine de Soif; et aussi le conte de Forestz prist congié du conte de Poetiers, de sa mère, de sa seur, et de tous les barons moult honnourablement, et s'en alla en sa conté et les mercia moult de l'onneur qu'ilz lui avoient fait aux nopces de Raimondin son frere. Et pourtant le conte de Poeitiers, sa mère et sa seur, et ceux de son hostel retournèrent à Poetiers, et chascun des aultres barons s'en alla en sa contrée. Mais il n'y eut celluy qui ne pensast aux merveilles et richesses qu'ilz avoient veu aux nopces, et aux trenchis et au ruissel qui si souldainement leur estoit apparu estre fait; et disoient bien tous ceulx d'un commun d'illec environ, que d'aultres plus grans merveilles y adviendroient et apparroient. Et à tant se taist l'istoire à parler d'eulx et commence à parler de Raimondin et de sa dame comme ilz furent aprez la departie de la feste.

L'istoire nous racompte que quant Raimondin fut retourné devers la dame, qu'il trouva la feste encore plus grande que devant, et y avoit plus de nobles gens qu'il y eut devant. Toutes lesquelles gens luí vont dire à haulte voix : Monseigneur, vous soiez le bien venu comme celluy à qui nous sommes et à qui nous voulons obeir; et ce disdrent aussi bien les dames que les seigneurs; et adoncques Raimondin leur respondit : grans mercis de l'onneur que vous me offrez. Et à tant est venue Mélusine qui moult honnourablement le bienveigna et le traist à part, et

luy recorda mot à mot toutes les parolles qui avoient
esté entre le conte et luy, et entre luy et le conte de Fo-
rest; et luy dist la dame : Raimondin, tant que vous
tiendrez ceste voie tous les biens vous habonderont ;
beau amy, je donneray demain congié à la plus grant
partie de nos gens qui cy sont venus à nostre feste ·
car il nous fauldra ordonner aultre chose, Dieu de-
vant, que vous ferez bien prouchainement; et Rai-
mondin respondist ainsi : dame, comme il vous plai-
ra. Et quant vint le lendemain au matin, Melusine de-
partist ses gens, et en y eut grant quantité qui s'en
allèrent, et ceulx qui luy pleurent demourèrent. Et
à tant se taist l'istoire à parler des choses dessusdic-
tes, et commence à traicter et à parler comment la
dame commença à fonder la fortresse de Lusignen,
de quoy j'ay dessus parlé.

En ceste partie nous dist l'istoire que quant la
feste fut departie de ses gens, que tantost aprez elle
fist venir grant foison d'ouvriers et de pionniers, et
fist tantost trencher et desraciuier les grans arbres,
et fist faire la roche toute nette par dessus, et le par-
font trenchis, ainsi qu'elle avoit fait ordonner par a-
vant, et ainsi que le cuir du cerf avoit environné ;
et puys fist venir grant foison de massons et tail-
leurs de pierre, et aprez fist commencer sur la vive
roche nette et bastir le foundament tel et si fort que
c'estoit merveilles à veoir; et faisoient les ouvriers
dessusdis tant d'ouvraige et si soudainement, que
tous ceulx qui par là passoient en estoient tous es-
bahis ; et les paioit merveilleusement tous les same-
dis sans nulle faute, tellement qu'elle leur donnoit
ung denier de reste, et trouvoient pain, vin et char;
et toutes aultres choses qui leur faisoient besoing, à
grant habondance. Et est vray que personne ne sça-

voit dont ces ouvriers estoient. Et sachiez que en brief temps fut la fortresse faiete, non pas une tant seullement, mais deux fortes places avant que on puisse venir ne aller au donjon ; et sont toutes les trois places environnées de fortes tours machicollées et les voulées des tours tournées et aguies, 'et les murs haultz et bien carnelez ; et en y a à trois pares de brayes bien haultes et puissans ; et y a pluiseurs tours ès dictes braies, et poternes fortes à merveilles, et au lez, vers le hault bois au dessus de la prarie, est la roche si haulte et si droite qu'en elle nulle creature pourroit habiter. Et avec tout ce il y a fortes braies entaillées de mesmes la roche. Or est vray que la fortresse est grande et forte à merveilles. Et sachiez que le conte de Poetiers et tous les barons et mesmes les gens du pays furent tous esbahis comment si grant ouvraige povoit ainsi estre fait et en si peu de temps ; et adonc la dame se logea dedens la fortresse, et Raimondin fist crier une grande feste qui fut moult noble ; et y furent le conte de Poetiers, sa mère, sa seur, les barons du pays, le conte de Forestz, et pluiseurs aultres nobles du pays et de pluiseurs nations ; et aussi y furent tant de dames et damoiselles qu'il devoit bien souffire pour la journée. Et à la feste fut bien jousté et bien dancé, et menèrent moult joyeuse vie, et moult amoureusement furent assamblez. Et quant Melusine vit son bon point, si a dit aux deux contes et aux barons moult humblement en ceste manière : Mes beaulx et bons seigneurs, nous vous remercions de la haulte honneur que vous nous avez faicte, et la cause pour quoy nous vous avons prié de y venir je vous la declareray à present.

Seigneurs, dist la dame, je vous ay icy assamblez

pour avoir vostre conseil comment ceste fortresse sera appellée, pour quoy il soit memoire à jamais comment elle a esté fondée adventureusement. Par ma foy, dist le conte de Poetiers, belle niepce, et nous vous disons tant en général et voulons que vous mesmes luy donnez le nom qu'elle aura; car il n'y a pas en tous nous assemblez autant de saigesse qu'il y a en vous seullement; et sachiez que nul de nous ne se meslera de ce faire; vous en avez tant fait que d'avoir achevé si tresbelle place que ceste est devant vous. Chier sire, dist Melusine, vous avez tout à pensement gardé ceste response pour moy rigoler; mais quoy qu'il en soit, je vous requiers que m'en vueillez dire vostre entention. Par ma foy, dist le conte, ma niepce, nul de nous ne s'en meslera jà par dessus vous, car, par raison puys que vous en avez tant fait que d'avoir achevé si tresbelle place que ceste est quant à present la plus belle et la plus forte que j'ai point en nul lieu veue, vous mesmes, sans aultre, lui devez donner le nom à vostre gré. Ha, ha, monseigneur, dist Melusine, puys qu'il n'en peut aultrement estre, et que je voy qu'il est à vostre plaisir que je luy mette son propre nom, or doncques, puys qu'il vous plaist, elle a nom Lusignen. Par ma foy, dist le conte, ce nom lui affiert bien pour deux causes : car tout premierement vous estes nommée Melusine d'Albanie, en langaige gregoys vault autant à dire comme chose qui ne fault; et Melusine vault autant à dire comme chose de merveilles, ou merveilleuse chose; et aussi ceste place est fondée merveilleusement, car je ne crois mie autrement que jamais, tant que elle sera, que on y trouve tous temps aucunes choses merveilleuses. Adonc respondirent tous d'ung assentiment en ceste manière :

Monseigneur, on ne luy pourroit donner nom qui
luy mieulx advenit selon l'estre du lieu, et aussi se-
lon l'interpretation que vous avez faicte du nom
propre. Et en ceste propre oppinion et parolle fu-
rent tous d'ung accord, et fut le nom si publié en
peu de temps, qu'il fut sceu par tout le pays ; et fut
ainsi nommé et a tousjours esté jusques à mainte-
nant, et jusques au jour du jugement ne perdera jà
son nom. Et assez tost prindrent tous congié, et leur
donna Melusine et Raimondin assez de riches dons ;
et ainsi se departist la feste tresamoureusement, et du
surplus se deporte de parler d'eulx, et retourne à
parler de Melusine et Raimondin, comme depuys
ilz se gouvernèrent et tressaigement, puissamment
et honnourablement

Aprez ce que la feste fut depaitie, Melusine, qui
moult estoit ensaincte, porta son fruit jusques au
terme de l'enfanter ; et quant vint le temps, au plai-
sir de Dieu elle se delivra d'ung enfant masle qui
fut en tous estas bien formé, excepté qu'il eut le vi-
saige court et large à travers, et si avoit ung œil
rouge et l'aultre pers. Il fut baptisé, et eut nom
Urian. Et sachiez qu'il avoit les plus grans oreilles
qui oncques furent veues à enfant ; et quant il fut
parcreu, elles estoient aussi grandes comme les ma-
milles d'ung van. Adoncques Melusine appella Rai-
mondin, et luy dist en ceste maniere : Mon tres-
doulx compaignon et amy, je ne vueil pas que tu
laisse perdre l'eritage qui te appartient, et qui de
fait te est advenu par la mort de tes predecesseurs
qui sont mors en Bretaigne : car Guerende et Peni-
cense doibvent estre à vous et à vostre frère, et tou-
tes celles places et marches de pays. Allez-y, et som-
mez le roy des Bretons comme il vous reçoipve en

droit, et luy dictes que vostre père avoit occis son nepveu en gardant sa vie, et pour la doubte dudit roy qu'il n'avoit oncques mais osé se tenir au pays, mais s'en estoit estrangé. Et se il ne vous veult recepvoir ne tenir en droit, ne vous en esbahissez jà pour ce, car aprez il sera tout joyeulx quant il le vous pourra faire. Adonc respondit Raimondin : il n'est chose que vous me commandez que je ne face à mon povoir, car je vois bien et considère que toutes vos œuvres ne tendent que à honneur et à bien. Amy, dist la dame, c'est bien raison, puis que vous fiez du tout en moy, que je vous tienne verité. Il est vray que vostre père, de par ses antecesseurs, doibt avoir moult grans choses en Bretaigne, lesquelles choses vous seront declarées quant vous serez au pays. Or doncques vous vous en irez d'icy tout droit à un beau fort que on appelle Quemegnigant, et y trouverez ung ancien chevalier qui fut frère de vostre père, et l'appelloit-on Alain, et vostre père eut nom Henry de Leon; lequel fut en sa jeunesse moult aspre homme et de chaude colle. Et sachiez qu'il ne doubtoit ne craignoit chose que personne entreprist contre luy, car il estoit moult plain du feu de jeunesse et de hardiesse qu'il ne vouloit homme doubter ne crémir en regardant honneur. Si advint, pour ce qu'il estoit si abille, le roy des Brétons l'aima moult et le fist son senechal; et est vray que ce roy avoit ung nepveu, lequel avoit, par l'introduction d'aulcuns, envie sur Henry vostre père, et grand indignation, car ilz luy firent accroire que le roy son oncle faisoit son heritier de Henry vostre père, et disdrent au nepveu du roy en ceste maniere : Ha, ha, droit heritier de Bretaigne, bouté et gâllesse, or estes-vous bien rué jus et debouté de

la noble contrée de Bretaigne; certes, se vous la
vous laissez oster par lacheté de vostre cueur, tout le
monde vous echervira et dira : Voiez là le fol qui
par sa faintise de cueur s'est laissé dechasser de si
noble pays et region comme le royaulme de Bretai-
gne. Et quant il entendist les mots d'iceulx envieux,
il respondist : Et comment, dist-il, qui est celluy
qui me pourroit faire tort? Sans ce que Dieu me
voulsist nuire, il n'y a homme au monde que je crai-
gne qu m'en puisse debouter dehors : car je sçay
bien dei verité que monseigneur le roy mon oncle n'a
talent de faire ne d'avoir aultre heritier que moy. Par
ma foy, va dire l'ung d'eulx, vous estes mal informé-
mé de ceste besongne, car vostre oncle a fait son heri-
tier de Henry de Leon, et en sont les lettres passées.
Quand le damoiseau, qui estoit filz de la seur au roy
des Bretons, oyt ces motz, il fut trop doulent, et leur
respondist ainsi : Sachiez de certain que se je sça-
voie que ces parolles fussent veritables, que je y
metteroie bien remède si hastivement que jamais il
ne tiendroit terre ne possession. Adonc luy respon-
dist ung chevalier nommé Josselin du Pont : Par ma
foy, dist-il, il est ainsi. Et pour ce que nous ne voul-
drions avoir aultre que vous en Bretaigne aprez le
trespas du roy, pourtant vous en advisons-nous; car
ceste chose a fait le roy vostre oncle tout secretement,
affin que ne le puissiez savoir; et sachiez que nous qui
cy sommes y fusmes presens avecques pluiseurs aul-
tres. Or demandez à mes compaignons se je dis vray.
Et il leur demanda; et ilz luy disdrent d'une com-
mune voulenté à haulte voix : Et en verité, monsei-
gneur, il vous a dit la pure verité. Or verra-on que
vous en ferez.

Par foy, dist le jouvencel, beaulx seigneurs, cy

ι trop grand mesprison, et plus de la part de mon
ιncle que de la part de Henri de Leon ; combien
ιu'il en sera tresbien paié. Allez-vous en à vostre
ιffaire ; car sachez que j'en feray grant diligence,
ιelle qu'il ne me ostera pas mon heritaige. Et ilz
ιrennent congié, et s'en vont tous joyeux ; car ilz
ιvoient si grant envie sur Henry vostre père, pour
ιe que le roy l'amoit, croyoit et usoit en pluiseurs
ιhoses de son conseil ; car il ne leur chailloit à quelle
ιerte il deut tourner, mais que ilz le peussent faire
ιestruire. Et sachiez que lendemain au matin le
ιepveu du roy s'arma et agueta vostre père en ung
ιetit bois, qui ne pensoit riens de tout ce, car ainsi
ιomme vostre père s'en alloit à son eshatement des-
ιoubz Leon, le nepveu du roy lui escria à mort di-
ιant : Faulx triste, me veulx-tu tollir mon heri-
ιage? et, en ce disant, traist l'espée et cuida férir
ιostre père d'estoc parmy le corps ; mais il tressail-
ιit, et au passer que le nepveu du roy fist, vostre
ιère luy osta l'espée de la main ; et va traire ung pe-
ιit coustel agu dont de rechief il le cuida férir ; et
ιostre père despassa et luy donna du pommeau de
ιespée qu'il luy avoit tollue si grant coup en la tem-
ιle, à ce que la coeffe de fer qu'il avoit affoullée n'es-
ιoit pas si forte que on pourroit bien dire, qu'il le
ιua contre terre tout mort ; mais quant il advisa et
ιongneut que c'estoit, il en fut moult doulent et s'en
ιint à l'ostel et prinst toute sa finance, et vint en la
ιonté que on appelle maintenant Foretz, et trouva
ιoult grand aide et confort en une dame qu'il trouva,
ιe laquelle je me tais de plus en avant parler quant
ι présent, et aprez sa departie d'elle, qui si bien luy
ιida à son premier gouvernement, à faire les for-
ιresse et fonder les villes et habitations, et peupler le

pays, il prinst à mariage la scur de celluy qui pour lors gouvernoit la conté de Poetou, et d'elle eut plusieurs enfans desquieulx vous estes l'ung

Amy, dist Melusine, or vous ay devisé comment vostre père se partist dont il estoit, et laissa tous les heritaiges vacans qui doibvent estre vostres, lesquelles je ne vous prise pas en les laissant perdre ; et sachiez bien que encores vit Josselin du Pont de Leon, et a ung filz qui gouverne à présent toute la terre de Leon, qui doit estre vostre. Or doncques, vous vous en irez devers vostre oncle Alain de Quemegnigant, et vous ferez congnoistre à luy, et il vous croira assez bien de tout ce que vous luy direz. Et sachiez qu'il a deux vaillans, riches et saiges filz chevaliers qui sont vos cousins germains, lesquieux le roy des Bretons aime moult ; et par l'ung de ces deux bons frères, appelez Josselin du pont de Leon par devant le roy, et luy mettez sus de faict comment il fist la traisou de quoy le nepveu du roy vint courir sus à votre père, et sachiés qu'il a un filz appelé Olivier du Pont de Leon, qui vous en combatra ; mais en assez brief temps vous le desconfirez, et seront le père et le fils condempnez à estre pendus, et congnoistra le père toute la traison, et vous sera ajugé avoir vostre terre, et serez mis en bonne, vraye et pacifique possession par les pers du pays. Or, mon tresdoulx amy et compaignon, allez vous–en hardiement, et ne doubtez ne craignez riens, car certainement Dieu vous aidera en tous vos affaires qui seront vrayes et justes.

A ce mot Raimondin respondit : Ma dame, je feray mon devoir, de achever votre commandement. Adonc Raimondin prinst congié de Melusine, et s'en partist à moult belle compaignie de chevaliers et escuiers, jusques bien au nombre de deux cens gentilz hommes, et n'y allèrent pas si degarnis que chascun n'eust la coste d'acier, le pan, la pièce, et les harnoys de jambes; et les pages portoient les lances et les bassines; et tant vont ensamble chevauchant qu'ilz vindrent en brute Bretaigne; et moult s'eshahissait le peuple que celles gens queraient en leurs pays; mais de ce qu'ilz paioient bien et largement les asseuroit qu'ilz ne vouloient et ne queroient que bien; car l'ancien chevalier, qui estoit de la maisnée de Melusine, gouvernoit tout le fait de Raimondin. Et toutesfois le roy de Bretaigne sceut que celles gens alloient armez en son pays, et ne sçavoit que penser; car il ne se doubtoit de nulluy. Adoncques il envoià tantost deux chevaliers de grant affaire devers Raimondin sçavoir que il queroit en allant ainsi parmy son pays de Bretaigne tout armé, en lui demandant s'il vouloit point de mal au roy ne à son pays; adonc ceulx vindrent par devers ledit Raimondin et luy enquirent moult sagement qu'il queroit, et que le roy de Bretaigne s'en esmerveilloit. Adoncques respondist Raimondin humblement ainsi : Beaulx seigneurs, vous direz au roy que je ne viens fors que pour bien, et pour avoir droit en sa court de ce que e demanderay, selon la raison que le roy ēt son conseil verront que je auray et qu'il leur semblera bien à faire; car assez briefment je m'en iray par devers luy en sa court, et me complainderay devant sa majesté selon le droit que j'ay. Par foy, disdrent ceux, et vous soyez le tresbien venu, puisque vous y venez pour icelle chose; et sachiez bien que le roy vous fera droit et raison; mais dictes-nous, s'il vous plaist, où vous voulez aller d'icy. Par ma foy, dit Raimondin, je vouldroie estre à Quemegnigant. Adonc,

dist l'un d'eulx, vous estes bien au chemin ; il n'y a
pas d'icy plus de cinc lieues ; et sachiés que vous y
trouverez Alain de Léon , qui vous fera tresbonne
chière ; et y trouverez aussi deux chevaliers qui sont
honnourables gens de bien et d'onneur ; et tenez tout
ce chemin , et vous ne pourrez faillir ; et nous allons
à vostre congié. Beaulx seigneurs, dist Raimondin,
allez à la garde de Dieu qui vous conduise seurement,
et me veuillez treshumblement recommander au roy.

Quant les deux chevaliers furent eslongez d'une
lieue de Raimondin, si vont dire l'ung à l'aultre. :
Par foy, velà moult honnourables gens ; pour cer-
tain ilz ne viennent mie en ce pays sans grant af-
faire. Et adoncques vont dire entre eulx : Allons
nous-en par Quemegnigant, et racompterons leur
venue à Alain. Par ma foy, dit l'aultre, ce ne sera
que bien fait; et à tant tindrent leur chemin ensem-
ble jusques audit Quemegnigant , où ilz trouvèrent
Alain, auquel ils disdrent et annoncièrent la venue
de Raimondin et de ses gens, qui s'en donna grant
merveilles. Adoncques appela le preudomme ses
deux filz chevaliers, dont l'aisné a nom Alain et le
plus jeune Henry, et leur dist en ceste manière :
Mes enfans, montez à chevau et allez au devant de
ces estrangiers, et les recepvez honnourablement, et
les faictes tresbien loger ; car on m'a dit qu'ilz sont
bien de six à sept cens chevaux ; mais pour neant
en parle , car l'ancien chevalier de Mélusine estoit jà
venu devant, et avoit advisé qu'ilz ne pourroient
pas bien tous estre logez dedens la ville, et avoit
fait tendre grant foison de tentes et pavillons, et
avoit envoié environ le pays querir vivres ; et payoit
si largement que on lui admenoit assez plus de vi-
vres que ne luy en failloit. Et adonc Alain fut tout

esbahi quant on lui compta le grant avoir et le grant appareil que ces gens faisoient, et ne sçavoit que penser.

Or dist l'istoire que tant chevauchèrent les deux frères ensemble qu'ils encontrèrent Raimondin et le bienveignèrent moult courtoisement, et le prièrent, de par Alain leur père, à venir loger au fort, et qu'il auroit moult bonne chière. Beaulx seigneurs, dist Raimondin, grans mercis à vostre père et à vous de la grant courtoisie que vous offrez, mais à vostre requeste je iray par devers vostre père pour luy faire la reverence, et aulcuns de mes plus privez gens avecques moy; car j'ay bien grant voulenté de le veoir pour le bien que j'en ay ouy dire. En disant ces parolles et aultres, chevauchèrent ensemble tant que ilz vindrent prez de la ville. Adonc vint l'ancien chevalier, qui dist à Raimondin : Sire, j'ay fait tendre vostre pavillon et pluiseurs tentes pour loger vous et vos gens, et sommes tresbien pourveus, Dieu mercy. Vous avez tresbien fait, dist Raimondin. Or pensez bien de nos gens et ne m'attendez huy mais, car je m'en vois au fort avecques ces deux gentilz hommes. Et à tant se part de l'ancien chevalier et vint au fort; et le sire de leans, qui sçavoit bien sa venue, s'estoit fait admener à l'entrée de la porte, et quant Raimondin le vit, il congneut tautost que c'estoit le seigneur de leans, et adonc le salua moult humblement. Que vous féroie ores longues parolles de leur accointance, fors que du fait de quoy doibz parler? Or doncques disons quant ilz eurent souppé, lavé et graces dictes, le sire de leans prinst Raimondin par la main, et le mena asseoir sur une couge pour deviser entre eulx tant que les derniers souppèrent; et ses deux filz

faisoient le plus d'onneur qu'ilz pouvoient ne sça-
voient à ceulx qui estoient venus avecques Rai-
mondin. Et lors le seigneur de leans, qui estoit moult
subtil homme, et sçavoit de bien et d'onneur, mist
Raimondin en parolles pluiseurs, et luy dist moult
honnourablement : Sire chevalier, j'ay moult grant
joye de vostre venue, car certainement vous res-
samblez assez ung mien frère qui fut moult vitte et
appert, et se partist de ce pays il y a bien quarante
ans pour une noise qu'il eut encontre le nepveu du
roy qui lors regnoit en ce pays; et sachies que veez
cy le quart roy qui regne depuis celluy temps dont
je vous parle; et pourtant qu'il me samble propre-
ment que retraiés à mon frere de semblant, je vous
en vois plus voulentiers. Sire, va adonc dire Rai-
mondin, tresgrans mercis, car je croy, avant que
je me departe d'avec vous, que je vous feray tout
certain pour quelle cause celluy inconvenient advint
entre vostre frere et le nepveu du roy, et ne suys
venu cy pour aultre chose que pour en monstrer pu-
bliquement la pure verité.

Quant Alain ouyt ces parolles, il fut moult esbahi,
et prist moult fort à regarder Raimondin et moult
asprement. Et quant il l'eut moult fort regardé si luy
dist : Et comment se pourra ce faire? vous n'avez pas
encores l'aage de xxx ans; de vous me ferez acointe
de ce fait que nul ne peut oncques sçavoir veritable-
ment; car quant le coup du meffait fut advenu à mon
frère, il s'en partist si souldainement que moy ne
aultre n'en ouysmes oncques puys aultres nouvelles;
et si a ja xl ans au plus prez. Sire, dist Raimondin,
dictes moy, s'il vous plaist, vit-il nul homme en ces
marches que, pour le temps que vostre frère regnoit
en ce pays, fut a la court en auctorité? Par ma foy,

dist Alain, si fait, mais il n'y en a que ung, et cel-
luy mesmes tient l'eritaige de mon frere; car le roy
luy en donna la fraiture a ung filz qu'il a, qui est
comme est mon filz aisné, qui est chevalier. Par ma
foy, dist Raimondin, je sçay bien comment il a nom.
Et comment le sçavez vous, dist Alain? Par ma foy,
dist Raimondin, sire, il est nommé Josselin du Pont
de Leon, et son filz est nommé Olivier. Sire cheva-
lier, dist Alain, c'est verité; mais or dictes comment
vous povez ce savoir. Sire, vous n'en sçaurez plus de
moy, dist Raimondin, quant à present. Aprez, s'il
vous plaist, vous viendrez acompaignier, vous et vos
enfans, à la court du roy. Et sachiez que je vous de-
clareray la querelle si clerement que vous en serez
tout joyeulx, se vous amastes oncques vostre frère
Henry de Leon. Et quant Alain l'entendist, il fut
plus esbahy que devant, car il ne cuidoit pas que son
frere ne fut mort, si grant temps avoit que nul n'en
eut memoire; et adoncq pensa moult longuement sans
mot respondre.

Ainsi comme vous ay dit pensa moult longuement
Alain, et puis il respondit : Sire chevalier, je vous
accorde vostre requeste, puis que icy je ne puis sça-
voir vostre voulenté; car j'en ay grant desir. Je vous
compaigneray voulentiers à aller à la court du roy.
Par ma foy, dist Raimondin, grans mercis, et je
vous en garderay bien de dommaige. Que vous feroie
ores long compte? Alain manda grant foison de ses
amis, et se mirent en grant estat pour aller à la court,
et partirent à ung merdi devant la Pentecoste. Le
roy, qui sceut leur venue, partist de Stoirrion où il es-
toit, et s'en vint à Nantes; car les deux chevaliers
qu'il avoit envoié devers Raimondin estoient retour-
nez, et avoient compté au roy la responce de Rai-

mondin, et le grant estat où il venoit; et pour ce le
roy c'estoit retrait à Nantes, et manda une partie de
la baronnie, pour ce qu'il ne vouloit pas que Raimon-
din le trouvast despourveu de gens ; et entre les aultres,
il manda Josselin du Pont de Leon, pour avoir son
conseil sur la demande que Raimondin luy feroit,
car il estoit moult saige. Que vous diroie plus? l'an-
cien chevalier vint à tout le sommaige, et fist tendre
tentes et pavillons, et appareiller moult richement ;
et sachiez que tous ceulx de la ville s'esbahissoient
des grans pourveances que faisoient ces gens.
Adoncques vindrent Raimondin, Alain et ses deux
filz, et descendirent au maistre pavillon, et se abil-
lèrent moult richement pour aller devers le roy et luy
faire la reverence, et partirent des tentes a bien XL
chevaliers si noblement montez et parez, que c'estoit
grant merveilles; et avoit sa baronnie avec luy. A
tant sont venus Raimondin et Alain, son oncle, ses
deux filz et leurs gens; et quant ilz entrèrent en la
salle, toute la salle estoit emplie de noblesse, et
vindrent Raimondin, Alain et ses deux enfans faire
la reverence au roy, et puys les autres en suy-
vant, et les receupt le roy moult joyeusement.
Adoncques il appella Alain, et luy dist tout en ceste
maniere :
, Alain, je me donne grant merveilles de ce cheva
lier estrange de quoy vous estes ainsi acoincté, ne
qu'il quiert en ce pays. Ha, ha, sire, dist Alain, je
suis plus esmerveillé des parolles qu'il m'a dictes,
cent fois que vous n'estes de sa venue; mais assez
tost serons esclerez de ce que nous desirons assavoir.
Et lors traist avant, Raimondin, l'aisné filz Alain,
et luy dist : Sire chevalier, dictes-moy, par vostre
courtoisie, se ung que on appelle Josselin du Pont de

Leon est point en la compaignie du roy ; et lors luy
dist Alain que ouy. Pleut ores à Dieu, dist Alain, que
le roy ne s'en deut pas couroucer, et je l'eusse occis, car
il tient l'eritaige qui fut à ung mien oncle, que nous
deussions avoir. Et aprez ces parolles dist Alain à
Raimondin : Voiez-le là celluy ancien qui est au plus
prez du roy, et sachiés pour vray que c'est le plus
plain de mauvais malice qui soit en dix royaulmes ;
et si veez là Olivier son filz, qui ne poise pas main
une once. Par ma foy, sire chevalier, dist Raimon-
din, vous en serez tantost vengé, se dieu plaist. Et
à tant en laisse le parler, et s'en vint devant le roy
en disant telles parolles : Ha, hault sire et puissant
roy, dist Raimondin, il est bien verité que commune
renommée court par tous pays que vostre court est
si noble et si raisonnable quelle est droite fontaine
de justice et de raison, et que nul ne vient à vostre
court à qui vous ne facez bonne justice et raisonna-
ble, selon le bon droit qu'il a. Par foy, sire che-
valier, dist le roy, c'est vray ; mais pour quoy le
dictes-vous ? car je le vouldroie bien sçavoir. Par ma
foy, sire, dist Raimondin, pour le vous faire à sça-
voir je suys icy venu ; mais, sire, se il vous plaist,
devant que je vous die, vous me promettrez que
vous me ferez toute raison et tendrez en droit ; car
ce que je diray est en partie pour vostre bien, prouf-
fit et honneur ; car roy qui est accompaigné de triste
n'est pas bien logé ne bien asseuré. Par ma foy, dist
le roy, il est vray ; dictes hardiement, car je vous
jure par tant que je tiens de Dieu que je vous feray
toute raison et justice, selon le bon droit que vous au-
rez ; et ce vous feray-je plainement, et fut maintenant
contre mon frère. Sire, dist Raimondin, cent mille
mercis, car vous dictes comme vaillant roy et preu-

domme; et pour ce fut le roy establiy premierement pour tenir justice et verité.

Noble et puissant roy, dist Raimondin, il est bien verité que ung vostre predecesseur roy regna moult puissamment et vaillamment; ce fut au temps que Josselin du Pont estoit jeune, et aussi estoit Alain de Quemegnigant, qui sont cy presens de vostre face. Or avoit le roy que je vous dis ung moult beau et noble jouvenceau de nepveu. Et pour lors avoit ung baron en ce pays, appellé Henry de Leon, qui fut frère Alain qui cy est. Par ma foy, sire, dist Josselin, c'est verité; et oultre plus, celluy Henry de Leon occist le nepveu du roy vostre predecesseur en traïson, et s'enfouyt hors du pays, et oncques puis n'en ouyt-on aulcunes nouvelles; et lors le roy me donna toute sa terre qu'il avoit fourfaicte. Et adoncques le roy respondist : Nous avons assez ouy de ces matères; mais laissez ce chevalier parfaire sa raison qu'il avoit commencée.

Et ad ce respondist Raimondin : Sire roy, il a bien raison de en parler, car plus avant luy en conviendra dire, combien que jà il a failly à dire verité de ce qu'il dit que Henry de Leon occist le nepveu du roy en traïson, car il sceut bien la querelle pour quoy ce fut, et n'est plus homme vivant qui veritablement sache le cas que luy, car ceulx de son accord sont tous mors; et dictes luy que il en die la plaine verité tout hault, sire, se il vous plaist. Et adonc quant Josselin entendit ce mot, il fut moult esbahi; et non pourtant il respondit en ceste manière : Sire chevalier, estes-vous venu en ce pays pour advenir sur moy? Et Raimondin luy respond appertement : Par foy, faulx triste, il ne devine pas qui dist la plaine verité. Lors dist de rechief au roy :

Sire, il est bien verité que Henry de Leon fut moult hardi chevalier, courtois et bien moriginé, et l'amoient moult le roy et son nepveu, et usoit moult le roy par son conseil; or estoit Henry de Leon celluy en qui il se fioit le plus. Or advint que pluiseurs tristes qui lors estoient en la court du roy, de quoy Josselin, qui cy est, estoit l'ung, fut le droit chief du meschief que pour lors ilz firent; car ils vindrent au nepveu du roy et luy disdrent en ceste maniere : Damoiseau, nous qui sommes icy sommes tous couroucez de vostre grant dommaige et honteuse perte, quant vous serez desherité de si noble pays comme est le bon pays de Bretaigne. Et il leur respondit : Comment se pourroit-ce faire? Le roy n'a plus aultre heritier que moy. En mon Dieu, dist Josselin que veez là, sachiés qu'il a fait son heritier de Henry de Leon; et je croys que il ait enchanté et les barons du pays aussi, car les lettres en sont jà passées et seellées de leurs seaulx avec le grant sel du roy. Et tout ce affermèrent par foy et par serment estre vray. Par ma foy, dist doncques le damoiseau, icy a moult grant inconvenient, se il est vray ce que vous dictes. Et Josselin et les aultres qui estoient de son accord luy jurèrent de rechief que il estoit vray et certain; de quoy il commença à estre moult doulent. Et quant Josselin vit que il pensoit bien acertes, si luy va dire en ceste manière : Se vous avez en vous tant de hardiesse que vous vous osez venger du tort que on vous fait, nous y aiderons tous. Et lors leur dist qu'il en avoit bien le cueur et la voulenté. Lors dist Josselin : Or vous allez donc armer et vous mettez en tel estat que on ne vous puisse congnoistre, et nous vous attendrons au dehors de la ville, et vous menerons en tel lieu où vous vous en pourrez bien venger à vostre aise. Et il fist ainsi, et retourna par devers eulx pour ce faire. Or, noble et trespuissant roy, je ne quiers plus me celler, puys que je suys en court de droit et de justice, et que je vois mon ennemy devant moy; car je suys filz de Henry de Leon. Adoncques furent tous esbahis de ce mot, mais tous se taisèrent; et lors Raimondin reprint la parolle et dist en ceste manière :

Sire roy, mon père avoit pris congié du roy et s'en estoit allé en son pays, et avoit acoustumé qu'il alloit tousjours au matin esbatre au bois qui joinct à la fortresse, en disant ses heures tout seul. Et ce faulx triste que voyez là et ses complices admenèrent le nepveu du roy, et se misrent en embuche; et mon père, qui ne se donnoit garde, vint à celle heure. Et quant Josselin l'apperceut, il dist au damoiseau : Or il est temps de vous venger, car il est sans armes ne cousteau; il ne vous peut eschapper; et aussi si nous voions qu'il vous soit besoing d'aide, nous tous vous aiderons. Et adoncques il s'en partist d'eulx espris de mal talent, et s'en vint vers Henri, mon père, l'espée toute nue tenant par la poignée, et de l'autre main par le millieu, en luy escriant : A mort, à mort, faulx triste. Et en ces paroles disant, il cria : Faulx desleal, de rechief, et cuida ferir mon père d'estoc parmi le corps; mais de la paour qu'il eut il tressaillit; et celluy qui venoit de grant voulenté ireuse et tant eschauffé de mal talent et de felonnie, comme Dieu le voulut, car en ce n'avoit-il pas cuidé, faillist à l'assener. Et adoncques mon père retourna vers celluy qui ainsi voulut sans cause meurtrir, et luy sault sus, et luy oste l'espée des mains par grande force; et il s'en retourne aprez la course du chevau, et tire un petit cousteau, et en ferit mon père par la cuisse; mais il lui cuidoit bien avoir bouté parmy le corps. Et adoncques quand mon père se sentit féru, et le sang degouster par la plaie, mon père le ferit du pommeau de l'espée en la temple ung tresgrant coup, à ce qu'il estoit fort et appert chevalier, et la coste estoit faible et mal seure, et le pommeau de l'espée estoit moult pesant; et adoncques l'adventure fut telle qu'il le rua à bas tout mort estendu sur la terre, et ce fist ainsi mon père.

Et adoncques quant mon père le vit gisir par terre, et qu'il ne se remouvoit point, il luy descouvrit le visaige, et lors il le congneut, et en mena en soy mesmes moult grant dueil, soy desconfortant et pensant qui avoit ce fait faire. Et il considera en soy mesmes que tel affaire ne luy venoit mie tant scullement du nepveu du roy, mais povoit venir d'aultre pour aulcune mauvaise detraction de traïson; et ainsi aprez le fait il n'osa oncques plus arrester au pays, pour doubte du roy, et se traist où il avoit fiance, et la prist, et s'en alla en tel lieu où il conquesta du pays assez. Et adoncques Josselin le faulx triste dist à ses compaignons et complices : Or sommes-nous venus à chief de nostre intention, car le nepveu du roy est mort, et Henry, se il est tenu, ne peut eschapper sans mort; or ferons-nous du roy à nostre guise et à nostre vouloir; ne nous mouvons point tant qu'il soit eslongié, et puys ferons une bière de perches et le couvrirons de ramonceaulx et rames de bois, et le porterons devers le roy en luy disant que Henry de Leon a occis son nepveu en traïson. Ha, ha, noble roy, ainsi et en la manière le fist le faulx triste que voiez là, et se il dist que non, je presente mon gaige de luy faire congnoistre sa faulceté et mauvaise gorge de tout ce que j'ay devant dit. Et pour ce, sire roy, que je veulz que chascun congnoisse que je ne fais pas cecy pour avarice, mais pour garder mon droit heritaige, et pour esclargir la vilonnie et mauvaise traïson que le faulx triste et ses complices firent à mon père pour le chasser d'entour du roy et hors de son pays, je vous prie, vaillant et noble roy, se il vous plaist, qu'il prengne son filz Olivier et ung aultre de ses plus prouchains amis, et je les combateray sans faillir, au regard du noble et juste jugement de vostre court, voire l'ung aprez l'autre. Et en ceste parolle disant, il jetta son gaige, mais il n'y eut qui mot respondist. Et quant Alain et ses enfants eurent ainsi ouy parler Raimondin, tantost ils le coururent baisier et embrasser de joye et de pitié qu'ils eurent quant ilz oyrent ainsi piteusement parler du fait de la traïson.

Et adonc quant le roy des Bretons apperceut que nul ne respondoit mot à celle parolle ainsi racomptée en sa presence, si a dit si hault que chascun le povoit ouyr : Josselin, estes-vous sourt? Or vois-je bien que le proverbe que on dit communement est vray, que viel pechié fait nouvelle vergogne; car ce chevalier estrange vous apporte par advis de pays une nouvelle moult estrange, et moult merveilleuse medicine de long pais. Advisez-vous de respondre, car il vous en est bien besoing. Adonc Josselin lui respond : Sire roy, je ne suys mie deshoresmais celluy qui doibve respondre à telles choses, et aussi je croy bien qu'il ne se fait que gaber. Et adoncques respondit Raimondin : Le gaber, faulx triste, desloyal, tournera sur vous. Or vous requiers-je, noble roy, que vous me vueillez tenir droit à vostre court, et que vous en facés bonne justice selon le droit et la raison, soit de moy ou de luy. Lors dist le roy : Ne vous en doubtez, car si feray-je. Josselin, dist le roy, il fault que vous respondez à ceste querelle. Adonc quant Olivier son filz ouyt ce que le roy disoit à son père, dist et respondist ces parolles : Sire, il a si grant paour qu'il tremble, cest chevalier ; je croy qu'il cuide prendre les grues en vollant ; par foy, il fauldra bien à ce qu'il vous a dit, car mon père est vray preudomme en tous cas, et je prens bataille ainsi comme il l'a ordonné, et voyez là mon gaige ; il sera bien fortuné se il me peut desconfire, et ung aultre de mon lignage que je esliray.

Quant le roy ouyt ceste parolle, il fut moult courroucé, et respondit en ceste manière : Ce n'aviendra jà en ma court, tant que je vivray, que ung seul chevalier combate deux aultres pour vassal seul, pour une mesmes querelle ; et est grant honte à vous d'avoir pensé si tresgrant lacheté en vostre cueur, et sachiez que vous ne me montrez pas par samblant que votre père ait bonne querelle ; et d'icy je vous donne journée à la requeste du chevalier, de la bataille, au jour qu'il luy plaira assigner. Par foy, dist Raimondin, il me plaist tout maintenant, car j'ay mon harnois tout prest ; et Dieu vous vueille rendre le merite du loyal jugement que vous avez fait. Lors oyssiés grant murmure de toutes les gens d'environ, car tous disoient : Veez là le plus vaillant chevalier que nous veissions oncques en requerrant son droit. Mais quoi que en eut douleur Alain de Quemegnigant, eut grant joye Alain et Henry ses filz, lesquieulx disdrent à Raimondin : Beau cousin, ne vous esbahissés de riens du monde ; prenez hardiement la bataille pour vous et pour nous deux contre ce faulx triste, car nous adviendrons bien briefvement, au plaisir de Dieu, à chief. Beaulx seigneurs, dist Raimondin, prengne bataille pour soy qui vouldra, car j'auray ceste en ma part, et ne doubtez point que je n'en vienne à bon chief, à l'aide de Dieu, et le bon droit que je y ay. Et me loe du roy, et de sa bonne justice, et prie Dieu qu'il l'en vueille meriter en son glorieux paradis.

Endementiers que la murmure estoit entre les gens, et le roy de Bretaigne, qui estoit moult saige et subtil, pour ce que les parties estoient de hault lignage, doubtant que aulcun grant inconvenient n'en peut advenir entre eulx, il envoia souldainement fermer les portes, affin que par icelles nul ne saillist ne entrast, et les fist garder par bons gens d'armes bien armez à descouvert ; et puys traist son conseil à part, et leur remonstra le fait, et leur racompta au long la querelle ; adonc ilz conseillèrent tout ce qui estoit à faire. Lors retourna le roy en sa salle, et fist-on commandement de par luy, sur paine de la hart, que nul ne fut si hardi de sonner mot ; et adoncques dist le roy : Or entendez, beaulx seigneurs ; ceste querelle n'est pas petite, car c'est pour la vie ou deshonneur à tousjours de une partie. Et sachiez que je ne doibz ne ne veulz refuser jà faire droit en ma court. Olivier, dist le roy, voulez-vous deffendre vostre père de ceste traïson ? Sire, dist-il, ouy certainement. Adoncq le roy respondit : Les lices sont toutes prestes et appareillées, et pour ce je vous ordonne à demain la bataille. Et sachiés se vous estes desconfy, vous ne vostre père ne eschapperez jà que vous ne soiez tous deux pendus ; et aussi vostre adverse partie, si le cas luy advenait, n'en auroit jà mains. Delivrez-vous et baillez ostages ; et tout le premier vostre père demourra ; et à tant le

st mener par quatre chevaliers en· une forte et
rosse tour. Lors dist à Raimondin : Sire chevalier,
aillez obstages; adonc se met avant Alain son ou-
le et ses deux filz, et bien jusques à quinze cheva-
ers, qui tous disdrent à une voix : Sire, nous le
lesgeons. Par foy, dist le roy, il souffit bien; ne
ous n'en tendrez jà prison; car je sçay bien que le
hevalier n'eut pas fait ceste entreprise se il ne l'eut
oulu achever. Et ainsi se departirent les parties de
evant le roy; et Raimondin s'en va avec ses gens
t son oncle et ses cousins à ses pavillons; et le soir
la veiller en la maistresse eglize; et il fut moult
rant espace de temps en devotion, et Olivier aussi
nt en son hostel à grant foison de ceulx de son li-
hage et fist mettre à point son harnoys et son chevau.
t lendemain au matin oyrent la messe et puys s'en
nt armer. Et adonc le roy et les haultz barons fu·
nt montez sur haultz eschafaulz environ les lices,
furent les gardes du champ bien establies et ydo-
ment, et les chaieres assises à droit. Et environ
ure de prime vint Raimondin à noble compaignie
champ, armé moult doulcement et richement,
lscu au col, la lance sur le faultre, la coste d'armes
stue brodée d'argent et d'asur, et entra ès lices monté
r ung grant destrier liart moult bien armé jusques à
ngle du piet, si comme pour gaige de bataille; et
fist reverence au roy et à tous les barons. Par foy,
st chascun, il y a grant temps que nous ne vismes
l plus bel homme en armes, ne de plus belle con-
hance; celluy n'a pas oeuvre laissée qui à tel hom-
e a à besongner. Et adoncques descendist Raimon-
d de dessus le destrier aussi appertement comme
il ne fut point armé, et se assist en la chaiere en
tendant son adversaire. Or est-il vray que grant

temps aprez·vint Olivier moult tresbien et noblement armé, monté sur ung chevau moult riche destrier, et moult bien sembloit homme de grant affaire, et aussi estoit-il. Et si y venoit-il Josselin son père devant luy sur ung palefroy gris, et fisrent moult noblement la reverence au roy comme ilz deurent. Moult sembloit ores Josselin moult esbahy, dont pour ce que chascun disoit que il avoit mauvaise cause. Aprez descendist Olivier moult vitement. Que vous feroye ores long compte? Les sainctes evangilles furent apportées, et jura Raimondin que Josselin avoit mauvaise cause, et que il avoit faicte la traïson en la forme et manière qu'il avoit par avant declarée, et aprez se agenoilla et baisa les sainctes evangilles, et puys se rassist en sa chaiere; et aprez Josselin jura, mais pour baiser les evangilles il chancela tellement qu'il n'y· peut oncques toucher; et aussi Olivier, qui bien sçavoit comme il estoit, jura lachement; et ce fait se rassist en la chaiere, et tantost cria ung herault à haulte voix, de par le roy, que nul ne fut si hardi qui parlast mot ne fist signe aulcun que nul des champions peut entendre ne appercepvoir, sur peine de la hart. Et lors vuida chascun sa place, fors tant seullement ceulx qui furent commis à garder le champ et Josselin. Et adoncques monta Raimondin à chevau moult legierement, et prinst la lance; et d'aultre part monta Olivier moult vistement, et prinst sa lance au fer trenchant. Et adoncques cria ung berault par trois fois : Laissez aller vos chevaux et faictes vostre devoir.

Or dist la vraie histoire que quant le cry fut fait que Raimondin mist le bout de sa lance à terre et la coucha sur le col du destrier, et fist le signe de la croix

ar trois fois ; et en ce faisant, son ennemy l'apperceut
t fiert son chevau des esporons qu'il avoit si à main
omme à son desir, et baisse la lance, et va férir
laimondin amy le pis, avant qu'il s'en donnast garde,
hoult rudement, car à ce faire il mist toute sa force.
laimondin n'en ploya oncques l'eschine, et la lance
llivier froissa jusques au poing, et de la force du coup
l lance de Raimondin chait à terre. Ha, ha, triste,
ist Raimondin, tu ensuys bien la tresfaulce lignée
ont tu es parti ; mais ce ne te peut valoir. Et adonc
rent l'estrier qui pendoit à l'arson de sa selle, lequel
voit trois pointes bien asserées, chascune de sept
oux de long, et au tourner, aprez son coup que Oli-
ier cuida faire, il ferist sur le bassinet, qui fut moult
ur et fort trempé, et le compassist. L'une des poin-
es coula mal, et entrecouppa le bassinet et la visière.
t aussi le coup qui descendit de grant ramenée avec
l force du bras de quoy il fut feru, l'ung des clous de
l maisselle se rompist, et Raimondin tire fort à luy,
llement que la visière demoura pendant d'ung cos-
, si que il eut le visaige tout descouvert. Et de ce
esbahist moult Olivier ; et neantmoins il traist l'espée
l fait bien contenance de chevalier qui petitement
doubtoit son ennemy. Et en ce parti se combatirent
rmement par grant espace, et se entredonnèrent
oult de grans coups ; et en la fin Raimondin des-
ndist à piet et prist sa lance qui gisoit par terre, et
int le grant pas vers son ennemy mortel, lequel, au
ieulx qu'il pouvoit, se destournoit de luy, et le
isoit aller aprez luy parmy le champ, car il avoit
evau si bien à main comme s'il fut à son desir. Et
ar telle manière cuidoit lasser Raimondin que il le
ulsist arrester ou que la journée se passast ; mais
aimondin s'advise, et vint à son chevau qui estoit

aval le champ, et prinst le destrier à une main et à l'aultre main la lance, et s'en vint pas pour pas vers son ennemy. Et quant Olivier le vist venir et apperçoit sa manière, si ne sceut comment ne en quelle manière Raimondin le vouloit assaillir, et point son chevau en sursault et cuide venir hurter Raimondin emmy le pis comme il avoit fait aultresfois par avant; mais Raimondin lui jetta de rechief l'estrier par grant bayr, et atainct le chevau au front de si grant force que le gauffrain d'acier fut effondré dedans la teste du chevau, qui, par la force du coup, convint aller à terre des jarrés de derrière. Et adoncques Olivier luy laisse le frain et le point des esporons, et au dresser que le chevau fist, Raimondin le va ferir de la lance au costé, tellement que il le porta par terre de l'autre costé du destrier, et demoura à Olivier bien demy piet du fer dedans; et fut la lance dedans le corps, et avant qu'il se peut relever, Raimondin le chargea si de coups qu'il ne se peut mouvoir, et luy erracha le bassinet de la teste par force et luy mist le genoul sur son nombril et la main senestre au col et le tint en telle detresse qu'il ne se povoit mouvoir.

En ceste partie presente tient Raimondin Olivier par longue espace de temps, et quant il vit que il fut au dessus, il tira le coustel qui lui pendoit au destre, et luy dist : Faulx triste, rends-toy ou tu es mort. Par ma foy, dist Olivier, j'aime mieulx à mourir par la main d'un si vaillant chevalier comme vous estes que d'aultre main. Adoncques Raimondin prinst grant pitié de luy, et luy demanda, sur le péril de l'ame de luy, se il sçavoit riens de la traïson que Josselin son père avoit fait, et il respondit que non, et qu'il n'estoit mie encores né au temps que le temps advint, et

que combien que il pleut à Dieu que fortune luy fut
à present contraire, si tenoit-il encore son père pour
preudomme loyal et non coupable d'icelluy fait.
Adonc quant Raimondin, qui sçavoit bien le con-
traire, l'ouyt, si fut moult doulent, et le batist tant
aux temples du poing à tout le gantelet, qui le fist si
estourdi qu'il ne veoit ne oyoit, ne ne sçavoit chose
que on luy fist. Et adonc se leva Raimondin, et le
prinst par les deux piés et le traina jusques aux
lices, et puys le bouta hors, et s'en tourna et vint de-
vant l'eschafault du roy, la visière levée, en luy di-
sant : Sire, ay-je fait mon devoir ? car se j'ay plus riens
à faire, je suys tout prestz de le faire au regart de vos-
tre court et ordonnance. Par foy, dist le roy, sire
chevalier, vous vous estes bien acquitté. Et adonc-
ques commanda le roy que Josselin et son filz fussent
pendus ; et ceulx à qui le roy le commanda vont
tantost et sans delay saisir Josselin, qui crioit au roy
piteusement mercys. Et adoncques le roy luy va dire
que il congneut la verité de la querelle, et par ad-
venture il pourroit bien avoir grace.

Lors dist Josselin : Sire, le celler ne vault riens ;
prenez vous pitié de moy s'il vous plaist. Certaine-
ment il fut en la forme que le chevalier le proposa,
et sachiez que Olivier mon filz n'estoit pas encores
né. Par ma foy, Josselin, dist le roy, cy a grant
mauvaistié, et s'il n'eut pleut à Dieu que vous en
fussiez pugny en ce monde, il ne vous eut pas tant
laissé vivre ; et quant est de ma part, vous ne faul-
drez pas à la pugnition. Adoncques dist tout hault à
ceulx qui estoient ordonnez que tantost le père et le
filz fussent pendus. Et adoncques se traist avant Rai-
mondin, et dist au roy : Sire, je vous mercie tant
comme je puys plus au monde de vostre bonne jus-

tice et du droit que vous faictes en vostre court; mais
je vous prie par pitié, sire roy, par pitié et miseri-
corde, qu'il vous plaise à moy donner la vie d'Olivier;
car veu la vaillance de luy, et aussi consideré qu'il
n'a coulpe en la traïson, ce seroit grand dommaige
de sa mort : car encores pourra il assés de bien faire;
et quant est du père, pour ce que je le voys vieil et
foible, de ma part, sire roy, se il vous plaist à luy
faire grace, je vous en requiers de bon cueur, pour-
tant que j'avoye mon heritaige et les prouffis et fruictz
qu'il a levé selon la mise de l'argent qu'il en pourra
avoir eu, et que ce fut distribué pour fonder une
prieuré et renter les moynnes d'icelluy prieuré, se-
lon la quantité de l'argent, pour chanter à tousjours
perpetuellement pour l'ame du nepveu du roy.
Adoncq dist le roy à ses barons : Beaulx seigneurs,
veez cy grant franchise de chevalier, qui prie que je
respite ses ennemis de mort; mais, par la foy que je
doibz à l'ame de mon père, Josselin ne son filz ne
feront jamais traïson et ne me chasseront homme nul
de mon pays; et tantost les fist tous les deux pen-
dre, et rendist à Raimondin sa terre; et luy donna
avecq ce toute la terre de Josselin entierement, dont
Raimondin le mercia moult humblement, et lui fist
hommaige. Aprez commença la feste à estre moult
grande, et tint le roy grant et noble court à tout
homme; et estoit moult joyeux de ce qu'il avoit re-
couvré ung si noble homme en son pays; mais pour
neant s'en esjouissoit, car assez tost verra que Rai-
mondin n'avoit gaires de voulenté de demourer en
Bretaigne, car moult luy tarde de reveoir Melusine.
    En ceste partie nous dist l'istoire que Raimon-
din fut moult festoié du roy de Bretaigne, qui tint
bien honnourable court pour l'amour de luy, et

firent les barons de Bretaigne moult grant joye de sa venue, et par especial Alain son oncle et ses deux enfans, et ceulx de son lignage. Et adonc vint Raimondin au roy et luy dist ainsi : Sire roy, je vous prie et supplie qu'il vous plaise de vous accorder que je donne la baronnie de Leon, qui fut à Henry mon père, à qui Dieu fasse mercys, à Henry mon cousin; si aura la terre le nom de son droitturier seigneur, et vous le nom de vostre homme, car il est de la droite lignée. Par foy, dist le roy, sire, puys qu'il vous plaist, il nous plaist bien. Adonc appella le roy Henry, car il l'amoit moult, et luy dist le roy : Henry, recepvez le don de baronnie de Léon que vostre cousin vous donne, et m'en faictes hommaige. Et il le fist et en mercia moult le roy et Raimondin. Et, ce fait, appella Raimondin Alain son cousin et luy dist ainsi : Beau cousin, je vous donne la terre que le roy m'a donnée, qui fut à Joselin du pont de Leon, et en faictes au roy hommaire. Et il en mercia moult humblement à genoulx, et en fist hommaige au roy, qui l'en receupt moult joyeusement. Mais les barons du pays commencèrent adonc moult fort à murmurer et disdrent : Par la foy, ce chevalier n'est mie venu en ce pays pour nulle convoitise ne avarice, mais seullement il a mis à vie en tresgrande adventure pour conquerre son heritaige; quant si tost s'en est deffait, il convient bien qu'il ait grandes richesses ailleurs. Adoncques vint l'ancien chevalier à Raimondin, et, quand Raimondin le vit, il luy dist qu'il se delivrast de ce que la dame luy avoit commandé; et luy respondist : Monseigneur, pour ce suis-je venu par devers vous. Et adoncques presenta au roy, de par sa dame, une moult riche couppe d'or où il avoit moult de riches

pierres precieuses, et donna aprez à tous les barons
moult de riches joyaulx, dont chascun s'esmerveil-
loit dont telles richesses venoient, et disoient tous
que il convenoit que Raimondin fut moult puissant
et riche homme. Et lors moult se refforcha la feste;
et avoient Alain de Quemegnigant et ses deux fils
si tresgrant joye que nul ne le sçauroit bonnement
exposer; mais encores durant leur joye eut de l'aul-
tre part dueil du lignage du pont de Leon, qui n'ou-
blièrent pas la mort de leur cousin, ainsi comme
orrez cy aprez racompter. Et de ce plus parler se
taist l'istoire quant à present, et ne parle plus de la
feste, et commence à parler de Melusine, comment
elle se gouvernoit tant comme Raimondin fut en ce
voyage.

L'istoire nous dist que entretant que Raimondin
fut en Bretaigne, Melusine fist bastir la ville de Lu-
signen et fonder le mur sur une roche et ediffier for-
tes tours et drues machicollées à couvert dedans les
murailles pour deffendre à couvert tous les archiers,
autant par dehors comme par dedans, et parfonds
trenchers, et bonnes brayes, bastir entre le bourc et
le chasteau une grosse tour de tuilles sarrazinoises à
fort ciment; et estoient les murs de la tour bien de
XVI à XX piés d'espès, et la fist faire si haulte que les
guestes qui estoient dedens veoient bien de tous cos-
tez qui venoit devers la ville ou le fort; et establist
trompes qui trompoient quant ilz veoient quelque
apparoistre. Et sachiés bien que tous les trenchiers
d'entour le bourc furent curez là où il estoit besoing,
comment encores il est apparant. Et fist la dame
nommer celle tour la tour Trompée. Or retourne à
parler l'istoire du roy et Raimondin, et de la feste
que chascun faisoit à Raimondin.

En ceste partie nous dist l'istoire que moult fut grande la feste à Nantes, et moult honnoura le roy Raimondin, et y fist-on joustes esquelles Raimondin se porta moult vaillamment; et y furent toutes les plus gentilz dames du pays, et prisoient la contenance de Raimondin, et moult bien disoient qu'il estoit digne de tenir ung grant pays; et moult se esbahissoient de la grande richesse qu'ilz veoient entour Raimondin de jour en jour. Mais qui que fist feste de Raimondin, le chastellain d'Arval, qui fut nepveu de Josselin du Pont de Leon, faisoit tout le contraire; car il envoya soudainement à tous ses parens et proesmes et à tous les parens de Josselin, et leur faisoit assavoir comme la chose estoit allée, et que ilz fussent à ung certain jour qu'il leur manda en ung certain recept qu'il avoit en la forest de Guerende, si estoit à luy. Et quant ceulx ouyrent les nouvelles, ilz furent moult doulens, et se misrent bien ensamble environ deux cens hommes d'armes de toutes pièces armez, et s'en vindrent tout secretement audit recept où le chastellain les avoit mandez. Et adoncq le chastellain, le plus secretement qu'il peut, s'en partist de la court sans prendre congié du roy ne d'aultres barons, mais il laissa à la court trois de ses escuiers pour sçavoir quel chemin Raimondin tiendroit, et qu'ilz l'anonçassent au recept dessusdit; et ilz respondirent que cy feroient-ilz. Et atant se partist le chatellain, et chevaucha tant qu'il vint au recept, où il trouva ceulx de son lignage qu'il avoit mandé, et leur compta toute la manière de l'adventure, et comment Josselin et son filz avoient esté pendus, et que ilz avoient en pensée de faire ou de le venger de Raimondin qui avoit fait pourchasser cest annoy, et à eulx à tousjours fait si grant blasme et si grant honte,

ou de le laisser en ce parti. Adoncq respondit pour
tout le lignage ung moult estourdi chevalier qui fut
filz du cousin germain Josselin : Chastellain, nous
voulons que vous sachiez que ainsi ne.demourra pas :
car nous tous d'ung accord et d'une voulenté voullons
mettre celluy à mort qui nous a fait celluy vitupère
et deshonneur. Par foy, adonc va dire le chastellain,
or tiens-je bien employé l'onneur que Josselin mon
oncle vous a fait au temps passé, et je vous metteray
tantost en lieu où nous pourrons bien accomplir nos-
tre voulenté de celluy qui telle honte nous a fait;
car, quelque costé qu'il saille du pays de Bretaigne,
il ne nous peut par voye eschapper, car nous y avons
bonnes espies qui le nous viendront noncer quant
temps en sera. Et ilz respondirent tous à une voix :
Benoit soiez-vous, et sachiés, quoy qu'il en doibve
advenir, ceste entreprinse sera achevée, et occirons
le faulx chevalier qui ce dommaige et ceste honte
nous a fait. Si se taist l'istoire de plus en parler, et
commence à parler du roy et de Raimondin, et com-
ment Raimondin s'en partist moult honnourablement
du roy et de toute sa baronnie, et s'en vint en la for-
teresse qui fut à Henry de Leon son père, qu'il avoit
ja donnée à Henry son cousin.
　L'istoire nous dist que la feste dura bien par
quinze jours ou plus ; le roy des Bretons et sa ba-
ronnie firent à Raimondin tant d'onneur que je ne
le vous pourroie racompter. Et à tant me tairay d'en
plus parler pour abregier, car ce me seroit longue
chose, et parleray de Raimondin, qui prinst congié
du roy et de ses barons, et mercya moult humble-
ment le roy de sa bonne justice qu'il luy avoit faicte
en sa noble court, et s'en partist moult honnoura-
blement d'eulx tous. Et sachiés que le roy et plui-

seurs des barons furent moult doulens de sa depar-
tie ; et ainsi s'en partist Raimondin du roy, et avecq
luy Alain son oncle et ses deux enfants chevaliers et
ceulx de son lignage, et vont moult fort chevau-
chant vers Léon. Mais il est vray que l'ancien che-
valier s'en estoit jà parti devant et avoit fait tendre
tentes et pavillons, et toutes aultres choses ordonner
comme mestier estoit. Et adoncques Raimondin, son
oncle et ses deux enfants, et les plus prouchains de
son lignage se logèrent au chasteau, et les aultres
au bourc ; et fut la feste moult grande, et donna Rai-
mondin à tous les barons qui là estoient de moult
riches dons. Mais le peuple du pays scent que celluy
qui estoit filz de leur propre seigneur estoit venu,
si en furent moult joyeulx, et luy fisrent moult de
beaulx presens, selon l'usaige du pays, comme de
vins, de bestiaulx, de poisson, de foin, d'avaine, et
moult de aultres choses ; et estoient moult joyeux, puys
que il ne plaisoit à Raimondin de demourer ne de tenir
la terre, qu'ilz estoient eschous en la dicte lignée de
leur seigneur, pour ce qu'ilz estoient hors de la sub-
jection de la lignée de Josselin. Adonc Raimondin les
mercia moult gracieusement de leurs presens, et leur
pria et commanda qu'ilz fussent tous bons et leaulx
subjectz à Henry, à qui il avoit donné la terre.
Et ilz luy disdrent que si feroient-ilz. Et se taist
l'istoire de plus parler en avant d'eulx, et commence
à parler des espies qui là estoient mesmes en aiguet,
dont l'ung se partist et s'en alla vers le recept où le
chastellain de d'Arval et le lignage de Josselin estoient
tous prestz. Et lors les deux aultres espies demourè-
rent pour sçavoir quel chemin Raimondin tiendroit.

En ceste partie nous dist l'istoire que Raimondin
se partist de ceulx de son lignaige de Leon, et s'en vint

à Quemegnigant, et là s'enforcha la feste moult fort ;
et aprez la feste Raimondin voult là prendre congié
de tout son lignage; mais ilz misrent le plus grant
remède qu'ilz peurent affin qu'il demourast encores
huict jours, et oultre sa voulenté; mais non obstant
il faisoit le plus bonnement leur plaisir qu'il pouvoit.
Et en ce temps pendant vint à Henry, le filz de son on-
cle Alain, ung homme qui luy dist que, en trespassant
par emprez le recept dessusdit où estoit le chastellain
d'Arval à bien deux cens hommes d'armes, il avoit
entendu par aulcuns des varlés d'icelluy chastellain
que ilz actendoient gens à qui ilz ne vouloient point
de bien; mais il ne lui avoit pas descouvert qui ilz
aguestoient; et tous ces affaires compta-il à Henry.
Et quant Henry l'entendist il prinst tantost ung de
ses escuiers et l'envoya vers le lieu assavoir que c'es-
toit. Et celluy, qui fut moult diligent, fist tant qu'il
en congneut la plus grant partie et quelle quantité ilz
estoient, et tantost retourna à Henry, et lui compta
ce qu'il avoit trouvé, et qu'ilz estoient bien de cincq à
six cens combatans ; et, ces nouvelles ouyes par Hen-
ry, il deffendist au messagier moult expressement
qu'il n'en parlast à personne , et tantost appella son
frère Alain et aulcuns aultres des plus notables de son
lignage, et leur compta tout cest affaire. Par foy, dis-
drent-ilz, nous ne sçavons que penser que ilz tendent
à faire sinon que ilz se voulsissent venger de Raimon-
din nostre cousin, ou nous mouvoir guerre sur ceste
querelle ; et toutesfois il est bon d'y pourveoir de re-
mède, et mandons tous nos amis et nous tenons se-
cretement ensamble, et verrons quelle fin ilz feront,
affin que, se ilz venoient vers nous ne sur nous , que
ilz ne nous trouvent à descouvert, et aussi se Rai-
mondin se part, qu'il ne soit pas surprins d'eulx ; et

se ilz ont entention de luy mal faire, ce n'est que de luy oster la vie. Par foy, disdrent les aultres , c'est verité. Or, delivrons-nous de faire nostre mandement si brief et si celleement que on ne le sache que le mains que nous pourrons ; et ainsi le firent-ilz, et eurent dedens le second'jour jusques à quatre cens hommes d'armes, que de leur lignage , que de leurs aliez, avecques eulx, et les firent loger en ung bois où moult peu de gens le sceurent. Or advint que Raimondin ne voult plus demourer, et prinst congié de Alain son oncle, qui demoura à Quemegnigant moult doulent de sa departie ; et ses deux enfans le convoièrent à bien grant foison de leur lignage ; et comment qu'il fut ilz ne le voulurent oncques laisser aller , et faisoient tousjours leurs gens traire arrière sur le costé, et chevauchèrent tant qu'ils approuchèrent à une lieue prez de la foretsz où le recept du chastellain estoit, qui, par ses espies, sceut leur venue et le dist à ses parens en ceste manière : Or verra-on qui oncques ama Josselin ne Olivier son filz ; il le devra bien monstrer ici pour venger leur mort ; car cy povons à ce coup mettre à mort tout le lignage d'icelluy, et lui avec, qui nous a fait telle honte et aux nostres. Et ceulx luy respondirent que jà piet n'en eschappera qu'ilz ne soient tous mors ; mais ainsi comme le proverbe dict, tel cuide venger sa honte qui l'acroit, car ainsi fut-il du chastellain et de ses parens. Et ce temps pendant vint le chevalier ancien à Raimondin, et luy dist en ceste manière : Sire, il vous est bien mestier que vous chevauchez par ceste forest tout armé, vous et vos gens, par ordonnance : car le lignage de Josselin que vous avez destruict ne vous aime pas; si pourroient vous et vostre compaignie porter dommaige se ilz vous trouvoient desgarnis; et le cueur me dit que nous

les trouverons assez tost. Et jà estoient armez Alain
et Henry et tout son lignage, et avoient envoié tous
leurs gens devant en embuche au mains à demy lieue
du recept. Donc, quant Raimondin eut fait armer ses
gens et eut mis le panon à vent, et veoit que ceulx de
son lignage estoient tous armez, si ne sceut que pen-
ser, et aussi les aultres ne sceurent pas pour quoy
Raimondin et ses gens estoient armez ; mais ilz luy
disdrent tantost toute la verité, et comment ilz avoient
jà envoié devant quatre cens bassines pour le garder
de leurs ennemis. Par foy, dist Raimondin, courtoi-
sie ne doibt pas estre mise en oubli, ne elle ne sera
mie, dieu avant, au temps advenir, se vous avez le
besoing de moy. Et en ce parti chevauchèrent tant
qu'ilz entrèrent en la forest ; et faisoit moult beau
veoir Raimondin chevaucher devant, le baston au
poing, mettant ses gens en ordonnance. Et à tant se
taist l'istoire de luy, et parle du chastellain et de ses
parens, et qu'ilz firent.

   L'istoire nous dict que le chastellain estoit en son
recept, et attendoit l'espie qu'il avoit dernierement
envoié assavoir moult quant Raimondin entreroit en
la forest ; et il exploita tant qu'il vit approucher Rai-
mondin. Lors retourna au recept, et dist au chastel-
lain : Sire, voiez-le cy venir. Et quant le chastellain
l'entendist, si escria à haulte voix : A chevau, qui
oncques aima Josselin du Pont de Leon et Olivier son
filz, si me suyvez. Adonc monta chascun à chevau, et
furent tant acreuz qu'ils furent bien huyt cens com-
batans, et se misrent à chemin parmy la forest à l'en-
contre de Raimondin, et passèrent par devant l'em-
buche que Henry et ses proesmes avoient envoié ; et
les laissèrent passer sans eulx descouvrir ; et puys se
misrent aprez eulx en chemin, et ceulx chevauché-

ent tant qu'ilz encontrèrent Raimondin et sa route.
Mais quant ils les visrent en chevauchant tous armez
en ordonnance, si furent tous esbahis ; et toutesfois
n'avoit en celle première route que les varlès et envi-
ron cent hommes d'armes, et leur escrioient : A mort,
à mort, mal acointastes celluy qui nous a fait la honte
et le dommaige de Josselin nostre cousin. Et quant
ceulx l'entendirent, si se mettent à part et font son-
ner leurs trompettes ; et ceulx leur coururent sus', et
irent moult grant dommaige aux gens de Raimondin
avant que Raimondin y peut arriver, lequel chevau-
choit de tire à desroy tant que le chevau povoit cour-
re, et se fiert entre ses ennemis, la lance baissée, et
porta le premier que il rencontra par terre, et puys
raist l'espée et fiert à tort et à travers, à destre et à
senestre, et porte à ses ennemis moult de dommai-
ge. Mais, quant le chastellain le vit, il fut moult dou-
lent ; et adoncques le monstra à trois de ses cousins
germains : Voiez-vous le chevalier qui a fait la honte
à tout nostre lignage ; se nous estions delivrez de
celluy, le remanant ne pourroit gaires durer contre
nous. Adonc poignent à luy tous quatre leurs che-
vaux les lances baissées ; les deux furent sur la com-
ble de l'escu et les aultres deux sur la couppe du bas-
sinet ; et tant le fièrent rudement que ilz ruèrent luy
et son chevau par terre, et s'en passèrent oultre ; mais
quant il vit qu'il estoit abbatu et luy et son chevau,
il point tantost, comme couroucé, le chevau des espo-
rons, et le chevau, qui fut fort et vitte, se remet sur
ses genoux, et après ressault sur ses piés legièrement,
que oncques n'en perdist les estriers ne l'espée de la
main. Et adoncques se tourna sur le chastelain, et le
fiert de l'espée sur le bassinet si rudement, à ce que
le bras fut fort et l'espée pesante, qu'il fut si estourdi

qu'il perdist les deux estriers, et luy va voler l'espée
hors de la main ; et en passant le burta de l'espaulle
tellement qu'il le fist tomber de dessus le chevau à terre ;
et en celluy point la presse des gens commença à venir
si grande qu'il fut tout deffoulé des piés des gens et des
chevaux. Lors commença la bataille grande et fière,
et y eut grant dommaige d'un costé et d'aultre. Et
adonc est venu l'ancien chevalier, Henry et Alain
par la meslée ; là eut grant meslée et moult aspre, là
fait Raimondin moultz grans faitz d'armes, et de dom-
maige à ses ennemis ; mais le chastellain est hors de
la presse, et luy ont rendu ses gens ung fort chevau,
et il monte sus. Là se refforcha moult la bataille, et
quant ses gens le visrent remonté, ilz prindrent grant
cueur en eulx, et se combatirent moult asprement ; et
en y eut moult de mors d'une part et d'aultre ; et sa-
chiés que Raimondin et ses gens soustenoient grans
faitz, car l'adverse partie estoit moult forte, et moult
bien se combatirent et vaillamment. Mais l'embuche
de Henry leur vint par derrière et les assaillirent de
tous costez que ilz ne sceurent que faire, ne ilz ne se
peurent deffendre, ne ilz ne povoient fouyr. Et a-
donc fut pris le chastellain et fut rendu à Raimondin,
qui le commanda à garder à l'ancien chevalier et à
quarante de ses hommes, et furent tous les aultres
pris et mors en peu d'eure.

Et ce fait s'en vindrent au recept, et dist Raimon-
din à ses parens : Or, seigneurs, je vous doibz bien
aimer et gracier du noble secours que vous m'avez
fait en ceste journée. Et je sçay bien de vray que se
n'eust esté l'aide de Dieu et de vous, que ce triste
m'eut mis à mort en traïson. Or regardons qu'il est
bon de faire. Parfoy, dist Henry, sire, faictes-en
vostre voulenté. Je vous diray, dist Raimondin, que

nous ferons : faisons pendre tous ceulx qui sont du lignage de Josselin, environ ce recept ; et le chastellain et les aultres envoions au roy des Bretons pour tesmoingner la traïson qu'il nous a faite ; si en prendra telle pugnition qu'il luy plaira. Parfoy, disdrent-ilz tous, vous dictes tresbien, sire. Adonc furent cerchez tous les prisonniers, et furent pendus aux fenestres et aux buys tout en l'environ du recept ; et tous ceulx qui estoient du lignage Josselin et le chastelain liez, et les envoya par Alain, accompaigné de trois cens hommes d'armes, à Vannes par devers le roy, qui là estoit retrait ; et luy presenta Alain le chastelain de d'Arval tout le premier, et tous les autres aprez, et luy racompta Alain toute l'adventure, et luy dist comment Raimondin se recommandoit moult de fois à sa bonne grace, et qu'il ne luy voulsist desplaire se il avoit pris vengance de ses ennemis, qui l'avoient voulu destruire et murtrir en traïson ; et qu'il luy envoioit le chastelain et les autres pour sçavoir la verité du fait, et qu'il en prist la pugnition à sa voulenté. Et comment, dist le roy, chastelain, fustes-vous si hardi de faire tel outraige ne telle derision pour la raisonnable justice que nous avons fait faire en nostre royaulme, veu et considéré la grant traïson que Josselin et vostre oncle a congneu qu'il avoit fait ? Par Dieu, dist le roy, vous en fuste moult oultrecuidé, et c'est bien à droit se il vous en est mal advenu. A, noble roy, dist le chastelain, prengne vous pitié de moy, car la grand douleur que j'avoie de la deshonneur que Raimondin avoit fait à nostre lignage le m'a ainsi fait faire.

Par foy, dist le roy, c'est mauvaise compaignie que de triste ; il fait bon fermer l'estable avant que les chevaux soient perdus ; je vueil bien que vous sachez que jamais ne vouldrez occiré gentil ne noble homme en traïson ; car jamais ne mengeray tant que vous soiez pendu avec vostre oncle : car vous luy tiendrez compaigne, et tous ceulx qui sont avec vous. Et adoncq le roy fist prendre tous ceulx de sa route, et furent pendus ; et envoia le chastellain à Nantes, et là il fut pendu emprez Josselin son oncle et Olivier son cousin. Et ainsi garda bien le roy des Bretons justice en son temps. Et se taist l'istoire quant à present d'en plus parler, et retourne à Raimondin et à ses parens.

Or dist l'istoire que, quant Alain fut retourné à Raimondin au recept, et qui luy eut compté et aux aultres ce que le roy avoit fait, ils disdrent que le roy avoit fait vaillamment et comme homme vaillant et loyal justicier. Adoncques appella Raimondin Henry, Alain et les autres de son lignage, et dist à Henry et Alain en ceste manière : Beaulx cousins, à vous enjoinctz que vous facés fonder une prieuré de la Trinité de huict moynes, et de la bien renter, à chanter à tousjoursmais pour l'ame de mon père et du nepveu du roy, et pour ceulx qui sont trespassez de celle folle entreprinse. Et ilz disdrent que si féroient-ilz ; et leur pria Raimondin que ilz le recommandassent au roy de Bretaigne et aux barons et à Alain leur père. Et lors il prist congié d'eulx, et ilz furent moult doulens de son département, et aussi de ce qu'il ne les laissa plus avant aller. Et sachiés que au departir menèrent les deux frères moult grant douleur ; et entretant il convint que ilz s'en departissent ; et à tant s'en retournèrent vers Quemegnigant, et Raimondin s'en vint à Guerande, là où il fut moult festoié et moult chierement tenu. Et à tant se taist l'istoire de plus parler de luy pour le

resent, et retourne à parler comment Henry et Alain
rindrent congié de leur lignage et revindrent à leur
ère.

L'istoire dict que Henri et Alain prindrent congié
e leur lignage, et vindrent à leur père, et comptè-
ent toute l'adventure du chastelain, et comment s'en
stoient partis de leur cousin, et comment il leur avoit
njoinct de fonder la prieuré. Par foy, dist Alain,
r est bien le pays delivré du lignage de Josselin ;
)ieu ait des ames mercis, combien qu'ilz ne nous a-
iassent oncques. Or, beaulx enfans, je vous diray
ue vous ferez. Tout premièrement vous irez au roy
t luy requerrez qu'il vous donne place pour édiffier
i prieuré ; et luy dictes la manière comment vostre
ousin le vous a enjoinct, et je croy qu'il vous en
ira bonne responce. Et ilz luy respondirent que cy
eroient-ils. Et à tant se partirent de leur père, et à
int chevauchèrent que ilz vindrent à Vannes, et
ouvèrent que le roy estoit parti, et estoit allé à
ussinnon pour soy ésbatre et desduire à la chasse.
t adonc ilz montèrent à chevau et vindrent au port,
t passèrent et entrèrent en la forestz, et chevauchè-
int qu'il vindrent au chasteau, et trouvèrent que le
)y estoit allé au parc chasser ; et les deux frères
ont après, et trouvèrent le roy dessoubz ung grant
rbre sus ung estang, où il attendoit le cherf que les
iiens chassoient. Adonc les deux frères se trairent
part, pour ce qu'ilz ne le voloient pas destourber
i roy à veoir son deduit, qui les apperccut bien et
ur en sceut moult bon gré ; et ne demoura guères
ue le cerf est venu, qui se va ferir en l'estang ; et
fut pris par force de chiens, et fut tiré hors de
eaue : et fut faicte la curée et donné le droit
ix chiens. Lors se trairent Alain et Henry par

devers le roy, et le saluèrent moult honnoura-
blement, et firent bien le messaige que Raimon-
din leur cousin leur avoit enchargé. Et adonc le
roy les bienveigna, et moult leur enquist de l'es-
tat de Raimondin ; et ilz luy disdrent ce qu'ilz en
avoient veu ; et puys luy racomptèrent comment il
leur avoit enjoinct de fonder et parfaire une prieuré
de huiet moynes, et de les renter pour chanter pour
l'ame du nepveu du roy et pour l'ame de Henry son
père, et pour tous les autres qui avoient receu mort
pour celle querelle ; et aussi comment ilz luy prias-
sent de par luy pour qu'il leur voulsist donner place
pour fonder la dicte prieuré. Par foy, dist le roy, la
requeste est moult raisonnable ; et tout maintenant
je vous meneray au lieu où je veulx qu'elle soit fon-
dée. Adonc ilz saillirent de la garene et vindrent
tout selon le mur au bout du clos ; et adonc dist le
roy : Beaulx seigneurs, faictes icy fonder une prieu-
ré, et prenez tant de place comme vous vouldrez ; et je
vous habandonne la forest pour y prendre le boys à
charpenter ; et quant les moynes y seront establis, je
leur en donne pour leur user et à tous leurs adhe-
rens et habitans, et leur habandonne le pescher en
la mer qui est prez de ceste place à ung quart de
lieue, et de prendre en la forest oyseaulx et sauvai-
gnie pour leur vivre et de leur hostel ; et si leur
donne toutes les terres arables qui cy sont environ à
demy lieue ; et de tout ce leur fist bonnes lettres. Et
de ces choses le vont mercier moult humblement les
deux frères, et font tautost venir massons et char-
pentiers, et font en peu de temps l'eglise et la pri-
euré achever, et y misrent moynes blancs jusques à
huyt personnes religieux, qui portent en leur habis
divers une croix azurme, et les rentèrent bien pour

leur vivre bien aisement, et encores y est. Et à tant
se taist l'istoire du roy des Bretons et des deux frères,
et commence à parler de Raimondin, et comment il
se gouverna depuys.

En ceste partie nous tesmoigne que tant demoura
Raimondin en la terre de Guerende qu'il mist à ac-
cord aulcuns barons qui estoient ensamble long-
temps avant en grans dissessions ; et fist tant qu'ilz
furent bons amis ensamble, et que le pays fut bien
en paix. Et à tant prinst congié des barons et du
peuple, qui furent fort doulens de sa departie. Et à
tant chevaucha que il vint en la terre de Poetou, là
où il trouva grant foison de haultz forestz non habi-
tées, et en aulcuns lieux avoit grant foison de sau-
vaignie, comme cerfz, biches, dains et porcs, et au-
tres bestes assez, et en d'aultres lieux grant foison
plainnes moult belles, praries et rivières. Par foy,
dist Raimondin, c'est grant dommaige que en ce
pays ne habite de peuple, car moult est grasse la
contrée ; et en pluiseurs lieux sur la ripvière y avoit
moult belles places non habitées, lesquelles, à son
advis, fussent moult pourfitables se elles fussent bien
entretenues. Et à tant chevaucha Raimondin qu'il
vint en une ancienne abbaye moult grande et grosse,
qui estoit appelée Maillières, et avoit à compter
l'abbé cent moynes sans les convers ; et là se her-
berga Raimondin, par la grant plaisance que il prist
en ce lieu, par trois jours et trois nuicts. Et y donna
Raimondin de moult beaulx joyaulx, et puys s'en
partist, et s'en vint chevauchant tant qu'il approu-
cha Lusignen ; et premier apperceut la tour trompée
et le bourc, et lors il ne cuida pas estre là où il es-
toit, car il mescongnoissoit le lieu pour la tour et pour
le bourc qui y furent faictz depuys qu'il estoit parti

et moult se esmerveilla quant il ouyt les trompettes
de la tour tromper.

En ceste partie nous dict l'istoire que quant Rai-
mondin vint au dessus de Lusignen, et il apperceut
le bourc, qui estoit clos de haultz murs et grosses
tours drues, et les fossez bien parfons tous taillez de
pierre de taille, et vit la tour qui estoit grosse et en-
tre le fort et le bourc, et qui le surmonte de haul-
teur plus d'une lance, et y ouyt les trompettes de plus
en plus quant ilz appercevoient les gens qui venoient
avec Raimondin eulx spacier et esbatre. Comment,
dist Raimondin à l'ancien chevalier, que peut cecy
estre? il me sembloit ores que j'avoie failly de venir
à Lusignen; et encore me le semble-il. Adonc com-
mença l'ancien chevalier à rire, et Raimondin luy va
dire : Comment, sire chevalier, truffez-vous de moi?
je vous dis pour certain que se ne fut la tour et le
bourc que je vois, je cuidasse estre à Lusignen. Par
foy, dist le chevalier ancien, tautost vous vous y
pourrez trouver, se Dieu plaist, à grant joye. Or
vous diray-je des queux, des varlès et des som-
miers qui estoient allez devant, et avoient annoncé
la venue de Raimondin à Melusine; combien qu'elle
les creut bien, elle n'en fist point de semblant, que
tantost elle fist appareiller et apprester tout le peu-
ple, et les fist aller à l'encontre de Raimondin; et
elle mesmes y alla à grant foison de dames et damoi-
selles, chevaliers et escuiers, montez et arroiez moult
honnourablement. Adonc Raimondin regarda devant
soy, et voyt arriver les gens du font de la vallée,
venans et saillans deux à deux par ordonnance; si
se esmerveilla moult, et, quant ilz approuchèrent, si
escrièrent tous à une voix : Ha! Ha! bien soiez-vous
venu, monseigneur. Et adonc congneut Raimondin

pluiseurs de ceux qui le bienveignèrent, et leur demanda : Beaulx seigneurs, dont venez-vous? Monseigneur, disdrent-ils, nous venons de Lusignen. Dist Raimondin : Y a-il gaires d'icy? Par foi, monseigneur, dirent-ilz, qui apperceurent bien qu'il mecongnoissoit le lieu ou le hourc et la tour qui y estoient faitz depuys son departement dudit lieu ; monseigneur, vous ne le cognoissez pour tant que ma dame a cy fait faire ce bourc et celle tour depuys que vous vous en partistes; et voiez la cha où elle vient à l'encontre de vous. Adonc fut Raimondin esbahi, et ne dist pas tant qu'il pensoit; mais, quant il luy souvint qu'elle avoit fait le fort de Lusignen et le chasteau en si peu de temps, il ne se donna plus de merveilles. Et à tant vint Melusine, qui moult doulcement le bienveigna et le receupt moult honnourablement en disant en ceste manière : Monseigneur, je suis moult joyeuse de ce que vous avez si bien besongné et si honnourablement en vostre voyage car on m'a jà tout dit et compté. Et Raimondin lui respond : Madame, c'est Dieu mercis et vous. En parlant de ces choses, ils arrivèrent à Lusignen et descendirent, et fut la feste moult grande, et dura bien huict jours ; et y estoit le comte de Forestz, qui moult bienveigna Raimondin, son frère. Et aprez la feste se partirent de Lusignen, et vindrent à Poetiers par devers le conte, qui moult les bienveigna. Et adonc il demanda à Raimondin où il avoit si longuement esté; et il lui recorda toute son adventure; et, à brief parler, le conte Bertrand en fut bien joyeulx ; et ce fait, prindrent les frères congié de lui. Et lors l'ung s'en alla en Forestz, et Raimondin à Lusignen, où Melusine le receupt moult liement. Et estoit pour lors la dame ençainte, et porta son terme, et accou-

cha en son temps du second enfant, qui fut ung filz,
et eut nom en baptesme Odon; et eut une oreille
sans comparation plus grande que l'aultre; mais de
tous aultres membres il estoit bel à grant devise, et
estoit moult bien formé. Et celluy Odon eut puis es-
pouse la fille au conte de la Marche, et en fut conte.
Et à tant se taist l'istoire à parler de l'enfant et parle
de Raimondin et Melusine plus avant.

L'istoire nous dist et certifie que la dame eut jeu
son terme et qu'elle fut relevée, la feste fut moult
grande, et y eut moult grant foison de nobles gens;
et se partist la feste moult honnourablement. Et en
celle année fist la dame faire le chasteau et bourc
d'Annelle, et fist faire Waviront et Mermant; et puis
fist faire le bourc et la tour de saint Maissant, et com-
mença l'abbaye, et faisoit moult de biens aux povres
gens.

Et, au second an aprez, eut ung fils qui eut nom
Guion, et fut moult bel enfant; mais il eut ung œil
plus hault que l'aultre. Et sachiés que Melusine avoit
tousjours si bonnes nourrices, et estoit si tresson-
gneuse de ses enfans, qu'ilz croissoient et amendoient
si tresfort que chascun qui les veoit s'en donnoit
grans merveilles. Et en celluy temps fist fonder Me-
lusine nobles lieux par le pays qu'ils avoient ès met-
tes de la conté de Poetou et duchié de Guienne; elle
fist le chasteau et le bourc de Partenay, si fort et si
bel que ce fut sans comparation; puys fonda les tours
de la Rochelle et le chasteau, et commença de la
ville une partie; et avoit une grosse tour à trois lieues
que Julius Cesar fist faire, et l'appelloit-on la tour
des Anglois, pour ce que Julius Cesar portoit l'aigle
en sa banière comme empereur. Celle tour fist la da-
me environner de fortes tours et grosses, et fors murs,

et la fist nommer le chasteau Aiglon. Et depuis ediffia
Pons en Poetou, et Saintes, qui pour lors estoit nom-
mée Linges; et puys fist Tellemont et Tallemondois,
et moult d'aultres villes et forteresses, et acquist tant
Raimondin en Bretaigne et Guienne et Gascongne,
qu'il n'y avoit prince nul qui marchast à luy et qui
ne le doubtast à couroucer.

Et aprez porta Melusine le quart enfant et s'en dé-
livra à terme, et eut nom Anthoine. Nul plus bel en-
fant ne fut veu; mais au naistre il apporta en la joue
ung grif de lyon, de quoi moult furent ceulx qui le
visrent esbahys.

Sy nous dist l'istoire que le septiesme an aprez
Melusine porta le quint enfant, et s'en delivra à ter-
ne, et eut nom Regnault. Nul plus bel enfant ne pou-
voit-on veoir; mais au naistre il n'apporta que ung
œil sur terre; mais il en veoit si cler qu'il veoit venir
sur mer la nef, ou par terre aultre chose, de trois
veues, qui montent bien xxj. lieue. Celluy fut doulx
et courtoys, si comme vous orrez en l'istoire, ci-aprez.

L'istoire nous dist que le huitiesme an Melusine
enfanta le siziesme enfant, qui fut ung fils, et eut nom
Geuffroy, et au naistre il apporta sur terre ung grant
dent qui lui sailloit de la bouche plus d'ung pouce,
nommé Geuffroy au grand dent. Et celluy fut moult
grant, hault et bien formé, et fut fort à merveilles,
hardy et cruel, et tant que chascun le doubtoit, quant
il fut en cage, qui en oyoit parler. Il fist en son temps
moult de merveilles, ainsi comme orrez ci aprez en
l'istoire.

L'istoire dist que la neufiesme année Melusine en-
fanta ung fils; ce fut le septiesme, et eut nom Froi-
mond, qui fut assez beau; mais il eut au naistre sur
le nez une petite tache vellue ainsi comme se ce fut

la peau d'une talpe ou d'ung fouant. Et fut en son temps moult devot, et fut puys, par le commun accord de son père et de sa mère, fait moyne de Maillières, dont vous orrez ci aprez en l'istoire.

En ceste partie nous dist l'istoire que Melusine demoura environ deux ans sans porter ; mais il fut vray que la onziesme année elle porta ung filz qui fut le huitiesme, et ce fut moult grant merveilles, car il apporta au naistre trois yeulx sur terre, l'ung desquelz eut au front ; et fut si cruel et si mauvais qu'il occit, avant qu'il eut quatre ans, deux nourrices. Et de cestuy-cy maint l'istoire, et comment il fut mort et enterré au moustier neuf à Poetiers.

Or dict la vraye histoire que tant nourrist Melusine ses enfans que Urian, qui fut le premier né, eut quelque XVIII ans, et fut moult grant et moult bel, et fort à merveilles, et faisoit moult de force et d'espartise ; et le plaignoit chascun de ce qu'il avoit si estrange visaige : car il avoit court et large, l'ung des yeulx rouge et l'autre tout pers ; et les oreilles si tresgrandes comme les mamielles d'ung vau. Et Odon son frère avoit XVII ans, et Guion XVI, et amoient l'ung l'aultre Urian et Guion ; et estoit Guion si vitte et si mauvais, et si appert, que tous ceulx qui le veoient s'en donnoient grans merveilles ; et tousjours s'entretenoient Urian et Guion, et les amoient tous les nobles du pays, et les enfans l'ung l'aultre tant qu'ilz ne povoient plus, et faisoient souvent faitz d'armes en joustes, en tournois et en becheris. Or advint que, en celuy temps, deux chevaliers poetevins vindrent de Jherusalem et comptèrent les nouvelles par le pays que le souldan de Damas avoit assiegé le roy de Chippre en sa cité de Famagosse, et que il le tenoit en moult grant destresse ; et n'avoit celluy roy de heritier que une seulle fille, laquelle estoit moult belle. Et furent tant portées ces nouvelles par le pays que Urian le sceut ; et adonc il dist à son frère Guion : Par ma foy, beau frère, ce seroit grant aulmosne de secourir celluy roy encontre les Sarrazins ; nous sommes jà huit enfans masles ; la terre de nostre père ne demoura pas sans heritier, posé que de nous ne fut riens ; dont pour telle cause nous devons tant plus pener de voyager pour acquerir honneur. Par foy, dist Guion, vous dictes verité ; mais pourquoy le dictes-vous ? Car voiez moy cy prest à faire ce qui vous plaira. Par foy, dist Urian, vous dictes bien : or mandons les deux chevaliers qui sont venus du saint voiage d'oultre mer, et enquerons plus avant la verité de cest affaire. Et doncques mandèrent les deux chevaliers, qui vindrent moult liement ; et quant ilz furent venus, les deux enfans les bienveignèrent moult amiablement, et aprez leur commencèrent à enquerir la manière de leur voyage, des usages et des manières du pays où ilz voient esté ; et ilz leur en disdrent la pleine verité. Par foy, dist Urian, nous avons entendu que vous avez passé par une ysle où y a ung roy cristien qui est moult oppressé d'ung souldan des Sarrasins ; si nous merveillons que vous ne demourastes en la guerre avec le roy cristien pour luy aider et conforter, vous qui estes renommés si vaillans chevaliers, si ce qui nous semble que tous bons cristiens sont teus de aider l'ung l'autre contre les mescreans ; et aussi ce nous semble grant aulmosne de les reconforter en celle necessité. Ad ce respondirent les deux chevaliers : Par foy, damoiseau, nous voulons bien que vous sachiés que, se nous eussions veu la voye coment nous eussions peu entrer en la ville sans estre

mors ou prins, nous y feussions moult voulentiers en-
tré, et eussions attendu l'adventure avecq le roy de
Chippre telle que Dieu le nous eut voulu envoier, et
vous sçavez que deux chevaliers ne pourroient mie por-
ter le faitz contre bien lx. ou iiij. vingz mille Sarra-
zins; et ce fut la cause qui nous destourna d'y aller:
car vous devez bien sçavoir que celluy est bien fol
qui souffle contre le vent pour le cuidier faire taire et
surmonter. Par foy, dist Urian, vostre excusation
est bonne et juste; mais dictes-moy se gens qui au-
roient povoir de mener de xxij. à xxv. mille hom-
mes d'armes y pourroient rien faire et venir à ses
ententes pour secourir à celluy roy ? Adoncques l'ung
des deux chevaliers respondist : Par ma foy, Sire,
ouy, veu et consideré que la cité est forte et le roy
est moult vaillant et bataillereux de sa personne ; et
y a assez competamment de vivres et de bonnes gens
d'armes pour garder la ville ; et encore y a pluiseurs
fortresses où ceulx de Rodes se viennent refreschir,
de quoy le roy de Chippre et ceulx de la cité ont grant
reconfort. Et sachiés qu'ilz y viendroient bien, et
vouldroie que mon compaignon y voulsist aller en
celle compaignie que vous dictes, et nous y deussions
aller et entreprendre l'adventure avecq eulx. Par foy,
dist Urian, mon frère et moy vous recepvrons et y
menerons, Dieu avant, et ne demourra gaires. Et
quant ceulx l'entendirent, ilz furent moult joyeulx,
et dirent que, se ilz y vont, qu'il leur meut de grant
vaillance et grant noblesse de cueur. Or se tait l'is-
toire de plus parler des deux chevaliers, et com-
mence à parler de Urian et Guion, comment ilz
prindrent congié de leur père et leur mère, et de
l'aide qu'ilz leur firent.

Comment Urian et Guion prindrent congié de leurs père et mère, et de l'ayde qu'ilz leur firent.

En ceste partie nous dict l'istoire que Urian et Guion vindrent à leur mère Melusine, et luy commença Urian à dire moult saigement : Ma dame, se il vous plaist, il seroit bien temps que nous allissions voyager pour congnoistre les terres, les contrées et les pays estranges, affin d'acquerir honneur et bonne nommée ès estranges marches, par quoy nous fussions introduictz de sçavoir parler diverses langues avecq les bons, et de diverses choses qui sont par les estranges marches et pays qui ne sont pas communes par decha; et aussi, se fortune ou bonne adventure nous vouloit estre amie, nous avons bien volenté de conquerir terres et pays : car nous regardons que nous sommes jà, Dieu nous croisse, huyt frères, et sommes taillez, se Dieu plaist, d'en avoir autant ou plus; et à dire que le vostre fut parti en tant de parties pour nostre gouvernement, celluy qui deveroit tenir le chief de la seigneurie ne pourroit tenir ne avoir gaires d'estat, consideré et veu le grant estat que monseigneur mon père et vous tenez; car dès maintenant mon frère Guion et moy quitons nostre part de ce qui nous pourroit escheoir de par vous, excepté tant seulement vostre bonne grace, parmy l'aide que vous nous ferez presentement, se il vous plaist, pour nostre voyage, se Dieu plaist, acomplir. Par foy, enfans, dist Melusine, vostre requeste vous vient de grant vaillance de cueur, et pour tant elle ne doibt pas estre refusée; et sur ceste matère je parleray à vostre père, car sans son con-

seil ne vous doibz-je pas accorder vostre requeste.
Adonc se part Melusine de là, et vint à Raimondin,
et luy compta la requeste de ses deux enfans, lequel
dist : Par ma foy, dame, se il vous samble que ce
soit chose qui soit bonne à faire, faictes-en vostre
voulenté. Sire, dist Melusine, vous dictes bien; et
sachiés qu'ilz ne feront en ce voyage chose qui ne
leur tourne à grant honneur et prouffit, au plaisir
de Dieu. Adonc revint Melusine à ses deux enfans,
et leur dist ainsi : Beaulx enfants, pensez desores-
mais de bien faire, car vostre père vous accorde vos-
tre requeste, et aussi fais-je ; et ne vous soussiés de
rien, car dedens brief temps je vous auray ordonné
de vostre fait, à l'aide de Dieu, tellement que vous
m'en sçaurez gré. Mais or me dictes en quelle partie
vous voulez aller, affin de vous pourveoir de ce que
vous fauldra. Adonc respondit Urian : Madame, il est
bien vray que nous avons ouy certaines nouvelles
que le roy de Chippre est assiegé du souldan de Da-
mas en sa cité de Famagosse, et là, Dieu avant,
nous avons entention de nous en aller pour le secou
rir contre les faulx mescreans sarrazins. Or va donc
dire Melusine : Cy fault pourveoir tant du fait de la
mer comme de la terre, et, à l'aide de Dieu, mes
enfans, j'en ordonneray tellement que vous souvien-
dra de moy; et ce feray-je bien brief. Et à tant se
vont agenouillier devant leur mère en la remerciant
moult de ce humblement. Et la dame les drescha sus et
les baisa chascun en la bouche tout en plourant, car
elle avoit grant douleur au cucur, quelque chière
qu'elle fist, de leur departement, car elle les amoit
d'amour de mère, non pas d'amour de nourice.

L'istoire dist que Melusine fut moult curieuse de
apprester l'afaire de ses enfants, et fist arriver au

port de La Rochelle grant et riche navire, tant gal-
lées comme rampins et grosses nefz ; la maindre de
deux couvertes et aulcunes de trois ; et fut la navire
si grant que pour mener quatre mille hommes d'ar-
mes. Et entretant mandèrent les deux enfans les
deux chevaliers qui dudit voiage les avoient acoin-
tez, et leur disdrent que ilz se appareillassent d'eulx
mouvoir bien briefment comme ilz leur avoient pro-
mis. Et ilz leur disdrent : Seigneurs, nous sommes
tous prestz, et _si_ vous avons acointé plusieurs gen-
tilz hommes qui se appareillent et sont tous prestz de
eulx envenir en vostre compaignie ; et tous desi-
rons de vous servir et de vous faire plaisir. Par foy,
dist Urian, tresgrans mercis ; nous les mainerons, se
Dieu plaist, et vous aussi. Or doncques, à brief par-
ler, tant fist Melusine que tout fut prestz, et eut
quatre barons, que de Poetou que de Guienne, à
qui elle bailla ses deux enfans en gouvernement, et
eut grant foison de chevaliers, d'escuiers et de gen-
tilz hommes, jusques au nombre de deux mille et
cincq cens hommes d'armes et de cinq cens arbales-
triers. Et adoncques les vivres, l'artillerie, les har-
nois et les chevaux furent chargés ès vaisseaulx, et
aprez montèrent les gens ès navires. Là veissiés pan-
nons, banières et estandars au vent, et sonner trom-
pettes et instrumens, et les chevaux hanir et bran-
doier, que c'estoit moult grant beaulté à veoir. Et
prindrent les deux enfans congié de leurs frères et
des gens du pays, qui moult tendrement plourèrent
de leur departie. Et Raimondin et Melusine convoiè-
rent leurs enfans jusques en la mer ; et, quant ilz fu-
rent là venus, Melusine les traist à part en disant :
Mes enfans, entendez ce que je vous veulx dire et
commander.

Enfans, dist Melusine, voiez cy deux aneaulx que je vous donne, dont les pierres ont une mesme vertu; et sachiés tant que vous userez de leaulté, sans penser à mal ne à faire tricherie, et que vous les aiez sur vous, vous ne serez ja desconfis en nul fait d'armes, mais que vous aiez bonne querelle, ne sort ne enchantement d'art magique ou poisons de quelque manière ne vous pourront nuire ne grever, que si tost que vous les regarderez, qu'ilz n'aient perdu vertu et force; et lors elle en bailla à chascun ung. Ilz lui mercièrent moult, les genoulx à terre. Et aprez Melusine reprinst la parolle en disant ainsi: Mes enfans, je vous encharge que en tous les lieux là ou vous serez, que tous les jours vous oiez le service divin avant que vous facés aultre chose, et aussi en tous vos affaires que vous reclamez devotement l'aide de nostre createur, et le servez moult diligemment, et l'aimez et craignez comme vostre Dieu et vostre createur; et honnourez tousjours de vostre povoir nostre mère saincte eglize, et la soustenez, et soicz ses vrais champions contre tous ses malvueillans. Aidez et conseillez les femmes vefves, nourrices, ou faictes nourrir les orphelins, et honnourez toutes dames; reconfortez toutes pucelles que on vouldroit desheriter desraisonnablement. Amez les gentilz hommes et leur tenez compaignie. Soicz humbles, doulx et courtoys, humains et humilians aux grans et aux petits; et, se vous voyez ung homme d'armes qui soit povre ou en petit estat de vesture, en mesure donnez-luy du vostre selon vostre aisement, et selon qu'il sera de value. Soicz larges aux bons; et quant vous donnerez quelque chose, ne le faictes pas attendre longuement; mais tous temps regardez quant, combien, ne pour quoy, et la personne le

vault, ou se il est maistre de sa maistrise. Et se vous
donnez pour plaisance, gardez bien que folle lar-
gesse ne vous sousprengne, affin que aprez on ne se
puist moquer de vous; car ceulx qui auroient des-
servi que vous leur feissiés aulcun bien s'en tien-
droient pour mal contens; et les estrangiers se mo-
queroient de vous en derrière. Et gardez que ne pro-
mettez chose qui ne puissés tenir; et se promettez
aulcune chose, ne faictes pas trop attendre cellui
aprez la promesse, car longuement attendre esteint
moult la vertu du don. Gardez-vous bien de convoi-
tier la femme de nulluy de qui vous vueillez estre
amez. Ne croiés ja conseil de garson, ne l'atraiez
ja prez de vous se vous n'avez assaié ses meurs et
conditions. Aussi ne croiez ja conseil d'avaricieux,
ne tel homme ne mettez en office, car ilz pourroient
plus faire de deshonneur qu'ilz ne pourroient faire de
prouffit en leur vivant. Gardez bien que vous ne
acroiez chose que ne puissiez bonnement paier, et, se
necessité vous constraint à acroire, tantost que vous
en aurez l'aisement faictes-en restitution. Et ainsi
pourrez-vous estre sans dangier, et vivre honnoura-
blement. Et se Dieu vous donne adventure que vous
conquerez pays, gouvernez bien vos gens selon la
nature et condition qu'ilz ont; et, se ilz sont rebelles,
gardez bien que vous les surmontez sans riens laisser
passer des droitz de vostre seigneurie, et que vous
soicz sur vos gardes tousjours, tant que tousjours la
puissance soit vostre; car se vous vous laissez sus
marcher, il vous fauldroit gouverner à leur voulenté;
mais toutesfois gardez bien, quoy qu'ilz soient durs
ou de bonnes aises, que vous n'y eslevez point
velles coustumes qui soient desraisonnables, et
prenez sur eulx vostre droit seullement, sans les tail-

ler contre raison; car se le peuple est povre le sei-
gueur sera maudit, et se besoing luy survenoit de
guerre ou d'aultre necessité, il ne se sauroit de quoy
aidier, dont il pourroit venir et escheoir en grant
dangier et servitude, et n'en seroit ja plaint des es-
trangiers ne des privez. Car sachiés que une toison
d'une année est plus pourfitable que celle qui a esté
tondue deux ou trois fois. Or, mes enfans, encores
vous deffens-je que vous ne croiez ne n'aiez fiance en
jongleur n'en flatteurs, ne d'aultre homme qui d'aul-
truy mesdit en derrière, ne ne croiéz conseil d'om-
me exillié ne fuitif de son pays, où il puit tou-
cher au desir de nuire à ceulx qui l'ont exillé, se il
n'y a tresbonne raison, et vous aussi bonne cause de
luy aidier : car ce vous pourroit moult empescher de
venir au degré d'onneur. Et aussi sur toutes choses
je vous deffens orgueil et vous commande à tenir jus-
tice, et de faire raison aussi bien au grant comme au
petit, et ne desirez pas à venger tous vos tors faitz,
mais prenez amende raisonnable, qui la vous offrira,
de chose de quoi on doit prendre amende ou hom-
maige; ne desprisez ja vos anemis, tant soient petits,
mais soiez tousjours en vostre garde à toutes heures,
et gardez bien que, tant que vous aurez à estre con-
querans, que entre vos compaignons ne vous main-
tenez comme sire, mais commun au petit et au grant,
et devez parler et tenir à chascun compaignie selon
sa qualité, et puys à l'un et puys à l'aultre ; car tout
ce fait les cueurs des creatures famiablement attraire
l'amour de ceulx à qui ilz sont humains, doulx,
courtoys et humbles en seigneuries. Aiez cueur de
fierté de lyon envers vos ennemis, et devez mons-
trer vostre puissance entre eulx et vostre seigneurie.
Et se Dieu vous donne du bien, departez en à vos

compaignons selon que chascun en sera digne. Et
quant à la guerre, croiez le conseil des vaillans hom-
mes qui ont hanté le mestier et l'usaige d'armes hon-
nourablement. Et aussi je vous deffens que vous ne
facés ja grant traicté à vos ennemis : car en long
traicté gist aulcune foys grant deception et grant
perte pour la puissante partie ; car tous temps les sa-
ges reculent pour plus loingz saillir ; et le sage, quant
il voit qu'il n'a pas la puissance de resister à la force
de ses ennemis, il pourchasse tous temps ung traictié
pour disimuler tant qu'il se voie en puissance, et
qu'il puisse nuire et grever ses ennemis ; et adonc
en peu d'eure ilz trouvent voie pour quoy les traic-
tez sont nulz. Et pourtant vous chastie que ne por-
tez ja vostre ennemy où le puissiés mettre en sub-
jection par honneur, et lors se vous luy faictes cour-
toisie, il vous sera tourné à tresgrant honneur, et
vous luy faictes mains par traicté, posé que se trou-
vast d'un costé et d'aultre sans deception, se pour-
roient les aulcuns dire ou penser que vous y eussez
aulcune doubte ; combien que je ne dis pas que on
doibve refuser bon traicté, qui le peut avoir, mais
qu'il soit si brief ou si long que ce soit à tousjours
mais sans plus en faire de memoire aux vivans, et au
prouffit et l'onneur de celluy qui y pense avoir le
plus grant droit, et qui luy a selon la commune re-
nommée. Et ainsi comme vous avez ouy chastia et
enseigna Melusine ses enfans, lesquelz l'en merciè-
rent moult humblement. Et adonc leur dist : Enfans,
je vous envoie en vostre navire assez or et argent
pour tenir vostre estat et pour bien paier vos gens
jusques à quatre ans ; et n'aiez doubte que vous n'aiez
assez pain, biscuit, eaue doulce, vinaigre, cher,
poissons sallées et bons vins jusques à grant temps ;

et allez vous-en en la garde de Dieu, qui vous vueille garder, conduire et ramener à joye, et veus que vous pensez de bien faire, et de faire et de tenir à vostre pouvoir tout ce que je vous ay enjoinct.

Comment Urian et Guion prindrent congié de leur mère et entrèrent au navire.

doncques ils prindrent congié de leur père et mère et entrèrent en leur vaisseau; ce fait, les ancres furent tirées et les voilles levez. Les patrons firent leur recommandation à Dieu, selon leur coustume, que Dieu par sa benigne grace leur laisse faire et accomplir leur voyage, et puys s'empoindirent en la mer; et le vent se fiert en les voilles, et ilz s'en vont si rudement que en peu d'eure on en perdit le veoir. Adoncques s'en partirent Raimondin et Melusine et leurs gens, et s'en vindrent au chasteau Aiglon. Et se taist histoire à parler de eulx, et retourne à parler de Urian et Guion son frère, et de leurs gens qui vont nagant par la mer moult fort, et font adrescher leur chemin le plus droit qu'ilz pevent vers Chippre.

L'istoire dict que quant Urian et Guion furent partis de la Rochelle, que ilz errèrent par la mer moult grant temps, et passèrent par devant mainte ysle, et se refreschirent en plusieurs lieux. Et tant nagèrent qu'ilz virent venir par la mer pluiseurs vaisseaulx qui chassoient moult fort deux gallées, et adonc tantost le patron aux deux frères dist ce; et ilz luy respondirent et demandèrent quelle chose estoit bonne à faire. Par foy, dist le patron, il est

bon de envoier une gallée assçavoir moult quelles gens
ce sont, et ce pendant nous ferons armer nos gens
sur toutes adventures. Par foy, dist Urian, ce nous
plaist. Et ainsi le firent. Et adoncques la gallée se
part, et vint à l'encontre des aultres deux en escriant :
Qui estes-vous là? Et ilz respondirent : Nous sommes
deux gallées de Rodes, qui avons esté trouvez des Sar-
razins qui cy nous chassent, et nous voyons bien que
vous estes cristiens, et le sont aussi tous ceulx qui
vous suyvent. Par foy, disdrent ceulx de la gallée,
ouy. Par mon chief, dist l'ung des patrons de Rodes,
or les allez faire haster, car vous avez trouvé belle
adventure : là sont des gens du souldan de Damas
qui s'en vont au siége de Famagosse ; et qui les pour-
roit ruer jus il auroit fait grant secours au roy de
Chippres, et grant dommaige du souldan. Adonc
quant ceulx de la gallée l'oyrent, ilz se retournèrent
tout court, et le vont noncer aux frères et à leurs
gens. Et lors vint monter sur les chasteaulx des mas,
gens, lances et dardes ès poingz, et paveizier nefz et
gallées, et habiler et monter canons et arbalestriers,
sonner trompettes, et courir sus les Sarrazins, et par-
tir ses gallées à force de rames. Par foy, c'estoit grant
beaulté à veoir ; et quant les Sarrazins apperceurent
si grant navire venir sur eulx, ilz ne sceurent que
penser ; car jamais ilz ne eussent cuidé que si grant
puissance de cristiens fut si prez de là. Et toutes fois
se mirent-ilz en arroy en reculant ; mais nos gallées
les vont environner tout entour, et commencèrent à
faire jetter leurs canons moult horriblement d'ung
costé et d'aultre. Et quant les Sarrazins virent que c'es-
toit acertes, et que ilz ne pourroient fouyr, si prin-
drent ung vaisseau qu'ilz avoient prins sur ceulx de
Rodes et avoient jetté les gens qui dedens estoient en

la mer, et l'emplirent de buche, de huille et gresse,
avecq souffre; et quant ils virent nos gens approuchier,
ilz boutèrent le feu dedens; et quand le feu fut bien
allumé, ilz l'esquippèrent vers nos gens crestiens. Mais
ilz s'en donnèrent bien garde, et s'en sceurent bien gar-
der, car ilz les vindrent assaillir de l'aultre costé; et
maugré eulx ilz entrèrent entre eulx. Et là commença le
tret des arbalestriers et des canons; mais la grant flotte
de nos gens vint sur eulx, et par force d'ondes, la
nef qui ardoit se bouta en eulx, et ne sceurent si bien
garder qu'elle ne leur embrasast trois de leurs nefz,
et furent tous ceulx qui estoient dedens noiez et peris,
et ce qui estoit dedens enfondré en la mer; et finable
ment les payens furent desconfis et tous mors ou
prins; et gaignèrent nos gens grant avoir, que les
deux frères donnèrent tout aux compaignons et à
ceulx des deux gallées de Rodes, et s'en vindrent re-
freschier en l'isle de Rodes; et donnèrent aux frè-
res de la religion les fustes qu'ils avoient conquises;
et là refreschirent leurs caues et sejournèrent quatre
jours; et le maistre de Rodes leur pria qu'ilz voul-
sissent venir en la ville esbatre, et ilz si firent, et
moult honnourablement ilz furent receus. Et le mais-
tre leur enquist adonc de leur voyage la cause, et ilz
lui disdrent qu'ilz alloient secourir le roy de Chip-
pre. Et adoncques il leur demanda moult douleement
qui ilz estoient, et les deux frères luy en disdrent la
verité. Lors fist le maistre plus grant feste qu'il n'a-
voit fait par avant, et leur dist qu'il manderoit de
ses frères, et qu'il s'en iroit avecques eulx secourir
le roy de Chippre; et les frères l'en mercièrent moult
humblement.

　Or dist l'istoire que tant demeurèrent les frères à
Rodes, que le maistre eut fait son assamblée de six-

gallées où 'il avoit 'moult d'aspres' gens d'armes et
grant quantité de bons arbalestriers; et 'vont tant
vaugant par la mer qu'ilz approchèrent de l'isle de
Coles, et vont appercevoir grant fumière. Adonc-
ques le grant maistre de Rodes, qui fut en la gallée,
va dire à Urian : Sire, en bonne foy il seroit bon que
on envoiast vers celle isle ung rampin ou deux, assa-
voir se il y a gens, et s'ilz n'y sont, il n'y a gaires
qu'ilz s'en sont allez. Il me plaist bien, dist Urian.
Et adoncques ils envoyèrent; et le rampin s'en va sen-
glant à effort de nager, tant qu'ilz vindrent à l'isle ; et
y descendirent pluiseurs, et y trouvèrent grant foison
de feus et de logis, dont à l'expérience qu'ilz virent,
il leur sambla qu'il y povoit bien avoir logé quelque
xxx. mille hommes d'armes, et que ilz povoient avoir
là sejourné par quatre ou cincq jours ; car ilz trouvè-
rent au dehors des logis grant foison de cornes de bes-
tes mortes. Adoncques se retrairent au vaisseau, et
vindrent à l'encontre de nos gens et leur disrent tout ce
qu'ilz avoient trouvé. Par foy, dist le maistre, je
croy que ce sont Sarrazins qui s'en vont au souldan
vers le siége, et que ceulx que vous avez desconfis,
dont vous nous avez donné la fuste de leurs vaisseaulx,
éstoient de leur compaignie, et les attendoient en
celle ysle; et pour certain si estoient-ilz. Et à tant en
laissèrent le parler, et s'en vont tout senglans par
mer tant qu'ilz visrent une abbaie sur la mer, qui
estoit sur une montagne, et y aouroit-on monsei-
gneur saint Andrieu. Et dist-on que là est la poten-
ce ou Dimas le bon larron fut mis en la croix quant
nostre seigneur fut mis en la croix pour nostre re-
demption. Sire, dist le maistre, il seroit bon à entrer
en ce petit port, tant que vous et moy eussions en-
voyé à Lymasson pour en sçavoir des nouvelles, et

pour sçavoir moult s'ilz nous vouldroient recepvoir
pour mestre nostre navire à saulveté dedens leur clos.
Maistre, dist Urian, or en soit fait au nom de Dieu
Lors arrivèrent et entrèrent au port, et mandèrent
au port et à l'abbaye que ilz ne se doubtassent pas,
car ils estoient leurs amis, et le maistre de Rodes es-
toit avec; et quant ceulx ouyrent les nouvelles, ilz
furent moult joyeulx, et avallèrent du cap monsei-
gueur saint Andrieu, et firent moult grant joye à nos
gens, et envoièrent à Lymasson ung de leurs frères
anoncier la venue du secours qui venoit pour se-
courir le roy en son pays. Adoncques quant ung ca-
pitaine du lieu, qui estoit chevalier, ouyt la nouvel-
le, il fut moult joyeulx, et fist tantost arriver une gal-
liote et se mist dedens, et en peu d'eure il vint à nos
gens, et demanda le seigneur de ceste armée, et cel-
luy à qui il le demanda le mena là où Urian, Guion
son frère, le maistre de Rodes et pluiseurs d'aul-
tres barons estoient en ung riche pavilon qu'ilz
avoient fait tendre sur la rue du port, et lui mon-
stra Urian, qui se seoit sur une couche avec luy, son
frère et le maistre de Rodes. Et quant le chevalier
l'apperceut, il fut moult esbahi de la grandeur et
de la fierté de luy, et neantmoins il le va honnou-
rablement saluer, et Urian le receut moult doul-
cement. Sire, dist le chevalier, vous soiez le tres-
bien venu en ce pays. Beau sire, dist Urian, moult
grans mercis. Sire, dist le chevalier, on m'a donné
à entendre que vous estes partis de vostre pays à in-
tention de venir aidier au roy de Chippre. Par foy,
dist Urian, il est vray. Donc, sire, dist le chevalier,
c'est raison que on vous œuvre par tout là où vous
vouldrez par le royaulme de Chippre, par toutes villes
et fortresses là où il vous plaira à aller; mais quant est

de celle qui est à mon tresredoubté seigneur le roy de
Chippre, elle vous sera appareillée et ouverte quant il
vous plaira, et aussi le port ouvert pour mettre vos
vaisseaulx à saulveté. Par foy, dist Urian, sire, vous
dictes bien, et tresgrant mercis. Sire chevalier, il en
est doncques temps de mouvoir, car mon frère et moi
avons grant desir de nous approcher de ses Sarrazins,
non pas pour leur prouffit, mais pour leur dommaige,
se il plaist à Dieu que nous le puissions faire. Sire,
dist le chevalier, il est bon que vous facés traire hors
de vos chevaux tant que il vous plaira, et prenez de
vos gens, si nous en irons par terre. Par foy, dist Urian
vous dictes tresbien. Et ainsi fut fait; et fist Urian
armer jusques au nombre de iiij. cens gentilz hommes
des plus haultz barons, chevaliers et escuiers, et luy-
mesmes et son frère s'armèrent et montèrent à che-
vau, et allèrent, bannière desploié, brodée d'argent et
d'asur à l'ombre d'ung lyon de gueule, en moult belle
ordonnance. Et le maistre de Rodes et les aultres se
esquippèrent en la mer, et s'en allèrent vers le port.
Adoncques Urian chevaucha tant, luy et sa route,
avecques le chevalier qui les guidoit, qu'il vint en la
ville, et furent moult bien logez. Et adonc vint la
navire ferir au port, et fist-on traire les chevaux
hors de la nef, et tout ce qu'il leur pleut, et se lo-
gèrent aux champs au hors de la ville en tentes et
pavillons; et ceulx qui n'en avoient aulcuns se logè-
rent et firent leurs logis au mieulx qu'ilz peurent; et
fut moult grant beaulté à veoir l'ost quant il fut logé.
Les plus haultz barons se logèrent en la ville, et là
navire fut traite, et firent bouter au clos; et ilz com-
mirent bonnes gens et bons arbalestriers pour la def-
fendre et garder le clos se Sarrazins y venissent pour
mal faire. Or vous laisseray à parler ung peu de

Urian, et vous, diray du capitaine de la ville, qui moult bien advisa l'ost et le maintien des gens, et moult le prisa en son cueur; et dist bien que c'estoient gens de fait et de grant entreprise, quant si peu, de gens entreprenoient d'avoir victoire contre le fort souldan, qui avoit plus de cent mille Sarrazins. Et à tout rompre, Urian n'avoit mie encores, à compter les gens du maistre de Rodes, plus de quatre mille combatans; si le tient à grant audace de cueur et à grant vaillance. Et quant il considera la grandeur et la fasson de Urian et la fierté de son visaige, et aussi de Guion son frère, il dist à ses gens : Ceulx' sont dignes de conquerir tout le monde. Et il dist en soy mesmes que Dieu les avoit envoyé là de sa benigne grace pour secourir le roy et pour exaulcer la foy cristienne, et qu'il le mandera tantost au roy par certain messagier.

L'istoire dist que le chevalier fist faire un brief où il fist mettre tout en escript la matère de Urian et de son frère, et de leurs gens, et de leur venue, et comment les deux frères avoient eu nom, et de quel pays ilz estoient; et aprez il appella ung sien nepveu, et lui dist en ceste manière : Il faut que vous portez ceste lettre à Famagosse, et la baillez au roy; et quoy qu'il adviengne, dont se Dieu plaist ne vous adviendra que bien, forcé est que vous le facés. Par foy, sire, dist-il, vous mettez et moi et les lettres en tresgrant adventure; car se par aulcun meschief comme il advient souvent, dont Dieu me vueille garder, se j'estoye priz de Sarrazins il n'est riens de ma vie, et vous le sçavez bien; mais pour l'amour de vous, mon oncle, et du roy faire confort et donner cueur et esperance d'estre mis au plaisir de Dieu à delivre du peril mortel où il est, je m'en metteray en l'adventure. Et je prie à Dieu devotement qu'il luy plaise de sa benigne grace de moy mener et ramener à saulveté. Par ainsi doibt-on servir son seigneur, et, se Dieu plaist, il vous sera bien merité. Et adoncques il prinst la lettre et monta sur ung petit courcier de Barbarie, et se met au chemin. Mais vous lairay à present de plus parler de luy tant que temps en sera, et je m'en retourneray où j'ay laissé à parler de Urian, comment il se gouverna cependant que le messagier alla par devers le roy, combien que il ne le sçavoit pas.

L'istoire dist que Urian appella le maistre de Rodes et le capitaine du lieu, et leur demanda ainsi : Beaulx seigneurs, le souldan est-il gaires jeune homme, ne de grant emprinse ? Et ilz respondirent que ouy pour certain. Et comment, dit Urian, fut-il oncques mais au lieu du cap faire guerre que ceste fois ? Ils respondirent que non. Et qui doncques, dist Urian, l'a meu de passer la mer maintenant, puys qu'il est homme de prise ? Je m'esmerveille qu'il s'en est tant tenu à ce que vous luy estes prez voisins, et aussi qu'il a si grant puissance, ainsi comme on m'a dit. Par foy, sire, dist le capitaine, il est bien vray que nostre roy a une tresbelle fille de l'age de quinze ou de seize ans, laquelle le souldan a voulu avoir par forcé, et nostre roy ne luy a voulu accorder se il ne se faisoit baptiser. Et vueillez sçavoir que tousjours nous avons eu trèves ensamble, et, par devant ce, les nostres, de si longtemps qu'il n'est memoire du contraire ; et quant le souldan a veu que nostre roy ne luy a voulu accorder sa fille, il luy a envoyé la trevoye avecques une deffiance ; et estoit jà sur la mer à tout bien cent et l. mille Sarrazins, et s'en vint bouter au havre, et fist tantost son harnoys traire à terre, et vint mettre le siége soudainement devant Famagosse, où il trouva le roy tout despourveu de sa baronnie, qui ne sçavoit riens de sa venue. Mais depuys ilz sont entrez assez gens malgré luy, et y a eu maintenant belle escarmouche où il y a eu moult grant perte d'ung costé et d'aultre. Et depuys se sont les Sarrazins refrechis par deux fois de gens nouveaulx, tant qu'ilz ont bien maintenant cent mille ; mais à ce dernier voiage ilz ont perdus une partie de leurs navires et de leurs gens que ilz ont attendu en l'isle de Coles ; car une nostre gallée de la noire montaigne qui les poursuivoit nous a dit que ilz mirent en chasse deux gallées de l'ospital, et sachiés qu'ilz ne sçavent qu'ilz sont depuys devenus, car depuys ilz attendirent bien par l'espace de six jours en l'isle ; mais quant ilz virent qu'ilz ne revenoient point, ils s'en partirent et s'en vindrent au siége. Par foy, sire, dist le maistre de Rodes, cecy pourroit estre bien vray ; mais voiez cy monseigneur Urian et son frère, qui en sçauroient bien respondre, car ilz ont esté tous mors et desconfis, et nous ont donné leurs fustz et leur navire. En bonne foy, dist le chevalier, ce me plaist moult, et loé en soit Dieu. Monseigueur, dist le capitaine, or vous ai-je compté pour quoy la guerre est mue, et pour quoy le souldan a passé la mer. Au nom de Dieu, dist Urian, amours ont bien tant et plus de puissance que de telle entreprise faire. Et sachiés, puys que le souldan l'entreprist par force d'amours, tant est-il plus à doubter, car il est vray que amours ont tant de puissance qu'ilz font de coups hardis, et de faire tresgrant entreprise, et que au devant il ne l'osast passer ; et pourtant dont il est tout certain à ce que le souldan est hardi et entreprenant que tant se fait-il plus à doubter ; toutesfois soit faicte la voulenté de nostre Seigneur, car nous partirons d'icy, au plaisir de Dieu, demain au matin aprez le service divin, pour les aller visiter. Adonc a fait crier à la trompette que chascun apprestast son harnois et s'en partist au tiers son de la trompette en bonne ordonnance, chascun dessoubz sa banière, et qu'ilz suivissent la bataille de l'avant-garde, et ilz si firent. Là peussiés ouyr grant martellis à reclaver petites plates gantelles, harnois de Jambes, aserrer lances, et chevaux tourner, costes d'acier, et jasserans, et abillier et mettre à point toutes choses necessaires. Et sachiés qu'en celle nuyt commanda Urian moult fort à faire le guet à ung vaillant chevalier de son ost, à cinq cens hommes d'armes et cinq cens arbalestriers. Or vous laisseray ung peu de plus parler de luy, et revendray où j'ay laissé, c'est assavoir du nepveu du capitaine, qui moult fort chevauce et s'en va vers Famagosse; et tant exploita son chemin qu'il vint environ minuyt au cornet du boys sur une petite montaigne et regarda en la vallée; et lors commença à veoir l'ost des Sarrazins, où il y avoit moult grant clarté de feuz qui se font par les logis, et apperçoit la cité si environnée de Sarrazins que il ne sceut de quelle part traire pour entrer en la ville; et là fut long temps en celle pensée. Or advint que environ le point du jour iiii. vingz bassines d'estrangiers de pluiseurs nations saillirent hors par une poeterne de la cité, et s'en vindrent tout commouvoir l'ost pour manière de bataille, et à celle heure le guet se partoit et avoit jà retourné le plus au logis. Et ceulx entrèrent en l'ost avec aulcuns de ceulx du guet qui oncques ne s'en donnèrent garde, et cuidoient qu'ilz fussent de leurs gens, et vindrent prez jusques à la tente du souldan. Et adonc commencèrent moult fort

et moult asprement à ferir des lances et des espées
sus, tant qu'ilz rencontroient des Sarrazins, et coup-
pèrent cordes de pavillons à desroy et de tref et de
tentes, et font moult horrible occision de payens se-
lon la quantité qu'ilz estoient de cristiens. Adoncques
s'effrea l'ost et commencèrent à crier à l'arme ; là se
commença l'ost à armer ; et quant ceulx veoyent la
force, ils commencèrent à aller le petit pas vers la ci-
té, occisans et jettans par terre tout ce qu'ilz rencon-
troient en leur chemin. Et quant le messagier vist si
grant effroy et bruit, il vient en adventure et fiert
le chevau des esporons, et vint passer au dehors des
logis, et passa tout l'ost des Sarrazins, et il n'eut pas
longuement allé qu'il ne se trouvast entre la ville et
ceulx qui avoient esmeu l'ost Adonc il congneut bien
assez tost que c'estoient de ceulx de la garnison de
la cité ; si leur escria : Ha, beaulx seigneurs, pen-
sez de bien faire, car je vous apporte bonnes nouvel-
les ; car la fleur de la noble chevalerie de cristieneté
vous vient secourir, c'est assavoir les deux damoi-
seaulx de Lusignen qui ont jà desconfi une grant par-
tie des gens du souldan sur mer, et amainent en leur
compaignie bien quatre mille combatans. Et adonc-
ques quand ilz l'entendirent, ilz lui firent moult
grant joie, et entrèrent en la ville sans aulcune perte,
de quoy le souldan fut moult courouce et moult dou-
lent. Et adonc il vint commencer l'escarmouche de-
vant les barrières, et en y eut moult de mors et de
navrez ; lors firent les Chippriens reculer les Sarra-
zins par force, et en y eut moult de mors et de na-
vrez, et fist le souldan sonner la trompette pour re-
traire quant il vit qu'il n'y pourroit faire aultre chose
Et adoncques le messagier vint au roy, et luy fist la
reverance de par son oncle, et lui presenta la lettre,

et le roy le bienveigna moult, et rompist la cire, et voit le noble secours que le capitaine luy escript qui luy vient; et tent ses mains vers le ciel en disant ainsi : Ha, ha, vray glorieux père Jhesu-Christ, je te regracie et mercie treshumblement et devotement de ce que tu ne m'as pas oublié, qui suys ta povre creature et ton povre servant, qui ay long temps vescu icy dedens en grant doubte et en grant misère de ma povre vie, et moy et les miens. Adoncques il fist anoncer par toutes les eglizes que on sonnast les sains, et que on fist procession à croix de cristiens à banières et à torches ardens, en louant et regraciant le createur des creatures, et en le depriant moult humblement qu'il les vueille de sa benigne grace preserver des mains et dangiers des mescreans Sarrazins. Adoncques commença moult fort la sonnerie, et fut la joye moult grande quant la venue fut espandue par la ville. Et quant les Sarrazins ouyrent et entendirent la joye et le glay que on faisoit par la cité, ilz furent moult esbahis pour quoy ilz faisoient si grant feste. Par foy, dist le souldan, ilz ont ouy quelques nouvelles que nous ne sçavons pas, ou ilz le font pour donner à congnoistre qu'ilz ont de gens assez et assez de vivres pour eulx deffendre et garder de nous. A tant se taist l'istoire à parler du souldan, et commence à parler de Hermine, la fille du roy, qui ouyt en sa chambre les nouvelles du secours que les enfans de Lusignen emmenaient; la pucelle eut grant desir d'en avoir la pure verité.

L'istoire nous dist ainsi que quant la damoiselle oyt la nouvelle du secours, que tantost elle manda querir celluy qui les avoit apportées, et il vint à elle en sa chambre, et luy fist la reverence. Amy, dist Hermine, vous soyez le bien venu, mais or me dictes de vos nouvelles. Et il luy dist tout ce qu'il en estoit. Amy, dist la pucelle, avez-vous veu celles gens qui nous viennent secourir? Par ma foy oy, damoiselle, dist le messagier; ce sont les plus appertes gens d'armes et les plus beaux hommes qui oncques entrassent en ce p , et les mieulx habillez. Or nous dictes, dist la damoiselle, de quel pays ilz sont, et qui est le chief d'eulx. Par ma foy, damoiselle, ilz sont poetevins, et les mainent deux jeunes enfans damoiseaulx qui se nomment de Lusignen, dont l'aisné a nom Urian, et l'autre Guion, et n'ont barbe ne grenom. Amy, dist la demoiselle, sont-ilz si beaulx damoiseaux comme vous dictes? Par ma foy, dist le messagier, l'aisné est moult grant, et droit, et fort, et advenant à mesure; mais il a le visaige court et large en travers, et ung oeul rouge et l'aultre pers, et les oreilles grandes à merveilles; et sachiés que de membres et de corps, c'est un des beaulx chevaliers que je vis oncques; et sachiés que le maisné n'est mie si grand, mais il est moult bel de membres et de visaige, à droit de vis, excepté qu'il a ung oeil ung peu plus hault que l'aultre, mais pourtant il ne luy meschiet pas trop; et dist chascun qui les voit qu'ilz sont dignes de conquester tout le monde. Amy, dist Hermine, irez-vous avecques eulx gaires tost? Et il respondit : Madamoiselle, si tost que je pourray avoir lieu et temps propice pour saillir de la cité, et que je voye que je puisse bonnement eschapper des Sarrazins. Amy, dist la damoiselle, vous me salurez les damoiseaulx, et donnerez à l'aisné cest fermail, et luy dictes qu'il le porte pour l'amour de moy; et cest aneau d'or et cest dyamant le donnerez au mainsné, et le salurez beaucoup de foys. Et celluy respond : Ma damoiselle, je le feray tresvoulentiers. Et à tant se depart d'elle, et vint au roy, qui eut fait escripre la responce, et lors il fist armer grand foison de gens d'armes, et les fist saillir hors de la ville tout couvertement, et se ferirent en l'ost; et ainçoys que l'ost fut armé, ilz firent grand dommaige. A tant issirent Sarrazins de leurs tentes à desroy, qui les rechassèrent jusques aux barrières, et là eut grant escarmouche et fière, et maint homme mort et navré d'ung costé et d'autre ; tout l'ost arrivoit où l'escarmouche estoit. Adoncques fut mis hors le messagier par une autre porte par devers l'ost, au trait d'ung arc, que oncques ne fut apperceu; et adoncques chevaucha grant alaine vers son oncle, car moult luy tardoit que là il peut estre arrivé pour lui dire toutes ces nouelles. Et ne dura gaires l'escarmouche, car le souldan a fist cesser pour ce qu'il vit qu'il pouvoit plus perdre que gaignier. Or cy laisseray de plus parler de le pour le present, et retourneray à parler de Urian et de son frère, et comment ilz se gouvernèrent.

En ceste partie nous dist l'histoire que Urian fist sonner sa trompette à l'aulbe du jour, et se leva ; et puys fist tromper pour trousser et mettre les selles ; puys oyrent les deux frères leur messe, et samblaement firent les autres princes et barons. Et aprez messe fist crier Urian que qui vouldroit boire une fois qu'il beut, et que on donnast de l'avaine aux chevaux, et que en l'aultre coup de la trompette chascun se mist en ordonnance qui seroit de l'avant garde; ce fait, ilz deslogèrent. Et la chose estant en tel estat, est venu et arrivé le nepveu du cataine, qui a baillé la lettre à son oncle que le roy luy avoit baillée; et il la baisa en la recepvant et aprez rompt la cire, et voit comment le roy luy

mande qu'il mette la ville au commandement des
deux frères, et aussi qu'il commandast à toutes bon-
nes villes, chasteaux, fortresses, pors, passages,
qu'ilz les laissassent entrer et sejourner, et qu'ilz
obeissent à eulx. Et quant le capitaine voit cecy, il
monstra la lettre à Urian et à Guion son frère, les-
quelz la leurent; et quant ilz l'eurent leue, ilz appe-
lèrent le capitaine, le maistre de Rodes et les deux
chevaliers qui leur avoient annoncé l'adventure du
siége, et leur leurent la lettre tout hault. Adonc-
ques dist au capitaine : Nous mercions le roy de
l'honneur qu'il nous a fait, mais quant à nous, nos-
tre intention n'est pas d'entrer en ses villes ne chas-
teaux tant que nous peussions bonnement passer
ailleurs, mais pensons, au plaisir de Dieu, à tenir
les champs, et faire bonne guerre au souldan; et
dictes-nous quel nombre pourroit saillir de toutes
vos garnisons, les fors gardez; et sachiés qu'il nous
est necessité de le sçavoir, et se ilz sont gens de quoy
on puisse estre seur et y attendre; car, au plaisir de
Dieu, nous avons intention de combatre le souldan, et
de mettre à termination et fin ceste guerre, car pour
ce sommes-nous venus par dessà. Par ma foy, dit le
capitaine, ce sera moult fort à faire, car les Sarra-
zins sont en nombre bien cent mille et plus. Ne vous
en chaille, dist Urian, nous avons tresbon droit; en
tous cas, ilz nous sont venus courre sus sans cause,
et posé que nous les fussions allé courre sus en leur
pays, nous le devons faire; car ilz sont ennemis de
Dieu; et ne faictes doubte pour tant se ilz sont tant
de gens et nous peu; car plus point ung grain de
poyvre que ung sac de fourment; et la victoire ne
gist pas en grant multitude de peuple, mais en bon
gouvernement. Et bien est vray que Alixandre, qui

conquist tant de pays, ne voult oncques avoir plus de dix mille hommes d'armes contre tout le monde pour une journée. Adoncq quant le capitaine l'ouyt parler si vaillamment, si le tient a grant bien, et bien prisoit qu'il conquesteroit encores moult de pays; si luy dist en ceste manière : Je vous trouveray quatre mille hommes combatans, et bien deux mille brigandiniers, que arbalestriers que aultres. Par ma foy, dist Urian, c'est assez; or faictes que nous les ayons à demie journée prez de nos ennemis. Et il luy respondist qu'il n'y auroit point de faulte. Et à tant est venu le nepveu du capitaine, qui se agenoulla devant Urian et Guion, en disant en ceste manière : Nobles damoiseaux, la plus belle pucelle et la plus noble, que je sache, vous salue moult de foys, et vous envoie de ses joyaulx. Adoncques il prinst le fermail d'or où il y avoit mainte pierre riche, et dist ainsi à Urian : Sire, tenez, recepvez cest fermail de par Hermine, la fille de nostre seigneur le roy, qui vous prie treschierement que vous le portez pour l'amour d'elle. Et adoncques Urian le prinst moult lieement et le fist atacher à sa coste d'armes, et luy dist : Mon amy, tresgrans mercis à la demoiselle qui tant d'oneur me fait; sachiés que je le tiendrai moult chier pour l'amour d'elle, et grant mercis au messagier. Et aprez presenta à Guion l'aneau, aussi de par la damoiselle, et luy dist qu'elle le prioit qu'il le portast pour l'amour d'elle. Et il luy dist que si feroit-il, et le bouta en son doit et en mercia moult la damoiselle et le messagier. Et donnèrent les frères au messagier moult riches dons. Et tantost la trompette sonna, et chascun se mist en chemin, et là veoit-on moult belle compignie; et le capitaine envoia par tous les fors, et fit vuider et assembler tous les gens d'armes. Et en y eut bien, oultre le nombre que le capitaine avoit dit aux deux frères, cincq cens. Lors Urian se loga sur une petite ripvière, et lendemain au matin ilz se deslogèrent et cheminèrent tant qu'ilz vindrent, ung peu avant midi, en une belle prarie sur une grosse ripvière ; et y avoit foison d'arbres, et aussi y avoit, comme à ung demy quart de lieue, ung grant pont où il convenoit passer, et de là n'avait que sept lieues jusques à Famagosse ; et là fist Urian logier ses gens, et dist qu'il actendroit le capitaine et les gens qu'il devoit amener. Là demourèrent celle nuyt et le lendemain jusques à heure de tierce. Toutesfois aulcuns chevaliers et escuiers s'estoient allez esbattre vers le pont, et virent qu'il avoit environ quinze hommes d'armes qui là estoient descendus et avoient les lances aux poingz et les bassines mis en la guise qu'ilz s'armoient en la contrée ; et d'aultre part ils veoient sourdre environ quatre cens hommes d'armes qui moult fort se mettoient en peine de passer oultre pour grever ceulx de dessà. Adoncques vint un de nos chevaliers à eulx et escria : Qui estes-vous? et l'ung respondist : Cristiens, et sommes au roy de Chippre, et ceulx de delà sont Sarrazins, et les suyvent bien six mille payens qui viennent de fourrager sur le pays, et ceulx nous ont trouvé et ont bien occys cent de nos compaignons. Or, beaulx seigneurs, se vous vous povez un peu tenir, vous aurez par temps secours. Par Dieu, dist l'ung, nous en aurons bien besoing ; allez-vous en , et nous actendrons tant comme nous pourrons resister. Adoncques fiert le chevalier des esperons, et s'en vint vers ses gens et compaignons, et leur compta en brief toute l'adventure ; et quant ilz ouyrent ce, ilz se hastèrent tantost de venir en l'ost, et encontrèrent vingt arbalestriers et leur disdrent que tantost se trouveront là,

et allez aidier à garder le pont où il y avoit quinze
hommes d'armes encontre les payens. Et quant ceulx
l'entendirent, ilz s'en allèrent hastivement vers le
pont, et à l'approchier ilz virent qu'il avoit sur le pont
trois cristiens qui jà estoient abbatus de coups de lan-
ces. Avant, dist l'ung, nous demourons trop : ne
voiez-vous pas comment ces matins oppressent vail-
lamment ces vaillans cristiens. Et adoncques ilz ten-
dirent bonnes arbalestres, et misrent viretons en co-
che, et laissèrent tous aller à une foys, et en ruèrent
tous mors en ceste première fois dessus le pont jus-
ques à vingt et deux. Quant les Sarrazins virent ce,
ilz furent moult esbahis, et s'en allèrent ung peu re-
culant jus du pont. Adoncques les cristiens allèrent
redresser leurs compaignons qui avoient esté abbatus
sur le pont, et adoncques firent grant joye et reprin-
drent bon cueur. Lors les arbalestriers commencèrent
à tirer si tresfort que il n'y eut si hardi Sarrazin qui
osast mettre son piet sur le pont ; mais firent venir
leurs archiers, et là commença l'escarmouche moult
fort à refforcer ; mais mieux vaulsist aux Sarrazins
qu'ilz se fussent trais arière, car les chevaliers vin-
drent en l'ost et recommencèrent la nouvelle. Adonc-
ques Urian s'arma moult appertement, et aussi fist ar-
mer hastivement jusques au nombre de mille hommes
d'armes et cent arbalestriers, et ordonna autres mille
hommes d'armes et cent arbalestriers pour le suyvre, se
besoing en avoit, que ilz fussent prez de les secourir, et
pour les mener et conduire ordonna ung baron poete-
vin, et commanda que tout l'ost fut armé en bataille, et
les laissa en garde à Guion son frère et au maistre de
Rodes. Et adoncques fist-il tantost partir avant l'esten-
dard en chevauchant en bataille moult ordonneement,
et fut Urian devant, le baston au poing, et les tint

ensamble si bien unis et si tresbien serrez que l'ung ne
passoit point l'aultre plain poulce ; mais avant que ilz
fussent au pont, furent arrivez sept mille Sarrazins qui
moult fort oppressoient nos gens, et les avoient jà re-
boutez prezque jus du pont ; atant vint Urian, qui met
piet à terre et la lance au poing, et aussi firent ses gens
moult vistement, et fait desploier sa banière, et fu-
rent les arbalestriers d'ung coste et d'aultre du pont,
et commencèrent moult fort à oppresser Sarrazins et
les firent reculer. Et adoneques Urian crie Lusignen
à haulte voix et monta sur le pont, sa banière de-
vant et ses gens aprez, moult asprement, et les Sar-
razins d'aultre part, et alla commencer fort à bouter
des lances. Urian ferist ung Sarrazin parmy le pis,
de la lance, tellement qu'il luy perça le foye et le
poumon. Là veissiés fier toullis ; mais en la fin Sar-
razins perdirent le pont, et en cheurent pluiseurs en la
ripvière ; lors passèrent cristiens le pont isnellement,
et à tant commença la bataille fière ; et en y eut de
mors et de navrez, et reculèrent Sarrazins et perdi-
rent place grandement. Urian fist passer le pont aux
chevaux, car il perceut bien que Sarrazins se re-
traient et montent ; à tant vint l'arıcre garde qui
moult asprement passa le pont. Et quant Sarrazins
apperceurent, ilz commencèrent tous communement
qui peut à monter à chevau, et s'en tournèrent
fuyans vers leurs gens, qui emmenoient leurs proyes
de beufz, de vaches, de moutons, de porcs, et aul-
tres troussages. Adoncques Urian monta à chevau
et fist monter ses gens, et commanda à l'arrière gar-
de qui passoit le pont qu'ilz le suyvissent en belle
bataille, et ilz si firent. Et adoncques Urian et eulx
suyvirent les payens à desroy qui s'en alloient grant
erre, et tous ceulx qui estoient atains estoient mis à

mort ; et dura l'occision bien prez de cincq heures. Et adoncques rataignèrent les Sarrazins leurs gens, et leur firent laisser et guerpir toute leur proye, et vindrent sur une montaigne haulte vers Famagosse, et là se misrent les Sarrazins en ordonnance; et à tant vint Urian et ses gens, les lances es poingz baissez; là eut à assambler maint homme mort et navré d'ung costé et d'aultre; et se tindrent moult fort les Sarrazins, car ilz furent grant gens ; et Urian les assailloit moult asprement et faisoit tant d'armes que chacun s'en esbahissoit. Lors vint l'arrière-garde où il y eut mille hommes et cent arbalestriers, et perdirent Sarrazins place et tournèrent en fuyte ; et en y eut bien quatre mille mors sur la place, sans ceulx qui furent mors au pont; et dura la chasse jusque prez de l'ost des Sarrazins. Adoncques fist Urian ses gens retraire, et amenèrent avecques eulx la proye que les payens avoyent laissée Et ainsi se es-longèrent en peu d'eure les ungz des aultres, et s'en re-tournèrent nos gens au pont; et les Sarrazins allèrent tout droit à leur ost criant à l'arme ; et la veissiés Sarrazins courir aux armes et issirent hors de leurs tentes. Et adoncq compta ung Sarrazin au souldan l'adventure qui leur estoit advenue. Et quant le souldan eut oy ce, il s'esmerveilla moult qui povoit avoir amené celles gens qui tant luy avoient porté de dommaige ; lors y eut moult grant effroy en l'ost de trompettes, d'instrumens, et tous Sarrazins, dont ceulx de la ville s'esmerveilloient quelle chose po-voit estre advenue en l'ost, et s'armèrent et se mist chacun en sa garde ; et là vint à la porte de la ville ung des chevaliers qui avoit esté au pont, lequel avoit passé à l'adventure tout parmy l'ost des Sar-razins, et sçavoit la commune d'une part et d'aultre,

et aussi les grans faitz d'armes que Urian avoit fait;
si s'escria à haulte voix : Ouvrez la porte, car je
vous apporte bonnes nouvelles. Et lors luy deman-
dèrent : Qui estes-vous? Et il respondist : Je suys ung
des chevaliers du fort de la Noire Montaigne Adonc-
ques ilz luy ouvrirent la porte, et il entra dedens,
et le menèrent devant le roy, qui le congneut tantost,
car aultresfois il l'avoit veu. Adonc le chevalier
s'enclina devant le roy et luy fist la reverence; et
lors le roy le bienveigna moult, et luy demanda
des nouvelles; et il luy compta de mot à mot tout le
fait, et comment Urian avoit rescous la proye, et
l'adventure du pont, et toutes les aultres choses, et
comment il avoit intention de venir combatre le soul-
dan bien brief. Par ma foy, va dire le roy, cest hom-
me me devoit bien Dieu pour, rescourre mon pays
des fellons Sarrazins, et pour la sainte foy cristienne
soubstenir et exaulcer; et par Dieu je feray demain
sentir au souldan que le secours m'est prez et que
je ne le doubte gaires. Mon amy, dist le roy au che-
valier, allez dire ces bonnes nouvelles à ma fille.
Sire, dist le chevalier, moult voulentiers. Adonc
s'en vint en la chambre de la pucelle, et la salua
moult doulcement, et luy compta toute l'adventure.
Comment, sire chevalier, futes-vous en la bataille?
Par foy, madamoiselle, dist-il, oy. Et comment,
dist-elle, ce chevalier qui a si estrange visaige est-
il si bataillereux que on dist? Par ma foy, madamoi-
selle, mais plus cent foys, car il ne craint homme
nul, tant soit grant ou puissant. Et sachiés, quoy
que on vous en die, c'est ung des plus preux cheva-
liers que je vis oncques en ma vie. Par ma foy, s'il
vous avoit ores loué pour le loer, si a il bien emploié sa
mise. Par ma foy, madamoiselle, je ne parlay onc-

ques à luy; mais il vault mieulx que je ne dis. Adoncques, respond-elle au chevalier : Amy, bonté vault mieulx que beaulté. Et à tant me tairay de plus parler d'eulx, et diray de Urian, qui demoura au pont, et trouva son ost logé par dessà le pont, et aussi le capitaine qui avoit amené les gens d'armes qu'il avoit levé des garnisons et des fortresses à tant de nombre que ilz furent de quatre à cinq mille hommes d'armes et deux mille et cincq cens arbalestriers; et y avoit moult de gens de piet, et furent tous logez en la prarie de la ripvière, où Urian trouva son pavillon levé, et les aultres qui avoient esté à la poursuite des Sarrazins; si se logèrent et aisèrent le mieulx qu'ilz peurent celle nuyt, et firent bon guet. Et cy se taist l'istoire de plus parler maintenant, et commence à parler du roy de Chippre, qui fut moult joyeux du secours qui ainsi luy estoit advenu, et regracia moult doulcement Nostre Seigneur; et en ce parti passa la nuyt. Mais qui que fut aise, ce ne fut pas Hermine, car celle ne povoit nullement du monde saillir de la pensée de Urian, et le desiroit moult à veoir, pour le mieulx que on luy en disoit, que elle disoit en soy mesmes que se il avoit ores le visaige plus estrange et contrefait qu'il n'estoit, si est-il bien taillié, pour sa proesse et sa bonté, d'avoir la fille du plus hault roy du monde à amie; et ainsi pensa la damoiselle toute nuyt à Urian; car amour luy fist penser par son hault povoir. Et cy ce taist l'istoire de plus parler d'elle, et commence à parler du roy son père, et comment il se gouverna le lendemain.

L'istoire nous dist et racompte que le lendemain au point du jour eut le roy ses gens tous prestz, et saillist de la cité à bien mille hommes d'armes et bien mille que brigandiniers, que arbalestriers, qui l'attendoient en embuche au deux costez de la barrière pour le recueillier se il estoit trop pressé des Sarrazins. Adonc le roy se ferist en l'ost, et y porta moult grant dommaige pour les Sarrazins ; car il avoit commandé moult expressement, sur paine de la hart, que nul ne prist prisonnier, mais qu'ilz missent tout à mort, et ce fist-il pour ce qu'ilz n'amassent la despoulle et la proie pour avarice, et en la fin qu'il les puet tenir ensamble pour retraire sans perte. Et adoncques commença l'ost à esmouvoir, et venoient qui mieulx Sarrazins à la meslée. Et quant le roy apperceut qu'ilz venoient à effort, si remet ses gens ensamble, et les fist retraire le petit pas, et se met derrière, l'espée au poing ; et quant il veoit ung chevalier approchier, il retournoit et le faisoit reculer entre les Sarrazins, et quant il actaindoit, il le chastioit tellement qu'il n'avoit plus talent de le suyvir. Et si porta le roy si vaillamment que chascun disoit qu'il estoit moult vaillant et preux de la main, et n'y avoit si hardi Sarrazin qui ung coup l'osast actendre. Lors vint le souldan avecq grant route de Sarrazins, armé, sur ung grant destrier, qui tenoit ung dart envenimé ; et adoncques quant il vit le roy qui ainsi mal menoit ses gens, il luy jetta le dart par grant ire, et le ferist au senestre costé tellement qu'il le perça de part en part, et le jasseran qu'il avoit vestu ne le peut oncques garantir ; et assez tost aprez le roy sentist moult grant angoisse, et traist le dart hors de son costé, et le cuida rejetter au souldan ; mais il tourna le destrier si appertement que le dart passa oultre, et ferist ung Sarrazin parmy le corps tellement qu'il le rua tout mort par terre, à ce que il n'estoit pas bien armé. Et avant que le souldan, qui s'estoit trop avancé, se

peut retourner, le roy le ferist de l'espée tellement
sur la teste qu'il l'abbatist tout estendu sur la terre.'
Lors vindrent les payens si tresfort qu'il convint par
leur moyen reculer le roy entre ses gens, et fut le
souldan redressé et remonté tantost sur ung grant
destrier. Et adonc fut grant la presse, et les payens
furent fors, et tant qu'ilz reboutèrent le roy et ses
gens dedens leur barrière. Lors commencèrent les
Chippriens qui gardoient le pas à traire et à lancer
les flèches et les viretons de grant manière, et là eut
occis grant foison des Sarrazins; mais ilz estoient si
tresfors que ilz reboutèrent les cristiens dedens leurs
barrières comme est devant dit, et aussi le roy avoit
perdu moult de son sang et affoiblissoit moult fort,
et ses gens se commencèrent moult fort à esbahir, et
jà soit ce que le roy souffrist moult grant douleur,
neantmoins resjouissoit-il moult ses gens et leur
donnoit cucur, et tant firent que les mauvais mes-
creans Sarrazins ne peurent riens conquester que
ilz ne perdissent plus assez; et fut l'escarmouche
moult fière et perilleuse, et ainsi en reconfortant,
par le roy de Chippre, ses gens de la vaillance de
luy et de la noblesse de son cueur qui à paine et
grant douleur remist ses gens dedens la ville; et
estoit merveilles comme ung tel seigneur navré mort
se povoit tenir sur chevau, pour tant qu'il estoit
blessé du coup mortel; et n'estoit le coup mortel, si
non pour le velin, car le dart estoit envenimé; et
en peu de temps il apparut bien, car il morut de
celluy coup; mais il avoit pour vray, comme le fait
le monstroit, le cueur plain de si grant vaillance;
qu'il ne se daignoit plaindre à ses gens du mal qu'il
souffroit, jusques à tant que l'ung des barons s'en
apperceut, parce qu'il avoit du senestre costé depuys

la hanche jusques au tallon tout rouge de sang qui
decoulloit de la plaie ; et tantost que il se arrestoit, la
place estoit toute vermeille de son sang, lequel che·
valier luy dist : Mon seigneur, vous avez cy trop
demouré ; venez-vous en et faictes vos gens retraire
en la ville avant qu'il soit plus tard, affin que les
payens ne se boutent par la meslée avecques nous.
Le roy, qui sentoit grant douleur, luy respondist
Ainsi faictes en vostre voulenté. Adonc le chevalier
fist mettre cent hommes d'armes, qui c'estoient re-
freischis, au devant de la barrière de la cité, et leur
fist arrière recommencer l'escarmouche avec cent ar-
balestriers, moult fort et moult roide. Et par ainsi
furent Sarrazins reculés, dont le souldan fut moult
couroucé ; et escria moult fort à ses gens : Avant,
seigneurs barons, penez vous de bien faire vos deb-
voirs, car la ville sera nostre au jourd'huy, elle ne
peut nous eschapper. Adonc renforça la meslée ; et
là veissiés bien assaillir et bien deffendre d'ung
costé et d'aultre ; mais quant le roy de Chippre
veoit que les Sarrazins se refforçoient, il prinst
cueur en luy et leur fist une pointe moult vertueuse-
ment, et là souffrist tant de paine qu'il eut pluiseurs
vaines de son corps ouvertes, et toutes routes, de
quoy aulcuns dirent que de ce sa vie fut moult abre-
gée, et de celle envaye furent Sarrazins moult re-
culez ; et en y eut de mors et de navrez. A tant la
nuyt approcha moult fort, et y eut moult grant perte
d'ung costé et d'aultre ; et toutesfoys les Sarrazins se
partirent, car le roy ravigoroit tellement ses gens
que ilz ne doubtoient mie les coups non plus que se
ilz fussent de fer ou d'acier. Et quant les Sarrazins
furent partis, le roy et ses gens se retirèrent en la
ville ; mais quant ilz sceurent l'adventure du roy ilz

commencèrent grant dueil, et le roy, ce voyant, leur
dist : Mes bonnes gens, ne faictes mie telle douleur,
mais pensez bien de vous deffendre du souldan, et
Dieu nostre seigneur vous sera en aide, s'il luy plaist,
et je luy en prie tant humblement et devotement
comme je puys au monde, que tous temps vous
vueille secourir et estre en aide ; car se il luy plaist,
je seray tantost gueri. Adoncques fut rapaisé le peu-
ple en peu d'eure, et toutesvoyes le roy, qui disoit
ces parolles pour son peuple resjouir, sentoit en luy
mesmes qu'il ne povoit eschapper sans mort. Adonc-
ques il commanda à ses gens que on fist bon guet,
et leur donna congié, et vint au palais, et deseen-
dist et vint en sa chambre. Et adoncques va venir
sa fille, qui avoit ouy ung petit de la nouvelle du
peuple, qui le desarma ; mais quant elle apperceupt
que son harnoys estoit plain de sang, et puys la
playe, adoncques elle chait toute pasmée comme se
elle fust morte. Adonc commanda le roy qu'elle fust
portée en sa chambre, et ainsi fut-il fait. Aprez, les
cirurgiens vindrent veoir le roy, et fut couché en
son lict ; et lors luy dirent qu'il n'avoit garde, et
que il ne se esbahist pas. Par foy, dist le roy, je
sçay bien comment il me va, la voulenté de Dieu
soit faicte. Il ne peut estre celle qu'il ne fut seeu par
la cité ; et adonc commença la douleur par la cité
moult grande, et plus assez sans comparation qu'elle
n'estoit pas avant. Mais cy se tait l'istoire du siège
et du roy, et n'en parle plus avant ; mais commence
à parler de Urian et de son frère, et comment ilz ex-
ploitèrent depuys qu'il vint à son logis, qu'il trouva
par dessà le pont son pavillon tout tendu ; et sachez
qu'il fut moult lié des gens que le capitaine avoit
amené ; et le lendemain au matin il manda à tous les

capitaines qui avoyent gens dessoubz eux que ilz
venissent faire leur monstre atout leurs gens.

En ceste partie nous dist l'istoire que le lendemain
au matin, que fut jeudi, fut Urian, aprez la messe
ouye, devant la tente; et là fist venir l'ung aprez
l'aultre tous les capitaines, panons et estandars avant,
et leurs gens avecques eulx, et tous armez de toutes
pièces, pour eulx faire visiter, et comment ilz es-
toient, et les fist mettre à part en la prarie jusques
ad ce que tous fussent visitez, tant les estrangiers
comme les siens; et en ce faisant les regardoit moult
et leurs contenances, et retint bien en son cueur ceulx
qui luy sambloit, en leurs condictions, les plus ha-
tifz. Et fist tantost faire le nombre de tous les gens
d'armes qui là estoient assemblez en la prarie, tant
les siens comme ceulx au maistre de Rodes et du ca-
pitaine, et trouva que sur le tout ilz povoient bien
estre de neuf à dix mille combattans. Adoncques
leur dist Urian : Acoustez tous, beaulx seigneurs :
nous sommes cy assamblez pour soustenir la foy de
Jhesucrist, de laquelle il nous a tous regenerez et saulf-
vez, comme ung chascun de nous scet bien que il
a premierement souffert crueuse mort pour l'amour
de nous, affin de nous rachetter des peines d'enfer.
Adonc, seigneurs, veu et consideré en nos cueurs
qu'il nous a fait ceste grace, nous ne devons pas re-
soingnier la mort ou l'adventure qui luy plaira à nous
donner et envoyer pour soustenir les saints sacre-
mens qu'il nous a administrez pour le salut de nos
ames. Combien maintenant que nous avons à faire
à forte partie, car nos ennemis sont bien dix contre
ung de nous; mais quoy, nous avons bon droit, car
ilz nous sont venus assaillir sans avoir bonne cause
sur nostre droit heritaige, et aussi nous ne devons

pas ressongner, car Jhesucrist prinst tout seul la
guerre pour nostre salvation, et par sa mort seront
tous les bons compaignons saulfvez qui ses comman-
demens tiendront ; dont vous devez sçavoir tout cer-
tainement que tous ceulx qui y morront seront saul-
fvez, et auront la gloire de Paradis. Et pour ce,
beaulx seigneurs, je vous dis en general que j'ay en-
tention, au plaisir de Dieu, de presentement mou-
voir pour approchier noz ennemis et de les combat-
tre le plus brief que je pourray. Si vous prie amia-
blement que se il y a homme en ceste place qui ne
sente son cueur ferme pour attendre l'adventure qui
plaira à Dieu nous envoyer, qu'il se traye à part,
car par un seul couhart failly est aulcunes foys per-
due une besoingne. Et sachez que tous ceulx qui n'y
vouldront venir de bonne voulenté, tant de mes
gens comme d'aultres, je leur donray assez argent
pour leurs necessitez, et leur donneray navire et vi-
taille pour passer la mer. Aprez ces parolles fist lever
sa bagnière ung trait d'arcq dessus la montaigne, et
la fist tenir Guion son frère sur un hault destrier,
et puys leur dist tout en hault : Tous ceulx qui ont
devotion de vengier la mort de nostre Seigneur et
createur, et de exaulcier la foy cristienne, et de
aidier au roy de Chippre, si se traye soubz ma ba-
nière ; et ceulx qui auront voulenté contraire, si pas-
sent par delà le pont. Adoncques les nobles cueurs
luy ouyrent dire ce mot, si l'entendirent et tindrent
à grant sens et à moult grant vaillance, et s'en al-
lèrent tous en une flotte ferir soubz sa banière en
plourant de joye et de pitié du mot que Urian leur
avoit dit; ne n'y demoura pièce que ne se retraist
soubz la banière de Urian. Lors fut moult joyeulx
Urian, et tantost fit sonner ses trompettes ; tout fut

troussé et se mirent au chemin. Adoncques le maistre de Rodes et les capitaines de Lymasson se mirent tous ensamble, et chevauchèrent en bataille, et dirent bien que envers Urian et ses gens n'auront nulz hommes durée ne nul peuple ; et ainsi chevauchèrent tant qu'ilz vindrent prez de la montaigne, et comme my voye de la place où la bataille avoit esté le jour devant. Par foy, seigneurs, dist. Urian, là dessoubz, sur ceste ripvière, seroit bon que nous alissions loger tant que nous fuissions refrechis, et entre tant nous regarderons comment nous pourrons, pour le plus seur, grever nos ennemis. Et ilz respondirent que c'estoit bon affaire. Adonc s'en allèrent loger tous ensemble affin que on ne les peut prendre à descouvert. Or cy se taist l'istoire de plus parler d'eulx, et commence à parler du souldan, et qu'il fist.

L'istoire dist que le souldan avoit en la ville secretes espies, par quoy il sceut bien que secours venoit au roy, et tant que le peuple de la ville en fut moult rebaudi, et aussi comme le roy estoit navré, de quoy la cité estoit moult troublée. Adonc eut le souldan cause de faire assaillir la ville ; et lors fist sonner les trompettes quant le soleil fût levé, et fist ordonner ses batailles et ses arbalestriers et pavilliers, et vindrent aux fossez et aux barrières. Là commença adonc la peleterie ; arbalestriers tiroient moult vistement par dehors et par dedens ; là eut maint Sarrazin mort, car ceulx dedens tiroient de gros canons et d'espringalles. Adoncques vint le souldan, qui s'escria à haulte voix : Avant, seigneurs chevaliers, or mettons paine de prendre ceste cité avant que le secours leur vienne. Par Mahon, celluy qui pourra dedens entrer le premier, je lui donneray son pesant d'argent en tel estat qu'il y entrera ; qui

lors les eut veu assaillir aux fossez portans pics,
hoiaulx, pieulx de navire et aultres instrumens, et
eulx efforcer à toute puissance d'entrer et assaillir,
c'estoit grant merveille à veoir ; mais ceulx qui es-
toient dessus les murs leur jettoient pierres, pieux
agus, huilles chaudes, plong fondu, poinsons plains
de chaulz vive, tonneaux plains destouppes engres-
sées et ensouffrées tous ardens, tellement que, mal-
gré eulx , il leur fallut laisser la place et remonter
d'aultre part ; et y demoura maint Sarrazin ars et
affollé et grant foison de blessez. Et adonc le soul-
dan fist renforcer l'aussault de nouvelles gens ; mais
ceulx de dedens se deffendoient moult vaillamment
comme preux et hardis, et aussi ils avoient leurs cœurs
plus vigoureux, pour la fiance qu'ilz avoient du se-
cours qui leur estoit bien prez. Or si vous laisseray
de plus en parler, et vous diray de Urian et de ses
gens, qui jà avoient envoié leurs espies secretement,
lesquelles espies, quant ilz sceurent et virent com-
ment le souldan faisait assaillier la ville, ilz s'en re-
tournèrent tantost, et disdrent à Urian comment la
ville estoit en grant adventure d'estre prise s'elle
n'estoit secourue bien brief, et comment le roy estoit
blessé. Adoncques quant Urian et Guion entendi-
rent ces nouvelles, ilz furent en leurs cueurs bien
marris et doulens.

Comment le Souldan fut tué devant Famagosse.

n ceste partie nous dist l'istoire que quant
Urian ouyt les nouvelles, il fist sonner
ses trompettes et fist tantost armer l'ost,
et se mist en quatre batailles, dont il en
eut la première, son frère la seconde, le maistre de
Rodes la tierce, le capitaine la quarte; et après fist
demourer en la vallée tout le sommaige, et les fist
bien garder de cent hommes d'armes et cinquante
arbalestriers, et aprez commencèrent à monter la
montaigne. Et adonc ilz virent l'ost des Sarrazins,
et comment ilz assailoient moult fort la cité. Adonc
Urian va dire à ses gens : Seigneurs, ces gens sont
moult grant nombre; mais sachiés que pour certain,
Dieu avant, ilz seront tous nostres, et bien brief. Or
doncques il va dire : Allons tous contre l'ost, sans
eulx riens meffaire, et allons premierement assail-
lir ceulx qui assaillent la cité, et je croy fermement,
à l'aide de Dieu, que ilz ne nous pourront endurer.
Et ilz lui respondirent que ainsi estoit bon affaire.
Adonc il voulut devaller la montaigne et passer par
derrière l'ost; et quant ilz cuidèrent passer, les Sar-
razins les advisèrent, et virent qu'ilz n'estoient pas
de leurs gens; et adonc commencèrent à effroyer et
crier à l'arme. Si dist Urian au capitaine qu'il tour-
nast sa banière sur ceulx de l'ost, et que les comba-
tist moult fort; là eut grant partie assamblée; et
Urian et les deux aultres batailles se mirent entre le
guet et ceulx qui assailoient la ville; tant attendi-
rent tous, que ceulx qui gardoient les logis furent
tous mors et desconfis. Adonc ilz laissèrent gens

pour les garder, et puys tantost et sans delay ilz s'en
allèrent vers l'assault ; mais il fut que on vint dire
au souldan : Sire, toutes les tentes et pavillons sont
pris et les gardes mors, et nous viennent courir sus
les plus malvaises gens que je vis oncques. Adonc
se retourna le souldan, et vist venir banières et pan-
nons, et les gens si serrez ensamble qu'il ne sam-
bloit pas qu'ilz fussent la moetié du nombre qu'ilz
estoient. Adone fut le souldan moult courroucé, et
fist sonner ses trompettes pour le retraite et pour
mettre ses gens en ordonnance ; mais avant qu'il les
eut assemblez à moetié, Urian vint et sa bataille,
qui leur courut sus moult asprement ; et là com-
mença moult grant l'occision et perte ; mais pour
certain la plus grant perte tourna sur les Sarrazins,
car ilz n'eurent pas loisir de eulx ordonner, et es-
toient moult foullez de l'assault ; et si n'estoit mie
chascun soubz sa banière quant on leur courut sus,
gens qui estoient moult aspres et durs du mestier
d'armes, que en peu d'eure plusieurs se mirent en
fuyte ; mais le souldan, qui fut plain de grant cou-
rage et de grant vaisselage, ralia ses gens entour
luy, et livra moult fort assault à nos gens et moult
fierement. Là eut maint homme mort et affollé, et se
faisoit fort redoubter, car il tenoit une hache à deux
mains et frappoit à destre et à senestre, et faisoit
moult grant occision de nos gens ; et mal advient à
celluy qui ne se destourne de son chemin. Adonc-
ques quant Urian le vit ainsi besongnier, il en fut
moult doulent, et dist en soy mesme : Par ma foy,
c'est grant dommaige que cest Tourc ne croit en
Dieu, car il est moult preux de la main ; mais pour
le dommaige que je voy qu'il fait de mes gens, je
n'ay mie cause de le plus deporter, et aussi nous ne

sommes mie en place de tenir longues parolles.
Adoncques il estremist l'espéc au poing moult fiere-
ment, et hurta le chcvau des esporons, et vint vers
le souldan grant erre ; et quant le souldan le vist
venir, il ne le reffusa pas, mais empoingna sa hache
et cuida ferir Urian sur la croix du chief; et Urian
se destourna hors du coup ; la hache fut pesante, et
à la basser qu'il fist par la force du coup, la hache
luy volla hors du poing. Et adonc Urian le ferist de
l'espée sur le heaulme moult grant coup de toute
sa force, et fut le souldan si chargé du coup qu'il
fut si estourdi qu'il ne veoit ne attendoit, et perdist
le frain et les estriers, et le chevau l'emporta là où
il voulut. Et adoncq Urian le ferist de la bonne
espée entre le chief et les espaulles ; car lors le soul-
dan estoit tout embroché et le heaulme estoit tendre
par le derrière; l'espée trouva adonc le col à my,
excepté tant seullement ung peu de la garnison de la
gorgerete, et trencha l'espée la garnison tout oultre
et les deux maistresses vaines et les tendans au gor-
geron. Adonc le souldan chait par terre, et y eut là
si grant foulle de chevaux d'une part et d'aultre, que
la bataille y fut si tresdure et si tresforte que ses
gens ne luy peurent aidier, et seigna tant qu'il luy
faillist là morir par la force du sang qu'il jetta ; et
tantost que Sarrazins percheurent que le souldan es-
toit mort, ilz furent tous esbahis, ne oncques puys
ilz ne combatirent de bon cucur. Adonc Urian et son
frère Guion faisoient tant d'armes que nul ne les
veoit qui ne les prisast. Et sachiés bien que Poete-
vins et les aultres barons s'esprouvoient si bien et si
vaillamment, que en peu d'eure Sarrazins furent
tous desconfis, si que mal soit de celluy qui ne fut
mort ou prins. Et adonc Urian et ses gens se logè-

rent ès logis des Sarrazins, et fut le sommaige des cristiens mandé, et les gardes, qui furent moult joyeulx de la victoire, et s'en vindrent moult liement en l'ost, et se logèrent bien aisement ; et firent les deux frères partir la conqueste que chascun s'en tint à bien payé. Et cy se taist l'istoire de plus parler de Urian, et commence à parler du capitaine de Lymasson, qui vint tantost à Famagosse.

: En ceste partie nous dist l'istoire que aprez la desconfiture de la bataille, le capitaine se departist des deux frères, avecques luy xxx. chevaliers de noble affaire, et s'en vint en la cité, où on luy ouvrist les portes moult liement, et entra dedens, et il trouva les gens par les rues, dont les ungz faisoient grant feste pour ce que ilz se voioyent delivrez des mains des Sarrazins, et beneissoient l'eure que oncques les enfans de Lusignen avoient esté nez, et l'eure que ilz entrèrent au pais ; et les aultres gens faisoient moult grant dueil et menoient moult grans pleurs et douleurs pour la blessure du roy, et que on disoit que il n'y avoit remède que il ne perdist la vie ; si ne sceut pas bien que penser, car il ne sçavoit pas encore que le roy fut blessé. Et adoncques tant exploita, qu'il vint au palais et là descendist, où il trouva le peuple bien mat. Et il leur demanda qu'il leur failloit. Par foy, dist l'ung, assez ; car nous perdons le plus preudomme et le mellur qui oncques fut en ce royaulme. Comment, dist doncques le capitaine, le roy est malade ? Ha, ha, sire, n'en sçavez-vous plus ? lui respond ung chevalier ; nous saillismes hyer encontre nos ennemis, et au retourner fut le roy feru du souldan d'ung dart envenimé, tellement que l'on n'y treuve point de remède ; car nous pensions tousjours que ces deux nobles hommes et

11

leurs gens deussent venir trois jours a. Et sachiés
que la fille du roy meyne telle douleur que c'est
grant pitié à veoir, car il y a jà deux jours qu'elle
ne volut boire ne menger ; il nous sera bien mal
advenu se nous perdons nostre roy et nostre damoi-
selle ; car se ce advenoit, le pays seroit en grant or-
phanité de seigneur. Beaulx seigneurs, dist le capi-
taine, il n'est pas encores perdu tout ce qui en peril
est. Ayez fiance en nostre seigneur Jhesucrist, et il
vous aidera. Je vous prie menez-moy vers le roy.
Par ma foy, c'est legier à faire, car il gist en celle
chambre là, où chascun peut aller comme se il n'a-
voit nul mal. Il a jà fait son testament, et a ordon-
né du sien à ses serviteurs que chascun s'en tint
pour bien payé, et est confessé; et a receu notre
Seigneur, et est administré de tous les sacremens.
Par foy, dist le capitaine, il en vault mieulx, et a
fait que sage ; et lors entra en la chambre et s'encli-
na devant le lict du roy, et lui fist la reverence. Ca-
pitaine, dist le roy, vous soiez le bien venu, et vous
mercie de la bonne diligence que vous avez faicte
de acompaigner ces deux nobles hommes par quoy
ma terre est hors de la subjection des Sarrazins,
car je n'avoye plus puissance de gouverner mes
gens en mon païs ; je vous prie que vous leur allez
dire de par moy qu'il leur plaise de moy venir veoir
devant que je meure; car j'ay grant voulenté de
leur satisfaire à mon povoir de l'amour et de la cour-
toisie qu'ilz m'ont faicte, et aussi ay-je grant desir
de les veoir et de parler à eulx pour certain cas que
je leur vueilz declarer. Monseigneur, dist le capi-
taine, je les vois querir à vostre congié. Or allez,
dist le roy; et les me faictes cy venir demain dedens
prime. Et se partist et saillist de la ville et s'en

vint vers l'ost. Et lors le roy commanda à encour-
tiner toute la grande rue, de la porte par où les frè-
res devoient venir, jusques au palais, et fist appa-
reiller le plus richement qu'il peut contre leur venue.
Et cy se taist l'istoire de luy, et parle du capitaine.

L'istoire nous dist que tant erra le capitaine qu'il
vint en l'ost et en la tente des deux frères, qui moult
le bienveignèrent. Et lors il leur compta comment le
roy estoit moult fort blessé, et qu'il leur prioit hum-
blement qu'il leur pleut de venir devers lui pour les
mercier du noble secours qu'ilz lui avoient fait, et
eulx satisfaire de leur paine et despence à son po-
voir, et aussi pour parler à eulx d'aultres cas. Par
foy, dist Urian, nous ne sommes pas cy venus pour
estre souldoiez pour argent, mais tant seullement pour
soustenir et exaulcer la foy catholique, et nous vou-
lons bien que chascun sache que nous avons assez fi-
nance pour paier nos gens; mais toutesfois nous
irons voulentiers vers luy. Et sachiés que quant à
moy je pense aller par devers le roy en tel estat que
je me partis de la bataille, car, se il luy plaist, je vueil
recepvoir l'orde de chevalerie de sa main, pour la
vaillance et l'onneur que chascun dist de luy. Et
vous, capitaine, luy povez aller dire que demain, à
l'eure que il a mandé, moy, mon frère et le maistre
de Rodes, Dieu avant, irons devers luy, et cent de
nos plus haultz barons. Adoncques prinst congié le
capitaine et s'en vint en la cité, où on le receupt
moult honnourablement; et tantost il vint au palais,
où il trouva le roy en aussi bon point comme il avoit
laissé; et y estoit sa fille Hermine, qui moult estoit
doulente du mal de son père; mais non obstant ce elle
se reconfortoit fort de ce que on luy disoit que les deux
frères damoisaulx devoient venir le lendemain; et

sachiés qu'elle desiroit moult à voir Urian. Et adonc
salùa le capitaine le roy. Vous soiez le bien venu,
dist le roy; quelles nouvelles de vostre messaige, et
verra-on point ces deux jeunes damoiseaulx? Sire,
ouy, dist le capitaine, eulx centiesme; et il vous
plaise assavoir que ilz ne veulent rien du vostre, car,
comme ils dient, ilz ne sont pas souldoiers pour ar-
gent, mais ilz se disent souldoiers de nostre seigneur
Jhesucrist. Et tant, sire, m'a dit Urian que demain,
Dieu avant, devant qu'il soit prime, il viendra par
devers vous en tel point qu'il saillist de la bataille,
car il veut recepvoir l'ordre de chevalerie de vostre
main. Par ma foy, dist le roy, je loe nostre seigneur
Jhesucrist quant devant ma mort il luy plaist que je
face chevalier d'ung si vaillant et hault prince; et
sachiés que j'en morray plus aise. Adoncques quant
Hermine oyt dire celle nouvelle, elle en eut si grant
joye au cueur qu'elle ne sçavoit quelle contenance
faire; mais pourtant elle n'en monstra nul semblant;
ainçoys monstra qu'elle sentoit grant douleur au
cueur. Adoncques elle prinst congié de son père et
le baisa moult doulcement en plourant, et s'en vint
en sa chambre; et là commença moult fort soy plain-
dre une heure de la douleur qu'elle avoit de son père,
et l'autre heure de la grande joye et desir qu'elle
avoit de voir Urian, dont la demourée luy tarde
moult, et fut moult grant pièce en pensée tellement
argue que oncques toute nuyt ne dormit, et ainsi se
passa la nuyt jusques à lendemain heure de prime.
En ceste partie nous dist l'istoire que lendemain
matin fist le roy commandement que tous les nobles
et non nobles feissent parer les rues pour faire feste
et honneur à la venue des deux frères et de leurs gens,
et que à chascun quarrefour eut menestriers et trom-

pettes, et que on jouast de tous aultres instrumens
qui pourroient estre trouvez en la ville, et de toutes
aultres melodies de quoy on se pourroit adviser pour
festoyer et honnourer les damoiseaulx ; et pour cer-
tain le peuple en fist bien son devoir, et plus que le
roy ne sceut commander. Que vous feroy-je plus
long prologue ? Les deux frères dedens prime vin-
drent montez moult noblement sur deux haultz des-
triers ; et estoit Urian tout armé, ainsi ne plus ne
mains comme il se partist de la bataille, l'espée toute
nue au poing ; et Guion son frère estoit vestu d'ung
moult riche drap de Damas bien fourré ; et alloient
par devant eulx trente des plus haultz barons en no-
ble arroy, et devant eulx, au plus prez, estoit le
maistre de Rodes et le capitaine de Lymasson ; et
aprez les deux frères venoient en moult noble arroy
soixante et dix chevaliers et leurs escuiers, leur com-
paignie, et leurs pages ; et en ce point entrèrent en
la cité. Là vessiés commencer la feste moult grande,
et les trompettes et menestriers faire leur mestier ; et
y avoit aultres instrumens, pluiseurs de melodieux
sons, et parmy la ville veissiés gens de grant hon-
neur qui estoient moult bien et richement habillez,
qui crioient à haulte voix : Ha, ha, bien veignez,
prince de victoire, par qui nous tenons et sommes
tous resucitez du cruel servage des ennemis de nos-
tre seigneur Jhesucrist. Là veissiez dames et damoi-
selles aux fenestres, et les anciens gentilshommes et
bourgoys si s'esmerveilloient de la grant fierté du
noble Urian, qui estoit tout armé, le visaige descou-
vert, ung chappeau vert sur le chief, l'espée toute
nue au poing ; et le capitaine luy portoit son heaul-
me devant, sur le tronson d'une lance ; et quant ilz
apperceurent la fierté de son visaige, ilz disdrent

entre eux ensemble : Cest homme est pour soubz-
mettre tout le monde en son obeissance. Par ma foy,
disoient les aultres, il le montre bien, car il est entré
en ceste cité comme se il l'eut conquise. En nom de
Dieu, disoient les aultres, la rescousse du dangier
dont il nous a ostez vault autant et est assez conqueste. Par ma foy, disoient les aultres, combien
que son frère n'ait pas si fière philozomie, si semble-
il bien homme de bien et de haulte entreprinse. Et
ces paroles disant, ils les convoièrent jusques au pa-
lais, où ils descendirent. Et cy se taist l'istoire de plus
parler du peuple, et commence à parler comment les
deux frères vindrent devant le roy.

---

*Comment Urian et Guion vindrent devers le roy,
luy estant au lict, tout armez.*

'istoire nous dist que les deux frères moult
honnourablement vindrent faire la reve-
rance au roy, et le roy les receupt moult
liement, et les mercia moult gracieusement
de leur secours, et leur dist que, aprez Dieu, ilz es-
toient ceulx par qui luy et tout son royaulme estoit
ressuscité du plus cruel pas que de la mort; car
se ilz ne fussent venus, les Sarrazins les eussent tous
destruis ou contrains à eulx convertir en leur foy,
que leur eut pis valu que mort temporelle, car ceulx
qui eussent à ce consenti de cueur ilz eussent eu à
tousjoursmais damnation perpetuelle. Et pourtant,
dist le roy, est-il raison que je vous merite à mon
povoir, car je n'ay aultre voulenté que d'en faire

mon devoir, combien, certes, que je ne le pourroye accomplir à la value du hault honneur que vous m'avez faict ; mais je vous supplie humblement prendre en gré ma petite puissance. Par ma foy, dist Urian, de ce ne fault riens doubtér, car nous ne sommes pas venus chà pour avoir de vostre or ne de vostre argent, ne de vos villes, chasteaux, ne terres ; mais pour acquerir honneur et pour destruire les ennemis de Dieu, et exaulcer la foy catholique ; et vueil, sire roy, que vous sachez que nous tiendrons bien nostre paine bien emploié se il vous plaist à nous faire tant d'onneur que nous vueillez faire, mon frère et moy, chevaliers de vostre main. Par ma foy, dist le roy, nobles damoiseaulx, jà soit ce que n'en soye pas digne de vous accomplir cette requeste, si la vous accordoye ; mais avant sera la messe dicte. Sire, ce dist Urian, ce me plaist moult bien. Et adoncq le chappellain fut tantost prest, et lors Urian et son frère et tous les aultres devotement ouyrent la messe et le service divin, et aprèz le service divin Urian vint devant le roy ; et adoncqnes il traist son espée du fourreau et s'agenoulla devant le lict où le roy gisoit, et luy dist en ceste manière : Sire roy, je vous requiers pour tout salaire du service que je vous puys faire ne pourroye avoir fait ne faire jamais en toute ma vie, qu'il vous plaise moy faire chevalier de ceste espée, et vous m'aurez bien remuneré de tout ce que vous dictes que moy et mon frère avons fait pour vous et vostre royaulme ; car de main de plus vaillant noble chevalier et noble seigneur n'en puys recepvoir l'ordre de chevalerie que de la vostre propre. Par ma foy, dist le roy, sire damoiseau, vous me portez plus de honneur que vous ne me devez et m'en dictes cent fois plus que je ne vaulx, car celluy

don vous accordé-je, et il n'est pas à refuser d'ung si
noble damoiseau et en faire ung chevalier; mais aprez
ce que je vous auray accomply ce que vous m'avez
requis, vous m'aurez en convenant, se il vous plaist,
que, aprez ce, vous me donnerez ung don, lequel ne
vous tournera jà à prejudice ne dommaige du vostre,
mais tournera à vostre tresgrant prouffit et honneur.
Par ma foy, sire, dist Urian, je suis tout prest et ap-
pareillé de accomplir vostre voulenté à vostre plaisir.
Adoncques eut le roy grant joye, et se dressa en soy
seant, et prinst l'espée par le pommeau que Urian
luy tendoit, et luy donna l'acollée en disant en ceste
manière : En nom de Dieu, chevalier soyez, qui
vous ottroye amendement. Et puys lui rebailla l'es-
pée; et ce faisant ses plaies lui escreurent et en sail-
list le sang à grand randon parmy le bendeau; de
quoy Urian fut moult doulent, et aussi furent tous
ceulx qui le veirent; mais adoncques le roy se bou-
ta arrière dedans son lict tout soubdainement, et dist
qu'il ne se sentoit nul mal. Et aprèz commanda à
deux chevaliers que on luy allast querir sa fille; et
ilz le firent et l'admenèrent au mandement de son père;
et quant le roy la vit, il luy dist : Ma fille, merciez
ces nobles hommes du secours qu'ilz ont fait à moy,
et à vous et à nostre royaulme, car ce n'eust été la
grace de Dieu et leur puissance, nous estions tous
destruis, au mieulx venir exillez hors de nostre pays,
ou il nous eut fallu convertir à leur loy, qui nous eut
pis vallu que de morir temporellement. Et adoncques
elle se agenoulla devant les deux frères et les salua
et mercia moult humblement. Et sachiés qu'elle estoit
en telle manière esmeue comme se elle fut ravie, et
ne sçavoit comment proprement faire contenance,
tant de la douleur qu'elle avoit au cueur de l'angoisse

que son père sentoit, que des pensées qu'elle avoit
à Urian ; et tant qu'elle estoit comme une personne
qui est issue nouvellement de son somne ; mais a-
donc Urian, qui bien apperceut qu'elle avoit l'esprit
troublé, la saisit moult doulcement et la dressa en
estant contre mont, en soy enclinant contre elle ; et
en ce faisant se entrefirent moult d'onneur. Et là di-
soient ceulx du pays : Se ce noble homme avoit jà pris
nostre damoiselle à femme, bien nous iroit ; nous
n'aurions doubte de payen ne de homme qui nous
voulsist mal. Et adonc appella le roy sa fille, et luy
dist ainsi : Ma fille, seez vous icy emprez moy,
car je croy que vous ne me tendrez plus gaires grant
compaignie. Et elle se assist tout en plourant em-
prez luy. Et adoncques tous ceulx qui là estoient
commencèrent à plourer de la pitié que ils eurent du
roy et aussi de la douleur que ilz veoit que sa fille,
qui estoit pucelle, menoit si piteusement. Et adoncq
prinst le roy à parler.

L'istoire nous dist que le roy fut moult doulent
quant il vit sa fille mener telle douleur ; si luy dist
moult amiablement : Ma fille, laissez ester celle dou-
leur et ce grant dueil que vous menez, et vous en
prie ; car en chose que on ne peut amender, c'est
follie de soy en donner trop grand couroux, com-
bien que c'est raison naturelle que chascune creature
soit doulente de son amy ou de son proesme quant
on le pert ; mais se Dieu plaist je vous pourvoiray si
bien que vous vous en tendrez contente avant que je
me parte de cette mortelle vie, et aussi seront tous les
barons de mon règne. Et adonc commença la pucelle
à plourer plus fort que devant, et aussi tous les ba-
rons menoient telle douleur que c'estoit grand pitié
à veoir ; mais Urian et Guion furent moult couroucez et

moult doulens., et le roy voyant leur douleur leur va
dire : Belle fille, et vous tous aultres, ceste douleur
ne, vous est pas necessaire à mener, car je n'en amen-
de ne vous aussi en quelque manière, mais me acrois-
sés ma douleur ; pour quoy je vous commande à tous
que vous cessez ceste douleur, se vous amez que je
demoure encores en vie une pièce de temps avecques
vous. Et aprèz ilz s'en tindrent le mieulx qu'ilz peu-
rent pour là parolle que leur avoit dicte le roy. Et de
rechief prinst la parolle le roy, soy adressant à Urian,
et lui dist : Sire chevalier, la vostre mercis vous m'a-
vez donné ung don, voire par tel convenant que du
vostre, ne de vostre chevance, ne vous demande-
ray-je riens. Par foy, dist Urian, demandez tout ce
qu'il vous plaira, car se c'est chose de quoy je puisse
finer, je le vous accompliray voulentiers sans faillir.
Grand mercis, sire, dist le roy ; sachiés qu'en ce que je
vous demanderay je vous donneray noble chose. Or,
sire chevalier, je vous prie qu'il vous plaise de pren-
dre ma fille à femme et tout mon royaulme, et dès
maintenant je le metz en vostre main et m'en demès
à vostre profit. Et est vray qu'il avoit fait aporter la
couronne, laquelle, à ses parolles, il prinst, et dist :
Tenez, Urian, ne refusez pas la requeste que je vous
fais. Lors furent les barons du pays si joyeulx qu'ilz
larmoyoient de pitié et de joye qu'ilz en avoient. Et
quant Urian entendist ces parolles, il pensa ung peu,
et sachés qu'il en fut moult doulent, car il avoit moult
grant voulenté de aller par le monde pour veoir les
pays et les contrées, et acquerir honneur ; mais tou-
tesfois puis qu'il avoit accordé au roy le don, il ne
s'en volut pas desdire. Et quant les barons du pays le
visrent ainsy penser, si s'escrièrent tous à haulte voix
moult piteusement : Ha, a, noble homme, ne vueil-

lés pas refuser ceste reqneste au roy. Par ma foy, seigneurs barons, dist Urian, non ferai-je. Adoncques s'enclina Urian devant le lit-du roy, et prist la couronne ; et la mist à Hermine sur son giron en disant : Damoiselle, elle est vostre, et puys que la chose est ainsi venue, je vous aideray à la guarder tout mon vivant, au plaisir de Dieu, contre tousceulx qui la vouldront suppediter. Adoncques eut le roy si tresgrant joye, et aussi eurent tous les barons, et puys fist venir l'archevesques de la cité, qui les fiança ; mais Hermine dist qu'elle verroit quelle fin son père prendroit de sa maladie avant qu'elle en fist plus. Adoncques Urian dist : Damoiselle, puys qu'il vous est bel, il me plaist bien. Lors fut le roy moult doulent et lui dist : Hermine, belle fille, vous monstrez bien que vous ne m'amez gaires, quant la chose que je desiroie plus en ce monde veoir devant ma fin vous ne voulez accomplir ; or voye-je bien que vous desirez ma mort. Quant la pucelle l'entendist, si fut moult doulante, et se mist à genoulx toute en plourant, et dist en ceste manière : Mon tresredoubté seigneur et père, il n'est chose au monde que je vous refusasse jusques à morir, commandez-moy vostre plaisir ; vous dictes que vraye fille doibt doubter et soy garder de irer son père. Adoncques, dist le roy, or vous commandé-je à tous et à toutes que vous laissez ce dueil et tendez et appareillez ceste salle, et menez grant joye ; et faictes appareiller la messe ; et aprez le service faites dresser les tables, et aprez disner faictes icy devant moy la feste comme se je fusse maintenant sur piés ; car sachiés bien que ce allegera bien mon mal. Et adonques eulx tous firent ce qu'il leur commanda ; lors la messe fut dicte, et s'assist-on au disner, et fut Hermine assise en une table mise devant le

lict du roy son père, et Urian en costé d'elle, et Guion
servoit devant Hermine. Lors eut le roy moult grant
joye; mais sachiés qu'il faisoit meilleur samblant que le
cucur faire ne povoit; car certes, quelque chière qu'il
fist, il souffroit moult grant douleur, car le velin qui es-
toit en la plaie luy vermissoit tout le corps ; mais pour
resjouir la baronnie, il monstroit semblant comme se il
n'eut mal ne douleur ; et aprez disner commença la fes-
te et dura jusques au soir ; et lors le roy appella Urian
et luy dist : Beau fils, je vueil que vous espousez ma
fille demain, et vous vueil couronner de ce royaulme,
car sachiés que je ne puis plus gaires vivre, et pour
ce je vueil que tous les barons du royaulme vous fa-
cent hommaige avant ma mort. Sire, dist Urian,
puys qu'il vous plaist, votre voulenté est la mienne.
Et là estoit Hermine presente, qui pas ne refusa à faire
la voulenté de son père.

Comment Urian espousa Hermine, la fille du roi de Chippre.

Le lendemain à heure de tierce fut l'espousé
parée moult noblement, et fut la chappelle
dressée moult richement; et les espous
l'archevesque de Famagosse ; et aprez vint
Urian devant le roy, et s'agenoilla devant son lict;
et le roy prist sa couronne et luy mist sur sa teste
et Urian le mercia. Et adonc appella le roy tous les
barons du pays, et leur commanda à faire hommaige
au roy Urian son filz, et le firent moult joyeusement;
et aprez fut la messe commencée ; et la messe dicte,
ilz se assirent à disner, et puys commença la feste,

et dura jusques au soir. Et aprez le soupper commen-
ça la feste, et quand temps fut l'espousée fut couchée,
et aprez se coucha Urian, et le dit archevesque be-
nist le lict, et ces choses faictes chascun se depar-
tist; et s'en allèrent les ungz coucher, et les aul-
tres danser, et s'esbatirent; et Urian fut avecques sa
femme, qui moult doucement se entracointèrent; et
lendemain ilz vindrent au roy comme devant; et fut
la messe commencée, et la royne amenée au destre
par Guion son frère et par l'ung des plus haultz ba-
rons du pays.

En ceste partie nous dist l'istoire que le lendemain
à heure de tierce vint le roy Urian acompaigné de la
baronnie de Poetou et du pays de Chippre devant le
roy, et s'enclina, et le salua moult humblement et
doulcement. Beau filz, vous soiez le tresbien venu,
dist le roy; je suis moult joyeux de vostre venue;
faictes venir ma fille, si orrons le service divin.
Adoncques vint Hermine sa fille moult noblement
acompaignée de dames et de damoiselles; et elle ve-
nue devant son père, elle s'enclina et le salua moult
doulcement. Lors luy dist : Ma fille, vous soiez la
tresbien venue ; je suis tresbien joyeux quant Dieu
me fait tant de grace en mon vivant que je vous vois
si haultement assenée, et sachiés que j'en mourray
plus liement, pour ce que je suys asseuré que vous
et mon pays estes hors de doubte des Sarrazins ; car
vous avez bon garant et avez bonne garde de tres-
bon prince et bataillereux, qui moult bien vous ga-
rantira et gardera contre tous vos malveillans, et
par especial contre les anemis de Jhesucrist. Et à ce
mot commença le chapellain la messe, et fut nostre
Seigneur levé ; et adoncques fist le roy appeler Urian
et aussi Hermine sa fille, et leur commença à dire en

ceste manière : Mes beaulx enfans, je vous prie que
tresaffectueusement que vous pensez de bien amer,
garder, honnourer, et de porter et tenir bonne foy
l'ung à l'aultre, car je ne vous puys plus tenir com-
paignie. Or je vous commande au roy de gloire, qui
vous ottroie paix et amour ensamble, et vous vueille
donner bonne vie et longue tous temps par amende-
mens, et vous ottroye puissance et victoire contre les
ennemis de Dieu. Et en disant ce mot, il cloyt les
yeux, et alla à Dieu si doulcement qu'il leur sembla
qu'il fut endormy; mais quant ils apperceurent qu'il
fut mort, adonc commença la douleur moult grant.
Lors fut menée Hermine en sa chambre, car elle fai-
soit tel dueil que c'estoit grant pitié à veoir. Qui vous
vouldroit de ce tenir longues parolles ? Le roy fut
ensepveli le plus honnourablement que on peut,
et furent vigilles et la messe dictes, aussi le obsèque ;
le corps enterré moult honnourablement et richement
selon l'usaige du pays. Et sachiés que tout le peuple
du pays estoit moult doulent ; mais ils se reconfor-
toient fort de ce qu'ilz avoient trouvé et recouvré sei-
gneur de si grant proesse plain, et estoient avecques
tous assoulagez ; et ainsi de peu à peu si cessa la dou-
leur. Et assez tost aprez ala Urian parmy son pays
visiter les lieux et les fortz, et bailla une partie de ses
gens à Guion son frère et au maistre de Rodes, et les
fist entrer en mer pour aller sçavoir moult se ilz or-
roient nouvelles que Sarrazins revenissent point armer
sur mer pour venir sur son pais : Car sachiés, ce dist
le roy Urian, que nous ne pensons pas à entendre
tant qu'ils nous viennent requerir ; car nous les irons
encores bien briefment, se Dieu plaist, visiter, mais
que nous ayons avant sceu l'ordonnance de nostre
pays. Et à tant s'en partirent ledit Guion et le mais-

tre de Rodes et le capitaine de Lymasson, et entrèrent Guyon et le maistre de Rodes en mer atout trois mille combatans. Et cy se taist l'istoire de plus parler d'eulx, et commence à parler comment luy et Hermine allèrent visiter leurs pays.

L'istoire nous dist que le roy Urian avec la royne Hermine sa femme allèrent visiter parmy leur pays et leur royaulme, leurs bourcs et bonnes villes, là où on leur fist de moult beaulx dons et presens, et y furent receups moult honnourablement à grant joye; et vindrent ceulx des grosses villes à l'encontre du roy et de la royne, tous hors des villes à grandes processions, et les bourgois à grans sons de instrumens, dont le roy Urian s'en tint à bien content. Et sachiés qu'il pourveut moult à tous ses fors de toutes choses necessaires pour la guerre, se aulcune chose advenoit au temps advenir. Et pour vray chascun estoit esmervéillé de sa grandeur et de sa fierté et puissance de corps; et bien disoient les gens du pays que c'estoit homme qu'ilz eussent oncques mes veu qui plus se fesoit à doubter de couroucer. Et par ceste manière alla Urian de lieu en lieu par son royaulme, et tout ce qui estoit en bonnes mains par raison et justice faire il amoit, et ne movoit point les officiers; et où il voyoit qu'il estoit besoing, il y pourveoit de remède par bon conseil de ses barons; et leur commandoit à tous qu'ilz feissent raison et justice en tous temps, tant au petit comme au grant, sans avoir aulcune faveur à nulluy, ne aulcune moleste ne extorsion; mais leur charga et commanda moult expressement d'aller parmy juste verité, ou aultrement se ilz faisoient le contraire, il les pugniroit si cruellement que les aultres y devroient prendre exemple. Et lors luy, sa femme et leurs gens s'en retournèrent à Famagosse, et fut la royne ençainte. Et cy se taist l'istoire d'en plus parler, et commence à parler de Guion et du maistre de Rodes, qui vaugoient par la mer encontre de Surye, de Damas, de Baruli, de Tupple, de Damiette, pour sçavoir se ilz pourroient avoir nouvelles des Sarrazins.

Or nous dist l'istoire que tant vauguèrent les cristiens par la mer que ilz virent et apperceurent approchier d'eulx, ainsi comme d'une lieue, une certaine quantité de vaisseaulx; mais par semblance ilz ne povoient pas estre grant nombre. Adoncques ilz envoièrent une gallée par devers nos gens, qui jà c'estoient mis en ordonnance, et leur dirent les nouvelles; et tantost ilz tirèrent les voilles amont et allèrent par force de vent et de voilles tant que la navire des Sarrazins les apperceut. Et quant ils les congnurent, ils furent moult esbahis, et se cuidèrent bien retraire au port de Baruli; mais nos gallées les advancèrent, et leur coururent sus de tous costez. Là eut grant occision, et, à brief parler, Sarrazins furent desconfis, et leurs navires prises et jettez à bort, et les gens en la mer; et estoit la navire plaine de moult beaulx biens. Et aprez nos barons se mirent en la mer pour retourner en Chippre; mais par fortune et force de vent et de la mer qui se tourmenta ung peu, ils arrivèrent en Truli en Armanie. Et quant le roy d'Armanie, qui estoit frère au roi de Chippre, le sceut, il envoia tantost sçavoir quieulx gens c'estoient. Et adoncques le maistre de Rodes leur dist : Seigneurs, dictes au roy que c'est le frère de Urian de Lusignen, roy de Chippre, qui vient de visiter la mer que Sarrazins ne feissent armée pour courir sus aux Chippriens, pour le souldan, qui a esté desconfit et mort, et tous ses hommes, à la grosse bataille de Famagos-

se. Comment, disdrent ceux d'Armanie, y a il aultre
roy en Chippre que le roy qui estoit frère à nostre
roy ? Par foy, dist le maistre de Rodes, ouy : car le
roy fut navré d'ung dart envenimé par le soûldan,
tellement qu'il en est mort ; et en son vivant il maria
sa fille au preux· Urian de Lusignen, qui occit le
souldan en la grosse bataille et desconfit tous ses
gens. Adoncques, quant ceulx l'entendirent, ilz le
vindrent denoncer à leur roy, qui fut moult doulent
de la mort de son frère ; mais, nonobstant, il vint à
la mer à grant compaignie d'armes, et entra au vais-
seau où Guion de Lusignen et le maistre de Rodes es-
toient. Et quant Guion sceut sa venue, il luy alla à
l'encontre, et s'entrefirent moult grant reverence. Et
adoncques dist le roy au grant prieur de Rodes : Mais-
tre, puys que ce jeune damoiseau est frère du mari
de ma niepce, je serois mal courtois, quant il est ar-
rivé en ma terre, si je ne luy faisois sa recepte si
honnourablement qu'il luy appartient ; et de cecy
je vous prie que vous luy priez de par moy qu'il luy
plaise à venir, et nous luy ferons la meilleure chière
que nous pourrons. Par foy, dist le grand prieur,
Sire roy, je le feray. Adoncques il en parla à Guion,
et il luy respondist moult doulcement : Car je feroie
bien et voulentiers plus grande chose pour le roy,
se faire le pouvoye, car bonne foy et raison le veul-
lent. Et lors se partirent ensamble, et mena Guion
belle chevalerie de Poetevins avec luy ; et toutesfoys
avoit chascun d'eulx vestu la coste d'acier, et es-
toient en moult bon arroy commes gens duys du mes-
tier d'armes, et entrèrent en petis vaisseaulx, et
arrivèrent en terre, et aprez montèrent à chevau
et s'en allèrent vers le Cruli. Et cy se taist l'istoire
ung peu de parler de ce, et commence à parler de

Florie, fille du roy d'Armanie, qui en celluy temps
estoit à Cruli.

L'istoire dist que le roy d'Armanie avoit adonc-
ques une tresbelle fille qu'il avoit eue de sa femme,
laquelle estoit allée de vie à trespassement n'avoit
pas encores gaires que deux ans, et n'avoit le roy
plus d'enfans. Et sachiés que luy et son frère le roy
de Chippre avoient eu espouse les deux sœurs, qui fu-
rent filles du roy de Mallègres, et eurent chascun
une fille de leurs femmes, dont celle que Urian avoit
espousée, qui avoit nom Hermine, en fut l'une, et
l'aultre la pucelle Florie, dont je vous ai commencé
à traicter; la pucelle se tenoit pour lors à Cruli.
Adoncques fut la pucelle moult joyeuse; car moult
desiroit à veoir les estrangiers; et lors se vestit et se
para moult richement, et fist moult bien aourner ses
dames et damoiselles; et tantost entra le roy en
Cruli, et vint au chasteau; et là descendist, et la com-
paignie qui venoit avec luy, et montèrent en la grant
salle. Et adoncques Florie, qui moult desiroit leur
venue, vint à l'encontre, et se humilia moult encontre
son père; et il luy dist : Faictes feste à ces nobles
gens et les bienveignez, et especialement le frère
du mari de ma niepce de Chippre, vostre cousine.
Et quant la pucelle entendist ce, elle fut moult
joyeuse. Adoncques elle s'en vint à Guion et le prinst
par la main moult doulcement en disant : Sire da-
moiseau, vous soiez le tresbien venu au royaulme
monseigneur mon père. Madamoiselle, tresgrant
mercis. Adoncques commença la feste moult grande,
et firent moult bonne chière, et furent moult gran-
dement servis de moult grantz beaulx et riches mès;
et Guion et la damoiselle s'entredisoient de moultz
gracieuses parolles. Et sachiés de vray, se Guion

eut le loisir, il lui eut dit avec sa pensée ; mais ce pendant que ilz estoient eu grant solas, vint une galliote au port, qui venoit de Rodes, et furent ceulx de dedens moult joyeusement receups de la ville, et y furent moult joyeulx quant ilz trouvèrent leurs gens, et tautost demandèrent où estoit leur maistre ; et il leur fut dist qu'il estoit au palais devers le roy avecques le frère du roy de Chippre, lesquieulx le roy d'Armanie festoioit au fort. Or tost, dist l'ung, allez leur dire qu'il a passé par devant nostre ysle moult grosse navire de Sarrazins, et ne sçavons où ilz sont tournez ; mais toutes fois ilz ont pris le vent pour aller en Chippre, et dist-on que c'est le caliphe de Bandas à tout sa puissance. Adonc s'en partist ung frère chevalier, et vint au fort, et dist au maistre de Rodes : Telles nouvelles nous sont venus ; pourvoiés y de remède. Adoncques quant le maistre l'entendist il vint à Guion et luy dist : Sire, il est bien temps de nous en aller ; pour certaines nouvelles qui sont venues, il est bon de nous en retourner en Chippre. Pour quoy ? fist Guion ; sçavez-vous chose de nouvel qu'il soit besoing de nous en retraire si hastivement ? Par foy, dist le maistre, ouy ; car il est vray que le caliphe de Bandas est passé par devant l'isle de Rodes, à grant multitude de grosses navires, et y avoit dedens grant multitude de peuple de Sarrazins, et tournent le chemin de Chippre. Adonc quant Guion ouyt ceste nouvelle, il dist moult doulcement à la pucelle qu'il tenoit par la main : Damoiselle, je vous prie treschierement que aiez souvenance de moy, car je ne puys plus avecques vous demourer, mais il me fault partir en présent ; et toutesfoys voiez cy tous temps vostre vassal à faire tout ce qu'il vous plaira de moy comman-

der. Beau sire, dist la damoiselle, tresgrans mercis.
Et aprez Guion vint au roy et prinst congié de luy
au plus bel qu'il peut; mais quand le roy sceut la
nouvelle pour quoy ilz s'en partoient si hastivement,
il¹ fut doulent, et les convoia jusques au port; et
tantost ilz montèrent sur la mer, levèrent leurs voil-
les, et allèrent sanglans à force de vent à plains
voilles tirans vers Chippre. Et sachiés que Florie es-
toit adonc montée aux fenestres d'une haute tour, et
tant qu'elle peut oncques veoir la veue ne se partist
oncques des fenestres. Et cy se taist l'istoire à parler
de Florie et du roy son père, et aussi de Guion, et
commence à parler du caliphe de Bandas et ses gens
et de la contrée vers où ilz tournèrent.

L'istoire nous¹ racompte et dist que le caliphe de
Bandas et le roy de Brandimont de Tarche, qui es-
toit oncle du souldan de Damas, avoient oy les nou-
velles comment le souldan avoit esté occys et des-
confy en l'isle de Chippre avecques toutes ses gens,
dont ilz furent moult doulens; et se mirent en mer;
et pour ce assemblèrent leurs gens à bien soixante
mille payens, pour venir destruire l'isle de Chippre
et tous les habitans; et ce cuidoient-ilz bien faire à
peu de paine; car ilz cuidoient fermement que les
Chippriens n'eussent point de roy, pour ce qu'ilz
sçavoient que leur roy avoit esté occis en la guerre
du souldan; et pourtant ilz se advançoient le plus
qu'ilz povoient d'arriver et descendre au pays sans
ce qu'ilz feussent apperceus; et tout ce faisoient-ilz
pour mieulx venir en leur intention. Mais ceulx de
Rodes l'avoient fait à sçavoir au roy Urian, qui avoit
jà fait assembler toutes ses gens et les fist mettre en
bonne ordonnance pour recepvoir la bataille, et
avoit jà ordonné bonnes gardes sur les portz, que

tantost qu'ilz les verroient venir au port qu'ilz feroient signe par feu ; par quoy en mains d'une nuyt on le sçauroit par tout le pays, et se trairoit chascun celle part qui pourroit armes porter ; et ainsi l'avoit fait crier le roi sur la hart. Et sachiés que le roy tenoit les champs au millieu des portz de son royaulme pour estre plus tot là où les Sarrazins arriveroient pour prendre terre, et faisoit le roy si grant semblant qu'il donnoit à ses gens si grant cueur que avecques luy et en son entreprinse ilz eussent bien osé combattre. le caliphe et toutes ses gens et sa puissance. Or advint par la grace de Dieu que fortune se leva en la mer et orage et tempeste si horrible que Sarrazins furent moult esbahis ; et les departist tellement la tempeste qu'ilz ne sceurent en gaires de temps que huit de leurs navires devindrent ; et lendemain, environ heure de prime, l'aer fut tout cler et le vent attempré , et luisoit le soleil bel et cler. Adoncques la grosse navire des payens se tint ensamble et s'en tourna son chemin vers le port de Limasson. Et d'eulx vous laisseray à parler, et vous diray de huit vaisseaulx qui furent esgarez par la tourmente et quel chemin ilz tindrent ; et, en ces huit vaisseaulx estoit toute l'artillerie des Sarrazins, tant de canons que de trait, eschelles, pavars, et telles besongnes, et s'en venoit celle navire pour arriver au port de l'ost et au champ ; et tout ce chemin venoit Guion et le maistre de. Rhodes et leurs gens, qui furent bien quatre mille. Adonc apperceut l'une navire l'autre, et quant ils aprochèrent, et nos gens apperceurent et congneurent que c'estoient Sarrazins, et les Sarrazins apperceurent que les aultres estoient cristiens, commença moult fort l'effroy à estre moult grant d'ung costé et d'aultre. Là com-

mencèrent à traire de canons et d'arbalestres, et à
l'approchier lansoient dars si fort et si dru que ce
sambloit estre gresle des viretons qui voloient; et
fut la bataille moult grande, dure et forte; mais
Guion, le maistre de Rodes et leurs gens les assail-
loient si asprement que Sarrazins ne sçavoient
quelle part tourner pour eulx deffendre; car nos
gens qui estoient ès gallées tournoient si tresaspre-
ment entour eulx que payens en furent tous esbahys;
là leur ouyt-on fort reclamer leurs dieux, et neant-
moins ilz furent desconfis et mors. Adoncques quant
l'admiral de Cordes, qui estoit maistre de l'artillerie,
veist la desconfiture tourner sur les payens, fist get-
ter hors de la grant nef une petite galiote à huyt ra-
mes qui estoit en celle nef, et y entra jusques au
nombre de huyt de ses plus privez, et prindrent l'ad-
venture du vent, et allèrent si roidement que tous
nos gens s'en esmerveilloient; mais oncques ne firent
samblant de les suyre, ainçois se abordèrent ès vais-
seaulx et entrèrent dedens et commencèrent à jetter
tout à bort; toutesfois ilz prindrent bien de Sarra-
zins en vie jusques au nombre de deux cens ou en-
viron, dont Guion en donna cent au maistre de Ro-
des pour rendre aulcuns cristiens, frères de leur reli-
gion, qui avoient esté pris des Turcs en une bataille
qu'ilz avoient eue sur la mer contre le grand Car-
men, et luy donna aussi deux des nefs conquises, que
le maistre envoya tantost à Rodes, et remercia Guion.
Et aprez, Guion prinst les aultres cent Sarrazins et
les deux plus riches nefz de celles qui avoient esté
conquises, et les bailla à ung chevalier de Rodes, et
lui dist : Menez-moi ces deux nefz et ces cent Sarra-
zins au Cruli, et me recommandez au roy et à sa
fille; et de par moy presentez à la pucelle les déux

nefs comme ilz sont garnies, et au roy les cent
payens. Et de ce faire se charga le frère chevalier,
et s'en partist, et exploita tant qu'il vint au Gruli,
et fist son message du present bien et sagement; et
en le faisant il leur compta toute la desconfiture et
le vaillant gouvernement de Guion. Par foy, dist le
roy, vous soiez le tresbien venu, et grans mercis
au damoiseau. Et la pucelle fut tant joyeuse de ces
nouvelles, quelle n'eut onques mais si grant joye; et
sachiés qu'elle amoit tant Guion qu'elle ne povoit au
monde plus. Adoncques le roy et sa fille donnèrent
au chevalier moult de riches joyaulx, dont il les
mercia moult; et prinst congié d'eulx et s'en retour-
na tantost en Rodes. Et après son departement, le
roy d'Armanie enquesta aux payens où l'armée du
caliphe de Bandas et du roy Brandimont devoient
prendre terre, el ilz luy vont dire : En Chippre,
pour venger la mort du souldan de Damas, que les
Chippriens avoient occys en bataille et toutes ses
gens. Par foy, dist le roy d'Armanie, quant à vous,
vous avez failly à grater le roy de Chippre, mon
nepveu. Et adoncques il les fist tous mettre en fers et
en fin fons de fosse. Et firent les deux vaisseaulx
vuider, et l'avoir qui estoit dedens, et porter au port.
Or est temps que je vous parle de Guion et du mais-
tre de Rodes, qui avoient enquesté aux Sarrazins où
la grosse flotte alloit prendre terre, et ilz leur dis
drent : En Chippre. Adoncq eurent nos barons con-
seil, pour ce qu'ilz avoient trop vaisseaulx et peu
gens, que ilz metteroient toute l'artillerie que ilz
avoient conquise en leur nef; et aussi des aultres
choses necessaires; et ainsi fut fait, et Guion donna
le fust et le demourant au maistre de Rodes, qu'il
envoiast à Rodes, fors tant seullement ce que il avoit

departi si largement à ses compainguons que aul-
cune chose ne luy demoura pour luy. Et quant ce
fut fait .ilz tendirent leurs voilles, et allèrent grant
erre vers Chippre. Et cy se taist l'istoire de plus par-
ler d'eulx, et commence à parler de la galliote où
l'admiral se mist quant il s'en partist, qu'elle devint,
ne où elle prinst port.

L'istoire nous dist que l'admiral de Cordes et le
Caliphe de Bandas furent moult doulens de leur
perte. Et tant erra l'admiral par la mer qu'il choisist
le port de Lymasson   et adoncq vist grosse navire de-
vant la ville ; et quant il fut ung peu prez, il ouyt
sonner trompettes et jetter canons moult horrible-
ment ; et à l'approcher il congneut bien que c'estoit
le Caliphe de Bandas et le roy Brandimont de Tarche
qui assailloient moult fort ceulx qui gardoient le
port, pour le prendre; Mais le capitaine du lieu estoit
atout bons pavars, arbalestriers et ses gens, qui si
vaillamment deffendirent le port que Sarrazins ne
sceurent riens faire ; et regrettoient moult fort le Ca-
liphe de Bandas et le roy Brandimont leurs vais-
seaulx, lesquels estoient tous esgarez par la mer
pour le tourment qui estoit, esquieulx vaisseaulx toute
l'artillerie estoit et leur mieulx. Et lors vint l'admiral
en escriant en hault ; Par foy, Caliphe, mal vous
va, car vostre navire que nouz conduisons en la mer
avez-vous perdue en vostre trait, car Cristiens nous
ont rencontrez sur la mer, et nous ont desconfis, que
mal en soit de piet qui en soit eschappé, que tant seul-
lement nous qui cy sommes ; et est tout perdu, à ung
mot parler, car le long parler ne vous vault gaires.
Adoncques quant le Caliphe l'entendist, il fut moult
doulent. Par ma foy, dist-il, seigneurs, icy a dures
nouvelles, car je vois bien que fortune dort pour

nous quant à present, et jà a fait grant temps ; mais elle vault maintenant moult fort .pour les cristiens, car il y pert bien à nous quant à present, et aussi a-il fait au souldan nostre cousin, lequel et tous ses gens ont esté mors et desconfis en ceste ysle ; que de mal feu soit-elle arse et brulée. Et adoncq luy va dire l'admiral : Sire, se vous monstrez semblant à vos gens que vous soiez esbahy, ilz cuideront que vous soiez du tout desconfit ; et, d'aultre part, sachiés, à ce que je apperçoy de ces gens qui sont au port ; ilz n'ont tallent de vous laisser arriver sans riote ; car ilz ne monstrent pas qu'ilz vous craingnent gai-re, ne que ilz se doubtent point de vous ; si vous l'ou-roye que nous nous retraissions en la mer et les laissons refroidir, et au point du jour serions-nous à ung petit port qui n'est mie loingz d'icy, que on appelle le cap Saint-Andrieu ; et n'aurons là qui nous deffende à prendre terre. Et ainsi le firent-ilz. Et adonc quant nos gens les virent partir ilz boutè-rent tantost ung rampin arriver hors du port, qui les suyvit tant qu'il vit que sur le soir se ancrèrent en-viron une lieue du port et audessoubz dudit cap Saint-Andrieu. Et adoncques commença le rampin à s'en retourner au port de Lymasson, et dist ces nou-velles à nos gens. Lors fist le capitaine faire du feu sur la garde d'ung follet, et puys cliner devers la mer, et la plus prouchaine garde le vit du feu et le signe, et tantost le firent de garde en garde qu'il fut sceu tantost par tout le royaulme. Et adoncques se met hors chascun à chemin, tant de piet que de chevau, et se tirèrent en la place où le roy Urian estoit, qui jà avoit envoyé ses espies pour sçavoir où ilz pren-droient terre ; et manda que chascun se tenist en sa for-tresse et que on les laissast prendre terre paisiblement, excepté tant seullement que on ne se laissast pas surprendre, affin que les maulvais mescreans sarrazins ne prissent nulles de leurs fortresses ; car, avecques l'ayde de Dieu, il ne rapassera jà piet de là la mer. Et cy se taist l'istoire de plus parler du roy Urian, et commence à parler du Caliphe et du roy Brandimont.

' En ceste partie nous dist l'istoire que les Sarrazins qui estoient entrez en la mer, sitost qu'ilz apperceurent l'aube du jour ilz desancrèrent, et vindrent tous d'une flotte au port, et prindrent terre. Et sachiés que ceulx de l'abbaye les apperceurent bien, qui tantost le mandèrent à Lymasson ; et le capitaine le manda tantost au roy Urian, qui en eut moult grant joye, et se commença tantost à apprester comme se se fust pour la bataille. Et le Caliphe fist tout tirer à terre, et fist faire ses logis emprez et delez eulx, ainsi comme à demie lieue du port, sur ung gros ruisseau d'eaue doulce qui cheoit en la mer, en la cornière de ung petit boys, pour luy refforchier, et laissa bien quatre mille payens pour garder la navire. Et cependant vint Guion, le maistre de Rodes et leurs gens qui arrivèrent à Lymasson, et leur commença à dire comment les Sarrazins avoient pris terre, et comment leur navire estoit à une lieue du cap Saint-Andrieu. Par foy, dist Guion, si l'irons-nous visiter, car qui la pourroit oster aux Sarrazins, jamais piet ne s'en retourneroit en Surye ne en Tarse ; et en disant ceste parolle, ilz se empoindirent en la mer, et allèrent legierement, exploitant tant qu'ils vindrent si prez des Sarrazins qu'ilz veoient le port du cap Saint-Andrieu et la navire, qui estoit grande. Adonc mirent toutes leurs choses à point, et se mirent en bonne ordonnance ; et ce fait, ilz s'en vindrent comme fouldre et tempeste frapper sur les navires des

Sarrazins à force de trait et de jet dedens si tres-
horriblement que mal soit de Sarrazin qui se mist en
deffence ; mais qui peut saillir sur terre et courir
hastivement devers l'ost, il s'en tint pour eureux ;
et par ce moyen fut toute la navire prise et tous les
Sarrazins qui furent atains. Adoncq envoièrent nos
gens de leurs biens qu'ilz avoient pris sur les Sarra-
zins à moult grant foison en l'abbaye, et emmenè-
rent ce que bonnement ilz peurent desdictz vais-
seaulx si chargez de l'avoir des Sarrazins que plus
ne povoient, et au demourant ilz boutèrent le feu, et
fut toute la navire qui demoura emprise en feu et
en flame ; et ceulx qui eschappèrent des vaisseaulx
vindrent en l'ost criants à haulte voix : A l'arme, à
l'arme ; et dirent comment les cristiens avoient as-
sailly la navire. Adonc s'esmeut l'ost et s'en vint qui
mieulx peut vers le port, et trouvèrent moult de leurs
gens mors et aulcuns qui estoient mussiés parmy les
boissons. Et quant ils virent que nos gens s'en tour-
noient, ilz vindrent vers la mer, et recouverèrent de
leurs vaisseaulx jusque à six qu'ilz preservèrent de
bruler. Et quant le Caliphe perceut le dommaige, il
fut moult doulent. Par Mahon, dist-il au roy Bran-
dimont, ces cristiens qui sont cy venus de France sont
moult durs et appertes gens d'armes, et se ilz durent
gaires ilz nous porteront moult grant dommaige. Par
Mahon, dist le roy, je ne me partiray jamais de ce
pays tant que je soy du tout desconfit. Ne moy, dist
le caliphe. Adoncques mirent les six vaisseaulx de-
dens qui leur estoient demourez, et y mirent et
laissèrent bonnes gardes ; et à tant retournèrent à
leurs gens. Et si se taist l'istoire d'eulx, et retourne
à parler du roy Urian.

Or dist l'istoire que le roy Urian fut logé en une

belle prarie sur une ripvière, et fut en la place mesmes
où les fourriers du souldan furent desconfis au pont;
et avoit le roy envoyé ses espies à sçavoir où les Sar-
razins se logeroient. Et lors vint le maistre de Rodes
qui descendist devant la tente du roy et le salua
moult haultement; et le roy, qui fut moult joyeulx
de sa venue, le bienveigna, et luy demanda com-
ment Guion son frère se portoit. Par foy, monsei-
gneur, dist le maistre de Rodes, bien comme le plus
asseuré homme que je vis oncques ; sire, il se recom-
mande à vous tant comme il peut. Par foy, dist le
roy, ce m'est bel. Or me dictes comment vous avez
fait depuys que vous vous departistes d'avecques
nous. Et le maistre lui racompta de branche en bran-
che toutes les adventures qui leur estoient advenues,
de la navire du caliphe que ilz avoient destruicte au
cap Saint-André, et comment ilz l'avoient arse.
Par ma foy, dist le roy Urian, vous avez moult
vaillamment voyagé et moult bien eureusement; j'en
loe mon créateur ; et quant est de mon oncle, le roy
d'Armanie, je suys moult joyeulx que vous l'avez
laissé en bonne prospérité ; mais il nous fault adviser
aultre chose comment les Sarazins soyent desconfis,
et quant est de moy et de mes gens ; je me desloge-
ray presentement pour eulx approchier, car ilz ont
trop sejourné en nostre pays sans avoir aulcunes nou-
velles de nous. Allez-vous en devers mon frère, et
luy dictes que je me desloge pour aller combatre les
anemis de Dieu. Adoncques le maistre prinst congié
du roy, et s'en vint grant erre vers Limasson, et sur
piet le roy fist deslogier son ost et vint loger à une
lieue du caliphe ; et ne sçavoient riens de leur venue
Sarrazins. Et le maistre vint à Guion noncer les nou-
velles comment le roy c'estoit deslogé pour aller com-

batre ses anemis. Adonc Guion fist sonner ses trompettes et desloga, et vint logier sur une petite ripvière qui cheoit en la mer; et sur celle mesmes ripvière estoient les Sarrazins logez, et n'avoit entre eulx que une montaigne qui tenoit bien une lieue de tour. Et se taist l'istoire de plus parler de luy quant à present, et commence à parler du roy Urian, son frère, qui fist moult grant vaillance de combatre Sarrazins.

L'istoire nous dist que le roy Urian estoit moult desirant de sçavoir où les Sarrazins estoient logez, et aussi de sçavoir leur commune, et comment ils estoient; et pour ce appella un chevalier chipprien qui bien sçavoit toute la contrée, et lui dist : Armezvous, et montez sur le plus seur chevau que vous aiez, et revenez cy devant mon logis tout seul, et n'en dictes mot à personne ; et viendrez avec moi où je vous vouldray mener. Et tantost le chevalier fist son commandement, et partist et s'arma, monta à chevau et revint à luy, et trouva le roy qui estoit jà monté sur ung legier courcier, et estoit bien à main, et dist à pluiseurs de ses princes : Ne vous mouvez jà d'icy jusques à tant que vous aiez nouvelles de moy ; mais se je ne revenoye, faictes ce que je vous manderay par cestuy mien chevalier. Et ilz disdrent que ainsi feroient-ilz. Mais pour Dieu, gardez bien où vous vous en allez. Ne vous en doubtez, dist le roy. Et lors se partirent ; et quant ilz vindrent hors du logis, le roy dist au chevalier : Menez-nous au plus court chemin où je puisse veoir le port où les Sarrazins sont arrivez. Et celluy le mena environ une lieue sur une haulte montaigne, et luy dist : Sire, voiez là le port et l'abbaye audessus. Et comment, dist le roy, on m'avoit dit que leur navire estoit arse, et encores velà des vaisseaulx ; d'où maintenant peuvent-ilz estre venus ? Et adonc regarda le roy à senestre, au font de la vallée, et vist l'ost de son frère qui c'estoi logé sur la ripvière ; et d'aultre part il vist l'ost de Sarrazins, qui estoient moult grant multitude. Par ma foy, dist le roy, voiez là grant peuple de Sarrazins; ceulx congnois-je assez ; mais ceulx qui sont par desà, je ne congnoys mie quieulx gens ils sont ; attendez-moy cy, et je iray sçavoir si je les pourray congnoistre. Et le chevalier luy respondit : Allez, de par Dieu. Lors se partist le roy, et exploita tant qu'il approcha de l'ost et trouva ung chevalier qui sailloit du port, qu'il congneut bien, et le nomma par son nom, et luy demanda : Mon frère est-il en ceste route ? Adonc quant le chevalier l'entendist parler, il le regarda et le congneut tantost, et s'agenoilla en luy disant : Monseigneur, oy. Or luy allez dire qu'il vienne parler à moy sur ceste montaigne. Et il se partist, et vint en l'ost, et dist à Guion ces nouvelles ; et il monta à chevau, et le maistre de Rodes avecques luy, et le roy retourna à son chevalier et luy dist : Amis, bien va, c'est Guion mon frère qui est logé là dessoubz. Puys vint Guion et le maistre de Rodes. Et adoncques les deux frères s'entrefirent moult grant joye. Lors leur monstra le roy l'ost des payens ; et quant ilz le virent, ilz dirent : Nous ne le sçavions pas si prez de nous. Or avant, dist le roy, à l'aide de Dieu, ilz ne nous pevent eschapper se ce n'est par ceste navire que je vois là en ce havre. Et quant Guion le vist, il fut tout esbahy. Et comment, dist-il, en ont encores apporté, les diables, des aultres ; nous leur ardimes, n'a pas trois jours, toutes leurs navires. Adoncq dist le maistre de Rodes : Je suppose bien que c'est elle, et que par adventure il

avoit aulcuns demourez ès vaisseaulx, qui ne furent
pas trouvez, qui ont recoups ce pou que voiés là. Par
foy , dist le roy , ainsi peut-il bien avoir esté ; mais
il y convient mettre gardes, car, par ce, pourrions-
nous perdre le chief et les plus grans, qui aprez nous
pourroient nuire en aultre temps. Comment , dist le
maistre de Rodes, il samble que vous les aiez jà tous
desconfis jusques au caliphe et à Brandimont roy. A-
donc respondit le roy : Se il n'y avoit plus que ces deux,
selon ce que je vous ay ouy dire , il n'y fauldroit pas
besoing de tant de gens que Dieu nous a prestés ; il
n'y fauldroit que Guion mon frère, il s'en seroit tan-
tost delivré. Ha, ha, monseigneur , dist Guion, quant
vous vous serez rigollé de moy et d'ung aultre encore,
ne seront-ce que deux ; mais je loe Dieu de la vertu
qu'il m'a donnée, combien qu'elle ne se pourroit compa-
rer à la vostre, laquelle Dieu vous maintienne. Mon frè-
re, dist le roy, je ne me cuide pas rigoller de vous, car se
vostre fait estoit achevé à ces deux, je me fie tant à Dieu
et en vous que j'attenderoie l'adventure telle que Dieu
nous vouldroit donner. Sans doute , monseigneur
mon frère , dist Guion , se la besoigne ne tournoit
ailleurs, il ne fauldroit point attendre adventure ;
mais il est bon de laisser le parler et de adviser com-
ment nos anemis seront destruis. Guion, dist le roy,
vous dictes bonne raison. Adonc dist le roy à son
chevalier : Allez en l'ost et faictes armer nos gens sans
faire aulcun effroy , et les faictes partir des logis en
bonne ordonnance , et les faictes venir au piet de
ceste montaigne. Et adonc il partist et fist le comman-
dement du roy ; et ceux de l'ost obeirent à luy , et
vindrent soubz la montaigne en bonne ordonnance ; et
lors dist le roy à Guion son frère qu'il allast faire ar-
mer ses gens , et qu'il approchast si prez de leur ost

qu'il peut bien appercevoir leur contenance, et comment il verroit que la besongne se porteroit, et que bien se gouvernast. Et vous, maistre de Rodes, mettez-vous en mer à toutes vos gens, et vous en venez sur le pas du port, affin que se les Sarrazins se mettoient en leurs vaisseaulx, qu'ils ne peussent eschapper ; et je m'en vois ordonner mes gens pour combatre ces Sarrazins. Et ainsi se sont departis de la montaigne, et fist chascun d'eulx tout ce que le roy Urian avoit ordonné.

.Le roy adone vint à ses gens et les ordonna, et s'en vint en belle bataille rengée, les archiers et les arbalestriers sur les elles, et vindrent, et au descouvert de la montaigne virent l'ost des payens. Adoncques s'en allèrent le beau pas en bel arroy jusques à une arche prez de l'ost, avant que les payens s'en apperceussent à plain ; mais quant ilz apperceurent, ils commencèrent à crier : A l'arme, à l'arme. Adoncq l'ost s'arma de tous costez. Lors le roy Urian envoya courans à force de chevaux jusques au nombre de mille hommes d'armes parmy eulx, qui moult les dommagèrent et les empeschèrent tellement qu'ilz n'avoient bonnement loisir d'eulx ordonner à leur aise. Et non obstant ce ilz se mirent au mieulx qu'ilz peurent en arroy, et nos gens se assamblèrent avec eulx ; là eut moult grant occision de trait sur les Sarrazins. Adonc vint le roy Urian, qui se penoit moult fort de exillier ses ennemis, et faisoit tant d'armes qu'il n'y avoit si hardi Sarrazin qui l'osast oncques attendre, mais fuirent devant luy comme fuyt la perdris devant le lanier ; et quant le caliphe de Bandas l'apperceut, il le monstra au roy Brandimont en disant : Nous sommes bien doulens folz ; se pour cestui homme icy sommes esbahis, le demourant nous prisera et doubtera peu. Adonc il poindist le chevau

de si grant ire que le sang luy sailloit par les deux
flans. Et sachiés que c'estoit l'ung des fiers et des puis-
sans que de son corps qui point vivoit en celluy
temps, et tourna la targe derrière le dos et empoigna
l'espée à deux mains et ferist Urian sur le coing du
bassinet de toute sa force ; et la couppe du bassinet
fut moult dure, et pour ce l'espée glissa et vint le
coup descendre sur la col du destrier, et entra si
avant en la char qu'il lui trencha les deux maistresses
vaines qui soutenoient la teste du chevau. Et adonc
le destrier s'enclina, qui ne se povoit plus soustenir,
et lors le roy Brandimont s'approcha du roy Urian
et luy, qui sentoit son chevau aller par terre, laissa
aller l'espée et embrascha le roy Brandimont par le foy
du corps, et le tira à terre malgré qu'il en eut, et
le mist soubz luy ; et là eut grant triboulement, tant
de Chippriens comme de Sarrazins, pour recouvrer
leur seigneur ; et là eut moult fière bataille d'une
part et d'aultre, et moult horrible, et y eut foison de
mors et de navrez. Lors tira le roy Urian ung court
et fort coustel qui luy pendoit au destre costé, et
puisa dessoubz la gorgerete du roy Brandimont tel-
lement qu'il le mist jus tout mort, et puys se dressa
sur les piés et cria à haultevoix : Lusignen, Lusignen.
Lors vindrent Poetevins qui l'ouyrent et se frappè-
rent en la presse par telle vertu que les Sarrazins
perdirent la place. Adonc fut le roy Urian remonté
sur le destrier du roy Brandimont, et lors suyvirent
le caliphe de Bandas ; et ainsi se renforcha plus fort
que devant la bataille, et tant qu'il y eut grand per-
te d'ung costé et d'aultre. Pour vray, les Sarrazins
furent fort grevez, tant de la mort du roy Brandimont
que de leurs gens; et cependant vint Guion de Lusignen
qui se ferist en la bataille à bien deux mille hommes

frès et nouveaulx ; là où moult se combatirent. A-
doncques quant le caliphe vist qu'il estoit ainsi
surprins, si se partist de la bataille, luy dixiesme,
le plus couvertement qu'il peut, et s'en vint en la
mer. Là fut l'admiral de Damas, qui les fist entrer en
une petite galliotte dont il estoit aultres fois rechap-
pé, si comme je vous ay dit si-dessus, et fist la navi-
re qui luy estoit demourée tantost partir du havre.
Et si se taist l'istoire à parler de luy tant que le temps
en sera, et retourne à parler de la bataille·

En ceste partie nous dist l'istoire que la bataille
fut moult grant et horrible, et y eut moult grant oc-
cision ; mais quant les mauvais Sarrazins apperceu-
rent que le roy Brandimont de Tarse estoit mort et
que le caliphe de Bandas les avoit laissez en ce peril,
ils furent moult esbahis, et se commencèrent tresfort
à desrenger et à perdre place et aussi à fouyr vers la
marine ; mais ce ne leur vault gaires, car toute la
navire estoit partie avec le caliphe et l'admiral de
Cordes. Que vous feroye ores long parler ? Les
payens furent tous mors, et les pluiseurs se nayè-
rent en la mer. Et adoncques retournèrent les ba-
rons aux logis des payens, où il y avoit moult de ri-
chesses. Et cy se taist l'istoire de parler du roy Urian,
et parle du caliphe qui s'en alloit moult doulent par
la mer, et jura ses dieux que se il peut arriver à Damas
à sanneté, que encores fera-il grant ennuy aux Chip-
priens ; et ainsi qu'il vaugoit par la marine et cuidoit
bien estre eschappé du peril des mains des cristiens ;
mais de ce que fol pense il demoure souvent la plus grant
partie à faire ; car le grant maistre de Rodes estoit jà
pieçà en aiguet sur la mer, à toutes ses gens, en gallées.
Adonc il apperceut les Sarrazins venir, et se pensa
bien que la bataille des Sarrazins estoit desconfite ;

il en loua et remercia nostre seigneur Jhésuscrit. Et
adoncques il escria aux seigneurs et aux gens d'ar-
mes qui estoient avec luy et dist : Beaulx seigneurs et
sergans de Jhesucrist, nous eschapperont ainsi ces
ennemis? Par foy, il sera moult faulte à nous. Qui
lors veist mettre gens en ordonnance et courir sus Sar-
razins et jetter canons et traitz d'arbalestres, c'estoit
moult grant horribleté à veoir. Quand l'admiral de
Damas perceut le meschief qui tournoit sur eulx,
si haulça le voille et fist advancer les rames, et es-
chappa des dangiers de nos gens malgré que nos gens
en eussent ; et fut la galliotte si eslongée en peu
d'eure que nos gens en perdirent la veue, et veirent
bien que le poursuyvir leur povoit plus nuire que
aydier ; si les laissent à tant, et en peu d'eure furent
les vaisseaulx desconfis et les paiens ruez en la mer,
et ramenèrent les six vaisseaulx au cap Saint-Andrieu
avec eulx, et puys saillist le maistre de Rodes de la
mer à tout cent frères de sa religion, et vint au logis,
et alla compter au roy et à son frère et aux aultres
barons l'adventure, et comment les payens furent
tous pris, mors et desconfis, et leurs vaisseaulx ra-
menez au port, et comment le caliphe et l'admiral
de Damas estoient eschappez en une galliotte ; de
quoy le roy fut moult doulens, et aussi ses barons.
Et aprez departist tout ce qui avoit esté gaigné sur
les Sarrazins à ses compaignons, sans qu'il en rete-
nit oncques à son proffit qui vaulsist ung denier, ex-
cepté tant seullement aulcunes des tentes et l'artille-
rie, et de là s'en partist, et donna congié à pluiseurs
de ses barons et à leurs gens, et les remercia moult
chascun en son endroit. Quant ilz partirent, ilz s'en
alloient tous riches, dont ilz louoient moult le roy
Urian, et disoient que c'estoit le plus vaillant roy qui

regnast pour celluy temps. Le roy Urian, ccs choses faictes, vint à Famagossse, avec luy son frère et le maistre de Rodes et ses barons qu'il admena de Poetou, et tous les plus haultz barons de son royaulme. Là les receupt la royne Hermine moult licment et courtoisement, le roy son mari, son frère, et le maistre de Rodes, et tous les barons, et rendit moult devotement graces à Nostre-Seigneur de la victoire qu'il leur avoit donné.

Or nous dist l'istoire que la royne Hermine estoit moult ensainte, et avoit fait le roy crier une moult noble feste où il vouloit en paix et en repos festoyer ses barons de Poetou et tous aultres princes et estrangiers ; et en celluy jour que la feste devoit estre, huyt jours avant commença à arriver moult gran peuple en la cité, de quoy le roy fut moult joyeulx, et fist crier, sur painne de corps et d'avoir, que nul n'encherist de vivres ; et fut vray que trois jours devant la feste, la royne Hermine accoucha d'ung moult beau filz. Adonc commença la feste à estre moult grande, et fut l'enfant baptisé, et eut nom Henry, pour l'amour du tronc du roy, qui eut nom Henry. Adoncqués fut la feste moult grande, et donna le roy moult de riches dons, et avoient aulcuns des barons de Poetou qui avoient prins congié du roy, de son frère et de la royne pour eulx en aller ; et leur avoit donné le roy moult de richesses, et estoient environ six chevaliers et leur route qui se misrent en mer ; et leur avoit le roy baillé lettres pour porter à son père et à sa mère. Or vueil-je laisser à parler de ceulx qui s'en vont par la mer, et diray de la feste, qui fut moult grande et noble ; mais elle fut en peu d'eure troublée pour l'amour du roy d'Armanie, dont les nouvelles vindrent à la cour. L'istoire nous dist que ainsi que la feste estoit au plus grant bruit, vindrent jusques au nombre de xvj. des plus haultz barons du royaulme d'Armanie, tous vestus de noir ; et sembloit bien à leur contenance qu'ilz fussent au cueur bien couroucez. Et quant ilz vindrent devant le roy, ils le saluèrent moult doulcement, et le roy les bienveigna et leur fist moult d'onneur. Et ilz luy disdrent : Sire, le roy d'Armanie vostre oncle est allé de vie à trespassement, Dieu par sa grace lui face mercy, et nous est demouré de luy une tresbelle pucelle et bonne, laquelle est sa fille, et n'y a plus de heritier qu'elle de sa char. Or vueillez sçavoir, noble roy, que en sa plaine vie il fist faire ceste lettre, et nous commanda qu'elle vous fut apportée, et nous charga et dist que nous vous requerissions pour l'amour de Dieu que de ce dont il vous fait requeste ne luy vueillez pas faillir, car nous sçavons bien que la chose est à vostre prouffit et honneur. Par foy, beaulx seigneurs, dist Urian, se c'est chose que je puisse faire bonnement je le feray voulentiers. Et adonc print Urian la lettre et la lut. Et la teneur d'icelle lettre est telle : Treschier seigneur et tres-aimé, je me recommande à vous tant comme je puys, et vous m'aiez treschièrement devers ma treschière et amée niepce vostre femme pour recommandé. Et par ces lettres je faitz à vous deux la première requeste que oncques je vous fis, ne que jamais je feray, car certainement quant ces presentes lettres furent escriptes je me sentoie en tel point que en moy n'avoit point d'esperance de vie. Or je n'ay point de heritier de mon corps que une seulle fille, laquelle Guion vostre frère a bien veue. Je vous supplie humblement qu'il vous plaise de le prier de par moy qu'il la vueille prendre à femme, et le royaulme d'Armanie avecques. Et se il vous samble qu'elle

n'en soit digne, si luy aidez à asscner à quelque no-
blc homme qui bien sache le pays gouverner et def-
fendre des ennemis de Jhesucrist. Or y vueillez pour-
voir de remède convenable, car à tout dire, se il
vous plait, en la fin je vous fais mon heritier du
royaulme d'Armanie; mais pour l'amour de Dieu
prenez en garde et ayez pitié de mon povre enfant,
qui est orpheline desolée de tout conseil et de tout
confort, se vous luy faillez. Adonc quant Urian oyt
ces piteux mos, il fut moult doulent de la mort du
roy, et eut moult grant pitié au cucur des piteux mos
qui estoient escrips en la lettre. Adonc respondist
aux Hermeniens en disant ainsi : Seigneurs barons
je ne fauldray mie à cest besoing, car se mon frère
ne se veult à ce accorder, si vous feray-je tout le con-
fort et aide que je vous pourray faire. Sire roy, dis-
drent les Hermeniens, nostre seigneur le vous vueil-
le meriter, qui vous doinct bonne vie et longue. Et
adonc appella le roy Urian Guion son frère, qui jà
sçavoit nouvelles de la mort du roy d'Armanie, de
quoy il en estoit moult doulent. Et luy dist le roy
Urian les parolles qui s'ensuivent : Guion, tenez ce
don, car je vous vueil faire heritier du royaulme
d'Armanie et de la plus belle pucelle qui soit en tout
le pays, c'est à assavoir de Florie ma cousine, la
fille du roy d'Armanie, qui, de la voulcnté de nos-
tre seigneur, est allé de vie à trespassement. Or je
vous prie que ne refusez pas ce don, car telle offre
n'est pas à refuser. Par ma foy, beau frère et mon-
seigneur, dist Guion, je vous en mercie moult hum-
blement, et luy qui est trespassé, de ceste offre et de
ce present. Adonc eurent les Hermeniens si grant
joye que plus ne povoient au monde. Et adoncques
quant il eut consenti la parolle, ilz se agenoullèrent

devant luy et lui baisèrent les mains à la guise du
pays. Adonc renforça la feste plus grande que de-
vant. Et cependant le roy commanda à appareiller
toute sa navire qui estoit au havre du port de Limas-
son, et ordonna à mettre moult de richesses aux
vaisseaux, et ordonna à y entrer moult belle baron-
nie, tant de Poetou comme de Chippre, et le maistre
de Rodes, pour le conduire en Hermanie, et furent
aux nopces, et le firent couronner et prendre la pos-
session de tous les pays et les hommaiges de tous ses
subjectz. Et sachiés qu'ilz fussent plus tost departis
pour eux en aller se ne fut pour attendre la relevée
de la dame royne, laquelle fut relevée à moult grant
joye et grant solennité, et y eut noble feste et gran-
de, et donna le roy Urian de grans et riches dons
aux Hermeniens. Et aprez la feste finée prist Guion
congié de sa seur la royne, qui fut doulente de sa
departie, et lors le conduit le roy jusques au port de
Limasson; et quant ilz entrèrent en la mer les deux
frères s'entrebaisèrent. Adonc drescha-ou les voilles
et fist-on desancrer la navire, et aprez se empaignè-
rent en la mer à moult noble compaignie, bien pour-
veus comme se ce fut pour aler en guerre, pour doubte
des Sarrazins. Et tant allèrent, tant de jour comme
de nuyt, qu'ilz apperceurent et visrent la ballet du
Crub, qui est la maistresse ville du royaulme d'Arma-
nie, où on desiroit moult leur venue, et y estoient
assemblez moult des nobles du pays, qui nuyt et
jour attendoient leur venue.

En ceste partie nous dist l'histoire que ceux de
Caliz furent moult joyeulx quant ilz virent approu-
cher la navire, car jà sçavoient les nouvelles que
leur seigneur venoit, pour ce que les barons qui es-
toient allez en Chippre pour porter les lettres dont je

vous ay fait mention par avant, leur avoient mandé
toute la verité, affin de ordonner et pourveoir de le
recepvoir honnourablement; et y estoient tous les
haultz barons du pays et les dames et damoiselles ve-
nues pour le festoier et honnourer. A celle heure la
pucelle Florie estoit à la maistresse tour, qui regretoit
moult la mort de son père, et si avoit moult grant paour
que le roy Urian ne le voulsist pas accorder à son
frère, et estoit une cause qui moult luy angoissoit sa
douleur. Mais adoncques une damoiselle luy vint
dire en ceste manière : Madamoiselle, on dist que
ceulx qui estoient allez en Chippre arriveront bien
brief au port. De ces nouvelles fut Florie moult
joyeuse, et vint à la fenestre, et regarda en la mer,
et vit navires, gallées, et aultres grans vaisseaulx
qui arrivoient au port, et oyt trompettes sonner, et
pluiseurs aultres instruments de divers sons. Adonc
fut la pucelle moult lie, et vindrent les barons du
pays au port, et recepvoient moult honnourablement
Guion et sa compaignie, et le menèrent à mont vers
la pucelle, laquelle luy vint à l'encontre de luy. Et
Guion la salua moult honnourablement en ceste ma-
nière : Ma damoiselle, comment a-il esté à vostre
personne depuis que me partis d'icy? Et elle luy res-
pondist moult amoureusement et dist : Sire, il ne
peut estre gaires bien, car monseigneur mon père
est nouvellement trespassé de ce mortel monde, dont
je prie à nostre Seigneur Jhesucrist, par sa saincte
grace et misericorde, qui luy face vray pardon à l'a-
me, et à tous aultres; mais, sire, comme povre or-
pheline je vous remercie et gracie tant humblement
comme je puys des vaisseaulx que vous m'envoias-
tes, et aussi de la grant richesse et avoir qui estoit
dedans.

Comment Guion espousa la pucelle Florie et fut roy d'Armanie.

A donc l'ung des barons d'Armanie parla moult hault, adressant sa parolle à Guion, et dist : Sire, nous vous avons esté querir pour estre nostre seigneur et nostre roy ; si est bon que nous vous delivrons tout ce que nous vous devons bailler. Et voiez cy ma damoiselle qui est toute preste de acomplir tout ce que nous vous avons promis et au roy Urian vostre frère. Par foy, dist Guion, ce ne demourera mie à faire pour moy. Adonc furent fiancez, et le lendemain espousez à grant solemnité, et fut la feste moult noble et grande, et dura par l'espace de quinze jours ; et avant que la feste departist firent tous les barons hommaige au roy Guion. Aprez ces choses, les barons de Poetou et de Chippre prindrent congié, et aussi fist le maistre de Rodes, qui fist les barons arriver à l'isle de Rodes, et leur fist moult bonne chière et grande ; et aussi firent tous les frères de la religion. Et au bout de huyt jours se misrent les barons en mer, et en brief temps arrivèrent en Chippre, et comptèrent au roy Urian toute la verité du fait et la bien venue et la recuelie que son frère avoit eu en Armanie, et comment il estoit roy paisiblement, dont Urian loua moult doulcement et humblement nostre seigneur Jhesucrist de bon cueur. Et en brief temps pluiseurs des barons de Poetou prindrent congié, et le roy le leur donna avec moult de beaulx dons, et par eux rescript à son père et à sa mère tout l'estat de luy et de son frère. Et ainsi se partirent les barons, se mi-

rent en mer où ilz trouvèrent les vaisseaulx tous
prestz, tous garnis et advitaillez de tout ce que mes-
tier'leur estoit, et entrèrent en iceulx, et s'empaigni-
rent en mer. Adoncques prindrent les barons le plus
droit chemin qu'ilz peurent pour arriver à la Ro
chelle. Et cy s'en taist l'istoire, et commence à par-
ler de ceulx qui par avant c'estoient partis.

Comment les messagiers apportèrent les lettres
à Raimondin et à Melusine de ses deux
enfans qui estoient roix.

r nous dist l'istoire que les barons qui c'es-
toient partis aprez le relever de la royne
Hermine senglèrent tant par la mer qu'en
brief temps ilz perceurent le port de la Ro-
chelle et y arrivèrent, au plaisir de Dieu, à grant
joye, et retrairent tout le leur en la ville, et se
refreschirent par l'espace de trois jours, et puys
s'en partirent et errèrent tant qu'ilz.arrivèrent à Lu-
signen, où ilz trouvèrent Raimondin et Melusine et
leurs aultres enfans, qui les receuprent à moult grant
joye. Et adonc ilz leur baillèrent les lettres du roy
Urian et de Guion leurs deux filz ; et.quant ilz eurent
oy et veu la teneur des lettres, ilz furent grandement
joyeulx, et loèrent moult devotement nostre seigneur
de la bonne adventure qu'il avoit donné de sa grace
à ses enfans, et donnèrent moult de riches dons aux
barons qui avoient apportez les nouvelles. Et en ce
temps fonda Melusine l'eglize de Nostre-Dame de Lu-
signen et pluiseurs aultres abbayes en celluy pays en·
Poetou, et les renta.·moult richement. Et fut adonc

traité le mariage de son filz Odon à la fille du comte
de la Marche, et en fut fait la feste moult grande et
moult noble dessoubz Lusignen en la prarie. Et la
feste durant, arrivèrent à la Rochelle les barons du
Poetou qui c'estoient dernièrement partis de Chippre;
mais quant ilz sceurent les nouvelles de la feste, ilz
montèrent moult joyeusement à chevau, et tant
chevauchèrent qu'ilz vindrent à Lusignen trois jours
au devant de la departie de la feste, et là firent reve-
rence au père et à la mère moult honnourablement,
et presentèrent leurs lettres. Et quant Raimondin et
Melusine sceurent certainement de leur filz Guion
les nouvelles qu'il estoit roy d'Armanie, et aussi des
aultres victoires qu'il avoit eu sur les paiens, ilz en
louèrent nostre seigneur Jhesucrist moult devote-
ment, et furent les messagiers receups à moult grant
joye de tous costez, et eubrent de beaulx dons et ri-
ches; et se refforcha la feste, et dura plus de huiet
jours entiers pour l'amour de ces nouvelles et nobles.

L'istoire nous dist que Anthoine et Regnauld furent
moult joyeux quant ils oyrent les haultes et nobles
nouvelles des conquestes et victoires que leurs frères
avoient eues sur les mauvais Sarrazins, et de l'on-
neur que Dieu leur avoit faict en cy peu de temps
que d'avoir conquesté deux nobles royaulmes. Et dis-
drent l'ung à l'aultre : Mon treschier frère, je vous
diray que doresmais seroit temps que nous allissions
charcher les adventures par le monde, car pour cy
demourer ne pourrons-nous conquester ne los ne
pris. Adoncques vindrent à leur père et à leur mère
en disant moult humblement : Monseigneur et vous
madame, se il vous plaisoit, il seroit bien temps que
nous alissions par le monde à nous adventures pour
acquerir l'ordre de chevalerie, car ce n'est pas de

l'intention de nul de nous de la prendre fors que au
plus prez que nous pourrons l'avoir, comme Guion
et nos frères l'ont eue ; combien que nous ne sommes
pas dignes de l'avoir si tresnoblement ne en si noble
place ; mais, se Dieu plaist, c'est notre intention d'en
faire bonne diligence. Et lors elle respondist : Beaulx
enfans, s'il plaist à monseigneur vostre père, il me
plait bien. Par foy, dist Raimondin, dame, faictes-en
vostre voulenté ; car ce qu'il vous plait me plait.
Sire, dist Melusine, il me semble qu'il est bon que des-
oresmais ilz commencent à voiager pour congnoistre
le monde et les estranges marches, et aussi pour estre
congneus et congnoistre le bien et le mal ; et à l'aide
de Dieu je y pourvoieray si bien qu'ilz auront bien
de quoy paier leur despence. Adonc les deux enfans
se agenoulèrent devant leurs père et mère en les re-
merciant moult humblement de la haulte bonté et de
l'onneur qu'ilz leur promettoient faire. Et cy se taist
ung peu l'istoire à plus parler d'eulx, et parle d'aul-
tre matère ; mais assez tost je y retourneray.

En ceste partie nous dist l'istoire que ès parties
d'Alemaigne, entre Loraine et Ardanne, avoit en
ce temps moult noble terre qui estoit appelée la
conté de Lucembourg, qui ores est appellé duché
et pourtant l'appelleray-je en ceste histoire duché ;
pour lors, que je dis, y estoit mort ung vaillant
prince qui fut moult renommé, et eut nom Asselin,
qui fut nommé sire du pays ; et n'avoit demouré de
luy nul héritier que une fille, laquelle estoit nommé
Cristienne, et fut moult belle et bonne. Et avoit en
la terre de Lucembourg moult noble et grant foison
de chevalérie et escurie, qui tous firent hommaige
à la pucelle comme à la droitte héritière. Pour celluy
temps en Aussay eut ung puissant roy auquel n'estoit

demouré de sa femme que une fille, de laquelle elle
trepassa en gessine ; et fist le roy nourir celle fille,
qui eut nom Melidée, honnourablement. Or advint
que il oyt nouvelles que le seigneur de Lucembourg
estoit trespassé, et ne lui estoit demouré que une fille
qui estoit moult belle. Adoncques le roy d'Anssay la
fist demander pour estre sa femme. Mais la pucelle
ne se voulsist oncques accorder, dont le roy d'Ans-
say fut moult doulent, et va jurer Dieu, comment
qu'il fut, que se il povoit qu'il l'auroit. Adoncques
fist son mandement et deffia la pucelle et tous ses
aidans; adoncques quant les barons, les nobles et les
communes du pays le sceurent, ilz jurèrent, puisque
leur dame ne le vouloit prendre à mary, qu'ilz luy
monstreroient qu'il avoit tort vers la pucelle et
eulx. Et tantost ilz firent garnir leurs fors et leurs
pays, et se trairent la plus grant partie des barons
au bourc et au chasteau de Lucembourg avec Cris-
tienne, qui estoit leur propre dame. Que vous feroie-
je ores long parlement ? ilz n'estoient pas pour lors
assez fors pour combatre le roy, car il venoit à moult
grant effort, et dommageoit moult le pays, et s'en
vint tout ardant planter le siége devant Lucem-
bourg. Et de fait il y eut pluiseurs escarmouches, et
y eut moult grant perte d'ung costé et d'aultre. Or
advint qu'il luy eut ung homme qui estoit moult
terrien et ung des plus grans gentilz hommes du
pays, qui avoit esté avec le roy Urian, et à la con-
queste de Chippre et aux victoires qu'il avoit eu sur
les Sarrazins, lequel s'en estoit revenu avec les pre-
miers Poetevins, qui estoit piecha venu à Lusignen
comme vous avez oy dessus ; et lui avoient Melusine
et Raimondin donné de moult beaulx dons et beaulx
joyaulx ; et avoit veu Regnault et Anthoine, qui jà

estoient moult fors et grans, et de moult forte contenance et fière; et luy sambloit bien que ilz deveroient assez ensievyr la condition et meurs et la manière de leurs frères et leur haulte proesse et entreprise; lequel gentil homme estoit moult vaillant homme d'armes, et estoit dedens Lucembourg, que le roy avoit jà assiegé. Adonc celluy, qui estoit saige du mestier d'armes et de la guerre, trait les nobles du pays à part, et leur dist en ceste manière : Beaulx seigneurs, vous povez bien appercevoir que, au loing aller, nous ne povons resister à la puissance de cestuy roy; pour laquelle chose, se il vous samble bon, mon oppinion seroit de y pourveoir remède plus tost que plus tart; car il fait bon fermer l'estable devant que le chevau soit perdu. Et adoncques ceulx respondirent : C'est vérité; mais nous ne povons, ne ne voions pas qui y peut remedier sans la puissance de Dieu. 'Non par foy, dist celluy, sans la puissance de Dieu ne peut-on gaires faire de choses; mais avec ce fait-il bon aide qu'il le peut faire. Par Dieu, dient-ilz, c'est une bonne raison et pure verité; se vous sçavez nul bon chief pour nostre pucelle garder et aussi pour nostre prouffit, si le dictes, et vous le ferez bien; car vous y estes tenu pour ce qu'elle est vostre souveraine dame comme à nous. Adoncques prend le gentil homme la parolle et leur va tout compter de chief en chief comment Urian et Guion, son frère, c'estoient partis de Lusignen, et toute l'adventure de leur voiage et de leur noble conqueste, l'estat de leur père et mère, le maintieng de Anthoine et Regnauld, et qu'il sçavoit de certain que qui iroit requerre le secours aux deux frères, qu'ilz luy viendroit à grant puissance, qui leur compteroit le fait. Par foy, disdrent les nobles, vous dictes moult bien. Adoncques mandèrent Cristienne et luy comptèrent mot à mot cest affaire. Et elle leur dist : Leaulx seigneurs, je vous recommande ma terre et la vostre, et en faictes comme il vous samble pour le mieulx en l'onneur de moy et de vous ; car sachiés de certain, pour mourir ne estre desheritée, je n'auray jà le roy d'Anssay à mary ; non mie qu'il ne vaille mieulx que pour moy, mais pourtant qu'il me veut avoir par force. Et ilz luy respondirent : Ne vous en doubtez jà, madame, car, se Dieu plait, il n'aura jà tant de puissance tant que nous nous aiderons du corps. Seigneurs, dist la pucelle, moult grans mercis. Et lors se departist de là. Adoncques ung des barons reprint la parolle en disant au gentil homme en ceste manière : Vous qui nous avez mis en ceste querelle, dictes-en tout ce qu'il est bon de faire. Par foy, dist-il, je le feray voulentiers ; et se il vous samble bon vous me baillerez deux de vous aultres, et irons veoir à Lusignen sçavoir se nous pourrons trouver chose qui nous soit prouffitable. Par foy, dient-ilz, nous le ferons voulentiers. Adoncques choisirent entre eulx, c'est assavoir deux des plus notables pour aler avecques luy, et s'en partirent environ le premier somme, montez sus chevaux d'avantaige, et saillirent par une poterne, et passèrent à l'ung des costez de l'ost, que oncques ne furent veus ; et se exploitèrent tant qu'ils vindrent environ soleil levant à huit grosses lieues de là, et se pennèrent moult fort de chevaucher tant comme ilz peurent. Et cy se tait l'istoire ung peu de parler d'eulx, et parle de Melusine et de ses enfants, assavoir de Regnault et Anthoine.

L'istoire nous dist que la feste fut moult grande dessoubz Lusignen en la prarie, et y jousta-on

moult bien vaillamment ; mais sur tous les jeunes
damoiseaulx qui là estoient, Anthoine et Regnauld
joustèrent le mieulx, au dit des dames qui là furent,
et aussi des chevaliers ; et y eut donné moult beau
pris et riches dons et joyaulx. Mais endementiers
Melusine pensoit à l'estat de ses deux filz, et leur
fist faire de moult et de riches et grans habis, et se
pourveoit de nobles hommes et saiges pour eulx
gouverner honnourablement partout là où ilz iroient.
Et pendant ce temps vindrent les embassadeurs de
Lucembourg, qui firent moult honnourablement la
reverence à Raimondin et à Melusine, et aussi à
toute la compaignie, et ilz furent moult liement re-
ceups, et fut tantost congneu le chevalier qui avoit
esté à la conqueste de Chippre en la presence de plui-
seurs qui là estoient, et fut moult grandement fes-
toyé. Et luy demanda Anthoine, pour le bien qu'il
avoit oy dire de luy, se il luy plairoit de aller avec
luy et avecques Regnauld son frère en voiage où il
avoit intention d'aller, à l'aide de Dieu, qu'il seroit
moult bien guerdonné. Et il lui demanda : Monsei-
gneur, où avez-vous intention de aller? Et Anthoine
luy respondist : A l'adventure que nostre Seigneur
nous vouldroit donner pour trouver et avoir hon-
neur de chevalerie. Par ma foy, dist le chevalier, et
je vous enseigneray la plus belle adventure et la
plus honnourable que jamais gentilz hommes eussent
en eulx adventurant, et la plus honnourable entre-
prise. Et quant les damoiseaulx l'entendirent, ilz le
vindrent acoler en lui disant en ceste manière : No-
ble homme, vueillez nous dire que c'est. Par foy,
messeigneurs, voulentiers, tant pour ce que je seroie
bien joyeulx de vostre advancement et de raison
soustenir, et de manifier le bien faire, et de admo-

nester tous ceulx qui vueillent avoir honneur de en-
sievyr le chemin et la voye de bien et honneur
avoir.

Mes chiers seigneurs, il est verité que tous ceulx
qui veullent et aiment verité et honneur et chevale-
rie, ilz doibvent aidier à soustenir en leurs drois les
vefves, dames et orphelins, et orphelines. Et pour-
tant, mes treschiers seigncurs, il est ainsi que en la
marche de Lorraine et d'Ardanne a une moult riche
contrée et noble, que on appelle la duché de Lu-
cembourg, laquelle duché a par long temps gouver-
né comme son propre heritaige et demaine ung
tresnoble et vaillant homme. Or advint que depuys
ung peu de temps en cha, celluy noble homme est
allé de vie à trespassement, et n'est demouré nul he-
ritier fors que une tresnoble et belle pucelle, à la-
quelle tout le pays et bonnes villes ont fait hommai-
ge. Et, mes treschiers seigneurs, plaise vous sçavoir
que le roy d'Anssay la demande à femme; mais elle
pour riens qu'il soit ne s'i est voulu consentir, pour
ce qu'il a esté autresfois marié; lequel roy d'Anssay
en a tel despit qu'il a deffié la pucelle et tout son
pays, et y est entré à banière desploiée, faisant
guerre de feu et de sang, et tout ce fait par son oul-
trage, sans cause et sans raison, et a assiegé la pu-
celle et ses gens en sa ville de Lucembourg, et a juré
qu'il n'en partira jamais jusques à ce qu'il l'aura pri-
se, et dict que comment qu'il soit, il l'aura par force
ou par amour. Donc, messeignenrs, il me samble
qu'il n'y a au monde plus honnourable voiage, ne
plus raisonnable que cestuy; car tous ceulx qui ai-
ment honneur et gentilesse doibvent celle part tirer.
En bonne foy, dit Anthoine, vous dictes verité, et
sachiés que je parleray à madame, assavoir moult

l'aide que monseigneur mon père et elle nous voul-
dront faire ; et comment qu'il soit, à l'aide de Dieu,
nous irons secourir la pucelle que le roy d'Anssay
veult avoir par force, dont il me samble qu'il est
mal conseillé; car quant on les a euz par leur bon
gré accordez à la loy de mariage, si·y a il aulcune
fois entr'eulx grant riote et grant discorde. Par foy,
monseigneur, dit lors l'escuier, c'est pure verité;
mais s'il vous plaist aprendre le voiage, moy et mes
compaignons, deux gentilz chevaliers qui cy sont
venus avec moy, vous y conduirons et vous aide-
rons de tout nostre povoir. Et adonc les frères luy
respondirent : Grans mercis, et sachiés que là nous
irons au plaisir de Dieu. Et atant ilz s'en vont vers
leur mère, et l'escuier s'en retourna vers ses com-
paignons, et leur dist comment il avoit exploité en
ses parolles, et que sans leur requeste auroit le se-
cours des deux frères, et seront encores prié de les
y conduire, et leur disoit toute la manière comment
il avoit compté le fait aux deux frères en demons-
trant que c'estoit aulmosne bien grande de aidier à la
noble et bonne pucelle, sans ce que les frères sceus-
sent qu'ilz feussent de riens tenus à elle. Or vraie-
ment, dirent les deux barons, c'est tressaigement
besoingné; or en soit Dieu loué.

Or nous dist l'istoire que Anthoine et Regnauld
vindrent à leur père et mère, et leur denoncèrent ces
nouvelles, en leur requerant que ilz leur voulsissent
aidier à faire ceste entreprise. Par foy, dame, dist Rai-
mondin, en ceste raison cy a moult bel commence-
ment d'armes faire. Et pourtant je vous prie tres-
chièrement que vous leur faictes leur arroy tel et si
honnourable que y ayons honneur et prouffit. Par
foy, dit Melusine, et pour vostre voulenté acomplir

je m'en efforceray aprez la departie de ceste feste,
et acompliray vostre commandement tellement, se
Dieu plaist, que vous en serez content. Adoncques
fist crier à la trompette que tous gentilz hommes du
pays et aultres quelconques, que ilz sceussent, qui
vouldroient aller aux gaiges de Anthoine et de Re-
gnauld de Lusignen, que ilz se trouvassent dedens
ung jour, à Lusignen, qui seroit nommé; et que là
seroient paiez de leurs gaiges tout entierement pour
ung an. Et aussi le fist crier par tout le pays de Poe-
tou, et par toutes marches d'environ; et ne demoura
que la feste se departist tantost dont je vous avoie
parlé, et se departit moult honnorablement et amia-
blement, et se retrahit chascun en son pays. Et si
me tairay de la feste, et vous diray comment Melu-
sine fist l'appareil de ses deux enfans pour eulx en
aller au secours de la pucelle.

En ceste partie nous dist l'istoire que dedens le
jour que Melusine eut fait annoncier et crier les gai
ges, se assemblèrent en la prarie de Lusignen
moult grant foison de gentilz hommes, tant de Poetou
comme des marches voisines d'entour, lesquelz fu-
rent nombrez à quatre mille bassines et cincq cens
que archiers, que arbalestriers. Et sachiés qu'il n'y avoit
nulz paiges, fors gros varlés d'armes armez de gros
jaques et capellines; et furent logez en tentes et pa-
villons, et si bien ordonnez que chascun s'en louat.
Et leur fist Melusine delivrer et paier leurs gaiges
tout entierement pour ung an. Et tandis qu'elle fai-
soit leur appareil, les deux frères tenoient l'escuier
en parolles, et les deux barons aussi, en leur deman-
dant de l'estat de la pucelle et de son pays; et ceulx
leur en dirent la pure verité, et estoient moult
joyeulx en cuer de l'apparence du noble secours que

ilz veoient si prestement appareiller; car ilz eussent
bien pris en gré à demy an tel appareil. Adoncques
commencèrent moult devotement à louer nostre Sei-
gneur Jhesuscrist et la vierge Marie, sa benoiste et
doulce mère. Et quant ilz congneurent toutes ces cho-
ses, ilz envoièrent puntement ung message aux ba-
rons de Lucembourg, et pour leur anoncier et faire
assavoir le noble secours que Dieu leur envoioit,
dont ilz furent moult esjouys. Et aprez, les barons
vont dire les nouvelles à la damoiselle, qui moult s'en
reconforta, et commença moult devotement à loer
Dieu son createur. Et adoncques quant la damoiselle
oy la nouvelle et fut espandue par la ville, ilz eu-
rent chascun si grant joye que ilz ne povoient plus,
et firent adoncques sonner les trompettes et les menes-
triers; et firent moult grant feuz par les carefours
de la ville, disant à haulte voix ces parolles: Joye et
victoire à nostre pucelle. Et quant ceulx de dehors
les oyrent, ils s'en donnèrent si grant merveille, et
le allèrent noncer au roy, qui adoncques fut trespen-
sif. Et lors lui vint certaine personne qui lui dist :
Sire roy, soiez sur vostre garde, car ceux de la
ville si se actendent d'avoir secours bien brief. Par
mon chief, dist le roy, je ne sçay, ne ne puis sça-
voir en nulle manière adviser dont secours leur peut
advenir; je ne me doubte pas que je ne les ayes ou
par force ou par famine. Et ainsi se asseura le roy
d'Anssay; mais depuys il s'en trouva bien deceup.
Or vous lairay au present de plus parler de luy et
commenceray à parler de Melusine, et comment elle
eut tout accomply ce qu'il failloit à ses deux en-
fants; elle les fist faire chevaliers à leur père et y
eut bel behordis en la prarie de Lusignen; et en y
eut trois aultres chevaliers en celle journée pour l'a-

mour des deux frères; et eurent chascun robes, che-
vaux et harnois, de la finance largement, et fut
tout prest comme pour mouvoir.

Adoncques appella Melusine ses deux enfans, en
leur disant en ceste manière : Enfans, vous vous
departez de la compaignie monseigneur vostre père
et de moy, et est tresgrande adventure se je vous
revoy par decha. Et pourtant je vous vueille ensei-
gnier et introduire pour vostre bien et avancement;
ce que je vous diray et l'entendez et retenez bien,
car il vous sera bien besoing au temps advenir. Et
tout premierement, aimez, doubtez et servez Dieu,
nostre createur, tous les jours continuellement; et
tenez bien fermement, justement et sainctement le
commandement de nostre mère saincte Eglise et tous
ses degrez et commandemens de nostre foy catholi-
que. Soiez humbles, doulx aux bons, et bien aspres
aux mauvais. Et soiez tous temps de belle responce
aux grans et aux petitz, et tenez parolle à chascun
quant temps sera; ne promettez chose que vous ne
peussiez briefvement acomplir selon vostre pouvoir;
ne actraiez jà rapporteurs de parolles devers vous;
ne croiez jà envieux, ne ne croiez mie legierement,
car ce fait aulcunefois maint ennemy; ne ne mettez
en office nulz avaricieulx, ne aussi nulz felons; ne ne
vous acointez de femmes d'aultruy; departez à vos
compaignons loyaulment de ce que Dieu vous donra.
Soiez doulz et debonnaire à vos subjectz, et à vos
ennemis fiers et cruelz, tant qu'ilz soient soubmis en
vostre obeissance, se par force le fault faire; et ce
c'est pour traictiez, si les traictiez amiablement à
vous, et prenez raison d'eulx et l'offrez aussi selon
le cas, mais convient qu'il soit; ne tenez jà long
traictié, car pour ce ont esté plusieurs princes de-

ceupz. Gardez-vous bien de trop menasser, de vanter; mais faictes vostre fait à peu de parolles ce que faire se pourra. N'aiez jà nulz de vos ennemis en despit, tant soit petit, mais soiez tousjours sur vostre garde; ne soiez pas entre vos compaignons comme sire, mais soiez commun, et honnourez chascun selon son degré, et leur donnez du vostre selon vostre aisement et que la personne le vauldra. Donnez aux bons hommes d'armes chevalx, cottes d'acier, bassines, des premiers, et argent selon raison, et vous, se vous voiez ung bon homme de la main qui vienne devers vous mal vestu ou mal monté, si l'appellez moult humblement et luy donnez robes, chevaux et harnois, selon la valeur de sa personne et selon le povoir que vous arez alors. Or, mes enfans, je ne vous sçay plus au present que dire, fors que tenez verité tousjours à tous vos affaires. Tenez, je vous donne à chascun ung agnel d'or, dont les pierres ont une mesme vertu; car sachiez que tant que vous arez bonne cause que vous ne serez ja desconfis en bataille. Et lors les commença à baisier tous deux amoureusement comme leur mère, et ilz la mercièrent et prindrent congié de leur père, qui fut moult doulant de leur departie. Et lors firent sonner leurs trompettes, et se mirent tout devant, et se desloga l'avant-garde, et puys aprez tout le sommage, et la grosse bataille aprez, et puys l'arrière-garde, en si tresbonne ordonnance que c'estoit grant beaulté à veoir l'estact de l'avant-garde; et l'avoit à gouverner ung tresgrant et vaillant chevalier de Poetou; et les gentilzhommes et les deux ambassadeurs de Lucembourg et les deux frères menèrent la grosse bataille; et en l'arrière-garde furent les deux chevaliers poetevins, qui menèrent Urian et

Guion de Chippre, et qui premierement leur comp-
tèrent comment le souldan avoit assiegé le roy de
Chippre; et à ces deux chevaliers avoit jà recom-
mandé Raimondin et Melusine l'estat de ses deux
enfans. Et est vray que la première nuyt ilz se lo-
gèrent dessoubz une moult forte ville, sur une pe-
tite ripvière, et estoit icelle ville nommée Mirabel,
et la fonda Melusine. Et en celle nuyt commencè-
rent les deux frères à faire bon guet, ainsi commé se
ilz fussent ores en la terre de leurs anemis, dont plui-
scurs se donnoient grans merveilles; mais ilz ne
l'osoient refuser, car Anthoine estoit si cruel que
chascun le doubtoit. Le lendemain au matin, aprez
messe oye, firent les deux frères crier sur paine de
perdre harnois et chevaux et estre banny de leur
compaignie, que chascun chevauchast armé soubz sa
banière en belle bataille. Nul ne l'osa refuser, ains
fut ainsi fait, dont chascun se donna grant mer-
veille; et en ceste manière chevauchèrent bien par
l'espace de dix journées, et tant qu'ilz vindrent en
Champaigne; et estoient pluiseurs anuyés de por-
ter leurs harnois, tant pour ce qu'il n'estoit nul be-
soing, comme pour ce qu'ilz ne l'avoient pas acons-
tumé et en parloient les aulcuns. Adoncques vint le
chevalier de l'avant-garde aux deux frères en disant
ainsi : Messeigneurs, le plus dé vos gens se tiennent
à malcontens de ce que vous les contraindés à porter
leurs harnois ; car il leur semble qu'il n'en est nulle
necessité tant qu'ilz viendront à approchier la terre
de vos ennemis. Et comment, sire chevalier, dist
Anthoine, ne vous samble-il point que la chose qui
est acoustumée de longue main ne soit mieulx con-
gneue de ceulx qui la excercent que telle qui est
nouvellement apprise, et si en est mains grevable. Par

foy, dist le chevalier, c'est bien dict. Il vault mieulx,
dist Anthoine, qu'ilz apprengnent la paine de sous-
tenir leurs harnois en temps qu'ilz le peuvent faire
à leur aise et eulx refreschier seurement, pour en
sçavoir la manière comment ilz le pourroient aise-
meut soustenir et souffrir quant mestier en sera; oar
se il leur convenoit aprendre entre leurs ennemis,
il leur doubleroit la paine plus grande; et vous sça-
vez qui n'aprent son mestier en sa jeunesse, à grant
paine pourra-il estre bon ouvrier en sa viellesse.
Par foy, monseigneur, vous en parlez vaillamment,
et est votre raison moult bonne. Et adoncques se de-
partist de luy et nunça à pluiseurs ceste raison, tant
que ceste nouvelle fut sceue parmy l'ost, dont chas-
cun s'en tint à bien content, et disrent tous que les
enfans ne pourroient faillir à avoir grant bien, se
Dieu leur donnoit vie, et qu'ilz viendroient à grant
perfection de bien et à treshault honneur.

L'istoire nous dist, en ceste partie, que celle nuyt
se loga l'ost sur une ripvière qui estoit lors appellée
Aisne. Et quant vint au premier sompne, les deux
frères firent crier à l'arme moult effroiement parmy
l'ost. Adoncques eubt grant trouble, et chascun se
arma de toutes pars, et se misrent en bataille, chas-
cun soubz sa banière devant leurs tentes, en bon ar-
roy. Et estoient tresbien acompagniez de nobles
gens à grant foison de torces et de fallos tresbien
alumez. Et y avoit sy grant clarté comme se il fut
jour, et toutes les banières se approcèrent de l'aler en
belles batailles. Et sachiés bien que c'estoit grant
beaulté à veoir la bonne contenance et la noble or-
donnance des gens d'armes et des deux frères, quy
alloient de bataille en bataille, et là où il avoit faulte
de ordonnance, ilz luy mettoient. Et les trois embas-

sadeurs de Lucembourg regardoient moult bien leur
contenance, et disoient l'ung à l'aultre : Par foi, ces
enfans sont moult bien taillez de conquerre encores
une grande partie du monde. Ores peut bien dire
le roy d'Anssay qu'il comperra sa folie et sa folle
entreprise et le dommage qu'il a fait à nostre pu-
celle et à son pays. En ces parties furent moult lon-
gue espasse de temps que les coureus eurent par tout
descouvert, et qu'ilz furent retournez en l'ost, et
disdrent qu'ilz n'avoient riens oy ne veu ; dont tous
se donnèrent moult grant merveille qui avoit fait tel
effroy. Mais en la fin il fut bien sceu que les deux
frères l'avoient fait faire; et vindrent les deux che-
valiers de l'arrière-garde, et aussi ceulx de l'avant-
garde, aux enfans, en disant en ceste manière : Mes
seigneurs, c'est bien simplesse à vous de faire ainsi
travailler vos gens d'armes pour neant. Comment!
dist Anthoine, quant vous faictes faire ung habit
nouvel, ne le faictes-vous pas assaier pour sçavoir
moult se il y a que amender? Et tous respondirent :
Par ma foy, sire, oy, et c'est à bon droit. Dont dist
Anthoine : Se j'ay voulu assaier mes compaignons,
ainçoys qu'il en soit temps, pour sçavoir comment
je les auroie prest à mon besoing, considéré et veu
que nous approuchons prez de nos ennemis, affin, se
aulcune chose y eubt de faulte, que nous y eussions
pourveu de remède convenable, à mains de dom-
maige que se besoin en fut. Adoncques, quant ilz en-
tendirent ceste parolle, ilz respondirent : Monsei-
gueur, il est bien vray que icy n'a que raison. Et se
donnèrent moult grant merveille de leur gouverne-
ment et de leur sens ; et disoient à eulx mesmes qu'ilz
viendroient encores à grant perfection. Il ne demoura
gaires que le jour vint ; la messe fut chantée, les

trompettes sonnèrent; l'avant-garde, le sommaige
et le charroy se deslogèrent, et puys aprez l'ost, et
allèrent tant par leurs journeez, que ung soir se lo-
gèrent sur une ripvière nommée Meuse, audessoubz
d'une fortresse nommée Dam Chastel, et de là n'a-
voit pas plus deux logis jusques au siége de Lucem-
bourg. Adonc vindrent les ambassadeurs aux deux
frères, en disant : Mes seigneurs, il n'y a plus que
douze lieues jusques au siége, et seroit bon que vous
feissiés refreschier vos gens sur ceste ripvière, car cy
a assez bon sejour a bonne prarie; et aussi de vous
adviser comment vous vouldrez et devrez faire.

Lors respondist Anthoine moult baudement : Par
foy, beaulx seigneurs, l'advis est tout fait dès que
nous partiesmes de Lusignen; car si tost que mon
frère et moy aurons envoié par devers le roy d'Ans-
say, se il ne veult faire ce que nous luy manderons,
il se peut bien tenir tout seur de la bataille, et en
donnera Dieu la victoire à qui qu'il luy plaira; mais
quoy! il nous samble que nous avons bonne querelle,
et pourtant nous avons bonne esperance que Dieu
nous aidera; et aussi nous luy pensons à requerir
raison devant que luy combatons; mais il faut ad-
viser qui portera nostre message. Par foy, Sire, dist
le chevalier de l'avant-garde, moy, se il vous plaist,
et ce gentilhomme, qui scet le chemin et le pays,
irons. Au nom de Dieu, dist Anthoine, et il me
plait bien; mais ce ne sera mie encores jusques à tant
que j'auray approuché de deux ou de trois lieues
près, affin que se la bataille venoit vers nous, que
nous ne tardissions pas trop largement, car se il la
veult, nous vouldrions jà estre arrivez là. Et ainsi
les laissèrent jusques au matin. Adonc le lendemain
après la messe se desloga l'ost, et passa la ripvière

dessoubz Dan en belle ordonnance, et chevauchèrent tant qu'ilz vindrent loger à ung soir entre Verton et Lucembourg. Et le lendemain bien matin, Anthoine envoya le chevalier de l'avant-garde et le gentilhomme devers le roy d'Anssay en disant les parolles qui cy aprèz ensievent. Adonc tant exploitèrent qu'ilz vindrent à l'ost du roy d'Anssay, qui furent bien congneùs que c'estoient messagiers, et furent tantost menez au roy, lequel ilz saluèrent, et firent la reverence comme ilz deurent. Et adoncques le chevalier lui dist : Sire roy, nous sommes cy envoicz de par Anthoine et Regnaud de Lusignen, frères, pour vous monstrer la faulte et l'outraige que vous faictes à madamoiselle de Lucembourg, lesquelz vous mandent que se vous voulez restablr ses dommaiges et luy amender raisonnablement l'injure et vilonnie que vous avez faicte à elle et à ses gens et à son pais, vous ferez bien, et de vous departir de ce pays; se non leur intention est de vous le faire reparer ou comparer à force d'armes; et m'en respondez ce qu'il vous plaira à faire, et puys à vous en diray plus avant; selon ce que je suys chergé je vous le diray. Comment! sire chevalier, dist le roy, estes-vous venu cy pour preschier? Par ma foy, petit y povez conquester, car pour vous ne pour vos lettres ne laisseray-je mie mon intention; mais tant povez preschier qu'il vous plaira, car je prens mon esbatement en vos preschemens. Et aussi je crois que vous ne faictes ne dictes ces choses sinon pour truffe. Par mon chief, sire roy, dist le chevalier, qui fut moult courouce, se vous ne faietes promptement ce que mes seigneurs vous mandent, bien brief la truffe vous sera monstrée à certes, au plus tart dedans trois jours prochainement venans. Sire cheva-

lier, dist le roy, menasser povez assez, car autre
chose n'emporterez-vous de moy; car vostre maistre
ne vostre menasser ne prisé-je pas ung festu. Dont,
roy, dist le chevalier, je vous deffie de par les deux
damoiseaulx de Lusignen et de par tous leurs aidans.
Or bien, dist le roy, je me garderay de mesprendre
et de perte. Par mon chief, dist le chevalier, il vous
en sera bien besoing. Et atant s'en partist sans plus
dire, et quant il vint au dehors du logis, le gentil-
homme print congié de luy et alla à Lucembourg
pour compter les nouvelles des deux frères, et quant
il vint à la porte, il fut moult bien congneu, et luy
fut la planche avallée et la porte ouverte, et tantost
on luy demanda des nouvelles. Par foy, dist l'es-
cuier, faictes bonne chière, car vous aurez tantost le
plus noble secours qui fut oncques veu, et sachiés
bien que le roy d'Anssay attent qu'il sera certaine-
ment ou pris ou mort, et toutes ses gens seront ou
mors ou desconfis. Adoncques commença telle joye
parmy la ville que ceulx de l'ost en oyrent le bruit,
et adoncques s'en donnèrent grant merveilles que ce
povoit estre, ne quelle chose leur povoit estre adve-
nue de nouvel; et adonc le nuncèrent au roy. Par
ma foy, dist le roy, ilz se reconfortent au secours
de ces deux damoiseaulx de par qui ce chevalier nous
a deffié; je croy bien qu'ilz en ont oy nouvelles, et
pour ce font-ilz telle joye. En nom de Dieu, dist
ung ancien chevalier, tout ce peut bien estre, et se-
roit bon de s'en prendre garde, car il n'est nul petit
anemy. N'ayez doubte, dist le roy; je les cognois
assez bien par semblant, car devant qu'ilz soient vé-
nus de Poetou, nous devrons avoir achevé une par-
tie de nostré voulenté. Or vous laisseray atant de
parler du roy, et parleray de l'escuyer qui estoit

venu à Lucembourg pour apporter nouvelles à la pucelle. Et adoncques luy va compter la pure verité du fait, et elle lui enquist moult des choses des deux frères, de leur contenance et de leur estre; et luy dist comment Anthoine portoit la griffe du lyon en la joe, et de la grant fierté et grant puissance de luy; et luy dist et compta de Regnauld, qui n'avoit que ung œil, et de la beaulté de leurs corpz et de leurs membres, dont elle se esmerveilla moult, et dist que c'estoit grant dommaige quant il y avoit deffaultz ès membres de telz nobles hommes. Et à tant se taist l'istoire d'en plus parler, et parle du chevalier poetevin qui retourna grant erre vers l'ost.

L'istoire nous dist que tant erra le chevalier qu'il vint en l'ost des deux frères, et leur recorda comment il avoit fourni tout son messaige, et leur compta le mot à mot l'orguilleuze responce du roy, et comment il l'avoit deffié de par eulx, et aussi comment l'escuier estoit parti de luy et s'en estoit allé à Lucembourg compter les nouvelles de leur venue. Et quant les deux frères l'oyrent, ilz furent moult joyeux, et irent tantost crier parmy l'ost que tous ceulx qui l'avoient bonne voulenté de venir à la bataille se nissent d'une part, et qu'ilz leur donneroient congié le retourner en leur pays, mais ilz s'escrièrent tous à haultes voix : Ha, ha, francs damoiseaulx, faictes onner vos trompettes et mettez-vous en chemin, ar nous ne sommes point venus en votre compaignie fors que pour prendre l'adventure telle que Dieu nous la vouldra donner. Ha, ha, seigneurs, alons courir sus à nos ennemis, car, à l'aide de Dieu t à la bonnne voulenté que nous avons, ilz seront antost desconfis. Adoncques quant les deux frères yrent la responce de leurs gens, ilz furent moult joyéulx, et tantost firent leur host desloger, et vindrent loger sur une petite ripvière; et furent l'avant garde et la grosse bataille logez ensamble, et aussi l'arrière-garde, pour ce que on ne povoit plus aller avant; et souppèrent tous ensamble, et puis s'en alla chascun reposer; et fut ordonné que chascun fut tout prest au point du jour; et laissèrent pour garder les logis deux cens hommes d'armes et cent arbalestriers; et adonc se mist l'ost en chemin. Là veissiés banières et panons au vent; là povoit-on veoir fleur de chevalerie; là veissiés bassines reluire et harnois cliquer ensamble que c'estoit grant beaulté à veoir; ilz se serroient ensamble si que l'ung ne passoit l'aultre d'ung doit. Anthoine et Regnauld furent au premier front, montez sur deux beaux destriers, armez de toutes pièces, et en tel estat allèrent tant, que environ le soleil levant ilz vindrent sur une petite montaigne, et veoient en la vallée la ville et le chasteau de Lucembourg et le grant siége à l'environ. Et sachiés que ceulx du siége n'avoient point encores apperceu l'ost des deux frères de Lusignen; mais ilz estoient tous asseurs que ilz devoient avoir la bataille. Adoncques envoya Anthoine jusques à quatre cens bassines pour estourmir l'ost; et venoit aprez le petit pas en belle bataille; et sur les elles avoit chevaliers et arbalestriers en tresbonne ordonnance. Or disons des quatre cens arbalestriers qui allèrent estourmir l'ost du roy.

L'istoire nous dist que les quatre cens combatans vindrent en l'ost, et se ferirent dedens à cours de chevau en criant Lusignen; et alloient parmy l'ost, occisans et abatans tout ce qu'ilz encontrèrent, et quant ilz furent approuchez de la tente du roy, et qu'ilz tendoient venir à celle tente, les gens du guet de la nuyt, qui n'estoient pas encores desarmez, leur furent au devant, par le cry et tumulte qu'ilz faisoient en exploitant leur entreprise ; et à l'encontre des ungs et des aultres, y eubt grant foison de lances brisées, et tourna à moult grant dommaige sur ceulx du siége. Mais soudainement le roy se arma et se mist soubz sa banière devant sa tente, et ce pendant qu'ilz tenoient piet, tout l'ost fut armé et se tirèrent à la banière du roy, qui leur demanda : « Beaulx seigneurs, quelle noise est-ce ? » Par foy, dist ung chevalier, se sont gens d'armes qui s'en sont venus en vostre ost fierement et crient Lusignen, et vous ont jà fait grant dommaige, et se le guet de la nuyt n'eut esté, ilz vous eussent fait assez greigneur, car ilz leur sont venus au devant et les ont combatus fort et ferme au dehors des logis, où ilz les ont reboutez par force. Par foy, dist le roy, ces danoiseaulx qui m'ont deffié ne musent gaires à moy porter dommaige, mais je m'en pense bien vengier. A tant est venu Anthoine et sa bataille, qui fist soner ses trompettes moult clerement ; et quant le roy l'aperceut, il s'en vint au dehors des logis en belle bataille rangée, et adoncques les batailles s'entre-encontrèrent, et s'approuchèrent archiers et arba-estriers, et commencèrent à traire ; et là eubt de hors et de navrez grant foison des Anssoys, et neant-moins ilz se assamblèrent à grandes batailles, et là eubt grant occision et fière meslée. Et adonc Anthoine poingnit le chevau des esporons, la lance bais-ée, et ferit ung chevalier par telle roideur, que la targe ne le jacerain ne le peurent oncques garentier que il ne le ruast tout mort par terre. Adoncques saist l'espée et frappoit à destre et à senestre bien grans coups et pesans, tant que en peu d'eure il fut

si congneu par toute la bataille, que le plus hardi
d'eulx·trestous ne le·osoit point attendre. Lo s vint
Regnauld sur ung grant courcier, criant Lusignen,
qui faisoit tant d'armes que tous ses ennemis le
doubtoient; adonc moult se requèrent d'une part et
d'aultre bien vaillamment, et fust la bataille et·l'oc-
cision moult fière et horrible, mais toutesfois la grei-
gueur parte tourna sur le roy d'Anssay et ses gens,
lequel en fut moult doulent, et se envertuoit fort et
faisoit de moult beaulx vaisselages; mais tout ce ne
luy vallut riens, car les Poctevins estoient moult
fors et durs, aspres et fiers comme lyons, et estoient
leurs deux seigneurs si puissans que nul, tant fut
hardi, ne les osoit attendre. Lors veoit bien le roy
aux effors qu'il ne pouvoit souffrir leur force.

_Comment Antoine et Regnault desconfirent le roy
d'Anssay devant Lucembourg, et com-
ment le roy fut pris._

donc le roy, qui fut fort vaillant homme et
roide, cria·à haulte voix : Anssay, Anssay!
avant, seigneurs barons, ne vous esbais-
siez pas, car la journée est nostre; et di-
soit : Faisons poindre leurs chevaux, en disant : en-
tretenons-nous ensamble, et tantost les verrez tous
desconfis. Adoncques se rassemblèrent entour leur
roy, et firent une fière envaye aux Poetevins; là
eut maint homme mort et occis à grant douleur. La
matinée fut belle et clère, et le soleil resplendissoit
sur les bassines qui faisoit reluire l'or, l'argent et l'a-

zur, et les couleurs des banières et des panons ; les
destriers brandissoient, et les pluiseurs alloient par
les champs sans point de maistre, leur raines trai-
nans. Adonc la noise fut moult grande du charpen-
tis des espées et des haches, du bruyt et du cry des
abattus et navrez, et du son dez trompettes ; et pour
ce entendirent ceulx de la ville l'effroy, et coururent
aux armes et chascun à sa garde ; car moult fort se
doubtoient de traison. Adoncques l'escuier qui là es-
toit venu pour anuncer le secours et estoit en la mais-
tre tour avecques la pucelle et la damoiselle, il oyt
la noise, et bouta son chief dehors par une fenestre,
et lors il aperceut la bataille moult fière et mortelle,
et bien congneut, entre les aultres combatans, que
c'estoient Anthoine et Regnauld qui estoient venus
combatre le roy et ses gens ; si s'escria moult hault
Ma damoiselle, venez veoir fleur de chevalerie,
proesse et hardiesse ; venez veoir honneur en son
siége royal et en sa majesté ; venez veoir le dieu d'ar-
mes en sa propre figure. Amy, dist la damoiselle,
qu'esse que vous me dictes ? Je vous dis, dist le che-
valier, que vous venez veoir toute la fleur de che-
valerie, noblesse et toute courtoisie, qui de long
pays est cy venue pour combattre vos ennemis, pour
vostre honneur garder, et vostre pays et vos gens.
Ce sont les deux enfans de Lusignen qui vous sont
venus deffendre et garder du roy d'Anssay et toute
sa puissance, et de adventurer leur honneur et leur
vie, et pour vostre honneur garder. Adoncques vint
la damoiselle à la fenestre, et regarda la mortelle ba-
taille et horrible meslée. Adoncques commença à
dire en ceste manière : Vray Dieu, que fera ceste po-
vre orpheline ? Mieulx vaulsist que je me fusse noyée
ou fait mourir d'autre mort cruelle ou que je fusse

mort née, que tant de nobles creatures fussent pe-
riez pour mon pechié. Moult fut la pucelle dolente
en son cuer du grand meschief qu'elle voit qui vient
par elle, et de la grosse bataille; et pour vray l'oc-
cision fut moult grande d'une part et d'autre, car le
roi reconforta ses gens et leur rendit moult grant
cœur; car à celluy poindre fist moult grant dommai-
ge le roy au Poetevins. Et voyant Anthoine le grant
dommaige que le roy d'Anssay luy faisoit, il luy en
despleut moult. Par ma foy, dist-il, sire roy, vostre
dureté sera moult courte ou la mienne. J'aime
mieulx à morir que je veisse ainsi murtrir mes gens
devant moy. Et adoncques Anthoine commença à
poindre le chevau des esporons par grant fierté,
comme couroussé, contre le roy, l'espée au poing,
et le ferit sur le bassinet par telle force que il le fist
embrancher et encliner sur le col du chevau, si es-
tourdi que il ne sceut se il estoit jour ou nuyt, ne il
n'eut force ne pouvoir de soy aidier ne soustenir; et
ce voyant Anthoine, il rebouta son espée au fourel
et le print par my le corps et le tira hors du chevau,
et le jeta si roidement encontre la terre que peu fail-
list que il ne lui crevast son cœur ou son ventre; et
puys il le bailla à quatre chevaliers à garder, et leur
commanda sur leur vie que ilz luy en sceussent res-
pondre, et ilz luy disdrent que si feroient-ilz. Adonc-
ques le lièrent et l'emportèrent hors et destournèrent
dessoubz un arbre, et appelèrent de leurs gens vingt
et cinq bassines pour le aider à garder. Et aprez ces
choses faictes, Anthoine retourna à la bataille en
criant à haulte voix : Lusignen, avant, barons,
frappez tant fort que vous pourrez, sans espargnier;
la journée est à nous, la Dieu mercy, car j'ay pris
le roy d'Anssay, qui tant a fait de vilonnie à la pu-

celle Cristienne. Lors y eubt rude meslée, et là fi
rent les deux frères tant d'armes, que chascun qui
les veoit disoit que oncques mais n'en virent deux
chevaliers qui tant en fissent. Que vous vauldroit
ores long compte? Quand les Anssoys sceurent que
leur roy estoit pris, il n'y eubt oncques deffence ;
mais furent tous que mors que pris. Et là gaignèrent
Poetevins noble conqueste, et se logèrent ès pavillons
du roy d'Anssay et de ses gens. Et adoncques fut
mené le roy à la tente de Anthoine, qui estoit logé en
la propre tente qui avoit esté au roy d'Anssay ; et
adoncques il ne se peut tenir qu'il ne leur dist : Par
foy, damoiseaulx, bien dist vray celluy qui dist : En
peu d'eure Dieu labeure ; car au jour d'huy matin on
n'eut gaires fait de chose ceans pour vous. Sire roy,
dist Anthoine, c'est pour vostre musardie et pour vos-
tre pechié, qui faictes guerre aux pucelles sans cause,
et les volez avoir par force. Et sachiés que vous en
serez bien paié selon vostre droit ; car je vous ren-
deray en la subjection de celle que vous voulez avoir
par force subjecte. Adone quand le roy l'entendit,
il fut moult honteux, et luy respondist moult triste-
ment : Or puys qu'il m'est ainsi infortueusement ad-
venu, j'aimes mieulx ma mort que ma vie. Nenny
dist Anthoine, je vous renderay en la merci et en la
subjection sans doubte de la pucelle.

Comment le roy d'Anssay fut mené devers la pucelle Cristienne.

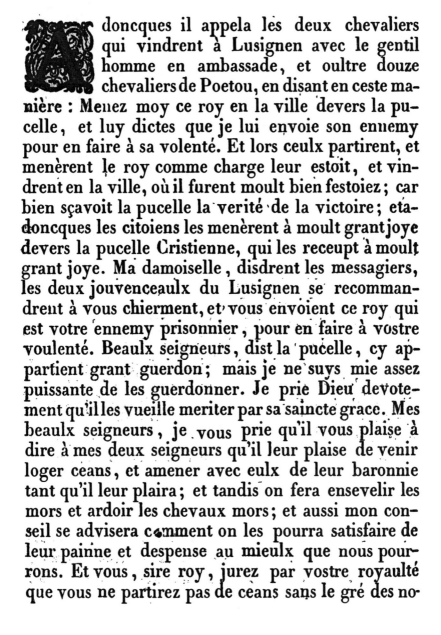doncques il appela les deux chevaliers qui vindrent à Lusignen avec le gentil homme en ambassade, et oultre douze chevaliers de Poetou, en disant en ceste manière : Menez moy ce roy en la ville devers la pucelle, et luy dictes que je lui envoie son ennemy pour en faire à sa volenté. Et lors ceulx partirent, et menèrent le roy comme charge leur estoit, et vindrent en la ville, où il furent moult bien festoiez ; car bien sçavoit la pucelle la verité de la victoire ; et adoncques les citoiens les menèrent à moult grant joye devers la pucelle Cristienne, qui les receupt à moult grant joye. Ma damoiselle, disdrent les messagiers, les deux jouvenceaulx du Lusignen se recommandrent à vous chierment, et vous envoient ce roy qui est votre ennemy prisonnier, pour en faire à vostre voulenté. Beaulx seigneurs, dist la pucelle, cy appartient grant guerdon ; mais je ne suys mie assez puissante de les guerdonner. Je prie Dieu devotement qu'il les vueille meriter par sa saincte grace. Mes beaulx seigneurs, je vous prie qu'il vous plaise à dire à mes deux seigneurs qu'il leur plaise de venir loger céans, et amener avec eulx de leur baronnie tant qu'il leur plaira ; et tandis on fera ensevelir les mors et ardoir les chevaux mors ; et aussi mon conseil se advisera comment on les pourra satisfaire de leur painne et despense au mieulx que nous pourrons. Et vous, sire roy, jurez par vostre royaulté que vous ne partirez pas de céans sans le gré des no-

bles damoiseaulx qui cy vous ont envoié devers moy;
car je sçay tant encores, Dieu mercy, que je mef-
feroie de vous mettre en prison fermée, non mie
tant seulement pour l'amour de vous, mais pour l'a-
mour de ceulx qui cy vous ont envoié. Adoncques
quand le roy eubt oy les parolles de la pucelle, il
luy respondist tout honteux : Madamoiselle, je vous
jure, par ma foy, mettez-moy où il vous plaira, car
je ne me partiray jà de ceans sans votre congié, le
leur aussi ; car j'ay veu tant de bien, tant d'onneur
et tant de vaillance en eulx, que je desire moult à
estre accinté d'eulx, pour ce que j'en pourray mieulx
valoir, combien qu'ilz m'ont porté moult grant dom-
mage de mes gens ; et quant à l'avoir, ne me chault
gaires. Et lors la damoiselle le fist mettre en une
moult riche chambre, et avec luy dames et damoi-
selles, chevaliers et escuiers, pour luy faire oublier
sa perte et pour le resjouir et oster hors de meran-
colie. Et ce fait, les messagers se retournèrent aux
tentes et racomptèrent le mandement et la prière de
la pucelle aux deux frères. Et ilz eubrent conseil
de y aller, et ordonnèrent le mareschal de l'ost pour
gouverner leurs gens tant qu'ilz retournassent, et
aussi luy commandèrent à faire ensepvelir les morts
et faire nestoier la place où la bataille avoit esté.
Lors s'empartirent à belle baronnie, et vindrent au
devant d'eulx jusques à cent gentilz hommes, et
aussi les barons du pays, qui vindrent faire la reve-
rence aux deux frères, et eulx encore prier de par
la pucelle qu'ilz se venissent loger en la ville, et ilz
leur respondirent que cy feroient-ilz voulentiers.
Adonc montèrent à chevau les deux frères, accom-
paigniez bien de deux cens chevaliers moult noble-
ment. Et Anthoine estoit monté sur ung grant des-

trier liart et vestu d'ung jaques de velours cramoisy
tout brodé de perles moult riches, et le baston au'
poing; et estoit son frère tout pareillement vestu et
ordonné; et quant les barons visrent les deux frè-
res, ilz furent moult esbahis de leur fierté, gran-
deur, et de leur puissance, et bien disoient qu'il
n'estoit homme qui peut contrester ne arrester contre
leur puissance, et s'emerveilloient moult de la griffe
du lyon qu'ilz apperceurent sur la joue de Anthoine;
et disoient que se ne fut cela, qu'il n'eut plus bel homme
au monde; et moult plaingnoient Regnault pour ce
qu'il n'avoit que ung œil; car il parfaisoit toute
beaulté du surplus, que nul ne savoit que deviser de
sa beaulté.

En ceste partie nous dist l'istoire que en noble
estat entrèrent les deux frères en la ville de Lucem
bourg, et y avoit devant eulx trompettes à grant
foison, avecques heraus et menestriers; et avoient
adonc les bourgois encourtinez les rues jusques au
chastel, de riches draps, et y avoit de notables bour-
goizes quy estoient en leurs fenestres moult riche-
ment parées et vestues selon leur estat.

L'istoire dist que les deux frères partirent de
leurs tentes à moult noble baronnie de leurs gens,·
avec la baronnie du pays; et chevauchèrent tant
qu'ilz vindrent à Lucembourg; et y furent moult
regardez des habitans de la cité, et disoient l'ung à
l'autre : Voiés les deux frères fiers hommes 'qui moult
se font à redoubter; celluy n'est pas sage qui à celles
gens prend noise ne debat. Et avoient moult grant
merveille de la joe d'Anthoine, et en verité c'estoit
une moult estrange chose à veoir; mais la grant beaulté
qui estoit au demourant de luy faisoit cela oublier;
et aussi il ne lui mesceoit pas fort. Et ainsi allèrent

vers la maistresse fortresse. Les dames et les damoi-
seaulx les regardoient par les feuestres et disoient
que oncques mais n'avoient veu deux damoiseaulx
de plus noble affaire. Et lors vindrent au chasteau,
et descendirent devant la salle ; et leur vint à l'en-
contre du piet du degré Cristienne la pucelle, moult
bien acompaignée de dames, damoiselles, cheva-
liers et escuiers, et les receupt et festoia moult hon-
nourablement en les prenant par leurs mains, estant
au millieu d'eulx deux. Et ainsi montèrent les de-
grés de la grant salle, qui estoit tendue moult noble-
ment de riche tapisserie, selon l'usage du pays et le
temps de lors ; et de la salle entrèrent en une cham-
bre moult riche ; et lors prist la pucelle le parler en
disant en céste manière : Mes chers seigneurs, je
vous mercie tant comme je puis du noble secours
que vous m'avez fait ; je n'ay mie tant vaillant que je
vous puisse bonnement remunerer ; non obstant je
feray tout mon povoir pour engagier ma terre dix
ans. Et aussi, mes seigneurs, vous m'avez envoié de
votre bonne grâce et franchise le roy d'Anssay, mon
ennemy, dont plaise vous sçavoir que je ne suys mie
telle qui vueille ne doibve prendre pugnition de luy,
ne le tenir prisonnier ; mais à vous appertient d'en
faire vostre bon plaisir, qui en avez eu la paine et
le peril de le conquester ; si vous doibt demourer,
car c'est raison ; et aussi du don que vous m'avez
fait je vous remercie tant que je puis plus au monde,
et le vous remetz en votre possession ; et a vous,
mes seigneurs, est de sa mort ou de sa vie, lequel
qu'il vous plaira à faire ; car quant est de moi, je
ne m'en quiers jamais à mesler par dessus vous, mais
le vous quitte tout à plein. Ma damoiselle, dist An-
thoine, puys qu'il vous plaist, nous en ordonnerons

tellement que ce sera à vostre honneur et prouffit, et
à sa grande honte et confusion ; et de ce ne vous en.
doubtez mie. Et sachiés que mon frère et moy ne,
sommes pas venus pour vous aidier pour argent,,
mais pour droit et raison soubstenir, et aussi que
tous chevaliers doibvent aidier les vefves, les orphe-
lins et les pucelles, et pourtant que on nous avoit
dist et tresbien informé que le roy d'Anssay vous
faisoit grant guerre ; pourtant ne vous doubtez mie
que du vostre veuillons la vallue d'ung petit denier,
fors tant seullement vostre bonne amour et grace,
sans vilonnie. Adoncques quant la pucelle entendist
ces parolles, elle fut moult esbahie du grand honneur
que les deux frères luy faisoient ; non obstant elle
respondist ainsi : Par ma foy, mes seigneurs, au
mains ne seroit-ce mie raison que je ne paiasse bien
vos gens, qui sont cy venus à vos gaiges soudoyez.
Damoiselle, dist Anthoine, souffrés vous-en, car
monseigneur nostre pere et madame nostre mère les
ont satisfais d'ung an ayant qu'ilz partissent de nos-
tre pays ; et il n'y a mie encores ung mois acomply
que nous en partismes ; et d'aultre part, nous avons
or et argent assez ; si ne veullés plus perdre vos pa-
rolles, car certes, madamoiselle, il ne se fera aultre-
ment. Et adoncques de rechief elle les remercia
moult humblement.

    Lors vint ung maistre d'ostel qui moult doulcement
se agenoilla devant la pucelle et luy dist : Ma damoi-
selle, il est prest, quant il vous plaira à laver. Par
foy, dist-elle, quant il plaira à mes seigneurs qui cy
sont. A quoy respondist Anthoine : Damoiselle, nous
sommes tous prestz, quant il vous plaira. Et lors se
prindrent par les mains, et fist Anthoine mander
le roy d'Anssay, et le fist seoir à table le premier, et

puis après la pucelle, et puis Regnault, frère dudit
Anthoine; et après eulx s'assireut quatre des plus
haultz barons du pays, et après par la salle s'assist
qui mieulx, chascun selon son degré. Du service des
mets ne vous fault jà tenir long compte, car ilz fu--
rent si grandement servis qu'il n'y failloit riens; et,
quant ilz eubrent disné, ilz lavèrent, et finablement
les tables furent ostées et graces dictes. Ce fait, le
roy d'Aussay prist la parolle en disant en ceste ma-
nière : Seigneurs damoiseaulx, veullez moy escou-
ter: il est vray qu'il a pleu à Dieu que fortune m'a à
ce amené que par vostre haulte proesse je snys et ay
esté, moy et mes gens, desconfis, et moy vostre pri-
sonnier; et vraiment, je ne m'en prise pas mains, pour
quelque dommaige qu'il m'en puisse advenier, pour
ce que je vois en vous tant de bien, tant d'onneur,
de proesse et de vaillance, que je prens grant plaisir
à vous veoir, et ne pourroye que amender de vous.
Or, beaulx seigneurs damoiseaulx, à moy tenir lon-
guement prisonnier ne povez vous conquester guè-
res ; si vous supplie humblement tant comme je puys
qu'il vous plaise à moy mettre à finance raisonna-
ble, et qu'il vous plaise à moy faire tant de grace
que je ne soie pas destruict ne desherité du tout de
ma seignourité ; mais vous y plaise à regarder en pi-
tié, et ne vueillés pas avoir trop grand regard à ma
folle entreprinse en vostre riguer, combien que j'ay
desservi à estre tresbien pugni rigoureusement. Par
mon chief, dist Anthoine, sire roy, qui vous pugni-
roit selon droit et raison, vous n'avez pas de quoy
amender à ceste pucelle la vilonnie, l'injure et dom-
maige que vous luy avez faicte sans cause; mais,
pourtant que vous recongnoissés vostre verité, vous
en aurez plus legière penitance; et je vueil que vous

sachés que mon frère et moy ne sommes pas venus
de nostre pays pour la fiance dè gaigner pecune sur
vous ne sus aultruy, mais pour desir et esperance de
acquerir honneur et bon regnum; sans avoir en nous
nul appetit ne voulenté d'avarice; et pourtant, dès
maintenant nous vous quittons, quant est de nostre
part, mon frère et moy, vostre prison, par ainsi que nóus
vous tauxerons à restituer à ma damoiselle qui cy est
tous ses dommages, tant de larrecins, comme de pilla-
ges de proyes, de bestes, et aussi de toutes aultres cho-
ses quelconques, au regart et jugement de preudom-
mie et hommes dignes de foy, qui sur ce seront eslus
pour le dommage priser et taxer; et sur ce baillerez
bons obstages avant que vous partirez, et le jurerez
et prometterez par vostre foy et aux sainctes Evan-
gilles de Dieu, et en ferez presentement lettres soubz
vostre sellé de acomplir et entretenir ce que j'ay
dessus dit. Et oultre ferez plus en convenant que
jamais ne porterez ne soufferez porter à vostre po-
voir dommaige à ma damoiselle qui cy est, mais ai-
derez et conforterez elle, son pays et tous ses hom-
mes, envers tous et contre tous ceulx qui dommaige
ne injure leur vouldroient faire ne pourchasser.
Et vueil bien que vous sachés que si vous ne voulez
jurer et accorder de vostre bon gré tout ce que je
vous ay dit, que je vous envoierai en tel lieu dont
vous n'en eschapperez jamais en vostre vivant. Et
quant le roi entendist ceste parolle, il respondist en
ceste manière : Sire, par ma foy, je tiens ceste taxa-
tion et ordonnance à vous fiablement tenir, mais que
ma damoiselle en soit contente. Par foy, dist-elle,
ouy, puysqu'il plaist à messeigneurs et damoiseaux.
Et adonc reprint Anthoine la parolle, et dist encore
ce qui s'ensieut :

Bon roy, je n'ay pas tout dit ce que je vueil que vous facés, car il faut que vous facés fonder une priouré de douze moynnes et le prieur, et les renter bien et deuement, en tel lieu qu'il plaira à madamoiselle et à son conseil, pour prier pour les ames de tous ceulx qui sont mors, tant de vostre costé que de ceulx de ce pays, comme de nos gens, qui par vostre coulpe sont peris et mors, et de ce vous fault bailler et livrer bons plaiges. Par foy, damoiseaulx, dist le roy, je l'accorde. Adoncques le roy le jura par sa foy et sur sainctes Evangilles à tout ce que dist est tenir et acomplir, et en bailla bons obstages; et en firent faire bonnes chartes sellées de son sel et des seaulx de tous les barons du pays. Et ce fait, Anthoine dist au roy : Je vous rends quitte et delivre tous les prisonniers que nous et nos gens avons, et toutes vos tentes et pavillons; mais l'avoir qui est departi entre mes compaignons ne vous pourroie rendre. Et adoncques lui fist delivrer jusques à quatre mille prisonniers, tous gens de fait et d'estat; et lors le roy s'enclina et le remercia moult humblement. Que vous feroie ores long compte? La feste commença à estre moult grande parmy Lucembourg et au chasteau. Et adoncques chascun tint à grant vaillance ce que Anthoine et son frère avoient fait au roy d'Anssay.

Comment le roy d'Anssay appella les barons de Lucembourg à conseil.

ors appella le roy d'Anssay tous les barons du pays à conseil, et leur dist : Beaulx seigneurs, entretant que le fer est chault, on le doibt batre ; combien que j'aye esté mal vueillant de vous et de vostre damoiselle, la chose est venue certainement que je vouldroie son honneur et son pourfit et le vostre. Oyés, beaulx seigneurs : Dieu vous a envoyé belle adventure se vous la sçavez prendre en gré. Or, sire roy, puysque si avant avez parlé, conseillez-nous et vous plaise à dire que c'est. Par foy, dist le roy, voluntiers, il fault que nous façons tant que Anthoine de Lusignen prengne vostre damoiselle à femme, et sera vostre seigneur ; et lors vous pourrez dire seurement que vous n'avez besoing ne marchissant nul si hardi qui osast prendre sus vous une poullaille sans congié. Et ceulx respondirent ainsi : Sire roy, se Anthoine la vouloit prendre, certainement nous en serons tous joyeux. Ores donc, beaulx seigneurs, laisse-moy convenir, dist le roy : car ce, dist le roy, j'en viendray à bout de ce faire. Or me attendez-ung pou icy, et je m'en vois devers luy. Adonc vint le roy à Anthoine et luy dist : Sire damoiseau, les barons de ce pays vous prient moult chièrement que vous admenez vostre frère et vostre conseil en ceste chambre, car ilz ont grant desir de parler à vous pour vostre pourfit. Par ma foy, dist Anthoine, tres-volentiers ; et lors appelle son frère et les dessus dis de son conseil, et entra en la chambre ; et les barons du pays, qui là estoient, s'enclinèrent vers les deux frères et leur firent grant honneur. Adoncques dist le roy d'Anssay : Beaulx seigneurs, ces deux nobles damoiseaux sont venus à vostre mandement; dictes-leur pourquoy vous les avez mandé. Et ceulx luy respondirent : Sire roy, nous vous prions chièrement qu'il vous plaise à luy declarer nostre intention, car vous le sçavez mieulx et plus honnourablement faire que nous. Par mon chief, dist-il, volentiers. Et adoncques dist le roy ces parolles qui cy sont escriptes :

Anthoine, franc et noble chevalier, les barons de ceste contrée ont regardé et consideré le grant honneur que vous avez fait à leur dame, à son pais et à eulx, et aussi ilz ont considéré que vous ne voulez rien avoir du leur, ne de leur dame; si ont en leur meismes consideré et advisé que, se ainsi demouroit vostre raison, elle seroit petitement gardée, et pour tant ilz vous prient qu'il vous plaise à leur accorder ung don, et ce sera sans vostre coust. Par mon chief, dist Anthoine, beau seigneur, se c'est chose que je puisse faire pour mon honneur, je le vous accorde. Par mon chief, dist le roy, dont est leur requeste passée, car ilz ne requièrent que vostre pourfit et honneur. Or dictes donc, dist Anthoine. Damoiseau, dist le roy, ilz vous vueillent donner la duchesse de Lucembourg, leur dame, qui est l'une des plus belles dames de toute sa contrée. Or, Anthoine, ne refusés pas ce noble don. Adoncques quant Anthoine l'entendit, il pensa en soy-meismes moult longuement, et aprez grant pièce il respondist : Par ma foy, beaulx seigneurs, je ne cuidoie pas estre venu en ceste contrée pour ceste querelle; mais, puysque je le vous ay ottroyé, je ne m'en desdiray jà.

Or soit la damoiselle mandée, car, se il luy plait, il
me plait. Adoncques fut la damoiselle·mandée par
quatre des plus haultz barons, et, en venant, ilz luy
comptèrent ceste nouvelle, dont elle fut bien joyeu-
se, combien qu'elle n'en fist aulcun semblant. Et,
quant elle vint en la chambre, elle s'enclina devant
Anthoine et tous les barons aussi, et en le regardant
elle se mua en une couleur plus vermeille que rose
Adont les barons la benirent moult et luy comptè-
rent cest affaire, et, quant la pucelle les eut ouys,
elle leur respondist par ceste manière : Beaulx sei-
gneurs, je rendz premierement grace à Dieu et à sa
benoite mère, et à vous aprez, de l'onneur qui à pre-
sent me survient : car si povre orpheline que je suys
n'est pa digne d'estre assignée en si hault lieu que
d'avoir la fleur de chevalerie et de noblesse de cris-
tienneté ; et d'aultre part je sçay et congnois que
vous, qui estes mes hommes, qui voiés plus cler en
mes besoingnes que je ne faitz, ne me conseilleriez
mie voulentiers chose qui ne fut à mon pourfit et
honneur ; je ne vous doibs ne vueil desdire, mais
suys preste de obeir à tout vostre plaisir.

Comment Anthoine espousa Xpistienne, duchesse de Lucembourg.

ar Dieu, damoiselle, dist chascun des ba-
rons, vous·dictes tresbien. Que vous fe-
roit ceste chose plus longuement demenée?
car, à brief parler, ilz furent fiancez à
grant joye, et le lendemain furent espousez, et fut la

feste moult grande et moult noble, et en furent ceulx du pays moult joyeulx quant ilz sceurent les nouvelles. Et celle nuyt coucha Anthoine avecques sa femme, et fut engendré ung moult vaillant hoir, et fut appelé Bertrand, et fut la feste des neupces moult grande, et dura par quinze jours, et donna le duc Anthoine moult de beaulx joyaulx et de riches dons, et prist et receupt les hommages et fiés. Et donna le roy d'Anssay congié à ses gens de retourner en leur pais, et demoura avec Anthoine à privet maisgnée pour acomplir ce qu'il avoit promis au traictié de la paix. Et alloit le duc avec son frère et le roy d'Anssay et la baronnie parmy le pays, visitant leurs villes et fortresses, et mist tout en bonne ordonnance, que chacun disoit que c'estoit ung des saiges princes qu'ilz eussent oncques mais veu. Et quant il eut visité tout le pays il retourna à Lucembourg, où la duchesse Cristienne le receupt moult liement; et lors eubt conseil le duc Anthoine de porter sur ses armes l'ombre d'ung lyon, à cause de sa duchié; et aussi la duchesse l'en avoit par avant souventes fois prié. Et ainsi s'en retournèrent à Lucembourg, par l'espace de deux moys, le duc, le roy et Regnauld à moult grant deduit et esbatement; et ce pendant vint ung messagier de Behaigne de par le roy Phedrich, qui estoit frère au roy d'Anssay, lequel les payens et Sarrazins avoient assiégé en la ville de Pragne.

Comment le roy de Behaigne envoia ung messagier
par devers le roy d'Anssay, son frère.

n ceste partie nous dist l'istoire que ung
messagier vint à Lucembourg de par le
roy Phedrich de Behaigne, qui moult estoit
vaillant preud'omme, et qui moult fort
avoit soubztenu la foy catholique en son temps con-
tre les Sarrazins, le roy de Craco, et les autres rois
xpistiens marchissans à luy; et pourtant luy avoient
couru les Sarrazins en son pays, et n'estoit pas le
roy Phedrich assez fort; et pourtant il c'estoit mis
et retrait en la cité de Pragne, luy et la plus grande
partie de ses gentilzhommes. Or est vray que ce-
luy roy n'avoit de heritier que une seulle fille, qui
avoit nom Aiglentine. Et est certain que celluy
roy Phedrich estoit frère du roy d'Anssay, et
pourtant envoia-il vers luy à secours. Le messa-
gier avoit esté à Anssay, et là on luy avoit dit que il
estoit à Lucembourg; et, à brief parler, tant enquist
le messagier qu'il trouva le roy d'Anssay et lui pre-
senta les lettres de son frère Phedrich; et tantost il
rompit la cire et les ouvrit et les lut; et par icelles
il vit et congneut le meschief en quoy son frère es-
toit, et dist si hault que chascun le povoit oyr et
entendre : Ha, ha, Fortune, comment tu ès per-
verse et peu feable! certes l'omme est bien deceu
qui en toy ne en tes dons se fie en riens. Or n'a pas
grammment que du plus hault de ta roe m'as mis au
plus bas, et encore ne te souffist-il mie, mais me
veulz pardestruire, quant mon frère, qui est ung
des prud'ommes et vaillans roys du monde, tu veulz

ainsi desemperer et debouter de son roiaulme, se Dieu par sa grace n'y mest remède. Adoncques se tourna devers le duc Anthoine, en disant : Ha, a,. tresnoble et tresvaillant seigneur, or me va de mal en pis : car vostre tresnoble chevalerie et puissance ne m'a pas tant seullement maté ne amendry de mon honneur, mais avecques moy le plus preud'omme et le plus vaillant roy qui fut en toute la lignée, et qui plus vaillamment a deffendu la foy catholique contre les ennemis de Dieu. Or est ainsi que je ne le puis aulcunement secourir contre ses anemis; et ainsi sommes-nous deux roys exilliez par vostre proesse, non pas par vous, mais par ma folle emprinse; car Dieu m'a pugni moins assez que je n'ay desservi. Et lors commença à mener tel duel que c'estoit grant pitié à veoir.

Moult fut doulent le duc Anthoine quant il eut entendu les piteux regrès que le roy d'Aussay avoit fait; et adone lui dist : Sire roy, dictes moy pour quoy vous menez si grant douel. Par Dieu, ce dist le roy, il y a bien bonne cause; et vous plaist à regarder en ceste lettre, et vous verrez la douleur et le meschief où mon frère est, auquel je ne puis aidier, ne le reconforter, car vous avez confondue ma puissance. Alors prist le duc la lettre et la lut de chief en chief, et vit le grant misère où le roy Zelodus de Craco tenoit le roy Phedrich de Behaigne, en Pragne la cité, où il n'avoit, comme disoit la téneur des lettres, nulz vivres au mains pour plus de trois ou quatre mois. Et veant le duc Anthoine le meschief où les Sarrazins tenoient le roy, si en-eut grant pitié, et en luy mesmes dist en son cœur que pas ne demourera en cestuy party, et que les Sarrazins achetteroient la paine qu'ilz font souffrir aux

xpistiens. Et lors dist au roy : Sire roy, se je vous
vouloie aidier à secourir vostre frère, y vouldriés
vous point aller? Et quant le roy entendist ceste pa-
rolle, il se jetta à genoulx en disant : Sire, se vous
me voulez faire ceste grace, je vous jure que je fe-
ray Regnauld vostre frère roy de Behaigne aprez le
decès de mon frère le roy, qui est aisné de moy prez
de vingt ans : car sachiés que mon frère n'a hoir,
fors seullement une belle fille, qui a nom Aiglentine,
et a environ xv ans; et celle donneray-je, se il vous
plaist, à Regnauld, vostre frère. Par foy, dist le
duc, et je l'accorde. Or vous en allez en Anssay, et
faictes vostre mandement; et soiez cy dedens trois
sepmaines, et vueillés logier là en ces prez, en vos
tentes qui encores y sont; et entretant je manderay
mes gens qui sont en la guerre avecques ung mien
chevalier en la leffe où on lui avoit fait tort. Et le
roy luy respondist : Sire duc, celluy le vous merite
qui souffrist mort et passion. Et adoncques print
congié du duc et de la duchesse, de Regnauld et de
toute la baronnie, et monta à chevau, et s'en erra
avecq sa mesnie tant comme il a peut vers son pays
d'Anssay, dolent de sa perte, et joyeux du secours
que le duc Anthoine luy promist à faire pour secou-
rir le roy Phedrich, son frère, qui guerroioit contre
les mauvais Sarrazins.

La vraie histoire nous tesmoingne que tant che-
vaucba le roy d'Anssay qu'il vint en son pays, où
il fut moult bien venu de sa baronnie; et s'en alla
tantost veoir Metidée, sa fille, qui n'en avoit pas
deux ans accomplis; et aprez il retourna avec ses
barons, et leur compta tout son affaire, et comment
il luy convenoit aller secourir son frère, et comment
le duc Anthoine et Regnault, son frère, le iroyent

aidier à secourier son frère à toute leur puissance. Par foy, disdrent les barons, dont ne peut-il estre que la besoiugne ne se porte bien : car encontre leur effort ne pourront paiens contrester. Or vous delivrés, sire, de faire vostre mandement, car nous irons tous avecques vous. Lors fist le roy son host semondre et mander, par tous ses amis et ses alliez ; et en pou de temps assembla bien de six à sept mille combatans, et se partist de son pais, et y laissa bon gouverneur ; puis erra tant que, au bout de trois sepmaines, il se loga devant Lucembourg, en la prarie et tentes qu'il y avoit laissées ; et les gens du duc Anthoine, qui estoient revenus de la guerre où ilz estoient allez ; et tant qu'ilz furent en nombre cinc mille bassines et mille cinc cens arbalestriers et archiers assemblez, sans compter ceulx de la duché, qui furent deux mille ; mais, non obstant, il n'eut pas voulu mener que mille, et laissa le remanant pour garder le pays, et leur recommanda la duchié, et aussi à ung baron de Poetou, nommé le seigneur Dargemou.

Comment le duc Anthoine prinst congié de la duchesse Cristienne et s'en alla vers Pragne avec son ost.

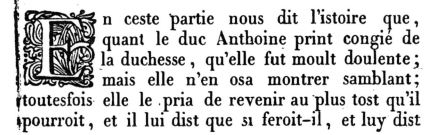 n ceste partie nous dit l'istoire que, quant le duc Anthoine print congié de la duchesse, qu'elle fut moult doulente ; mais elle n'en osa montrer samblant ; toutesfois elle le pria de revenir au plus tost qu'il pourroit, et il lui dist que si feroit-il, et luy dist

oultre : Duchesse, pensez bien de vous et de vostre fruict ; et se Dieu, par sa grace, donne que ce soit ung filz, faictes-le baptiser, et vueil qu'il soit nommé Bertrand. Et la duchesse lui dist : Monseigneur, à vostre plaisir. Lors se entrebaisèrent, et partist le duc, et vint à ses gens, et fist sonner ses trompettes. Adoncques se desloga l'ost et se mist à cheval. La peussés oyr grant effroy de gens et de chevaux. Adoncques l'avant-garde chevauça, laquelle conduisoit le roy d'Arissay et Regnauld de Lusignen, qui estoit monté sur un hault destrier liart et armé de toutes pièces, excepté du bassinet, et tenoit ung gros baton au poing, et ordonnoit ses gens moult bien ; et sembloit prince de haült cœur et de haulte entreprinse ; et aprez l'avant-garde venoit le sommage et la grosse bataille ; et puis alloit l'arrière-garde, que le duc Anthoine faisoit : car on lui avoit dit qu'en celluy pays avoit grans robeurs et larrons ; mais le duc leur manda de fort en fort que, se ilz estoient si hardis de prendre riens sur luy ne sur ses gens, qu'il en feroit telle justice que les aultres s'en chastiroient. Et en ce parti passa toute la leffe qu'il n'y eut homme si hardi de riens prendre sur son ost. Or est vray que une nuyctée il se loga devant Ays atout son ost ; et luy firent les bourgois de la ville de moult riches dons, dont Anthoine les mercia moult, et leur offrist son service, se mestier en avoient. Et le lendemain, aprez la messe, il se deslogà, et erra tant qu'il se logea sur le Rin, qui est une moult grosse ripvière et merveilleüse ; et firent ceulx de Coulongne grant dangier de laissier passer l'ost parmy la cité au pont.

Anthoine adonc fut moult doulent quant il sceut que ceulx de Coulongne faisoient grand dangier de

luy et de son host laissier passer par la cité. Adoncques
leur manda fierement comment il avoit en son in-
tention de lever le siége que le roy de Craco avoit
mis à soixente mille Sarrazins devant la cité de
Pragne, et par ce moyen avoit assiegé le roy de
Behaigne, qui estoit dedens; et que ilz luy mandassent
se ilz estoient de la partie des Sarrazins, et il auroit
sur ce advis que il feroit ; et aussi que malgré eulx
il trouveroit bien bon passaige, mais non pas si
brief que par leur ville, et que, se il s'eslonguoit d'une
journée, qu'il sçavoit bien comment ilz lui feroient
retour de quatre. Et quant ceulx de Couloingne oy-
rent ce mandement et furent bien informez de la fier-
té des deux frères, ilz eubrent grant doubte ; et tan-
tost envoièrent par devers le duc Anthoine quatre
des plus notables bourgois de la cité, qui moult hum-
blement luy firent tresgrande reverence, et furent
moult esbahys de sa fierté et contenance. Non ob-
stant ilz lui disdrent en ceste manière : Tresnoble et
puissant seigneur, les bourgois de la cité de Coulon-
gne nous ont envoiez par devers vous ; et sachés
qu'ilz vous laisseront vouluntiers passer paisible-
ment parmy la cité de Couloingne, par ainsi qu'ilz
soient seurs que vous ne leur laisserez porter dom-
maige de vous ne de vos gens. Par ma foy, dist An-
thoine, se je eusse eu voulenté de leur porter con-
traire, je leur eusse fait à sçavoir ; et aussi je n'ay
pas cause de ce faire, car je ne sçay pas que ilz
m'aient riens meffait, ne aux miens aussi ; combien
qu'ilz me font penser qu'ilz m'aient meffait ou que
je leur aye meffait, que jamais je n'eusse pensé se
empeschement ne moy eussent mis. Allez, et leur
dictes se ils ne sentent de viel temps aulcun meffait
devers moy ou devers les ducs mes predecesseurs,

dont ilz'n'aient eu ou fait accord, qu'ilz me laissent
seurement passer, sinon qu'ilz le me facent assavoir.
Quant ilz entendirent là parolle, ilz prindrent con-
gié, et annuncèrent aux bourgoys le mandement du
duc. Et ceulx assamblèrent leur conseil et les anciens,
et trouvèrent que jamais n'avoient eu discord aux ducs
de Lucembourg, ne à leurs amis ne aliez, et que ;
puys qu'il estoit si vaillant et si notable homme, qu'ilz
le laisseroient passer; et luy remandèrent ces nou-
vélles, et avec ce lui envoièrent moult de beaulx
dons, tant d'avaine comme de pain, grant foison de
vin, chars et vitaille à grant foison. Et quant le duc
Anthoine ouyt la response et vit leurs grans presens,
il les mercià moult, et fut bien joyeulx quant ceulx
de la ville de Coulongne vouloient estre leurs amis,
et leur dist que quand ilz auroient de luy besoing,
luy et son povoir seroit en leur commandement; et
ceulx l'en remercièrent moult humblement. Et le
duc Anthoine fist donner à ceulx qui avoient amené
les presens de moult riches dons, qui autant ou plus
valloient que les presens et dons à luy faitz de par la
ville : car il ne vouloit pas que les habitans d'icelle
ville pensassent qu'il voulsist rien avoir du leur. Si
luy tourna à grant vaillance, et ainsi demoura celle
nuyt.
En ceste partie nous dist l'istoire que ceste nuytée
sejourna l'ost devant Couloigne; et fut moult bien
aise et refrechi des biens de la cité : car le duc les fist
partir tant que chascun en eut largement. Et le len-
demain bien matin le duc entra en la ville atout deux
cens hommes d'armes, et fist crier sur paine de la
hart que nul ne fut si hardi de riens prendre en la
ville sans paier. Adonc passa l'avant-garde en belle
ordonnance, et disdrent ceulx de la cité que oncques

mais n'avoient veu gens d'armes en si belle ordon-
nance, et après passa le sommage, et se logèrent de
là la rivière tout au long de l'Eire; et fut bien heure
de vespres avant que tout le sommage fut passé.
Celle nuyt se loga le duc en la cité, avec luy de
ses haultz barons de l'arrière-garde, où on luy fist
grant honneur, et donna à soupper aux dames et aux
damoiselles de la ville, aux bourgois et à pluiseurs
gentilz hommes, chevaliers et escuiers qui demou-
roient en la cité, et après soupper commença la feste,
qui fut moult grande. Et, au departir, il n'y eut dame
-ne damoiselle à qui le duc ne fist donner ung beau
joyau, selon ce qu'il lui sambloit que la personne le
valloit; et aussi fist il à aucuns des bourgois, et par
especial à tous gentilz hommes, et acquist tellement
l'amour d'eulx qu'ilz voulsissent bien qu'il fut leur
sire.

Le lendemain passa la grosse bataille, et puys
passa l'arrière garde en belle ordonnance, et se lo-
gèrent oultre le Rin, et prist le duc congié de ceulx
de la ville, et moult les mercia de l'onneur qu'ilz lui
avoient fait. Et ceulx lui respondirent tous d'une
voix : Noble duc, la cité et nous tous sommes prestz
à vostre commandement plus qu'à nul aultre sei-
gneur que nous aions marchissant à nous ; et ne nous
espergnés pas de chose nulle que nous puissions faire
pour vous, car nous en sommes tous prestz mainte-
nant et autres fois. Et se partist d'eulx, et alla en sa
tente, et le lendemain, ainsi que le duc partoit de la
messe, et qu'il faisoit tromper pour desloger, et que
quant l'avant garde c'estoit mise à chemin, vindrent
quatre chevaliers de la cité bien montez et bien ar-
mez, excepté de bassines, qui descendirent devant
le logis du duc, atout quatre cens hommes d'armes

et cent arbalestriers qui les sievoient. Adonc les chevaliers saluèrent le duc, et puis lui disdrent : Tresnoble et puissant duc, la cité de Couloigne se recommande à vostre bonne grace, et, sire chevalier, pour la grant noblesse qu'ilz ont veu en vous, ilz desirent tous temps estre vos bons amis, et puys que vous les ayés pour recommandez ; ilz vous envoient quatre cens hommes d'armes et cent arbalestriers d'estoffe, paiez pour huyt moys, pour aller avecques vous partout où vous vouldrez et où il vous plaira. Par mon chief, dist le duc, tresgrans mercis, et vous soyez le tresbien venu ; ceste courtoisie n'est pas à refuser ; et sachiés que je ne le oubliray pas en temps et en lieu. Sire, dist l'ung des chevaliers, il n'y a nul de nous quatre qui ne sache tous les chemins d'icy en Craco, et, se mestier est, nous vous guiderons bien et seurement par tous les desrois, passages et ripvières. A ce respond le duc et dist : Cecy n'empire pas nostre affaire, et je n'y renunce pas quant il sera temps. Lors les fist mettre en ordonnance et les receupt pour estre soubz sa banière. Et lors se desloga l'avant-garde, la grosse bataille et l'arrière garde, et errèrent tant par leurs journées qu'ilz vindrent et entrèrent en Bavière, auprez d'une grosse cité appellé Nueremich, où estoit le duc Ode atout grans gens : car il se doubtoit du roy Zelodus de Craco, qui estoit assiegé devant le roy Phedrich de Behaigne, qui tenoit en grant necessité : car il avoit bien avec luy quatre vingz mille payens, et se doubtoit moult fort le duc Ode que le roy Zelodus ne luy venist courir sus se il soubzmettoit le roy Phedrich, et pour tant avoit-il assamblé son conseil assavoir mon qu'il pourroit faire.

Lors vint ung ancien escuier qui estoit au duc Ode,

et luy dist : Monseigneur, par l'ame de moy, je viens
de devers les marches d'Allemaigne, mais il s'avalla
pour venir cy ung grant seigneur, et mainne les
plus beaulx gens d'armes que oncques mais je veisse,
et ne sçay où il se veult traire, fors qu'il tire le che-
min pour venir cy. Par foy, dist le duc, je me donne
grant merveille quieulx gens ce sont; se le roy
d'Anssay n'eut esté l'aultre jour desconfi devant Lu-
cembourg, je pensasse que ce fut il qui allast aidier
au roi Phedrich, son frère, contre les Sarrazins; et,
par mon chief, se ce fut il, je allasse avec luy pour
le secourir. Monseigneur, dist l'escuier, il seroit bon
d'aller sçavoir quieulx gens ce sont, ne se ilz vous
vueillent aultre chose que bien. Dan escuier, dist le
duc Ode, aller vous y convient, puis que vous les
avez veus, car c'est bien droit. Et celuy respondist :
Par ma foy, monseigneur, je suys tout prest, et à
Dieu vous commant. Et tantost s'en partist; et tant
erra qu'il apperceut l'ost au font d'une vallée sur une
rivière, et vit les cuisines, les chevaulx fouier, et
les coursiers hanir; là veoit gentilz hommes par tre-
peaulx, avec la barre de fer et la lance avec la tar-
de. Les autres esprouvoient leurs harnoys de trait, de
jet d'espée, et d'aultres fortz exercices. Par mon chief,
dist l'escuier, vecy bonne contenance de gens d'ar-
mes; ils ne sont pas apprentifz de leur mestier. Telz
gens sont fort à doubter. Lors regarda à destre sur
une petite montaigne où il y avoit bien cincq cens
hommes d'armes, et vit le guet et les coureus destour-
nez tout en l'entour de l'ost. Par foy, dist l'escuier,
qui moult avoit veu en son temps, ce sont gens d'ar-
mes à droit conquester. Lors entra en l'ost et deman-
la celluy qui avoit le gouvernement de l'ost, et tan-
tost il y fut mené; et, quand il vint devant Anthoine,

il fut moult esbahi de sa fasson ; et toutesfois le salua
moult courtoisement, et puys luy dist : Monseigneur,
le duc Ode de Bavière m'envoye par devers vous à
sçavoir que vous querez en son pays, et se ne luy
voulez que bien ; et aussi qui vous estes qui menez
si belle compaignie que je vois cy assemblée : car il
scet bien que vous n'allez mie en telle route que vous
n'ayez bien affaire. Amis, dist Anthoine, dictes à vos-
tre seigneur que nous ne luy voulons que bien ne
à son pays; et luy pourrez dire que c'est le roy d'Ans-
say, Anthoine de Lusignen, duc de Lucembourg ;
et Regnauld son frère, et pluiseurs autres barons,
chevaliers et escuiers, qui allóns secourir le roi Phe-
drich de Behaigne, qui est assiegé des Sarrazins. Sire,
dist l'escuier, Dieu vous doinct faire bon voiáge par sa
sainete grace, et à Dieu vous commant ; je le vois
dire à monseigneur. Allez en la gardé de Dieu , dist
Anthoiné. Et lors se departist l'escuier, et revint en
la cité, et recorda au duc tout ce qué vous avez ouy,
de mot à mot, et la fierté d'Anthoinc, et la fasson et
gouvernement de l'ost, et commença à dire : Sire,
certainement ceulx sont les gens que je vis oncques
qui mieulx sont à priser et à doubter. Par mon chief,
dist le duc, il meut de grant honneur et vaillance à
ces deux frères de venir de si loing pays pour querir
les adventures, et leur vient de grand bien de venir
secourir le roi Phedrich contre les ennemis de Jhe-
sucrit. Et je prometz à Dieu que ce ne sera sans moy,
car il me seroit tourné à grant honte se je n'y alloye,
attendu qu'il est mon cousin , et que ma terre mar-
chist si prez de son pays et royaulme , et que les es-
trangiers le viennent secourir de si loing pays. Et
pour lors avoit fait son mandement le duc Ode , et
avoit jà de trois à quatre mille combatans. Que vous

feroye ores long compte? L'ost se desloga et passa par-
devant Nurmich; et lors le duc Ode saillit à belle
compaignie de gens, et se vint présenter au roy
d'Anssay et à Anthoine, et à son frère, luy et ses
gens, qui le receuprent moult liement, et ainsi che-
vaucha l'ost ensamble par l'espace de six jours. Et cy
se taist l'istoire de plus parler d'eulx, et parle du roy
Phedrich et du siége.

En ceste partie dist l'istoire que la puissance du
roy Zelodus de Craco fut moult grande, et n'osoit
pas bonnement sallir le roy; et toutesfois fist-il mainte
saillie sur les Sarrazins, où il les greva moult, et y
eut mainte grosse escarmouche, et presque tous les
jours estoit la meslée à la barrière; et avoit en la ci-
té environ cent bassinés de Hongres qui estoient moult
vaillans chevaliers, et sailloient souvent, et escar-
mouchoient l'ost, et leur portoient moult grant dom-
maige. Or advint par ung matin que les Sarrazins
vindrent escarmourcher, et ceux de la ville avallèrent
le pont et ouvrirent portes et barrières, et saillist le
roy tout armé à moult belle compaignie, et y eubt
moult grant occision des payens, et les reboutèrent
jusques à leur logis; à celle heure estoit monté le roy
de Craco sur ung fort destrier, sa banière au vent,
accompaigné de bien quinze mille Sarrazins, et s'en
vint en moult belle ordonnance vers la bataille; là
eut maint coup donné et receu, et par force convint
nos gens reculer jusques aux barrières. Là eut grant
mortalité et occision d'ung costé et d'aultre, car le
roy Phedrich reconfortoit moult ses gens. Et quant
l'apperceut le roy Zelodus qui faisoit moult grant
dommage de ses gens, il ferist le chevau des espo-
ons, et prinst l'espée au poing, et ferist le roy sar-
azin sur le heaulme par telle vertu et par telle force

qu'il l'embrocha sur le col de son chevau , et pou faillist qu'il ne le versast par terre; car il perdist les deux estriers ; mais ses gens tantost le secoururent, et le dressèrent en estant. Et le roy Phedrich ferist ung payen par telle force qu'il l'abbattist tout mort par terre. Le roy de Craco fut revenu à luy, qui tenoit une archegaie dont le fer estoit moult trenchant et agu , et vit que le roy Phedrich moult dommagoit ses gens; il s'approucha de luy, et escouist l'archegaie, et la laissa aller vers le roy par telle vertu qu'il le percha de part en part. Et, ce fait, le roy Phedrich, qui sentist la detresse de la mort, ne se peut plus tenir, mais reversa par terre tout mort. Adonc furent ses gens moult doulens, et entrèrent en la cité , et levèrent le pont et fermèrent la porte. Lors commença la douleur moult grande parmy la ville.

Comment le roy de Craco fist prendre le corps du roy Phedrich, qui avoit été tué, et le fist ardeoir.

L e roy de Craco fist prendre le corps du roy Phedrich tout mort, et le fist ardoir devant la porte pour plus esbahir ses gens et ceulx de la cité. Quant ceulx de la cité sceurent la mort de leur roy, ilz furent moult doulens et esbahis, et firent moult grant doeul de tous, et par especial la pucelle Aiglentine, sa fille menoit tel doeul que c'estoit grant pitié à veoir, et disoit telles parolles ou samblables : Ho Dieu, qui me pourroit reconforter quant je vois la mort de mon père devant moy, et la destruction de

peuple et de moy, ne je ne vois p lieu dont se-
cours me peuist venir? car j'ay oy dire que mon on-
cle le roy d'Anssay, où je me fioye plus qu'en aultre
du monde, a esté desconfit devant Lucembourg;
vray Dieu! or ne me sçay-je mais où attendre, fors
tant seullement à vostre benigne grace. O tresnoble
et puissante et tresexcellente royne, mère de Dieu,
salvateur de tout le monde, vueillez reconforter ceste
povre orpheline, et la vueillés garder en vostre
sainete pitié et misericorde, en telle manière que
ces faulx payens n'aient nulle puissance sur mon
corps. Et en ce disant demainoit celle pucelle telle
douleur que c'estoit grant pitié à veoir; et destor-
doit ses mains et arrachoit ses cheveulx. Qui eut
veu l'angoisse qu'elle sentoit, il n'a si dur cœur au
monde qui n'en eut pitié; et ses dames et damoiselles
la reconfortoient le plus qu'elles povoient; mais
en son doeul n'avoit point de fin. Et ceulx de la cité
estoient tous esbahis tant de la mort de leur sei-
gueur que de la doubte des Sarrazins, qu'ils ne
sçavoient que faire d'eulx rendre salves leurs biens:
car le roy Zelodus les faisoit fort requerir, et leur
faisoit remonstrer comment ilz ne se povoient bon-
nement tenir contre le povoir des Sarrazins; et que,
se il les prenoit par force, qu'ilz y auroient jà ren-
son, fors tous d'estre brulez en pouldre, dont la cité
fut en grant ballance de soy rendre; mais il n'y
avoit de preud'ommes chevaliers qui moult avoient
amé le roy, et pour ce ilz amoient la pucelle, sa
fille, qui leur disoient : Faulces gens, que voulez-
vous faire? Encores n'est pas venu le messagier qui
est allé querir secours vers le roy d'Anssay; prenez
cœur en vous, car vous aurez en brief bonnes nou-
velles, se Dieu plait. Et quant ceulx l'oyrent ainsi

parler, ils respondirent au conseil des Sarrazins que ilz
ne se renderoient point, et qu'ilz estoient tous re-
confortez contre leur puissance. Adoncques, quant
le roy Zelodus le sceut, il en fut moult couroucé, et
jura par ses dieux que il les feroit tous·ardoir en
pouldre; mais en peu d'heure Dieu labeure; et aussi
tel jure de son marché qui puys le laisse. Non ob-,
stant Zelodus fist ainsi comme vous aprez oyrez.

Le roy Zelodus fut moult couroucié de la respon-
ce, et·adoncques il fist escarmoucher et assaillir·la
cité, et la greva de son povoir.·Ceulx qui estoient
dedens lentement et lachement se deffendoient pour
la grant paour qu'ilz avoient; et, se ne fut la doubte
des nobles du pays qui là estoient, ilz se fussent ren-
dus salves leurs vies. Or vous diray du duc Anthoine
et de Regnauld, son frère, du roy d'Anssay et du
duc Ode de Bavière, qui amenoient leur ost moult
hativement : car bien avoient oy dire la misère où
estoient ceulx de la cité; mais pas ne sçavoient de la
mort du roy Phedrich. Ung jeudi au soir s'en vin-
drent loger sur une ripvière, environ une grosse
lieue·et demie de Pragne, et celluy soir fut·com-
mandé à ung chevalier du pays, qui estoit en leur
compaignie, qu'il allast le lendemain noncer leur
venue en la cité. Et celluy monta le lendemain ma-
tin à cheval et s'adressa vers la ville; mais le roy
Zelodus avoit fait armer ses gens et faisoit fort
assaillir la cité·, car grant desir avoit de la prendre,
et ceulx de dedens se deffendoient lachement; et
bien le appercevoient les Sarrazins; et pour ce ilz
assailloient tant plus vigoureusement. Et fut la be-
soingne mal allée quant l'ancien chevalier vint, qui
bien apperceut la besoingne et la faible deffense de
ceulx de dedens. Adoncques acheva·l'assault, et

vint à une petite poterne, et hurta ung petit, et appella; et tantost ceulx de la garde-le congneurent bien et le laissèrent entrer dedens. Et tantost qu'il fut entré, il courut parmy les deffences, criant en ceste manière : Seigneurs, deffendez-vous bien : car vecy la fleur de chevalerie de cestuy monde qui vous vient à secours avec le roy d'Anssay; et les verrez tantost commencer la bataille, et faictes bonne chière, car, par mon chief, jà Sarrazin n'en eschappera qui ne soit mort ou pris. Et quand ils l'entendirent, ilz jettèrent ung cri si treshault que c'estoit merveilles à oyr, en disant: Loué en soit nostre Seigneur le doulx Jhesucrist. Et adoncques s'emploièrent moult fort à deffendre, par telle manière que mal soit de Sarrazin qui oncques puys attendre ne demourer auprez des murs. Et à celluy assault et deffence demoura aux fons des fossez grant foison de Sarrazins mors et affollez. Et quant le roy Zelodus apperceut que ceulx de la cité avoient reprins si grant cœur, il en fut moult esmerveillé et dolent, et tant qu'il ne sceut que penser: car il les veoit de si grant deffense qu'il n'y avoit si hardi Sarrazin qui se osast approuchier, mais s'en partoient et reculoient arrière.

Et quant le roy Zelodus apperceut que ses gens reculoient ainsi, il en fut moult dolent, et en eut grant merveilles pourquoy ceulx de dedens avoient pris si grant cœur en eulx; mais il sera plus couroucé tantost que devant : car le duc Anthoine chevaucha moult hardiement en belles batailles, les banières desploiez, et avoit fait laisser les logis tous trois et bien cincq cens hommes d'armes pour les garler. Et estoient le roy d'Anssay et le duc de Bavière en l'arrière-garde, et Regnauld et Anthoine en

la première bataille. La veissiés moult belle compai-
gnie, banières ventiler au vent, bassines, harnoys
de jambes, l'or, l'azur et les couleurs des banières et
des panons resplendir contre le soleil. Et tant che-
vauchèrent en ordonnance qu'ilz virent la cité que
les Sarrazins assailloient moult durement, et veoient
leurs tentes et leurs pavillons, où il y avoit moult
grant foison de Sarrazins Adoncques fist arrester
Anthoine ses gens, tant que l'arrière-garde fut ve-
nue, et ordonna sur les elles archiers et arbalestriers;
et lors furent apperceus des Sarrazins, qui l'allèrent
dire au roy Zelodus en ceste manière : Sire roy,
laissez l'assault que à mal heure a esté commencé.
Sachiés que tant de cristiens viennent que les champs
en sont couvers. Adoncques, quant le roy entendist
ces nouvelles, il fut moult couroucé, et laissa l'as-
sault, et vint au dehors de son logis, et ordonna ses
gens et ses batailles au mieulx qu'il peut. Et An-
thoine et Regnauld firent sonner leurs trompettes
et firent aller la bataille tout le petit pas. Et quand
ilz furent approuchez de leur ost, là eut grand ef-
froy; et à l'aprochier fut moult grande la tourble; et
y en avoit là de telz qui eussent bien voulu estre
dont ilz estoient venus. Car à la baisser des lances
eut moult grant foison d'abatus d'ung costé et d'au-
tre, et en y eut de mors et de navrez grant foison;
et aprez tirèrent les espées, et ferirent l'ung l'aultre
moult durement sans aulcune pitié. Là eut maintz
Sarrazins mors et abattus par terre; moult bien se
esprouvoient Poetevins, et faisoient grant occision de
Sarrazins; mais le roy Zelodus cria son enseigne
moult haultement, et joindist l'escu au pis, et bran-
dist la lance, et brocha le chevau des esporons, et au
dos le sievoient dix mille Sarrazins. Et adont il

baissa sa lance et ferist ung cristien par telle force qu'il luy mist le fer et panon parmy le corps, et l'abbatit tout mort par terre, et ses gens le sievoient au dos, qui moult vaillamment se portoient, et firent grant dommaige aux cristiens, et les reculèrent le get d'une lance. Adoncques cria le roy Zelodus son enseigne : Seigneurs barons, frappez oultre; la journée est nostre, car ilz ne nous peuvent eschapper. Et les Poetevins les recepvoient moult asprement. Et sachiés que là eut grant perte d'ung costé et d'aultre. Lors vint le duc Anthoine, l'espée au poing; et quant il apperceut ses gens reculer, a pou qu'il ne mouroit de doeul, et escria Lusignen à haulte voix, et se bouta entre Sarrazins plus roidement que fouldre qui chiet du ciel, et frappoit à destre et à senestre, et abbatoit tout ce qu'il encontroit devant luy; et ses gens le sievoient au dos, qui estoient tous esbahis de ce qu'ilz lui veoient faire; car il n'y avoit si hardi Sarrazin qui l'osast attendre, ainçois se reculoient vers leurs tentes. Et ce voiant le roy Zelodus s'escria : Avant, seigneurs et barons, deffendez-vous. Comment, est-ce que pour ung homme seul vous vous enfuyez? C'est moult grant honte à vous. A ces parolles il rallia ses gens, et rendist estact à Anthoine et aux Poetevins moult bataillereusement. Lors vint l'admiral a tout dix mille combatans. Adoncques refforcha la bataille moult horrible. Là eubt moult de Sarrazins occis et affollez.

Comment le roy de Craco fut occis en la bataille.

prez vint l'arrière-garde , que le roy
d'Anssay et le duc Ode menoient, qui se
ferirent moult vigoureusement en la ba-
taille; là eut grant occision , car ilz endu-
roient bien les faitz d'ung costé et d'aultre. Et sur ce
arrivèrent Anthoine et Regnauld, qui se ferirent d'ung
accord entre les Sarrazins , et faisoient telle occision
qu'il n'y avoit Sarrazin ne cristien qui ne s'esmer-
veillast des merveilleux coups qu'ilz donnoient, et
en la parfin il n'y eut si hardi Sarrazin qui les osast
attendre, et partout où ilz les veoient, ils les fuyoient;
et les cristiens faisoient tous si bien que Sarrazins
eussent tourné le dos, se ce ne fut le roy Zelodus qui
moult vaillamment les tint ensamble. Et sachiés
qu'il fit moult grant dommaige aux cristiens, ravi-
gora ses gens par tel parti que ilz se deffendirent
moult fort. Et quand Regnauld aperceut le roy Ze-
lodus qui ainsi rendoit estat à ses gens et menoit la
bataille si tresvaillamment qu'il n'y failloit riens, il
jura à Jhesu Crist qu'il mourroit en la paine ou il de-
livra la place des Sarrazins. Lors tourna la targe dar-
rière et brocha le chevau par grant hair , et alla
plain cours vers le roy de Craco. Et quant le roy le
vit venir, il haulsa l'espée et le ferit sur le heaulme
de toute sa force ung moult rude coup ; mais l'espée
glissa contre val sur le senestre costé de la cuis-
se , et le blessa tellement que le sang lui courut
aval jusques à ses tallons. Et Regnauld, qui fut
moult doulent, leva l'espée à deux mains et fe-
rist le roy Zelodus par grant hair sur le bassinet

si grand coup qu'il fut tout estourdi, et tant que l'espée lui vola du poing, et s'enclina sur le col de son chevau et rompit par force la couroye du bassinet. Et adonc Regnauld le ferist et le cherga tant de coups qu'il le convint cheoir par terre, et tantost eut sur luy moult grant foule de gens et de chevaulx ; mais ses gens le vindrent secourir d'entre les piés des chevaux, et ne le seurent aidier. Et quant Sarrazins le sceurent, ilz tournèrent en fuyte, et nos gens les sievoient asprement, et les occisoient parmy les champs, et parmy les boissons, et sachiez qu'il en eschappa bien peu, et ainsi fut la bataille finée. Et ce fait, les cristiens se logèrent ès tentes des Sarrazins ; les deux frères, le roy d'Anssay, le duc Ode, se partirent à tout cent chevaliers, et s'en allèrent vers la cité, où ilz furent liement receups, car les citoiens avoient grant joye de la victoire qu'ilz avoient eue contre les Sarrazins. Adoncques vindrent au palais, où ilz entrèrent en la chambre ; lors vint la pucelle Aiglentine à l'encontre de son oncle le roy d'Anssay.

Comment le roy Zelodus et les aultres Sarrazins furent ars et brulés.

 iglentine la pucelle adonc fut moult lie de la desconfiture des Sarrazins, et aussi de la victoire et de la venue de son oncle, mais non obstant elle avoit si grant douleur au cœur de la mort de son père, qu'elle ne le povoit oublier ; et neantmoins, quant elle approucha

dc son oncle, si s'enclina et le bien vicngna moult
doulcement en disant : Mon treschier oncle, vous
soiez le tresbien venu ; pleut à Dieu que vous fus-
siés arrivé deux jours plus tost ; vous eussiés trouvé
mon père en vie, que Zelodus a fait occir, et puys
l'a fait bruler, pour plus vituperer la foy catholique.
Et quant le roy l'entendit, il fut moult doulent, et
jura Dieu et ses saintz que autant en feroit faire, du
roy. Zelodus et de tous ses Sarrazins qu'il pourroit
trouver, mors ne en vie. Et adoncques fist-on crier
par la cité que de chascun hostel allast ung homme
sur les champs pour assembler les mors sarrazins sur
une montaigne, et que on y portast grant foison de
bois pour ardoir les corps. Et ainsi fut fait, et fut le
corps du roi Zelodus mis au dessus, et furent tous
couvers de bois ; et fut mis le feu dedens, et furent
tous les paiens ars ; et les corps des cristiens qui furent
trouvez mors, ensevelis et mis en terre saincte. Et ces
choses faictes, le roy d'Anssay fist appareiller pour
faire l'obsèque du roy Phedrich son frère, et moult hon-
nourablement, comme vous pourrez cy aprez veoir.
   En ceste partie nous dist l'istoire que moult fut le
roy d'Anssay dolent de la mort de son frère ; mais le
doeul lui convenoit passer quant il estoit venu de la
volenté de Dieu ; l'appareil fut fait pour l'obsèque,
lequel fut en la grande eglize de la cité ; il mon-
ta à chevau, avec luy le duc Ode de Bavière et
pluiseurs aultres barons de Behaigne, et s'en allè-
rent tous vestus de noir aux tentes qui avoient esté
aux Sarrazins, ou les deux frères estoient logez, et
eubrent fait venir le sommaige et ceulx qui gardoient
les logis, et fait tendre à ung des costez de l'ost. Et
adoncques departirent les deux frères l'avoir à chas-
cun, tant grans que petis ; et n'y eut celluy qui ne

se tenist bien paié. Adoncques vindrent le roy, le duc Ode, et toute la baronnie, qui moult humblement saluèrent les deux frères, et les frères les receuprent moult joieusement. Adoncques compta le roy d'Anssay aux deux frères comment le roy Phedrich avoit esté occis en la bataille, et comment le roy Zelodus avoit fait ardoir le corps, en despit de toute cristienneté; et pour ce avoit-il fait ardoir le roy Zelodus et tous les aultres Sarrazins. Or dist Anthoine : Par mon chief, vous avez tresbien fait. Et vraiement le roy Zelodus feist moult grant mesprison et grant cruaulté; car puys que ung homme est mort, c'est grant honte à son ennemi de le plus touchier. Par foy, syre, dist le duc Ode, vous dictes verité; mais le roy d'Anssay est cy venu pour vous et Regnauld vostre frère prier de venir à l'obsèque du roy Phedrich son frère, qui jà est tout prest de commencer; les pseaulmes et vigilles furent dès le soir dictes; et lors respondirent les deux frères : Nous irons voulentiers. Adoncques montèrent à chevau à moult belle compaignie, et vindrent en la cité. Dames et damoiselles, chevaliers, escuiers, bourgoys et gens d'estat et communes les regardoient voulentiers à merveilles, et estoient moult esbahis de la griffe du lyon que Anthoine avoit sur la joe, et louoient moult le beau corps et membres qu'il avoit, et aussi de Regnauld son frère, et disoient entre eulx : Ces deux princes sont moult bien taillez de conquerir et tenir moult de terres et de seigneuries en moult de divers pays et maintes diverses contrées; et en ce parti vindrent à l'eglize, et descendirent illec.

Comment les deux frères furent à l'enseveliemen
et obsèque du roy Phedrich.

iglentine, qui estoit à l'encontre de l'e-
glize, moult humblement fist la reveren-
ce aux deux frères, et les mercia moult
humblement du noble secours qu'ilz lui
avoient fait, car aprez Dieu ilz luy avoient gardé
son honneur, sa vie et son pays. Et adoncques An-
thoine luy respondit moult humblement : Damoi-
selle, nous n'avons rien fait fors ce que nous devons
faire, car tous bons cristiens sont tenus et obligez
selon Dieu de destruire et opprimer les ennemis de
Jhesucrist. Et adoncques la prindrent les deux frè-
res par les deux lets et la dressèrent moult humble-
ment en siége. Là estoit la pucelle moult noblement
acompaignée de dames et damoiselles du pays. L'ob-
sèque fut fait et les chevaulx offers comme il appar-
tenoit à ung tel et si noble roy qu'il estoit. Et aprez
le service, les deux frères montèrent à chevau et
leur mesnie. Le roy d'Anssay et le duc Ode con-
duirent la pucelle jusques au palais et descendirent;
et aprez montèrent ensamble en la salle; et adonc le
disner fut prest; ils lavèrent leurs mains, et puys
s'assirent et furent moult bien servis; et aprez les
nappes ostées ilz lavèrent, et furent graces dictes.
Adoncques la damoiselle fut convoiée en sa cham-
bre, qui fut moulte dolente de la mort de son père.
Et adoncques appella le roy les barons du pays et
leur dist ces parolles
Seigneurs barons, dist le roy; il vous fault entre
vous adviser comment vous ayez en vous ung vail-

lant homme pour gouverner le royaulme de ma
niepce ; car terre qui est en gouvernement de femme
est peu de chose. Or regardez qui sera bon au prouf-
fit et à l'onneur de ma niepce et de vous. Adoncques
respondit ung pour tous les aultres : Sire roy, nous
ne sçavons homme qui devant vous s'en doibve
mesler, car se vostre niepce Aiglentine estoit allée
de vie à trespassement, toute la terre et le royaulme
de Behaigne escherroit à vous ; si que pourtant nous
vous en chergons, et en faictes à vostre voulenté, car
c'est bien raison. Adoncques respondist le roy et dist
ainsi : Par mon chief, pour le plus brief, il faut ma-
rier ma niepce ; or luy querez ung mary qui soit
bien digne de gouverner son royaulme ; car quant
est de moy, j'ay assez pays à gouverner ; et pourtant
je ne vueil mie avoir le gouvernement de cestuy cy.
Adoncques les barons respondirent tout prestement :
Sire roy, se il vous plaist que vostre niepce soit
mariée, si luy querez ung bon mari tel qu'il vous
plaira ; car par dessus vous il n'y a homme qui s'en
meslast. Et quant le roy entendit ce, il respondist
en ceste manière : Et nous y pourvoierons à son hon-
neur et prouffit et au vostre aussi, bien prochaine-
ment, et je m'en vois parler à elle pour celle meisme
cause. Adoncques les barons respondirent : Sire,
Jhesucrist le vous vueille meriter. Et lors le roy s'en
partist, et vint en la chambre de sa niepce, qui moult
humblement le receupt. Et adoncques le roy luy
dist en ceste manière : Ma belle niepce, Dieu merci,
vos besoingnes sont maintenant en bon parti et en
bon point ; car vostre pays est delivré du dangier
des Sarrazins, par la puissance de Dieu et des deux
frères de Lusignen. Or fault regarder comment vostre
terre soit gouvernée doresnavant à vostre prouffit et

honneur et de vos gens aussi. Adoncques respondist
la pucelle : Mon treschier oncle, je n'ay plus de
confort ne de conseil que vous; si vous requiers
pour Dieu que vous y veullez pourveoir de remède;
car il est bien vray que à vous je doibs plus obeir
que à personne du monde, et aussi le vuel faire.
Adoncques en eut le roy moult grant pitié, et lui res-
pondist et dist : Belle niepce, nous y avons jà pour-
veu; il vous fault marier à ung tel homme qui soit
digne de vous gouverner et vostre pays; et il n'est
pas trop loing d'icy, qui est bon et beau, noble,
preus et hardy. Par ma foy, bel oncle, dist la pu-
celle, ce sont foyson de belles taches et bonnes ; je
suys certaine et sçay bien de vray que vous ne me
conseilleriez chose qui ne soit à mon honneur et
prouffit, là où vous le pourrez sçavoir et considérer ;
mais, treschier oncle, de moy si tost marier aprez la
mort de mon père, je ne monsteroye pas nul sam-
blant de doeul de sa mort, et me samble que je mef-
feroye trop, et en seroie blasmée moult durement au
derrière de moy ; et tel me monstroit bonne chiere
qui en tendroit mains de compte derrière.

A ce respondist le roy : Ma tresbelle niepce, grant
chose à faire le convient ; car de deux manlx on
doit choisir le plus petit, quant l'ung avoir le fault
ou choisir; mais, belle niepce, il est bien vray qui
pourroit bonnement attendre, se seroit bon pour
honneur que vous attendissiés encores; mais quoy,
ma belle niepce, je suys demourant loingz de vous
et ne puys cy gaires longuement demourer sans trop
grant dommaige d'aultruy et du mien ; et d'aultre
part, il fault satisfaire les deux frères du noble se-
cours qu'ilz vous ont fait, ou du mien ou du vostre.
Et aulcuns disent qu'il est bon d'avoir plus de prouf-

fit et mains d'onneur ; et à dire que vous les peussiés
remunerer de la courtoisie qu'ils vouz ont faicte, la
moitié de vostre royaulme ne souffiroit pas au grant
dangier et à la paine qu'ilz ont souffert et eu pour
vous ; et d'aultre part, belle niepce, sachiés que vous
n'estes mie trop souffissante pour avoir ung tel et si
noble homme à mari comme est Regnauld de Lusi-
gnen ; car pour certain il est bien digne d'avoir la
plus grande dame du monde, tant pour sa noble li-
gnée comme sa bonté, beaulté et sa noble proesse.
Adoncques quant la pucelle entendit le roy son on-
cle, elle fut toute honteuse, et veoit et consideroit
bien qu'elle estoit en grant dangier et de son peuple
et de pluiseurs aultres choses ; si ne sceut que res-
pondre, fors tant seullement qu'elle du tout en plou-
rant se soubzmettoit au bon vouloir du roy son oncle,
et luy dist telles parolles : Treschier oncle, je n'ay
point de confort en cestuy monde, fors que Dieu et
vous ; pour ce, faictes de moy et de mon royaulme
tout ce qu'il vous plaira. Belle niepce, dist le roy,
vous dictes tresbien ; et je vous jure par ma foy que
je ne feray chose en ceste partie que je le face pour
le mieulx. Or, ma belle niepce, ne plourez plus, car
je vueil que vous vous delivrez de ceste besoingne ;
car plus demourroit ceste baronnie, qui sont bien en
nombre xii mille combatans, sur votre pays, et
tant aurez-vous plus grant dommaige. Et celle, qui
bien cognoissoit que à droit luy disoit, si luy dist :
Mon treschier oncle, faictes en vostre plaisir. Adonc-
ques vint le roy en la grande salle où les deux frères
estoient, avec eulx moult belle baronnie tant du
pays comme d'ailleurs ; et prist le roy la parolle et
dist à Anthoine en ceste manière : Noble duc, plaise
vous attendre à moy ; les barons de ce pays qui cy

sont vous supplient, et aussi fais-je, qu'il vous plaise
que Regnanld vostre frère soit roy de Behaigne, et
qu'il prengne à femme Aiglentine, ma niepce ; et,
treschier sire, vueillez luy prier que ce ne vueille
refuser ; car les barons du pays le desirent moult à
avoir. Sire roy, ceste requeste est digne d'estre ot-
troyée, et aussi sera elle. Or faictes venir la damoi-
selle. Et tantost le roy et le duc Ode l'alèrent que-
rir, et lui firent oster le noir, et la firent vestir des
plus riches garnimens qu'elle eubt, et des plus riches
joyaulx, fermaulx, aigneaulx d'or à riches pierres,
saintures, chapeaulx, et ses dames et damoiselles
moult richement aournées, et pluiseurs eurent les
chiefz bien aournées de grosses perles ; le roy et le duc
Ode adressèrent la damoiselle, et les aultres dames
venoient aprez. Adoncques quant la damoiselle en-
tra en la salle avecq sa compaignie, elle fut toute
enluminée de richesses et de beaulté. Adonc An-
thoine et tous les barons honnourèrent moult fort la
pucelle, qui tant fut belle que à merveilles, et elle
aussi leur fist honnourablement la reverence. Adonc
prinst le roy la parolle, et dist en ceste manière :

Sire duc de Lucembourg, tenez-nous vos conve-
nances ; veez cy de quoy nous voulons tenir les
nostres. Par mon chief, dist Anthoine, c'est bien
raison. Or sa, dist le duc Anthoine, beau sire, re-
cepvez celle noble pucelle, et l'onneur du royaulme
de Behaigne. Adonc passa Regnauld devant, et dist
à haulte voix : Par ma foy, beau sire, je rends pre-
mierement graces à Dieu omnipotent, au roy qui est
icy, et à tous les barons de ce pais de cestuy hault
honneur, car se il n'y avoit tant seullement que la
pucelle sans heritaige, si ne la refuseroie-je mie, et à
l'aide de Dieu, j'ay esperance de conquerir assez de

pays pour elle et pour moy, combien que je prens bien tout en gré. Adonc luy dist Anthoine : Beau frère, vous avez raison, car vous avez le royaulme tout conquis davantaige; or vous doint Dieu par sa sainete grace conquerre des aultres sur les ennemis de Dieu. A brief parler, fut là mandé ung evesque qui les fiansa, et commença la feste à estre moult grande; car on le sceut tantost par toute la ville; et en eubrent tous ceulx de la ville moult grant joye, et fut toute la ville parée de couvertes de richès draps d'or; et fist-on moult noble appareil comme pour une telle feste, et fut ordonné que les neupces se feroient sur le champ au maistre pavillon. Et ainsi demoura jusques au tiers jour; et fist-on faire maintes robes riches, tant pour l'espouse, les dames et damoiselles, comme pour les deux frères et les barons du pays et les estrangiers; et la nuyt que on devoit espouser le lendemain, on mena la pucelle, et avec elle les dames et damoiselles, au maistre pavillon; et fist-on tendre moult de riches tentes tout environ pour les dames; et le roy d'Anssay et le duc Ode de Bavières se logèrent avecq leur baronnie environ les tentes des dames, et Anthoine et Regnauld d anltre partie; et fist-on celle nuyt faire bon guet comme se les anemis furent prez de là; et fut la feste moult grande, et le soupper moult notable. Et quant il fut temps, chascun s'en alla reposer jusques à là matinée que l'aubbe du jour apparut.

Comment Regnauld espousa Aiglentine, fille du roi de Behaigne.

n ceste partie nous dist l'istoire que quant l'aubbe du jour apparut, la matinée fut belle et clère, et luysit le soleil moult bel et cler. Adonc fut moult noblement appareillée l'espouse, et fut addressée au lieu où la messe se devoit dire. Ilz furent espousez, et la messe dicte moult solemnellement, et aprez ramenée au maistre pavillon; et quant le disner fut prest, ilz lavèrent et s'assirent à table; et ilz furent moult richement servis, et de pluiseurs manières de metz; et quant ilz eubrent disné, les napes furent ostées; ils lavèrent, les tables furent abbatues et graces dictes. Aprez, les dames allèrent à leur retrait, et les chevaliers s'allèrent armer, et Anthoine meismes, pour faire honneur à son frère.

Comment, aprez le disner, les chevaliers joustèrent.

es dames retournèrent et montèrent sur les eschafauds; lors vindrent les chevaliers sur les rends, et commencèrent les joustes moult belles; et n'y eubt oncques chevalier qui se peut tenir à Anthoine ne à Regnauld; et quant ilz visrent que les joustes affoiblissoient pour eulx, ilz se departirent des rends, et se vindrent desarmer; et tout ce ap-

perceut bien le roy d'Aussay, le duc Ode de Ba-
nières et l'aultre baronnie. La jouste dura moult
longue pièce ; et tantost aprez fut temps de soupper,
ainsi la jouste cessa ; et s'en departirent les cheva-
liers et escuiers, et puys souppèrent. Le soupper fait,
les menestriers cornèrent, et danssa on grant temps.
Et quant il fut heure d'aller dormir, on mena l'es-
pousée couchier en ung riche liet de parement ; et
puys assez tost aprez vint Regnauld et se coucha
avecq la pucelle, aprez que le lict eubt esté beneit.
Adoncques se departist chascun de la chambre, les
ungz crians, chantans et daussans, et les aultres
comptans de beaulx comptes et de belles adventures ;
et se esbatoient qui mieulx pour passer le temps ; les
aultres allèrent dormir. Regnauld et la pucelle fu-
rent couchiés l'ung avecq l'autre, et moult se humi-
lioit la pucelle envers luy et luy disoit : Monseigneur,
se ne fut la grace de Dieu mon créateur, et la puis-
sance de vostre frère, et vous aussi, ceste povre or-
pheline estoit toute desolée et perdue, elle et tout
son pays, et cheue en moult grande adversité entre
les mains des mauvais Sarrazins ; mais l'aide de Dieu
et la vostre m'en ont jetté, dont je vous remercie,
et quant vous avez daigné de prendre en femme si
medice pucelle comme je snys. Par foy, dist Re-
gnauld, ma doulce amour, vous avez trop plus fait
pour moy que je n'ay pour vous, quant vous m'avez
fait le don de vostre noble corps, et héritier de tout
vostre royaulme ; et avecques moy n'avez riens pris
fors tant seullement mon corps. Et lors respondist la
pucelle : Par ma foy, monseigneur, le corps de vous
vault mieulx que dix royaulmes, et plus est à priser,
quant à mon gré. De leurs parolles n'en veulz plus
parler ; mais celle nuyt fut engendré d'eulx deux

ung tresbeau filz qui eubt a nom Oliphart; celluy fist moult grande guerre et les soubzmist en toute la basse marche de Hollande et de Zellande, Streve et Dannemarche et Norwége. Lendemain, au matin, se leva chascun, et fut messe chantée et y fut menée la dame. Aprez la messe, vindrent au maistre pavillon, et ainsi qu'ilz eubrent lavé et qu'ilz se deurent asseoir pour disner, vindrent deux chevaliers de Lucembourg qui apportoient lettres à Anthoine de par Cristienne sa femme, et vindrent devant le duc, Anthoine et le saluèrent de par sa femme, en luy disant ainsi : Monseigneur, vous devez avoir, grant joye, car ma dame vostre femme vous a apporté ung le plus bel enfant masle que oncques fut veu en nul pays. Or, beaulx seigneurs, dist Anthoine, loué en soit Dieu, et vous soiez les tresbien venus ; et puys prinst-il les lettres

L'istoire nous dist que le duc Anthoine de Lucembourg fut moult joyeulx de ces nouvelles, et aussi fut Regnauld, son frère. Adoncques le duc Anthoine leut les lettres, et trouva dedens que les deux chevaliers disoient la vérité. Alors accolla le duc les deux chevaliers moult liement, et leur fist donner moult de riches dons. Adonc s'assist au disner, et dura la feste jusques à huyt jours ; et puys retournèrent en la cité Et lors prinst congié le roy d'Anssay, Anthoine et le duc Ode de Ravières, et tous les barons, du roy Regnauld et de la royne Aiglentine, qui furent moult doulens de leur departie. Et eubt convenant le duc Anthoine au roy Regnauld que se les paiens luy faisoient point de guerre, que il le viendroit secourir à noble baronnie, et le roy Regnauld l'en remercia moult ; lors s'entrebaisèrent les deux frères à leur departement. Tant chevaucha l'ost qu'il vint à Muchin en Bavière, et se logèrent en la prarie devant icelle ville ; et les festoia moult le duc Ode par l'espace de trois jours ; et au quatrièsme jour se departirent, et prindrent congié du duc Ode ; et chevauchèrent tant qu'ilz approuchèrent Coulongne à une journée prez. Adonc vindrent les quatre chevaliers qui gouvernoient les gens d'armes et les arbalestriers que ceulx de Couloingne avoient envoié à Anthoine, et luy disdrent en ceste manière : Monseigneur, il est bon que nous allons devant en la ville pour appareillier vostre passage. Par ma foy, dist le duc Anthoine, beaulx seigneurs, il me plait bien ; et lors se partirent les quatre chevaliers et leur mesnie avecques eulx ; et chevauchèrent tant qu'ilz vindrent en la cité de Coulongne, où ilz furent moult liement receups, et leur enquirent les grands bourgois et les gouverneurs de la cité comment ilz avoient exploité en leur voiage, et ilz leur comptèrent toute la vérité, avecq la grande puissance et la grant valeur des deux frères ; et comment Regnauld estoit roy de Behaigne. Adoneques quant ceulx de Coulongne l'entendirent, ils furent bien joyeulx, et disdrent qu'ilz estoient bien eureux d'avoir acquis l'amour de telz deux princes. Et lors firent faire moult grant appareil pour recepvoir le duc Anthoine et le roy d'Anssay et leurs gens. Tant chevaucha l'ost qu'il vint à Couloingne, et allèrent les bourgoys de la cité à l'encontre en moult belle compaignie, et firent passer ceulx qui venoient pour aller tendre oultre la ville ; et firent loger par decha l'avant-garde, la grosse bataille et le sommage. A tant encontrèrent Anthoine et le roy d'Anssay, et leur firent moult grande reverence, et les prièrent tant qu'ilz vindrent loger le soir en la ville à moult

grant foison de nobles barons; et les festoièrent
moult honnourablement, et donna aux dames, aux
bourgois de la ville et aux gentilz hommes à soup-
per, et le lendemain à disner; et ce jour passa le Rin
le remanant de l'ost; et le lendemain au matin
prinst le duc Anthoine congié de ceulx de la ville,
et les mercia moult de ce qu'ilz lui avoient fait; et
leur dist que se ilz avoient besoing de luy, qu'il les
conforteroit à son povoir; et ilz le mercièrent moult.
Lors se departist Anthoine et se desloga l'ost, et er-
rèrent tant par pluiseurs journées qu'ils vindrent ung
soir loger es prez dessoubz Lucembourg.

La duchesse Cristienne fut moult joyeuse quant
elle sceut la venue du duc Anthoine son mary;
elle s'en issist hors de la ville a moult belle compai-
gnié de dames et damoiselles, et des nobles du pays,
et toute la bourgoisie venoit aprez à l'encontre de
luy, et la clergé à confanons et l'eau benoite, et
l'encontrèrent à demie lieue de la ville; et là fut
moult grande la joye que le duc et la duchesse s'en-
trefirent; et tout le menu peuple crioit noel, et
louoient nostre Seigneur Jhesucrist de la venue de
leur seigneur; et se loga l'ost devant Lucembourg;
et Anthoine, le roy d'Anssay et les plus haultz ba-
rons se logèrent en la ville; là fut la feste moult
grande par toute la ville; et y demoura le roy d'Ans-
say par l'espace de six jours continuellement, et le
festoia le duc Anthoine moult richement, et luy ren-
dist toutes ses obligattons et le quitta, excepté la
prieuré fonder pour prier pour les mors, pour l'amour
du roy Regnauld son frère; et le mercia le roy moult
amiablement. Et adonc se départit de Lucembourg,
et s'en revint en son pays d'Anssay, où il fut moult
joyeusement receu; et le duc Anthoine demoura avec

sa femme, et en eubt la dame celluy an ung filz qui
fut appellé Lochier; et delivra toute l'Ardemie de
robeurs, et fonda ès bois une abbaye de saincte vie,
et fist faire le pont de Maisières, sur la Meuse, et
pluiseurs aultres fortresses en la basse marce de Hol-
lande; et fist moult de beaulx faitz d'armes avecq le
roy Olliphart de Behaigne, qui estoit son cousin-
germain et filz du roy Regnauld. Et depuys eubt le
roy d'Anssay affaire au conte de Fribourg et au duc
d'Autrice; et manda à Anthoine qu'il luy venist ai-
dier ; et si fist-il, et print par force le conte de Fri-
bourg, et passa en Autrice, et desconfist le duc en
bataille, et le fist apaisier au roy d'Anssay à son
honneur. Et eubt Bertrand, le filz Anthoine, à
femme Mellidée, la fille au roy d'Anssay, et fut roy
d'Anssay aprez le trespas du roy. Et la duché de
Lucembourg demoura à Locher aprez le decès de
son père, le duc Anthoine. Mais de ceste matère
n'en parleray-je plus quant à maintenant, mais re-
tourneray à parler de Raimondin, de Melusine et
de leurs aultres enfans.

En ceste partie nous dist l'histoire que Raimon-
din, par son vasselaige, conquist moult grant pays,
et luy firent maintz barons hommaige jusques en
Bretaigne. Et eubt Mellusine, les deux ans aprez,
deux filz, dont le premier eubt à nom Fromond,
qui ama moult l'eglise, et bien le monstra en la fin,
car il fut rendu moinne à Maillères, dont il advint
puys ung grant et horrible meschief, ainsi comme
vous orrez cy aprez en l'istoire. Et l'aultre filz qu'elle
eut l'an ensievant eut à nom Thierry, qui fut moult
bataillereux. Icy vous laisseray à parler des deux
enfans, et vous diray de Geuffroy au grant dent,
qui fut le plus fier, le plus hardi et le plus entrepre-

18

nant de tous ses aultres frères. Et sachiés que celluy
Geuffroy n'en doubta oncques homme, et dist l'istoire
et la vraie cronicque qu'il se combatit à ung cheva-
lier faye au maulvais esperit ès prez dessoubz Lusi-
gnen, ainsi comme vous oyrez cy après racompter. Or
est vray que pour lors Geuffroy fut grant et percreu,
et oyt nouvelles qu'il y avoit en Irlande ung peuple
qui ne vouloit pas obéir en ce qu'il devoit à son père.
Adonc jura Geuffroy la dent Dieu qu'il les feroit ve-
nir à raison ; et, pour ce faire, prinst congié de son
père qui fut moult courroucé de son departement.
Et de fait mena avecq luy jusques au nombre de cincq
cens hommes d'armes et cent arbalestriers, et s'en
vint en Irlande ; et tautost enquist où estoient les des-
obeissans ; et ceux qui tenoient la partie de Raimon-
din lui enseignèrent les fortresses des desobeissans.
Et adoncques s'armèrent et se presentèrent audit
Geuffroy, et ilz luy disdrent qu'ilz luy aideroient à
destruire ses ennemis. Par Dieu, beaulx seigneurs,
dist Geuffroy au grant dent, vous estes moult bonnes
et leales gens, et je vous mercie moult de ce que
vous m'offrez et de l'onneur que vous me faictes ;
mais, quant à present, Dieu mercy, il n'est nul be-
soing de ce, car j'ay assez de gens d'armes pour ac-
complir mon affaire sans vous traveiller de rien, au
plaisir de Dieu. Par ma foy, sire, vous avez plus
affaire que vous ne cuidez, car vos ennemis sont
moult fors et fiers et de merveilleux courages, et
sont trestous cousins et parens, et du plus grand
estraction de sang qui cy soit ou pays. Beaulx sei-
gneurs, dist Geuffroy, ne vous en chaille, car, à
l'aide de Dieu omnipotent, j'en chevirai bien. Et
sachiés qu'il n'y aura ja si grant ne si petit, s'il ne
veut obéir à mon mandement, que je ne le fasse mour-

rir de malle mort, et aussi, beaulx seigneurs et amis,
se je vois qu'il me soit besoing, je vous remanderay.
Et ilz respondirent : Nous sommes tous prestz dès
maintenant, ou toutesfois, sire, quand il vous plai-
ra. Beaulx seigneurs, dist Geuffroy au grant dent, ce
fait est moult à remercier. Adonc prinst Geuffroy
congié d'eulx, et se mist à chemin vers une fortresse
qui estoit nommée Syon; et dedens icelle avoit ung
des ennemis de Geuffroy, qui estoit nommé Claude
de Syon, et estoit luy troisième des frères; moult
furent les trois frères fiers et orguilleux, et vouloient
suppediter tous leurs voisins et estre seigneurs d'eulx.
Adoncques Geuffroy envoia deffier iceulx frères, en
disant en ceste manière que ilz luy voulsissent faire
obeissance pour Raimondin son père. Et ilz respon-
dirent au messaigier que, pour Raimondin ne pour
homme de par luy, ilz n'en feroient riens, et qu'il
n'y retournat plus, aultrement il feroit que fol. Par
ma foy, dist le messagier, je m'en garderay moult
bien, sinon que je vous enmaine ung medecin qui
vous destrempera ung tel electuaire de quoy vous se-
rez trestous perdus et pendus par la gorge. Et de ce
mot furent les frères moult couroucez. Et sachiés
que, se le messagier n'eust tost hasté le chevau, qu'il
eut esté pris et mort sans nul remède : car ilz estoient
folz et cruelz, et ne craignoient Dieu ne nul homme.
Adoncques le messagier retourna vers Geuffroy, et
luy compta l'orguel et le boubant des trois frères.
Par mon chief, dist Geuffroy, grant vent chiet pour
petit de pluie, et de ce ne doubtez, car je les paieray
bien de leurs gaiges.

L'istoire nous dist que quant Geuffroy eubt oy
l'orgueil et la fière responce des trois frères, que,
sans plus dire, il s'en vint loger à demie-lieue de la

fortresse; et quant il eubt ses gens logez et ordon-
nez, il s'arma de toutes pièces, et prinst avec luy
un escuier qui bien sçavoit tout le pays, et le fist
monter sur ung riche destrier et coursier à l'avan-
taige, et commanda à ses gens qu'ilz ne se meussent
de là jusques à tant qu'ils orroient nouvelles de luy;
et ils luy respondirent que non feroient-ils. Adonc-
ques s'en partist Geuffroy avec l'escuier; mais là
avoit ung chevalier qui avoit nourry et gouverné
Geuffroy, qui bien cognoissoit son fier courage, et
qu'il ne craignoit riens du monde; et celluy cheva-
lier avoit nom Philibert de Mommoret, et estoit
moult vaillant de la main; et avoit esté en moult de
bonnes places, et celluy amoit moult Geuffroy.
Adonc se partist aprez lui, avecq luy dix chevaliers
tous armez, et sievit Geuffroy de loing que oncques
ne perdist la veue de luy; et Geuffroy chevaucha tant
qu'il apperceut la fortresse de Syon, qui seoit de-
vers la coste où il estoit sur une haulte roche. Par
ma foy, dist Geuffroy, se la fortresse est ainsi forte de
l'aultre costé comme elle est de cestuy, elle me fera
grant ennuy ainçoys qu'elle soit prinse. Il me faut
sçavoir se elle est ainsi forte par delà. Adoncques
prinst environner la fortresse tout le couvert d'ung pe-
tit boys qui estoit illec prez, et vindrent en la coste
de la montaigne, et s'avallèrent aval à une belle
prarie; et tousjours Philibert le sievait ne oncques
n'en perdist la veue, et faisoit mucer ses gens au
bois. Et tant chevaucha Geuffroy qu'il eut environné
la fortresse, et regarda moult bien que devers le
pont c'estoit le plus foible, et luy sembloit bien que
par là elle pourroit estre prise d'assault, car les murs
y estoient bas et n'estoient pas les tours guerlandées,
mais y avoit sur la porte une grosse tour assez haulte

et bien couronnée et monstroit tresgrant deffence en lieu foible. Mais Geuffroy advisoit de venir tout pourveu de manteaulx et de cloyes pour garder des pierres de fer; et ainsi qu'il advisoit et pensoit à ce, il entra en une petite rue qui remontoit la montaigne, à revenir autour de la fortresse, pour retourner à son logis. Adonc Philibert le perceut bien et qu'il vouloit faire, et s'en vint à ses gens et les remena assez prez du chemin par où il estoit venu, et les fist embuchier au bois; car il vouloit laisser Geuffroy repasser, et s'en vouloit retourner au logis aprez lui; et ainsi qu'il regardoit quant Geuffroy isseroit du cavan, il perceut une route de gens d'armes à chevau qui entroient en la charrière par où Geuffroy venoit; et fut la charrière si estroite que à paine se pouvoient rencontrer deux hommes de front, et aucunesfois quant les chevaux estoient grans, il en convenoit retourner quelqu'un; si ne sceut Philibert que penser, et s'arresta moult grant pièce sur ce propos, car il craignoit tant Geuffroy qu'il n'osoit aller avant. Et me tairay de luy, et vous diray de Geuffroy, et comment il luy prinst de ce fait, comme vous orrez cy aprez racompter tout le fait et la manière.

En ceste partie nous dist l'istoire que au milieu de la montaigne Geuffroy rencontra la route des gens de chevau; et estoient de seize à dix et huyt, que ung que aultres; de quoy il y en avoit jusques à quatorze bien armez et richement; et qui me demanderoit quieulx gens c'estoient, je diroye que c'estoit l'ung des frères Claude de Syon qui venoit devers son frère, pour ce qu'il avoit mandé pour le conseillier qu'il feroit du mandement qu'il avoit eu de Geuffroy; car il auroit entendu que Geuffroy estoit moult cruel et moult merveilleux homme. Et adonc quant

Geuffroy eubt rencontré le premier de la route, si luy dist qu'il se virast et qu'il fist virer ses compaignons tant qu'il eubt la montaigne passée. Par foy, fist celluy, qui estoit fier et orgüilleux, damp musart, avant nous faudra bien sçavoir qui vous estes, qui distes que nous virons pour vous. Par foy, dist Geuffroy au grant dent, et vous le sçaurez maintenant, et puys vous retournerez malgré que vous en ayez; je suis Geuffroy de Lusignen; or virés tost, ou, par le dent Dieu, je vous feray virer par force. Quant Guion le frère Claude de Syon l'entendit, et que c'estoit Geuffroy au grant dent, il leur escria et dist : Avant, seigneurs barons, par foy, se il nous eschappe ce sera grant honte à nous tous; mal nous est venu demander servitude en nostre pays. Adoncques quant Geuffroy entendit ceste parolle, il traist l'espée sans plus dire, et ferit le premier sur le chief si grand cop qu'il l'envoya tout estourdy par terre, et puys passa par de costé le chevau et par-dessus celluy que feru avoit, qui gisoit au font de la charière, tellement qu'il luy derompit tout le corps, et ferist ung aultre d'estoc parmy le pis, et le jetta tout mort par terre, et puys leur escria : Par foy, faulces gens tristes, vous ne me povez eschapper; vous retournerez à vostre pute estraine. Et lors passa par delà le chevau à l'aultre qui gisoit mort, et vint au tiers. Celluy estoit moult grant et fort, et ferit Geuffroy sur le bassinet de toute sa force; mais le bassinet fut moult dur et l'espée glissa aval de grant randon, mais oncques n'empira Geuffroy ne son harnois de la valleur d'ung denier; et adont Geuffroy empoigna l'espée à deux mains et le ferist sur la coeffe d'acier jusques à la cerveille, et le rua tout mort. Et quant Guion perceut ce meschief, il fut moult iré,

car il ne povoit advenir à Geuffroy fors que ung
à coup, et veoit qu'il n'y avoit mais que deux devant
luy, si en eut grant paour, car il appercevoit venir
Geuffroy de grant puissance et hardiesse ; il escria
aux derreniers : Retournez et montez tant que nous
soions au large où nous nous puissions deffendre ;
car, en ce parti, ce diable nous occiroit tous. Et
adont ceulx virèrent tout court et montèrent apper-
tement la montaigne, et Geuffroy aprez, l'espée au
poing ; et lors son escuier fist retourner les chevaux
des trois qui estoient abbatuz. Or diray de Philibert
de Mommoret, qui estoit approuché du cavan, et oyt
la noise ; si appella ses gens et ilz vindrent à luy ; et
adoncques Guion et ses gens saillèrent de la montai-
gne, et Geuffroy aprez, l'espée au poing ; et quant
ilz l'apperceurent, ils le assaillirent de tous costez ;
et il se deffendoit comme preus et vaillant ; et aussi
son escuier se porta tresvaillamment, et fut moult
forte la bataille. Or vous diray de celluy que Geuf-
froy avoit abbatu premier, car quant il apperceut
que Guion s'en estoit tourné par la force de Geuf-
froy, et il vit que ses deux compaignons estoient
mors emprez luy, il fut moult doulent, et regarda
autour de luy, et trouva son chevau et monta sus à
tresgrant paine, et s'en alla, tant qu'il peut poindre
le chevau des esporons, vers Syon ; et quant il vint,
il trouva Claude à la porte, avecq luy de ses gens ;
et quant il le vit, il le congneut moult bien et le vit
tout sanglent et tout souillé de sang ; si luy demanda
qui ainsi l'avoit atourné, et celluy luy compta l'ad-
venture comment ilz avoient rencontré Geuffroy tout
seul, et le dommage qu'il luy avoit fait retourner
Guion son frère hors du cavan par force, et encores
duroit la bataille. Adoncques quant Claude l'enten-

dit, il en fut moult doulent, et tantost s'en alla armer et fist ses gens armer.

Moult fut doulent Claude quant il ouyt les nouvelles de la vilonnie et du dommage que Geuffroy eubt fait à Guion, son frère, et comment encores se debatoient et combatoient par dessus le · cavan. Adoncques s'arma et fist armer ses gens et montèrent à chevau jusques à sept vingz hommes d'armes, et laissa Clarebault, son frère, au fort, àtout soixante bassines pour le garder; lors vint en la bataille; mais pour neant se penoit, car Philibert et ses dix chevaliers estoient venus en la bataille, et besongnèrent tellement que tous les hommes de Guion furent mors et Guion pris; et tantost jura Geuffroy qu'il le feroit pendre par le col. Lors vint l'escuier à Geuffroy qui estoit rentré au cavan pour aller querir une belle espée qu'il avoit veu gisir par terre d'ung des chevaliers que Geuffroy avoit occy. Adonc il ouyt le trot et le bruit des chevaux et des gens d'armes que Claude amenoit; si retourna tout courant à Geuffroy et lui dist : Monseigneur, j'ay oy moult grant bruit de gens qui cy viennent; et tantost que Geuffroy l'ouyt, il fist Guion lier au bois à ung arbre, et le fist garder à ung chevalier, et s'en vint atout ses hommes à l'encontre du cavan, et là attendoit l'adventure. Et Philibert alla courant sur la montaigne et regarda au font de la charrière, et vit venir Claude et ses gens qui venoient par le cavan. Adoncques retourna à ses gens et dist à Geuffroy : Sire, il n'y a affaire aultre chose que de bien garder ce pas ; veez cy venir vos ennemis; et Geuffroy respondist : Or ne vous en doubtez, il sera moult bien gardé et deffendu. Adonc il appella l'escuier qui estoit venu avecques luy et luy dist : Courez tantost à l'ost et me faictes venir mes compaignons le plus brief que vous pourrez. Et il se departist et ferit des esporons, et vint vers l'ost grant alaine ; et, quant il fut arrivé, il leur dist : Beaulx seigneurs, or tost à chevau, car Geuffroy se combat à ses ennemis ; et ilz s'armèrent et montèrent tantost à chevau qui mieulx sceut, et vindrent tantost aprez l'escuier qui les guidoit au plus droit qu'il povoit vers le lieu où il pensoit à trouver Geuffroy, qui se combatoit à ses ennemis.

. L'istoire nous dist que Geuffroy et Philibert et leurs chevaliers estoient en l'entrée du pas ; et lors vint Claude et ses gens qui venoient à moult grant effort parmy le cavan, et bien cuidoient gaignier la montaingne à leur advis; mais Geuffroy estoit à l'entrée du pas qui moult asprement leur deffendoit le passaige; et sachiés qu'il n'y eut si hardi qu'il ne fist reculer, car il y eut deux de ses chevaliers qui estoient descendus à piet, les lances es poings qui se tenoient moult vigoureusement au cavau coste à coste de Geuffroy, et donnoient aux gens de Claude de grans coups de lances, et en y eubt pluiseurs de mors. Philibert estoit adonc descendu lui quatriesme, et c'estoit mis sur la donne du cavan par dessus, et faisoit assembler pierres et gettoient par telle vigeur contre la vallée que il n'y avoit si fort, s'il estoit ataint sur la couppe du bassinet à plain coup, qui ne fut tout estourdi ou rué du chevau par terre; et sachiés qu'il en y eut plus de vingt mors. Et lors vint l'escuier qui amenoit l'ost, et quant Geuffroy le sceut il lui fist mener trois cens hommes d'armes par le chemin qu'ils estoient allez le matin pour aller audevant du pas, que Claude ne ses gens ne peussent retourner en leur fortresse. Et tantost de là l'escuier se departist, et s'en vint grant aleure au devant de la prarie, et passa par devant la fortresse. Et quant Clerevault les vit, il cuida que ce fut aulcun secours qui leur venist, car il ne cuidoit pas qu'il y eut au pais de leurs ennemis à si grant force; et ceulx venoient tout le beau pas sans faire nul samblant qu'ilz leur voulsissent que bien. Et adonc Clerevaud, qui cuidoit bien que ce fussent amis, fist abaisser le pont et ouvrir la porte, et vint lui vingtiesme tout armé sur le pont. Et adonc quant l'escuier et sa route apperceurent que le pont fut abbattu et la porte ouverte, ilz se trairent le chemin le plus promptement qu'ilz peurent, et quant, au passer devant la porte, Clerevauld leur escria : Quelles gens estes-vous? Et ceulx respondirent : Nous sommes bonnes gens; et en approchant dudit pont environ de xx. chevaux, ilz luy demandèrent où est Claude de Syon? nous voulons parler à luy. Et Clerevauld les approcha en disant : Il reviendra tantost, il est allé combattre Geuffroy ou grant dent, nostre ennemy, que luy et Guion, nostre frère, ont enclos en celle montaigne que vous voiés là devant vous ; et sachiés que Geuffroy ne leur peut eschapper, et fut-il ores de fin acier trempé, qu'il ne soit mort ou affollé. Par foy se dist l'escuier, ce sont bonnes nouvelles. Et adonc s'approcha luy vingtiesme de plus en plus, en demandant à ses gens : Le irons-nous aidier? Par foy, dist Clerevauld, grant mercy, il n'est à present nul besoing.

L'istoire nous racompte que tant s'approcha l'escuier de Clerevault par belles parolles, qu'il vint prez du pont. Adoncques il escria à ses gens : Avant, seigneurs, la fortresse nous est gaignée. Et quant Clerevauld oyt ce mot, il cuida reculer pour lever le pont ; mais les vingt se ferirent si rudement parmy

luy et ses gens, que tout fut tombé par terre, et tautost
misrent piet à terre et vindrent sur le pont et entrèrent
en la porte, tantost ilz misrent deux lances ès chaines de
la porte coulisse, et puis plus de cent misrent piet à terre
et vindrent sur le pont et entrèrent en la porte, et hault
et bas, parmy la fortresse, et puis fut pris Clere-
vauld et tous les autres qui estoient en la fortresse,
et furent tous liez en une chambre, et les firent gar-
der par quarante hommes d'armes ; et aprez se as-
samblèrent et eurent conseil qu'ilz manderoient cel-
luy fait à Geuffroy, et qu'ilz se tendroient enclos en
la fortresse, assavoir moult se Claude reviendroit à
garent ; et ainsi le firent. Adonc dist l'escuier que
luy mesme le iroit nuncer à Geuffroy ceste adven-
ture ; et lors s'en partist, et vint au ferir de l'espo-
ron à Geuffroy, et luy compta ceste adventure ;
et, quand Geuffroy scent l'adventure, il fut moult
joyeulx, et tautost le fist chevalier, et luy bailla cent
homme d'armes, et luy commanda qu'il allast tan-
tost sur le pays et qu'il gardast bien que Claude ne
print aultre chemin que celluy de la fortresse, car,
se il eschappoit, il pourroit faire moult d'ennuy
avant que on le peut atraper ; et que mieulx le val-
loit enclore au cavan et le prendre par force là de-
dens. Sire, dist le chevalier nouvel, ne vous en
doubtez, il ne nous eschappera se il ne scet voler ;
mais que je puisse aller à temps, je vous donne ma
teste se il s'en va. Et lors se departist et descendist
la montaigne atout les cent hommes d'armes ; et
Geuffroy demoura au pertuis, qui se combatoit
à force d'espée à ses ennemis ; et bien xl. chevaliers
estoient descendus à piet sur la montaigne, qui get-
toient pierres contre val de si grant force que, malgré
que Claude en eubt, il le convint retourner à grant

paine luy et ses gens. Et Geuffroy et ses hommes
entrèrent au cavan et les enchassèrent au dos ; mais
à grant paine peurent passer parmy les mors qui
avoient esté occis du jet de pierres. Or vous diray
du nouvel chevalier qui jà estoit venu à l'encontre du
cavan, luy et sa route; mais quant il oyt le bruit des
chevaux, il pensa bien que Claude retournoit, et
prist le couvert de la montaigne, et laissa à Claude
le chemin de la fortresse.

L'istoire dit que Claude exploita moult fort pour
saillir du cavan et s'en venir à temps à salveté au
fort de Syon ; mais de ce que fol pense demeure sou-
vent la plus grant partie à la fois. Or est vray qu'il
exploita tant qu'il saillist du cavan et vint au large.
Adoncques il n'attendit per ne compaignon, mais s'en
vint à cours de chevau vers le fort, et, quant il fut
prez, il cria à haulte voix : Ouvrez la porte ; et ilz
firent ainsi. Et lors il passa le pont et entra dedens,
et vint descendre avant qu'il perceut qu'il eubt per-
du sa fortresse; et tantost qu'il fut descendu, il fut
saisi de tous costez et lié fermement. Adoncques il
fut moult esbahi, car il ne veoit autour de luy hom-
me qu'il congneut. Qu'esse cy? dist-il ; que diable
sont mes gens devenus? Par mon chief, dist ung che-
valier qui bien le congnoissoit, tantost serez logé
avec eulx, et tantost il fut mené en la chambre où
Clerevauld et les autres prisonniers estoient. Lors,
quant illes apperceut liez et gardez comme ilz estoient,
il fut moult doulent. Et quant Clerevauld le vit, il
luy dist : Ha a, Claude, beau frère, nous sommes
par vostre orgueil enchus en grant chetiveté, et
doubtez que n'en eschapons jà sans perdre la vie,
car trop est Geuffroy cruel. Et Claude lui respon-
dist : Il nous en convient attendre tout ce qu'il nous

adviendra. Lors vint Geuffroy, qui entra en la for-
tresse, et avoit occis que prins tout le demourant des
gens de Claude ; et adonc fut amené Guion son frère
en la chambre avec les aultres; lors entra Geuffroy
dedens et choisist Claude entre les aultres, et luy
dist : Et comment, dist-il, faulx triste, avez-vous
esté si hardi de dommager ne de molester ainsi le pays
de monseigneur mon père et ses gens, vous qui
devez estre son homme ? Par mon chief, je vous en
pugniray bien : car je vous feray pendre devant Val
bruiant, voiant vostre cousin Guerin, qui est triste
comme vous devers monseigneur mon père. Et
quant Claude oyt ce salut, sachiés qu'il ne luy pleut
gaires. Mais, quant le peuple du pays sceut que Syon
et Claude estoient pris avec ses deux frères et leurs
gens mors, lors vindrent plaintes de roberies et
d'aultres mauvais cas sur Claude et sur ses gens, et
trouva-on leans plus de cent prisonniers, que de bon-
nes gens du pays, que marchans et estrangiers, qui
avoient esté robez, le venoient racompter ; et par là
ne passoit nul qui ne fust rué jus ; et, quant Geuffroy
ouyt ces nouvelles, il fist tantost lever unes fourches sur
la coste de la montaigne, et y fist pendre toutes les gens
de Claude ; mais celluy Claude et ses deux frères il es-
pargna pour lors, et bailla la charge du chasteau à
ung chevalier du pays qui estoit moult vaillant homme
et preud'homme, et lui commanda sus sa vie de elle
bien garder, et gouverner leaulment les subjectz, et
faire garder justice. Et celluy luy promist de ainsi
le faire à son povoir, car il gouverna le pays moult
bien et loiaulment. Et, après ces choses, se partist le
matin, et prist le chemin de Val bruiant, et fist
amener avec luy tous les trois frères, qui moult
grant paour avoient de la mort, et n'estoit pas sans

cause, comme vous oyrez dire et deviser cy aprez.

L'istoire nous dist que Geuffroy et ses gens chevau-
chèrent tant qu'ilz vindrent devant Val bruiant, et
furent les tentes tendues, et se loga chascun en or-
donnance ainsi qu'il peut. Adonc fist Géuffroy tan-
tost lever unes fourches devant la porte du chasteau,
et fist pendre incontinent Claude et ses deux frères,
et manda à ceulx du chasteau que, se ilz ne se ren-
doient à sa voulenté, qu'il les feroit tous pendre se il
les povoit tenir. Et, quant Guerin de Val bruiant oyt
ces nouvelles, il dist à sa femme : Or dame, il est
vrai qué contre la force de ce diable je ne me pourroie
tenir, et je me partiray d'icy et m'en iray à Mont-
frin, à Girard, mon nepveu, et à mes autres amis, pour
avoir conseil comment nous pourrons avoir traicté
de paix à Geuffroy. Adonc la femme, qui moult fut
saige et subtive, luy dist : Allez-vous-en, de par Dieu,
et gardez bien que vous ne soiés pris, et ne vous par-
tés point de Montfrin tant que vous aurez nouvelles
de moy : car, à l'aide de Dieu, je pense que je vous
pourchasseray bon traicté à Geuffroy : car vous sça-
vez bien que, se vous me eussiés voulu croire,
vous ne vous feussiés pas meslé d'avoir fait ce que
Claude et ses frères vous ont fait faire ; combien que,
Dieu merci, vous n'avez point encores faulcé vostre
foy devers vostre seigneur souverain Raimondin
de Lusignen. Adonc Guerin luy respondist : Ma chiè-
re seur, faictes le mieulx que vous pourrez, car je me
fie en vous, et croiré de tout ce que vous me con-
seillerez. Et lors s'en partist par une faulce poterne,
monté sur ung moult appert coursier, et passa le
couvert des fossés et rés à rés des logis, que oncques
ne fut congneu, et, quant il se vit ung peu loingz, il
ferit le chevau des esporons tant comme il peut, et

le chevau l'emporta moult roidement. Et sachiés qu'il avoit si grand paour d'estre advisé qu'il ne sçavoit son sens, et loua moult Jhesucrist quant il se trouva à l'entrée de la forest, qui duroit bien deux licues, et print le chemin vers Montfrin tant qu'il peut chevauchier.

L'istoire nous dist et tesmoingne que tant chevaucha Guerin de Val bruiant qu'il vint à Montfrin, où il trouva Girard son nepveu et luy compta cest affaire, et comment Geuffroy au grant dent avoit pris Claude leur cousin et ses deux frères, et avoit fait pendre tous leurs gens devant le chasteau de Syon, et les trois frères avoit fait mener devant Val bruiant, et de fait les avoit fait pendre illecq, et comment il se partist pour doubte qu'il ne fut pris en la fortresse. Par foy, dist Girard, beau oncle, vous avez fait que saige : car, à ce que on m'a dict, celluy Geuffroy est moult grant chevalier de hault et puissant affaire, et si est merveilleusement cruel et se fait moult à doubter. Mal nous vint quant nous oncques alasmes à Claude, car nous sçavions bien que luy et ses frères estoient de mauvaise vie et que nul ne passoit par leur terre qui ne fut robé. Or prions à Jhesucrist qu'il nous en vueille jeter hors à nostre honneur. Bel oncle, il nous fault aller aviser sur ce fait; il est bon que nous le mandons à nos proesmes et à tous ceulx qui ont esté de ceste folle aliance. Et Guerin respondist. C'est verité. Et adonc ilz mandèrent à tous qu'ilz s'appareillassent de venir devers Montfrin, affin d'avoir conseil ensamble comment nous pourrons ouvrer de cestuy fait, et sçavoir se nous pourrons aulcunement trouver voye comment nous nous pourrons excuser devers Geuffroy. Or se taist l'istoire de plus parler d'eulx, et parle de la dame de Val Bruiant, qui moult estoit saige et soubtive et vaillante dame ; et tousjours avoit blasmé son mari de ce qu'il c'estoit oncques consenti à Claude ne à ses frères. Celle dame avoit une fille qui povoit bien avoir de .viii. à .ix. ans, laquelle estoit moult belle et gracieuse, et aussi avoit ung filz qui avoit environ dix ans, qui estoit moult bel et bien endoctriné. Adonc la dame ne fut ne folle ne esbahie, et monta sur ung riche pallefroy, et fist monter ses deux enfans et conduire par les frains par deux anciens gentilz hommes, et fist monter avec elle jusques à six damoiselles, et fist ouvrir la porte ; et là trouva le nouvel chevalier qui apportoit le mandement de Geuffroy, et le bienveigna moult doulcement et courtoisement ; et aussi celluy luy fist grant reverence, car moult sçavoit de bien et d'onneur. Et la dame luy dist moult attemprement : Sire chevalier, monseigneur n'est pas ceans, et pour tant je vueil aller par devers monseigneur vostre maistre, pour sçavoir que c'est qu'il luy plait : car il me samble qu'il est cy venu en manière de faire guerre ; mais je ne croy pas que ce soit à monseigneur mon mari ne à nul de ceste fortresse, car ne plaise à Dieu que monseigneur ne nul de ceans ait point fait chose qui doibve desplaire à Geuffroy ne à monseigneur son père ; et, se par adventure aulcuns de ses haineux avoient informé Geuffroy d'aultre chose que de raison, je luy vouldroie humblement supplier et prier qu'il luy plaist à ouyr monseigneur mon mari en ses excusations et deffences. Adoncques, quant le nouvel chevalier l'ouyt parler si sagement, il respondist : Ma dame, ceste requeste est raisonnable, et pour ce je vous meneray devers monseigneur ; et je croy que vous le trouverez tresamiable et que vous aurez bon traicté avec luy, combien qu'il soit bien informé contre Guerin moult durement ; mais je croy que à vostre requeste il fera une partie de vostre petition. Et lors se partirent et vindrent vers les logis.

L'istoire dist que tant chevauchèrent la dame, sa mesnie et le nouvel chevalier, qu'ilz vindrent à la tente de Geuffroy, et là descendirent; et quant il sceut la venue de la dame, il saillist de sa tente et vint à l'encontre ; et celle, qui fut bien enseignée tenoit ses deux enfans devant Geuffroy et luy fist moult humblement la reverence. Et adonc Geuffroy s'enclina vers elle et la leva moult humblement, et luy dist : Madame, vous soiez la tresbien venue. Et, Monseigneur, dist elle, vous soiez le tresbien trouvé. Et adonc les deux enfans le saluèrent moult doulcement et tresreveramment; et eulx deux dressiés, il leur rendist leur salut. Et adonc print la dame la parolle, et faignit, comme se elle ne sceut riens, qu'il fust venu là par maltalent, et dist en ceste manière : Monseigneur, monseigneur mon mari n'est pas, quant à present, en ceste contrée, et pourtant suys-je venue par devers vous pour vous prier qu'il vous plaise de venir loger en vostre fortresse, et amenez avec vous tant de vous gens qu'il vous plaira ; car, mon treschier seigneur, il y a bien de quoy vous tenir bien aise, Dieu merci et vous ; et sachiés que moy et ma mesnie vous recepvrons voulentiers comme nous devons faire au filz de nostre seigneur naturel. Quant Geuffroy l'entendist, il fut moult esbahi comment elle lui osoit faire celle requeste, veu et consideré de quoy on l'avoit informé contre Guerin de Val-Bruiant son mari. Toutesfois il respondist : Par mon chief, belle dame, je vous mercie de la grande courtoisie que vous me offrez, mais ceste re-

queste ne vous doibz-je pas accorder, car on m'a
donné à entendre que vostre mari ne l'a pas desservi
envers monseigneur mon père et envers moy ; com-
bien que, ma belle dame , je vueil bien que vous sa-
chiés que je ne suys mie venu pour guerroier dames
ne damoiselles, Dieu m'en gard , et de ce soiez toute
seure que à vous, à vos gens ne à vostre fortresse,
ne feray rien meffaire au cas que vostre mari n'y
soit. Et elle luy respondit : Tresgrans mercis; mais
je vous requiers qu'il vous plaise à moy dire la cause
pour quoy vous avez indignation contre monsei-
gneur mon mari , car je suys certaine qu'il ne fist
oncques riens, là ou luy ou moy l'aions peu penser
ne sçavoir, que par raison dust estre à vostre des-
plaisance, et crois bien que s'il vous plaist à oyr
monseigneur mon mari en ses excusations, que vous
trouverez que ceulx qui vous ont informé le contraire
n'ont pas dit verité ; et, monseigneur, je me faictz
forte sur ma vie que vous le trouverez ainsi que je
vous dis.

En ceste partie nous dist l'istoire que , quant
Geuffroy oyt la dame parler, il pensa ung peu et
puys respondist : Par foy, dame, s'il se peut bonne-
ment excuser qu'il n'ait erré contre son serement,
j'en seray tout joyeulx, et je le recepveray voulen-
tiers en ses excusations avec ses compaignons et tous
leurs complices, et vigoureusement je luy donne son
alant et son venant huit jours luy .xl. Et lors print
congié et s'en retourna à Val-Bruiant, et laissa ses
enfans, et fist monter jusques à dix chevaliers et es-
cuiers et trois damoiselles, et s'en partist et chemina
tant qu'elle vint à Montfrin, où elle fut liement
recepue. Là estoient les gentilz hommes ; et adonc
la dame leur compta comment Guerin, son mari ,

avoit huit jours saulf, allant et venant, de Geuffroy,
pour luy. xl , et se il se peut excuser, Geuffroy l'orra
voulentiers et luy fera toute raison. Par foy, dist
ung ancien chevalier, dont aurons bien traicté avec
luy, car il n'est homme qui puist dire que nous aions
riens meffait en quelque manière que ce soit; se
Claude, qui estoit nostre cousin, nous avoit requis
d'avoir aide de nous, s'il en avoit besoing, et nous
luy eussions promis de luy aidier, nous n'avons mie
pourtant encores riens meffait; ne Geuffroy ne aul-
tre ne peut dire que nous en missions oncques bassi-
net sur teste, et que nous sallissions oncques ung seul
pas de nostre hostel pour luy conforter aucunement
contre Geuffroy, ne trouver le contraire. Doncques
alons-nous-en seurement, et m'en laissez convenir,
car je ne me soussie pas que nous n'aions bon traicté
avec luy. A celluy propos se affermèrent tous les
proesmes, et lors prindrent journée de faire leur ap-
pareil d'y aller le tiers jour aprez; et adonc s'en par-
tist la dame, et erra tant qu'elle vint à Val-Bruiant;
lors fist querir vin, pain, poullaille, foing et avaine,
pour envoier à Geuffroy, qui oncques n'en receupt
riens, mais bien souffrit prendre qui en vouloit
avoir, pour son argent qu'il en eubt; et manda ma
dame à Geuffroy la journée que Guerin et ses parens
devoient venir devers luy.

En ceste partie nous dist l'istoire que Guerin de
Val-Bruiant, Girard, son nepveu, attendoient leur
lignage à Montfrin; et ceulz venus, ilz montèrent à
chevau et chevauchèrent tant qu'ilz vindrent à Val-
Bruiant, et le lendemain ilz mandèrent à Geuffroy
qu'ilz estoient tous prestz à venir devers luy pour eulx
excuser; et Geuffroy leur manda qu'il estoit tout prest
de les recepvoir. Et adoncques partirent du chasteau

et vindrent devant la tente de Geuffroy et luy firent la reverence honnourablement. Et lors print l'ancien chevalier, dont je vous ay dessus parlé, la parolle en disant : Treschier seigneur, nous sommes cy venus pour la cause qu'on nous a donné à entendre que vous estes informé contre nous, et vous a-on raporté que nous estions consentans de la mauvaistié que Claude avoit commencé de faire encontre nostre droit seigneur vostre père, dont, sire, il est bien vray que Claude, avant qu'il eut ceste folie entreprise, il nous assambla trestous et nous dist : Beaulx seigneurs, vous estes tous de mon lignage, et je suis du vostre; c'est bien raison que nous nous entreaimons comme cousins. Par foy, Claude, dismes, c'est verité; pourquoy le dictes-vous? Et adonc il nous respondist moult couvertement : Beaulx seigneurs, je me doubte que je n'aye briefment une grosse guerre et à faire à forte partie; si vueil sçavoir se vous me vouldrez aidier. Et nous luy demandasmes à qui, et il nous respondist que nous le sçaurions tout à temps, et qu'il n'estoit pas parfait ami qui failloit à son proesme à son besoing. Adonc nous luy dismes : Nous voulons bien que vous sachiés qu'il n'y a si grant en ce pais ne marchissant, s'il se prent à vous, que nous ne vous aidons à vostre droit soustenir. Et sur ce s'en partist; et eut plusieurs rancunes où il avoit peu de droit, desquelles luy aidasmes à saillir. Mais, chier seigneur, depuis qu'il commença à desobeir monseigneur vostre père, nous ne doubtons ne Dieu ne homme que nul de nous mist sur son corps pièce de harnois ne en issist de son chastel pour luy ne pour son fait; et le contraire ne sera jà sceu ne trouvé; et se il est aultrement trouvé, si nous faictes pugnir selon raison, car de ce nous

ne voulons jà avoir grace; mais requerons seullement
droit et justice; doncques, se il y a aultre cause que
aulcun ait sur nous devisé par envie ou par baiune,
je dis par droit que vous ne nous devez vouloir nul
mal, nous qui sommes vrais subjectz et obeissans de
monseigneur vostre père Raimondin de Lusignen,
car se aulcun nous vouloit molester ou injurier, vous
nous devriés garder; et de cestuy fait ne vous sçau-
roie plus que dire, car nous ne sçavons entre nous
adviser que nous eussions oncques fait chose qui
deut desplaire à monseigneur vostre père. Si vous
requerons tous que vous ne vueillez estre informé
que de raison.

Quant Geuffroy eut oy l'excusation de l'ancien
chevalier, qui avoit parlé pour luy et pour les aul-
tres, il trait son conseil à part et leur dist : Beaulx
seigneurs, que vous samble de ce fait? Il me samble
que ces gens s'excusent moult bel. Par foy, disdrent-
ilz tous en commun, c'est verité, nous ne leur sçau-
rions que demander, fors que vous leur facés jurer
sur sainetes evangilles que se le siége eut esté devant
Syon, se ilz eussent aidé ne conforté Claude et ses
frères contre vous, et se ilz jurent que oy, ilz sont
vos anemis; et se ilz jurent que non, vous ne leur
devez porter nul maltalent; et en aprez faictes-leur
jurer que se vous les eussiés mandé au siége, se ilz
vous feussent venu aidier, conforter et servir contre
vos anemis. A ce point furent tous ceulx du conseil
d'accord. Et lors furent appellez et leur furent ces
parolles et ce fait recordé. Et ilz disdrent qu'ilz ju-
reroient bien et voulentiers, et jurèrent et affermè-
rent les deux poingz dessus dis, et pour ce ilz furent
d'accord à Geuffroy, qui, aprez, alla visitant le pays
par l'espace de deux mois, et puis print congié des

barons et laissa bon gouverneur au pais, et s'en par-
tist et s'en vint grant erre à Lusignen, où il fut
moult festoié de son père et sa mère et de toutes gens ;
car ilz sçavoient comment il avoit fait plesser tous
leurs ennemis. Lors estoit venu de Chippre ung che-
valier de Poetou qui estoit du lignage de ceulx de
Tours, qui avoit rapporté nouvelles comment le ca-
liphe de Bandas et le grant Carmen avoient couru
en Armanie et fait moult grant dommaige au roy
Guion d'Armanie, et comment le roy Urian avoit oy
nouvelles qu'ilz avoient intention de lui faire guerre
en Chippre, et faisoit le roy son amas de gens d'ar-
mes et de navires pour eulx combatre en mer ou en
leur pays mesmes, s'ilz ne le trouvoient sur mer, car
il n'avoit pas intention de le laisser arriver en son
pais. Quant Geuffroy oyt ce, il jura Dieu que ce ne
seroit pas sans luy, et que trop avoit gardé son hos-
tel, et dist à Raimondin son père et à sa mère
qu'ilz luy voulsissent faire finance pour aller aidier
à ses frères contre les Sarrazins. Et ilz luy accordè-
rent parmy ce que dedens ung an il retourneroit par
devers eulx.

Moult fut Geuffroy joyeux quant il eubt l'accord
et le consentement de ses père et mère d'aller secou-
rir ses frères contre les Sarrazins. Et adoncques il
pria le chevalier qui estoit venu de Chippres qu'il
voulsist retourner avec lui, et il l'en meriteroit bien.
Par mon chief, dist le chevalier, on m'a dit que à
vostre proesse nul ne se peut comparer, et je iray
avecques vous pour veoir se vous ferez plus que
Urian, votre frère, ou que Guion, le roy d'Arma-
nie, car ces deux congnoissé-je assez. Par foy, sire
chevalier, dist Geuffroy, c'est peu de chose de mon
fait envers la puissance de mes deux seigneurs mes

frères ; mais je vous remercie de ce que si liberalement m'avez offert de venir avec moy, et pour tant je le vous meriteray bien, se Dieu plait. Adoncques il fist son mandement, et fist tant qu'il eubt bien xiiii. cent bassines et bien trois cens arbalestriers, et les fist tous retraire vers la Rochelle ; et Raimondin et Melusine y estoient, qui avoient fait arriver moult belle navire et bien pourveue et avitaillée de ce qui estoit necessaire. Et adoncques prist congié de ses père et mère et entra en la mer, et avec luy sa compaignie ; et furent les voilles levez et se commandèrent à Dieu, et aprez se esquippèrent en mer, et en peu d'eure on eubt perdu la veue d'eulx, car ilz aloient moult roidement. Mais cy se taist l'istoire de plus parler, et commence à parler du caliphe de Bandas et du souldan de Barbarie, qui estoit nepveu du Souldan qui avoit esté mort en la bataille soubz le cap Saint Andrieu, au dessus de la montaigne Noirre.

L'istoire nous dist que le caliphe de Bandas, le souldan de Barbarie, le roy Anthenor d'Antioche, et l'admiral de Cordes, avoient fait ensamble leurs seremens que jamais ne fineroient tant qu'ilz eussent destruist le roy Urian de Chippre, et Guion, roy d'Armanie, son frère ; et avoient assamblé bien jusques à xvi. mille Sarrazins, et avoient leurs navires toutes prestes ; et avoient intention de descendre et arriver premièrement en Armanie, et tout avant euvre destruire l'isle de Rodes et le royaulme d'Armanie, et puys passer en Chippre et tout destruire et mettre à mort. Et avoient juré qu'ilz feroient le roy Urian morir en croix, et le crucifieroient, et sa femme et ses enfans arderoient ; mais comme dist le saige : Fol pense et Dieu ordonne. Et pour lors avoit

pluiseurs espies entre eulx, tant d'Armanie comme de
Rodes ; et là en eut une qui estoit proprement au
grant maistre de Rodes, qui sambloit si bien Sarra-
zin que nul ne l'avisast jamais pour aultre que Sar-
razin, et avoit à main leur langage si bien comme s'il
fut du pays. Cestuy sceut tout le secret des Sarra-
zins, et aprez se partist d'avec eulx, et s'en vint à
Baruth, où il trouva une barque qui s'en vouloit al-
ler en Turquie querir marchandises ; il se mist avecq
eulx. Et quant ilz eurent vent propice, ils desancrè-
rent et levèrent leurs voilles au vent ; et tant san-
glèrent par mer qu'ilz virent l'isle de Rodes et l'ap-
prochierent pour eulx refrechier ; et l'espie leur dist
qu'il vouloit aller en la ville ung petit ; et ceulx luy
dirent que s'il ne revenoit tantost qu'ilz ne l'atten-
deroient gaires. Ne vous doubtez, dist-il, je revien-
dray tantost. Et tantost se departist d'avec eulx et
vint en la ville où il fut moult bien congneu ; et le
plus tost qu'il peut il vint comparoir devant le grant
maistre de Rodes, qui lui fist bonne chière, et tantost
luy compta les nouvelles. Et quant le maistre de
Rodes l'oyt parler, il luy demanda se c'estoit verité.
Et il lui respondist Par ma foy, oy, car je les ay
veu. Et aprez le maistre de Rodes rescript tout ce
fait au roy d'Armanie et au roy de Chippre, qui
tantost escript au maistre de Rodes et au roy Guion
d'Armanie en leur mandant qu'ilz fussent en mer
atout leur puissance, et qu'ilz l'atendissent sur la
coste de Iaphes ; car c'estoit son intention de soy
traire vers celles parties, pour ce qu'il sçavoit que le
caliphe de Bandas et tous ses complices se mettoient
en mer vers celle coste. Adoncques quant le roy oyt
ceste nouvelle, il se mist en mer à bien six mille
hermins et bien trois mille arbalestriers, et s'en vint

par mer en Rodes où il trouva le grant maistre au port. Et quant le grant maistre de Rodes le vit, il en eubt moult grant joye ; et tantost se mist avecques luy en la mer à bien trois cens hommes d'armes, que frères chevaliers que aultres, et bien de six à sept cens arbalestriers et archiers ; et quant ilz furent assamblez, belle fut la flotte à veoir ; car par compte fait ilz furent trouvez par vraye estimation x. mille hommes d'armes, et environ. xvii cens arbalestriers ; et sachiés qu'il les faisoit beau veoir, car les banières ventilloient sur les vaisseaux, et l'or et l'asseur et autres couleurs ; les bassines et aultres harnois reluisoient au soleil que c'estoit grant merveille. Ce fait, ilz se misrent à mer et tirèrent le chemin du port de Iaphes, où les Sarrazins avoient fait tirer et assambler leurs navires. Et icy se taist l'istoire de plus parler d'eulx, et parle du roy Urian.

L'istoire dist que le roy Urian avoit fait arriver parmy son pays de Chippre, et les avoit fait entrer en la mer au port de Limasson ; et estoit la royne Hermine au chasteau, et avecques elle dames, damoiselles et Henri son filz, qui avoit jà cincq ans, et ceulx qui devoient garder le pays et le port. Or est vray que quant le roy eubt pris congié et fut entré en mer, il eut bien avec luy. xiiii. mille hommes, tant d'ommes d'armes, comme les combatans de trait ; et furent les voilles levez, et se esquippèrent du port, et se boutèrent en mer, et senglèrent de telle force que la royne, qui fut en la maistresse tour, en eubt tost perdu la veue. Et sachiés que le tiers jour aprez, Geuffroy au grant dent s'ariva soubz Limasson ; mais le maistre du port ne les laissa pas entrer dedens, combien qu'il fust moult esbahy quand il perceut les armes de Lusignen sur les vaisseaulx et banières ;

il ne sceut que penser, et pour ce, il alla tantost au chasteau et nunça à la reyne cest affaire. Et élle, qui fut moult saige, luy dist : Allez sçavoir que c'est, car se il n'y a traison, il n'y peut avoir que bien ; et parlez à eulx sçavoir que c'est; et ayez vos gens tous prestz sur le port, affin que se ilz vouloient arriver par force que ilz en fussent contreditz. Et il fist le commandement de la royne, et vint aux barrières contre de deux tours du clos et leur demanda que ilz queroient. Et adoncques dist le chevalier qui aultresfois avoit esté en Chippre : Laissez-nous arriver, car c'est l'ung des frères du roy Urian qui luy vient au secours contre les Sarrazins. Adoncques quant le maistre du port oyt le chevalier, il le congneut et luy dist ainsi : Sire, le roy est parti d'icy trois jours y a, et s'en va à moult noble et riche armée vers le port de Iaphes ; car il ne veult pas que les Sarrazins arrivent en son pays ; mais dictes à son frère qu'il viengne, vous et luy, avec .l. ou .lx. en vostre compaignie, devers ma dame la royne, qui moult sera lie de vostre venue. Et celluy le dist à Geuffroy, qui tantost entra en une petite galiotte, et vindrent à la chainne, qui tantost lui fut ouverte, et entrèrent dedens. Et trouvèrent moult bonnes gens qui moult honnourablement receuprent Geuffroy et sa compaignie, et moult se donnèrent merveilles de son grant couraige et de sa fierté, et disdrent en eulx-mêmes : Ces frères conquerront moult de pays ; je crois bien que cestui ne repassera jamais en son pays tant qu'il aura conquesté pays decha. Et en ces choses disant vindrent là où la royne estoit, qui les attendoit en tenant par la main son filz Henri. Et à l'approchier de Geuffroy, elle s'enclina tout jus à terre, et aussi fist Geuffroy, et la drescha sus en

l'embrachant moult doulcement et la baisa. Et aprez
luy dist : Ma dame ma scur, Dieu vous doint joye
de tant que vostre cœur desire. Et elle le bienveigna
en lui monstrant grant signe d'amour. Et aprez Geuf-
froy prist son nepveu, qui estoit à genoulx devant
luy, et le leva entre ses bras en luy disant : Beau
nepveu, Dieu vous accroisse et vous ottroye bon
amendement. Et l'enfant luy respondist : Grant mer-
cis, bel oncle. Que vous feroie ores plus long compte?
Geuffroy fut adonc moult joyeux, et fut le port ou-
vert et la navire mise dedens. Et quant ilz furent
bien refrechis Geuffroy dist à sa seur : Madame, je
m'en vueil aller; baillez-moy maronnier qui bien
sache la contrée de ceste mer, par quoy je ne faille
trouver mon frère, et je vous en prie, ma treschière
seur, tant comme je puis.

A ce respondist la royne : Mon treschier frère, à
ce ne fauldrez pas, car, par mon ame, je vouldroie
qu'il m'eut cousté mille bezans pour tous perilz, et
vous et vostre navire fussés là où monseigneur est;
car je sçay bien que de vostre venue il aura moult
grant joye, comme il est de raison. Adoncques elle
appela le maistre du port et lui dist : Alez, et me
faictes arriver une galiote qui soit de .xvi. rames, et
me querez le meilleur maronnier et le plus saige pa-
tron de galée qui soit demourant par decha, pour
conduire mon frère par devers monseigneur. Et
celluy tantost respondist : Par ma foy, ma dame, j'ai
bien ung rampin tout prest et tout armé et advi-
taillé de ce qu'il fault; il ne convient que mouvoir.
Adonc fut Geuffroy moult joyeulx, et print in-
continent congié de sa seur et de son nepveu et de
la compaignie, et vint au havre et entra en son
vaisseau. Adonc le rampin fut devant, et les voilles

furent levées; lors ilz s'empaignirent en la mer, et
allèrent si roidement que ceulx qui estoient au port
en eubrent tost perdu la veue. Et la royne et ceux
qui estoient avecques elle en la maistresse tour dis-
drent : Nostre Seigneur les conduise et les vueille
retourner à joye. Or les vueille Dieu aidier, car ilz
en ont bien besoing. Et ne demoura pas quatre jours,
ainsi que vous oyrez cy aprez, que le roy Urian et
sa navire se exploittèrent tant qu'ils virent le port
de Iaphes et la grosse navire qui estoit là assemblée;
et estoit jà le Calife venu, qui avoit fait traire de-
hors toutes ses gens; et le souldan de Barbarie, et
le roy Anthenor d'Antioche, et l'admiral de Cordes
avoient ainsi fait leur appareil, et n'y avoit à monter
que les seigneurs et princes; et eurent conseil que le
roy d'Antioche et l'admiral de Cordes feroient l'a-
vant-garde, et tendroient le chemin de Rodes; et
que illec prendroient terre et escriroient au caliphe
et au souldan, affin que se ilz en avoient affaire,
qu'ilz les sieveroient pour les secourir. Et ainsi fut
ordonné et fait. Et partirent le roy et l'admiral à
tout .xl. mille paiens, et tournèrent leur chemin
vers Rodes, que oncques le roy Urian ne les per-
ceut; et n'avoient esté que deux journées qu'ilz per-
ceurent le roy Guion et la navire de Rodes; et les
cristiens l'apperceurent aussi; là eubt grand ef-
froy quant ilz eurent advisé l'ung l'aultre à cler,
et qu'ilz se entre rencontrèrent. Lors se misrent cris-
tiens en ordonnance et arches; adoncques abordè-
rent ensemble; là eubt grant occision et fière meslée,
et eubt à celluy poindre six navires sarrazines effon-
drées et peries en mer; et firent les cristiens moult
bien leur debvoir, et se combatirent moult vaillam-
ment; mais la force et la quantité des Sarrazins fut

moult grande, et eurent les cristiens fort à souffrir,
et eussent esté desconfis se Dieu, par sa grace, n'eut
celle part conduit Geuffroy et sa navire, ainsi comme
vous oyrez cy aprez dire.

L'istoire nous dit que Geuffroy et ses gens sen-
gloient par la mer à voilles tendues et à force de
vent qu'ilz avoient à fin sonbet, et approchèrent le
lieu où estoit la bataille; et tout premier le rampin
qui le conduisoit les approcha de si prez qu'il les
veoit combatre à l'eul. Lors vira tout court et dist à
Geuffroy que chascun fut tout prest, car nous avons
veü grans gens, et croy que ce soient nous gens et
Sarrazins qui se combatent; or vous mettés en or-
donnance, et nous retournerons veoir quieulx gens
ce sont. Or allez, dist Geuffroy, et qui qu'ilz soient,
j'aideray aux plus foibles, voire se ne sont mes frè-
res. Et à ce mot partist le rampin, et vint jusques
sur la bataille, et oyrent ceulx qui estoient dedens
le rampin crier moult hault : Cordes et Anthioce; et
d'aultre part : Lusignen et saint Jehan de Rodes.
Et lors vindrent à Geuffroy et dirent : Sire, se sont
Sarrazins d'ung costé, et, d'aultre part, cristiens
crians Lusignen et saint Jehan de Rodes; mais cer-
tainement se n'est pas le roy Urian, mais croy, mon-
seigneur, que c'est le roy Guion son frère et le maistre
de Rodes, qui ainsi se combatent à Sarrazins qui sont
sur mer. Or tost, dit Geuffroy, à eulx appertement.
Adonc on tira les voilles à mont, et le vent se ferit
dedens dont la navire fut si fort boutée que ce sem-
bloit carreaulx d'arbalestre, et se ferirent par les
navieres des Sarrazins par telle manière et vertu,
qu'ilz les exillèrent tant qu'il ne demourent pas. iiii.
vaisseaulx ensamble d'une flotte, et crioient Lusi-
gnen à haulte voix, dont les hermins et ceulx de

Rodes cuidoient que ce fust le roy Urian qui venist
de Chippre. Et adonc reprindrent grant cœur en
eulx et se ravigoroient fort; et le roy d'Antioche et
l'admiral de Cordes ralièrent leurs gens ensamble
et coururent sur les cristiens de grant force ; mais
Geuffroy et ses gens, qui estoient frès et nouveaulx,
leur coururent sus par telle manière qu'il sembloit
qu'ilz fussent frisones. Adonc le vaisseau où Geuf-
froi estoit se borda au vaisseau où le roy Anthenor
estoit, et se entregrapèrent à bons cros de fer ; adonc
saillist Geuffroy dedens le vaisseau du roy, et com-
mença à faire moult grant occision de Sarrazins; et
ses gens coururent de l'aultre part, et se combatoient
vaillamment et de si grant puissance qu'il n'y eut
Sarrazin qui s'osast monstrer en nulle deffence ; et en
saillist pluiseurs en la mer, qui cuidoient saillir au
vaisseau de l'admiral de Cordes, qui estoit moult prez
d'eulx, que le roy Guion assailloit par grande force ;
et toutesfois le roy Anthenor se saulva au vaisseau
de l'admiral de Cordes, et fut tantost son vaisseau pil-
lié de ce qui y estoit de bon, et puys fut effrondé en
mer ; et le rampin costioit toujours les gros vaisseaulx
et en perça jusques à quatre ; de quoy ceulx qui es-
toient dedens ne s'en perceurent oncques jusques à
ce qu'ilz se trouvèrent plains d'eau, et par ce leur
convint perir en mer. La bataille fut moult fière et
horrible, et l'occision fut hideuze ; et à brief parler,
les Sarrazins furent mis si au bas tellement que en
eulx n'avoit point de deffence.

Moult fut la bataille dure, fière et aspre; mais sur tous
les aultres se combatoit Geuffroy moult puissamment,
et aussi faisoient Poetevins qui estoient avecq luy ve-
nus; et aussi faisoit Guion et le maistre de Rodes;
mais ilz s'esbahissoient pour ce qu'ilz crioient Lusi-

gnen : mais adonc n'estoit pas heure de enquester.
Adoncques le roy Anthenor et l'admiral virent bien
que la desconfiture tournoit sur eulx, car jà ilz
avoient perdu plus de deux pars de leurs gens; si
firent sçavoir au demourant qu'ilz se retirassent vers
le port de Iaphes pour avoir secours ; et ilz s'estoient
jà boutez en un vaisseau d'avantaige, et prindrent la
palange de la mer, et tirèrent les voilles amont, et
s'en partirent de la bataille. Et quant les Sarrazins
l'apperceurent, il s'en alla aprez qui peut ; mais les
hermins et ceulx de Rodes en reculèrent la plus
grant partie, qui furent mors et jettez tous à bort. Mais
quant Geuffroy perceut partir le roy et l'admiral de
Cordes, il fist tirer ses voilles amont, et se mist aprez
atout sa navire, et les suyt si asprement que en peu
d'eure il eslongna les hermins, le roi Guion et le
maistre de Rodes. Adoncques quant le rampin l'aper-
ceut, il escria à ses gens à haulte voix : Aprez, aprez,
beaulx seigneurs, car se Geuffroy perdoit son che-
min qu'il ne tournast tantost vers monseigneur son
frère, jamais je n'oseroie retourner vers ma dame.
Et adonc le roy Guion congneut le rampin et lui de-
manda qui ces gens estoient qui leur avoient fait si
grant secours. Par foy, sire, dist le patron, c'est
Geuffroy au grant dent vostre frère, et frère au roi
Urian. Quant le roy Guion l'entendit, il s'escria à
haulte voix : Levez ces voilles, et vous hastés d'aller
aprez mon frère, car, se je le pers, jamais n'auray au
cœur joye. Et ceulx le firent et allèrent aprez le ge-
rondt. Mais le rampin alla devant si roidement que
en peu de temps il eubt rataint Geuffroy, qui jà es-
toit prez des Sarrazins, qui approchoient le port de
Iaphes. Or vous laisseray d'en parler, et vous diray
du roy Urian, qui jà estoit venu sur le port, et

avoit de fait bouté le feu en leur navire ; mais païens les resçoyrent le mieulx qu'ilz peurent, et toutesfois ilz n'y sceurent oncques tel remède mettre qu'il n'y eut plus de dix vaisseaulx ars, que grans que petis. Et fut moult grant l'estourmie.

En ceste partie nous dist l'istoire que tant sievyt Geuffroy au grant dent le roy et l'admiral, qu'ilz approchèrent fort du port de Iaphes, et se ferirent dedens, et Geuffroy aprez, et sa navire, que oncques ne voulut de y laisser entrer, pour chose que on luy monstrat, la grant multitude et peuple de Sarrazins qui jà estoient entrez en la navire qui estoit sur le port ; et tantost commença Geuffroy la bataille, qui fut moult dure et moult forte, tant que de fait le roy et l'admiral se firent mettre à terre à ung petit basteau, et vindrent en la ville de Iaphes, où ilz trouvèrent le caliphe de Bandas et le souldan de Barbarie, qui furent moult esbahis de ce qu'ilz estoient si tost retournez, et leur demanda pourquoy c'estoit. Et ilz leur comptèrent toute l'adventure, et comment le roy d'Armanie et le maistre de Rodes estoient desconfis, se ne fut ung chevalier tout fourcené qui y survint à tout ung peu de peuple, qui crioit Lusignen, et n'est nul qui puisse arrester contre luy ; et veez le là où il se combat à nos gens, et c'est feru au havre parmy le plus dru, et tout ce qu'il ataint est destruit et mis en fin. Adonc quant le souldan l'entendit, il n'eut mie talent de rire, mais dist : Par Mahon, on m'a dit de pieça que moy et pluiseurs aultres de nostre loy aurons moult affaire pour les hoirs de Lusignen ; mais qui pourroit tant faire que on les tint par decha à terre, et nos gens fussent hors des navires, ilz seroient tous destruis à peu de paine. Par mon chief, dist le caliphe,

-vous dictes verité; et puys qui les auroit desconfis
par decha, la terre par de là seroit moult legière à
conquester. Par foy, sire, dist le souldan, vous dic-
tes, verité. Or faisons retraire nos gens hors des vais-
seaux, et les laissons arriver paisiblement. Mais
pour neant en parloient, car ilz en issirent, sans
ce qu'il leur fut commandé, par Geuffroy, qui les
assailloit par telle vigeur que, au costé où il. estoit,
mal eubt celluy qui demourast au vaisseau, que tous
ne tirassent à terre. Et adoncq Geuffroy fist yssir
toutes ses gens aprez, et les enchassa jusques en la
ville de Iaphes; et tous ceulx qui peurent estre
atains furent ruez tous mors à terre, et les fuyans
entrèrent en la ville erians : Trahis! trahis! Lors fu-
rent les portes fermées, et vint chascun en sa garde.
Et Geuffroy retourna à sa navire, et commanda à ti-
rer les chevaux dehors, car bien affermoit que jamais
ne s'en partira, pour mourir en la paine, tant qu'il
aura fait tel enseigne au pays qu'il y ait esté encores.

L'istoire nous dist que, demaustiers que Geuffroy
faisoit tirer les chevaux dehors, le rampin advisa
les pavières et panons du roy Urian, qui moult fort
escarmouchoit la navire aux Sarrazins, qui riens ne
sçavoient que Geuffroy eut pris terre, car ils avoient
prins la barge et le parfont du port, et le roy et
l'admiral de Cordes avoient pris, et estoient arrivez
dessoubz à l'estroit, qui estoit moult aisé à prendre
terre, voire à bien peu de navire. Et lors rencontra
le rampin le roy Guion et ses gens, qui luy deman-
dèrent nouvelles de Geuffroy. Par mon chief, dist
le patron, veez-le là où il a pris terre sur les enne-
mis, et les fait entrer par force en Iaphes; allez
prendre terre avecques luy, car il a peu de gens, et
Sarrazins ont pris terre. Et velà le roy Urian qui

escarmouche leur navire, à qui je vois anuncer vostre adventure et la venue de Geuffroy, son frère. Par foy, dist le roy Guion, ce fait à creancer. Et lors se ferist au havre, et le rampin exploita tant, qu'il vint au roy Urian et le salua treshaultement, et luy dist toute l'adventure ainsi comme vous l'avez oye, dont il regracia moult devotement nostre seigneur. Et adoncques il s'escria à ses gens : Avant seigneurs et barons, pensez de bien faire, car nos ennemis ne nous peuvent eschapper que ilz ne soient ou mors ou pris. Et s'en vindrent ferir aux navires si roidement, que Sarrazins furent tous esbahis et issirent hors de leurs navires qui mieulx sceut, et s'en allèrent vers Iaphes. Et quant le caliphe et le souldan virent leurs gens qui estoient trais à terre, ilz mandèrent au roy Urian, par un truchement, qu'ils eussent trèves pour trois jours, et qu'il venist prendre place, et se logast, et fist refreschier ses gens, et au quart jour on luy livreroit bataille. Et le roy leur accorda voulentiers, et le fist signifier au roy Guion et à Geuffroy, ses frères; et estoit jà le roy Guion trait à terre avec son frère, qui se entrefaisoient grande joye, et se logèrent au mieulx qu'ilz peurent. Et le roy Urian fist adonc mettre ses gens à terre, et fist tendre ses logis sur la marine, au devant de sa navire; et fist venir loger ses frères et le maistre de Rodes avec luy, et fist leur navire traire emprez là sienne. Adoncques commença la joye à estre grande entre les frères, et fut leur ost nombré à estre en somme toute environ .xxii. mille, que archiers, que arbalestriers, que gens d'armes.

L'istoire dist que les deux frères et leurs gens se refreschirent et s'entrefirent moult grant joye les trois jours durans; mais en ce terme, le souldan de

Damas, qui sceut la venue des cristiens, manda au caliphe et à ses gens qu'ilz ne se combattissent pas sans luy, et qu'ils prenissent encores trois jours de trèves, et ilz si firent; et leur accorda le roy Urian. Et durant icelluy terme les fist le souldan desloger de nuyt, et s'en vindrent loger en la prarie soubz Damas, pour traire les cristiens plus avant au pays, car ilz avoient en intention que jamais pié n'en eschapperoit. Et avoit bien assemblé .xl. mille paiens, et les aultres estoient bien quatre-vingz mille; ainsi estoient tous en nombre .vii. viugz mille Sarrazins; et nous gens n'estoient sur le tout que .xxii. mille. Mais quant ilz sceurent que Sarrazins estoient partis, ilz furent moult doulens, car bien cuidoient qu'ilz s'en fussent fuys; mais pour neant s'en doubtoient, car avant trois jours les eurent en barbe, et leur donnèrent tant d'affaire, qu'ilz furent tous embesognez d'eulx deffendre. Lors vint ung truchement sur ung dromadère, qui descendist en la tente des frères et les salua moult sagement; et les frères luy rendirent son salut; et celluy les regarda tous trois moult longuement avant qu'il parlast, car moult se donnoit merveilles de la grant fierté qu'il veoit estre en eulx trois, et par special à Geuffroy, qui estoit le plus grant et le plus fourni des aultres, sans comparaison; et veoit la dent qui luy passoit la lèvre de plus d'ung grant pouce en esquare; il en fut si esbahi que à peine peut-il parler. Mais toutesfois il dist au roy Urian : Sire roy de Chippre, le caliphe de Bandas, le souldan de Barbarie, le roy Anthenor d'Antioche, l'admiral de Cordes et le roy de Dannette vous mandent par moy qu'ilz sont tous pretz de vous livrer bataille, et vous attendent ès prez qui sont dessoubz Damas, ès belles tentes et pavillons; et vous

mandent que vous y povez venir seurement loger
devant eulx, et pourrez prendre place telle qu'il
vous plaira; et vous donnent trèves depuys que vous
serez logez; et cependant de commun accord vous
adviserez place où la bataille se fera; et par adven-
ture, quant vous aurez vu leur puissance, vous
trouverez aulcun amiable et bon traictié à messei-
gneurs, car certainement à leur force ne pourrez
contrester, tant sont fors. Et quant Geuffroy enten-
dist ceste parolle, il luy dist : Va à tes rois, à ton
souldan, à ton caliphe, et leur dis que s'il n'y avoit
tant seullement que moy et mes gens, si les iroie
combattre; et leur dis que de leur trève n'avons-
nous que faire. Et quant tu vendras à eulx, dis-leur
que je les deffie; et tantost, toy parti d'icy, je feray
assaillir Iaphes et mettre tout à feu et à flamme, et
tout ce que je trouveray dedens de Sarrazins, je les
feray tous mourir; et leur dis, à ton passer à Iaphes,
qu'ilz se pourvoient bien, car je les iray presente-
ment visiter et assaillir. Quant le truchement oyt
ceste responce, il fut tout esbahi, et vint sans plus
dire sur son dromadère et monta; car il avoit si
grant paour de la fierté qu'il avoit vene à Geuffroy,
que tousjours regardoit derrière luy, de paour qu'il
avoit de lui qu'il ne le sievist, et dist en soy-mesmes :
Par Mahon, se tous les autres fussent telz, nos gens
recepveroient moult grant perte avant qu'ilz fussent
desconfis. Adoncques il vint à Iaphes et leur dist
comment Geuffroy au grant dent les vendroit tantost
assaillir, et qu'il avoit juré qu'il metteroit à l'espée
tous ceulx qu'il y trouveroit. Adonc furent moult
esbahis; et sachiés qu'il s'enfuyt vers Damas bien la
moetié des gens de la ville, et emportèrent leur fi-
nance. Et tantost Geuffroy fist sonner ses trompet-

tes et armer ses gens, et alla incontinent assaillir la
ville, que oncques ne la voullut laisser à faire pour
ses frères; et jura Dieu qu'il y monstera telles ensei-
gnes que on congnoistera qu'il aura esté en Surie.
Mais cy se tait l'istoire de luy, et parle du truche-
ment, qui erra tant qu'il vint au logis des Sarrazins
devant Damas.

  En ceste partie nous dist l'istoire que tant che-
vaucha le truchement son dromadère, qu'il vint en
l'ost devant Damas, et trouva à la tente du caliphe
les deux souldans, le roy Anthenor, l'admiral de
Cordes et le roy Gallofrin de Dannette, et pluiseurs
aultres, qui lui demandèrent nouvelles des cristiens.
Et le truchement leur respondit : J'ay bien fait vos-
tre message; mais quant je eulx dis que quant ilz
auroient veu vostre puissance, que par adventure
ilz feroient bon traictié à vous, et que à vous ne à
vos gens ne pourroient resister, adonc l'ung d'eulx,
qui a grant dent qui luy sault de la bouche devant,
n'atendist pas que le roy de Chippre respondist,
mais dist ainsi : Va dire à tes royx et à ton souldan
que de leurs trèves que faire n'avons, et que se il
n'y avoit seullement que luy tout seul et ses gens,
si vous combateroit-il; et me dist oultre que aussi-
tost comme je vendroie à vous que vous rendisse vos
trèves, et que vous vous gardissiés de luy; et plus,
qu'en despit de vous tous il iroit assaillir Iaphes, et
qu'il metteroit le feu partout, et qu'il feroit tout
mettre à l'espée, et aussi que je leur disse au pas-
ser; et ainsi je l'ay fait. Et sachiés que la moetié de
ceulx de la ville sont venus après moy. Et tautost
que je fus parti, je oy ses trompettes sonner pour
aller assaillir. Et que pensez-vous que c'est grant
hideur de veoir le maintieng et la fierté du roy

Urian, de Guion et de son frère, et de toutes leurs gens. Sachiés que au samblant qu'ilz monstrent, il leur samble que vous ne les devez mie attendre, et especialement celluy au grant dent n'a paour seullement que vous vous enfuyez devant qu'ilz puissent venir à vous. Et quant le souldan de Damas l'entendit, il commença à soubzrire, et luy respondist : Par Mahon, à ce que je puys veoir de vostre hardiesse, vous serez le premier qui assamblerez la bataille contre celluy au grant dent. A quoy respondist le truchement : Or soye maudit à l'eure ne au jour que j'en approucheray que je puisse, qu'il n'y ait une grosse ripvière, ou les tours, ou les murs de Damas ou de quelque autre fort lieu, entre moy et luy, ou aultrement Mahon me puisse confondre. Et lors se print chascun à rire de ceste parolle. Mais tel en rist qui puys en eut pleuré se il eut eu loisir. Or vous diray que Geuffroy fist : Il fist assaillir Iaphes, et de fait la print à force, et mist à l'espée tout tant qu'il peut trouver de Sarrazins, et en fist vuider l'avoir et les garnisons, et porter en l'ost et aux vaisseaux, et puys fist bouter le feu partout; et, ce fait, retourna aux logis, et requist à ses frères qu'ilz lui baillassent le maistre de Rodes et ses gens pour faire l'avant-garde. Et ilz luy accordèrent; dont le maistre de Rodes fut moult joyeulx; et celle nuyt se reposèrent jusques au matin.

Le lendemain au matin, comme l'istoire nous tesmoingne, aprez la messe oye, se desloga l'avant-garde, et puys la grosse bataille et le sommaige, et puys l'arrière-garde; et fut moult grant noblesse de veoir partir l'ost en moult belle ordonnance. Adonc vint une espie à Geuffroy, qui luy dist : Sire, cy à demiè-lieue d'icy sont environ millè Sarrazins qui

s'en vont ferir à Baruth pour garder le port de la
ville. Auquel Geuffroy demanda : Me sçauras - tu
conduire là? Par ma foy, Sire, dist l'espie, oy.
Adoncques Geuffroy dist au maistre de Rodes qu'il
conduist l'avant-garde, et qu'il bouta le feu partout
sur le chemin, affin qu'il ne faulsist point à le trou-
ver à la trasse de la fumée; et le maistre luy dist
que si feroit-il. Adonc s'en partist Geuffroy avec
l'espie; si s'en alla devant, et apperceut les Sarra-
zins qui avalloient d'ung tertre. Et lors luy mon-
stra l'espie les Sarrazins, dont Geuffroy fut moult
joyeulx et hasta ses gens. Et quant il les eubt ratains
il jura : Par dieu, gloutons, vous ne me povez es-
chapper. Et se ferit entre eulx, et abbatit le pre-
mier qu'il ataindit par terre; puys tira l'espée et fist
merveilles d'armes, et ses gens d'aultre costé. Que
vault le long parler? Sarrazins furent pou, sy ne
purent endurer le faitz, et s'en tournèrent en fuyant
vert Baruth, et nos gens aprez. Quant les Sarrazins
de Baruth virent venir les fuyans, ilz les cougneu-
rent, et avallèrent le pont et ouvrirent la barrière et
la porte. Et adonc les fuyans entrèrent dedens. Mais
Geuffroy les sievyt si asprement, qu'il entra par la
meslée avecques eulx dedens la ville à bien cinc
cens hommes d'armes. Qui furent esbahis, que Sarra-
zins? Et quant il fut entré dedens la porte, il la com-
manda à garder tant que ses gens fussent venus. Et
adonques commença la bataille à estre moult fière;
mais neantmoins Sarrazins ne peurent durer, et
s'enfuyrent vers la porte de Triples, qu'ilz firent ou-
vrir; et lors qui avoit bon chevau il ne l'oublia pas,
mais ferit des esporons tant qu'il peut vers la porte
de Triples; et les aulcuns qui furent mieulx montez
s'enfuyrent vers Damas; et Geuffroy et ses gens

misrent tout à l'espéc et delivrèrent toute la ville
des Sarrazins, que mal soit de piet qui oncques en
eschappa, ne qui demourast, que tous ne fussent
mors, sinon ceulx qui s'enfuyrent. Adonc Geuffroy
fist jetter les mors en la mer, et advisa la ville, qui
estoit forte à merveilles, et le chasteau qui seoit sur
la mer, et le beau clos garny de belles tours pour
garder la navire. Adonc dist Geuffroy que par scs
bons dieux ce bon port il vouldroit garder pour luy,
et y laissa .viii. vingz arbalestriers et deux cens hom-
mes d'armes de ses gens, et y sejourna toute celle
nuyt; et le lendemain print congié de ses gens, et
alla aprez l'ost au train de la fumée, ainsi qu'il avoit
dit au maistre de Rodes, qui moult avoit grant
paour que Geuffroy n'eut aulcun empeschement; et
aussi avoient ses frères, auxquieulx il n'en avoit riens
fait assavoir. Atant se taist l'istoire de plus parler
d'eulx, et parle des fuyans de Iaphes qui vindrent
à l'ost devant Damas, en la tente du souldan, où
les aultres roys estoient, et leur comptèrent moult
piteusement la destruction de Iaphes, et comment
cristiens avoient tout mis à l'espée et arcé la ville.
Quant les Sarrazins l'entendirent, ilz furent moult
doulens. Par Mahon, dist le souldan de Damas,
moult sont cristiens durs gens et qui peu doubtent.
Ilz voient bien que contre le grant peuple que nous
avons ilz ne pourroient avoir victoire, et font sam-
blant que point ne nous doubtent ne craignent gaires,
non plus que si nous fussions aussi peu de gens com-
me ilz sont. Par Mahon, dist le souldan de Barba-
rie, se ilz estoient maintenant tous cuitz, et s'il estoit
accoustumé de mengier telle cher, il n'y en a pas
assez pour repaistre nous et nos gens. Par ma loy,
se il n'y avoit ores que moy et mes gens, il n'en re-

passera jà piet delà la mer. Adoncques quant le tru-
chement l'ouyt, il ne se peut tenir de parler; toutes-
fois luy dist tout hault : Sire souldan, se vous aviés
veu maintenant le roy Urian, le roy Guion son
frère, et la contenance et la manière de leurs gens,
et la grant, horrible et ressongneuze fierté de Geuf-
froy à la grant dent, son frère, il ne vous prendroit
jà voulenté de les menasser comme vous dictes. Et
sachiés bien que avant que la besoingne soit faiete
vous n'aurez pas si bon marché comme vous en faictes
maintenant. Et si ay maintes fois ouy dire que tel
menasse qui a aulcunefoys grant paour, et qui puys
est abattu. Adoncques quant le souldan de Damas
entendist les mos du truchement, si luy dist : Par
Mahon, beau sire, il y a en vous grant hardiesse; à
ce que je vois, vous vouldriés ores estre institué au
premier front de la bataille pour rencontrer Geuffroy
à la grant dent. Et il luy respondist : Par ma foy,
sire souldan, se il n'est rencontré d'aultre que moy,
il peut bien venir seurement, car je tourneray tous-
jours le talon devers luy d'une grosse lieue ou de
deux de loing. Adonc commença grande la risée ;
mais tantost eurent aultres nouvelles dont ilz n'eurent
talent de rire, car les fuyans de Baruth vindrent au
logis et leur comptèrent le dommaige et la pitié de
Baruth, et comment Geuffroy à la grant dent les avoit
chassé par force, et tout le demourant occis. Et par
Mahon, sire souldan, sachiés qu'il n'a talent de fuyr,
car il a gaigné Baruth de vivres bien garni, et s'en
vient moult grant erre par decha; et ne voit-on que
feu et flamme par tout le pays, et sont tous les che-
mins plains de Sarrazins mors. Adonc quant le soul-
dan de Damas l'entendit, il fut moult doulent. Par
Mahon, dist-il, je croy fermement que celluy au

grant dent a le diable au corps. Adoncques, dist le
souldan de Barbarie : je me doubte qu'il ne m'avien-
ne ce que on m'a dit. Et quoy ? dist le souldan de
Damas. Par mon chief, dist celluy, on m'a dit au-
tresfois que je seroie destruit par les hoirs de Lusi-
gnen et par pluiseurs aultres, et nostre loy en affoi-
blira. Lors n'y eut si hardi Sarrazin qui ne trem-
blast de paour. Et cy se tait l'istoire d'en plus par-
ler, et commence à parler de Geuffroy.

En ceste partie nous dist l'istoire que tant erra
Geuffroy que il trouva l'avant-garde où le maistre
de Rodes estoit, qui luy fist moult grant feste et fut
moult joyeulx de sa venue ; et luy demanda com-
ment il avoit exploité. Et luy compta comment luy,
et ses gens, à l'aide de Dieu, avoient gaigné Ba-
ruth, et par force ont chassé hors grant partie de
ceulx qui estoient dedens, et le demourant occis ; et
comment il avoit laissé à la garder certain nombre
de ses gens et des vivres grant plenté. Par Dieu, dist
le maistre de Rodes, vecy bonne besongne et haul-
tement executé. Et tantost furent ces nouvelles pu-
bliées parmy l'ost. Et tantost qu'elles vindrent à la
cognoissance du roy Urian, que si tost qu'il le sceut
en fut moult joyeulx, et à bon droit ; et dist au roy
Guion, son frère : Par mon chief, moult est Geuf-
froy de grant traveil et de haulte puissance ; il fera
encores moult de bien, se Dieu luy donne longue
vie. Par foy, dist le roy Guion, mon frère, vous
dictes verité. Moult longuement allèrent les deux
frères ensemble parlans de Geuffroy ; et tant che-
mina atout son host, qu'il se loga ung soir sur une
petite ripvière, à cincq lieues de Damas. Et illec
leur vindrent leurs espies, qui leur disdrent toute la
contenance des Sarrazins. Adoncques eurent conseil

leurs gens ensamble qu'il estoit de faire. Et fut or-
donné entre eulx que le lendemain l'ost se logeroit
à une lieue prez des Sarrazins, sur une ripvière, et·
de là veoient Damas à la main droite. Et ainsi fut
fait. Lendemain matin se desloga l'ost, et fut def-
fendu que nul ne fust si hardy qui boutast point le
feu en son logis ne ailleurs, affin que les Sarrazins
ne apperceussent si tost leur venue. Et à brief·par-
ler tant cheminèrent qu'ilz vindrent au lieu, et se
logèrent tous ensamble; et firent celle nuyt moult
noble guet devers leurs ennemis; et soupa-on parmy
l'ost, et couchèrent tous armez la nuyt. Et ung peu
aprez la minuyt, Geuffroy monta à chevau, avec
luy mille combatans, et print une garde qui bien
sçavoit le pays, et s'en ala devers l'ost des Sarra-
zins tout le couvert. Et avoit assez prez ung peu de
bois qui duroit environ d'une demie-lieue; et là
s'embucha, et manda en l'ost qu'ilz fussent tous prestz
comme pour recueillier leurs ennemis.

L'istoire nous tesmoingne que Geuffroy, au point
du jour, monta à chevau, à tout deux cens comba-
tans; et commanda à ceulx de l'embuche que pour
chose nulle qu'ilz veissent qu'ilz ne se debuchassent
point tant qu'ilz les vissent ressortir et ceux qui les
chasseroient; puis s'en alla escarmoucher l'ost. Lors
se partist Geuffroy, et vint sur une petite montaigne
entre le point du jour et le soleil levant; et vit l'ost
tout quoy, et n'oyoit riens comme se il n'y eut eu
nulluy. Adonc fut moult doulent quant il ne scent
plus tost leur commune : car, se ses frères eussent
esté là, ilz eussent eu grant marché de Sarrazins;
et non obstant il jura Dieu que puys que il estoit si
prez, que il leur feroit sçavoir sa venue. Adoncques
dist Geuffroy à ses compaignons : Chevauchons fort,

et gardez bien que vous ne soiez pas endormis, et
que vous ne facés point de noise tant que le vous
diray. Et ilz disdrent que non feroient-ilz. Adonc-
ques chevauchèrent ensamble tout couvertement, et
entrèrent en l'ost, et virent bien que ilz dormoient
de tous costez. Et Geuffroy regarda, et vit le grant
peuple qui y estoit, et dist en ceste manière : Par
foy, se c'estoient gens de foy, ilz seroient moult à
doubter. Adoncques chevauchèrent ensamble jus-
ques au milieu sans eulx riens meffaire. Et Geuffroy
advisa une moult riche tente, et cuida bien que ce
fut la tente au caliphe ou à ung des souldans, adonc
dist à ses gens : Il est temps d'esveiller ceste mati-
naille, car ilz ont trop dormi. Or avant, enfans, pen-
sez bien de mettre tout à mort ce que vous rencontre-
rez. Adoncques s'en vindrent à la tente et entrèrent
dix chevaliers de Poetou qui estoient descendus, et
tirèrent bonnes espées et ferirent parmy bras et par-
my testes. Là commença la noise à estre moult gran-
de; et en celle tente estoit le roy Gallofrin de Dan-
nette, qui saillit hors de son lit, et bien s'en cuida
fuyr par derrière. Mais Geuffroy l'advisa, et luy
donna si grant coup de l'espée qui fut pesante et
tranchant comme un raisouer, qui le fendit jusques
à la cervelle; et le Sarrazin chait tout mort. Mal
soit du piet qui oncques de la tente eschappa.
Adoncques commencèrent à crier Lusignen à haulte
voix, et s'en retournèrent par où ilz estoient venus,
tuans et abbatans tout ce qu'ilz rencontrèrent en leur
chemin. Adoncques l'ost s'esmut, et chascun cria :
Aux armes ! La nouvelle vint en la tente du souldan
de Damas, qui dist : Quelle noise est ce que j'ay oye
là dehors ? Adonc ung Sarrazin qui venoit de celle
part, qui avoit la destre partie de la teste trenchée

tellement que l'oreille luy gisoit sur l'espaule, luy
dist : Sire, ce sont dix diables qui se sont ferus en
vostre host, qui tuent et abbatent tout ce qu'ilz ren-
contrent en leur chemin. Ilz vous ont jà occis vostre
cousin le roy Gallofrin de Dannette, et crient Lusi-
gnen à haulte voix. Quant le souldan l'entendist, il
fist sonner ses trompettes, et s'armèrent parmy l'ost.
Adonc le souldan ferit après, atout.x. mille Sarrazins.
Et Geuffroy alloit atout ses gens parmy l'ost, faisant
moult grant occision et grant dommaige aux Sarra-
zins, car ilz furent desarmez et ne peurent durer. Et
sachiés que avant qu'ilz partissent de l'ost, ilz mis-
rent à mort et navrèrent plus de huit mille Sarrazins.
Et quant ilz furent hors des logis, ilz s'en allèrent
tout le pas, et le souldan aprez hastivement.

Moult fut le souldan de Damas doulent quant il
apperceut l'occision que les cristiens avoient fait à
ses gens, et jura par Mahon et Appolin que bien s'en
vengeroit tost, et dist que jamais n'auroit pitié de
cristien que tous ne soient mors et detruitz. Lors is-
sist du logis à dix mille paiens et sievyt Geuffroy
moult asprement, et aprez luy venoient Sarrazins
qui le sievoient. Et Geuffroy commanda à ses gens
de fuyr vers l'ost, et il se bouta au bois avec ceulx
qui y estoient en embuche, pour les ordonner. Et le
souldan moult despourveuement à force de chevau le
sievoit, et passa par devant l'embuche au lieu où il es-
toit, et il envoioit les fuyans à l'avant-garde pour
eulx adviser de ce fait. Le maistre de Rodes estoit jà
monté et s'estoit jà mis soubz la banière en belle ba-
·taille au dehors des logis, et estoit bien à huit mille
combatans, comprins les gens de trait; et quant il
perceut nos gens qui venoient, et le souldan avec les
Sarrazins qui les chassoit à desroy, il leur vint à l'en-

contre et les receupt en sa bataille et les fist mettre en arroy. Et lors s'en allèrent à l'encontre du souldan les lances baissées, et là eut moult fière assamblée, car en peu d'eure furent les Sarrazins desconfis ; car si bien les recueillirent les cristiens que peu en y eut qui n'abatist le sien aux lances baisser ; là crioient Lusignen et Rodes. Quant le souldan perceut la perte, il recula tout le pas en rassamblant ses gens et attendant les aultres qui venoient ; et tant qu'il rassambla jusques à dix mille ; mais Geuffroy saillist de l'embuche et ferist luy et ses gens sur ceulx qui sievoient le souldan sans ordonnance, et en peu d'eure en y eut trois mille de mors par les chemins et par les sentiers. Adoncques s'en refuyoient pluiseurs vers l'ost, et trouvèrent le caliphe de Bandas, le souldan de Barbarie, le roy Anthenor et l'admiral de Cordes, qui leur demandèrent dont ilz venoient. Et ilz disdrent que ilz venoient de la bataille où le souldan de Damas estoit desconfit. Adoncques ilz furent moult desconfortez, et ne sceurent que faire ; mais tousjours venoient Sarrazins refuyans qui disoient comme les premiers. Or vueil retourner à la bataille.

Moult fut la bataille horrible et cruelle, et se porta le souldan de Damas moult bien la journée depuis qu'il eut rallié tous ses gens. Lors vint Geuffroy de Lusignen qui leur couroit sus d'ung costé, et d'aultre le maistre de Rodes ; là eubt maint Sarrazin occis. Que vault le long compte ? Ilz se sentoient assaillis de tous costez ; si ne se peurent plus tenir et se commencèrent à desconforter. Et quant le souldan perceut sa perte, il issist de la bataille et tourna la targe derrière le dos et ferit le chevau des esporons, et s'en alla grant alleure vers l'ost des paiens ; et Geuffroy estoit à ce costé, qui bien l'aperceut aller, et bien veoit à son riche harnois que c'estoit, et qu'il couvenoit que ce fut ung des grans seigneurs des Sarrazins. Lors brocha le chevau des esporons aprez le souldan, et luy escrie : Retourne devers moy, ou tu es mort; car je auroie grant vergoingne sé je te feroie par derrière; et toutesfois, se tu ne te retourne, faire le me convient. Et quant le souldan oy ce mot, si hurta le chevau des esporons plus fort que devant. Et adoncques le chevau si s'en va si roidement qu'il sambloit que ce fut fouldre qui descendit du ciel; et Geuffroy s'en alla aprez grant erre, et estoit moult doulent de ce que il ne le povoit ataindre; et toutesfois il l'approcha fort, et luy escria : Sarrazin, tu es faulx recreant, quant tu es si fort monté et si noblement armé, que t'enfouys pour ung homme seul; retourne, ou je te occiray en fuyant, combien que je le fais moult enuis. Adoncques quant le souldan oyt dire à Geuffroy qu'il s'enfuyoit pour ung seul homme, il en eut en soy-mesmes grant vergongue. Et adoncques se retourna à la cornire du bois prez de l'ost, au propre lieu où Geuffroy avoit mis et assis l'embuche la matinée; adoncques il arresta le chevau et s'en retourna devers Geuffroy, et joindist la targe au pis, et mist la lance sur la faulce, et demanda à Geuffroy qui venoit de grant randon : Dy, va, cristien, qui es-tu, qui si hastivement me suys? Par Mahon, tu pourras bien avoir fait ton dommaige. Et Geuffroy luy respondist ainsi : Je pense bien à estre venu pour le tien; mais puys que mon nom veulz sçavoir, je le te diray, car pour toy ne le veulz-je pas celler; je suys Geuffroy au grant dent, frère au roy Urian et Guion, roy d'Armanie. Et tu, qui es? Par Mahon, dist le souldan, et tu le sçauras; je suys souldan de

Damas. Et sachies que je ne fusse pas si joyeulx qui
m'eut donné cent mille besans d'or comme je suys de
t'avoir trouvé si à mon aise; car tu ne me peus es-
chapper; je te deffie de par Mahommet mon dieu.
Par mon chief, dist Geuffroy, ne toy ne ton dieu ne
prisé-je pas ung chien pourri. Car tantost me trou-
veras de plus prez à la pute estrainne; se il plait à
Dieu mon createur, tu ne me eschapperas mie.

Or dist l'istoire que les deux barons, qui furent de
noble cœur et de haulte puissance, se eslongnèrent
l'ung de l'aultre et joindirent leurs targes contre leurs
pis, et brandirent leurs lances, estraingnans le coste
et embrochèrent leurs heaulmes ès chiefz, comme
vaisseaulx espers et durs au mestier d'armes, et lais-
sèrent contre les chevaux tant comme ilz peurent
et vindrent ferir des fers des lances agus et trenchans
sur le comble de l'escu par telle manière qu'il n'y eu
nerfi qui ne fut percé de part en part; les fers de
lances vindrent joindre sur les pièces d'acier de s
grande force qu'il n'y eut si bon chevau qui ne chan
cellast; le souldan ploya ung peu l'eschine, et vol
sa lance en pièces; et la lance Geuffroy estoit d
plançon de fresne moult fort, et y emploia toute s.
force; mais oncques ne peut empirer la pièce; toutes
fois le souldan fut tellement ataint qu'il convint l
maistre et le chevau voler par terre, et fut tellemen
estourdi qu'il ne veoit ne entendoit. Adoncques Geuf
froy cuida descendre pour sçavoir en quel point i
estoit; mais adonc il apperceut venir bien .lx. Sar
razins qui luy escrièrent : Par foy, faulx cristien
vostre fin est venue. Et quant Geuffroy l'entendist
il brocha le chevau des esporons et brandit la lance
et le premier qu'il ataindit il le fit voler par terr
tout mort. Ainçoys que la lance luy faulsist, il tir

l'espée et l'empoingna fermement; et qui eut là esté il eut veu vaillance de cœur d'omme en deffendant sa vie; et abatoit Sarrazins autour de luy, car la place estoit toute vermeille de sang; et ilz luy jettoient lances et dars, et le painnoient moult fort de l'aterrer; et adonc le souldan revint à soy et se redressa sus, tout estourdi, comme se il venit de dormir, en sursault; il advisa de costé luy, et monta, et regarda la bataille, et bien advisa Geuffroy qui lui faisoit moult grant occision de Sarrazins; et estoit Geuffroy navré en plusieurs lieux. Adonc s'escria le souldan : Avant, frans Sarrazins; par Mahon, s'il nous eschappe je n'auray jamais le cœur joyeux ; car qui cestuy pourroit avoir affiné, le demourant ne seroit gaires à doubter. Adoncques Geuffroy fut assailly de toutes pars, et il se deffendoit hardiement, et tant que nul Sarrazin l'osoit attendre, mais luy jettoient de loingz lances et dars, et luy jettoient sajettes de pluiseurs lieux ; mais il ne sambloit pas qui luy en fut de riens, mais leur couroit sus comme loup familleux sur les brebis. Par Mahon, dist le souldan, ce n'est pas ung homme, mais ung grant diable, ou le dieu des cristiens qui cy est venu pour destruire nostre loy. Et pour vray en ceste adventure fut Geuffroy bien par deux heures.

En ce peril et painne fut Geuffroy tant que le nouvel chevalier qui avoit esté avec luy en Guerlande, lequel l'avoit bien veu partir aprez le souldan, lequel le sievyt bien à deux cens bassines, car il l'amoit parfaictement. Et adoncques, quant il approcha du bois, il apperceut la bataille et vit le souldan qui moult se penoit de dommager Geuffroy, qui se combatoit seul aux gens Mahommet. Mauldit soit-il qui ne luy aidera maintenant de tout son povoir !

Benoit soit-il de Dieu! Et ceulx respondirent : Mal
ont Sarrazins rencontré sa venue. Adoncques bro-
chèrent les chevaux tous ensemble et vindrent à la
bataille. Mais aussi tost que le souldan apperceut le
secours, il brocha le chevau des esporons et s'en alla
vers l'ost, et laissa ses gens en celle adventure, qui
fut telle que oncques puis n'en vit pié en vie, car
tautost furent mors et occis. Adoncques, quant Geuf-
froy vit le nouvel chevalier qui l'avoit si bien se-
couru, il le mercia treshumblement et luy dist : Mon
ami, telles roses fait-il bon mettre en son chappel.
Le sire qui a son hostel garni de telle chevalerie et
de gentilesse, amant et craignant honneur, doibt
seurement reposer. Sire, dist le nouvel chevalier,
je n'ay fait chose dont vous me devez point de guer-
don, car tout preudomme doibt prendre garde de
l'onneur et du prouffit de son maistre et de son sei-
gneur; et donc, puis que c'est chose deue, il ne
chiet point de guerdon. Mais partons d'icy, il est
bien temps de reposer, vous avez assez fait journée
qui doibt bien souffire, et aussi nous sommes peu de
gens et prez de nos anemis, qui ont grant puissance,
et si avez mestier que vous plaies soient visitées, et
aussi il me semble qu'il vault mieulx que nous re-
tournons vers l'ost de nostre voulenté que par force.
Il nous convient retourner, car il n'est mie doubte
que qui retourne fuiant ou chassé de ses ennemis,
qu'il ne peut avoir ce sans blasme, combien que on
dit souvent qu'il vault mieulx fuyr que une folle at-
tente. Adonc Geuffroy, qui sceut bien que à bon
droit le disoit, luy respondist ainsi : Beau sire, nous
croirons à ceste fois vostre conseil. Et s'en partirent
de la place, et s'en allèrent vers leurs logis, et trou-
vèrent en leur chemin les champs jonchez de Sarra-

zins tous mors. Et sachiés que les Sarrazins perdi-
rent celle matinée plus de .xxv. mille Sarrazins, qui
furent tous mors par faitz d'armes, que on reporta
en l'ost que cristiens faisoient, et s'enfuyrent d'aultre
part bien .xl. mille. Et sachiés que le caliphe et les
deux souldans et le roy Anthenor et l'admiral de
Cordes ne trouvèrent, de sept vingz mille Sarrazins
qui estoient au soir, que quatre-vingz mille, dont
ilz furent tous esbahis. Or diray de Geuffroy, qui
retourna en l'ost, où il fut moult bien festoié de ses
frères et de la baronnie, et furent toutes ses playes vi-
sitées par le mire, qui dist qu'il n'y avoit chose dont
il laissast point l'armer; tous en louèrent Dieu. Or
vous diray du souldan.

L'istoire nous dist que quant le souldan fut parti
de la ville, il erra tant qu'il vint à son host, où il
trouva ses gens tous esbahis, car ilz cuidoient qu'il
fut mort. Et quant ilz le visrent, ilz luy firent moult
grant joye et reverence, et luy demandèrent com-
ment il avoit exploité. Par Mahon, dist le souldan,
petitement, car mes gens sont tous mors. Et inconti-
nent le souldan se desarma et leur compta toute l'ad-
venture, et reposèrent les deux hostz celle nuyt sans
courir l'ung sur l'autre.

En ceste partie nous dist l'istoire que le tiers
jour pour matin firent armer nous gens tout leur
host par batailles, et laissèrent gardes pour garder
les logis et les navrez, dont aulcun en y avoit de
mors, mais non gaires, et s'en allèrent cheminant, les
banières au vent, en bataille rengée. En l'avant-garde
estoit Geuffroy et le maistre de Rodes et leurs gens,
et bons arbalestriers sur les elles; et en la grosse ba-
taille estoit le roy Urian, et en l'arrière-garde Guion.
Et tant exploitèrent qu'ilz virent l'ost des Sarrazins.

Adoncques là eubt grant effroy, et les Sarrazins crioient à l'arme ; mais avant qu'ilz peussent estre ordonnez, Geuffroy et le maistre de Roddes se ferirent ès logis et y firent grant occision ; et reculèrent les deux souldans, le caliphe, l'Anthenor et l'admiral de Cordes, tout hors de leur logis ; et là ordonnèrent leurs batailles ; et nos gens passèrent parmy leurs tentes sans y arrester, prendre ne piller quelque chose, car ainsi estoit crié sur la hart. Adonc ilz visrent leurs ennemis rengez sur les champs, lors leur coururent sus. Là eut moult grant et horrible mortalité aux batailles assemblées ; bien assailloient cristiens et bien deffendoient Sarrazins. Là eut moult grant noise et moult grant triboulement ; l'ung crioit Damas, l'aultre Barbarie, l'aultre Bandas, l'aultre Antioche, l'aultre Cordes, et nos gens crioient Lusignen. Là eut mains mors renversez l'ung sur l'aultre ; les batailles furent assamblées toutes en une. Là firent les trois frères tant d'armes, que tous ceulx qui les veoient en estoient tous esbahis. Le souldan de Damas et le souldan de Barbarie apperceurent les trois frères qui faisoient grant occision de Sarrazins ; si leur coururent sus atout .xx. mille paiens. Là refforcha moult fort la bataille, et souffrirent cristiens moult grant affaire et se reculèrent le long d'une lance. Et quant les trois frères et le maistre de Rodes les virent courir sur nos gens, ilz en furent moult doulens. Adonc commencèrent à crier moult fort : Lusignen ! Avant, frères, barons, seigneurs ! ceste chienaille ne se peut plus gaires tenir ! Adonc cristiens se revigorèrent et firent une pointe aux Sarrazins. Là fut la mortalité moult grant, et greigneur assez que devant. A tant vint Geuffroy parmy la bataille, la targe tournée derrière le dos, et tenoit

l'espée empoignée à deux mains, et vit l'admiral de
Cordes qui moult courroit sur les cristiens; adonc le
ferit Geuffroy de telle vertu, à ce que l'espée fut pe-
sante et dure, et qu'il y mist toute sa force, que l'es-
pée luy coula jusques à la cervelle, que oncques le
bassinet ne le peut garder, et l'abbatit à terre tout
mort. Là fut moult grant la foulle et la presse des
gens, car les deux souldans y amenèrent toute leur
puissance, et cuidoient bien redresser l'admiral,
mais cestoit pour néant, car il estoit jà mort. Adonc
vint le roy Urian l'espée au poing, et advisa le soul-
dan de Barbarie, qui moult le haioit pour son on-
cle, qu'il avoit occis en Chippre; adont le roy entoisa
l'espée et ferit le souldan de si grant force qu'il luy
envoya le bras tout jus, qu'il ne tenoit mais que à
deux tendans dessoubz l'esselle. Lors, quant il sen-
tist le coup, il s'en partist de la bataille et se fist me-
ner par dix de ses hommes à Damas, et là se fist ap-
pareiller, et toujours se combatoient les Sarrazins,
car le souldan de Damas, et le caliphe de Bandas, et
le roi Anthenor, les tiennent en vertu. Là eut moult
grant douleur et moult grant pestilence, et sachiés
de vray que les cristiens y eurent moult grant dom-
maige; et aussi, comme il est trouvé en la vraye his-
toire, furent les payens dommaigez, et firent perte de
leurs gens de bien .xl. mille Turcs; et dura la bataille
jusques au soir, qui se partirent et se retrairent chascun
en son logis, et le lendemain au matin se retrait le ca-
liphe et le roy Anthenor dedens Damas, avec eulx
le remanant de leurs gens; et quant le roy Urian et
nous gens le sceurent, ilz s'en vindrent loger devant
Damas. Et sachiés bien qu'ilz estoient affoiblis et en
avoit la plus grant partie de navrez. En tel estat se
reposèrent jusques à huict jours, sans assault ne

escharmouche faire à la ville, ne ceulx de dedens ne firent en celluy temps aulcune saillie sur l'ost des cristiens.

L'istoire nous dist que moult fut le roi Urian et ses frères et le maistre de Rodes courroucez de la perte de leurs gens, et bien veoient se les Sarra zins criassent point de gens nouveaulx qu'il leur en pourroit bien mal venir; car ilz avoient bien perdu huict mille de leurs gens, que ungz que aultres. Et d'aultre part furent les souldans en la ville moult esbahis; car ilz ne sçavoient pas la perte que les cristiens avoient eue. Et eurent conseil qu'ilz re- querroient au roi Urian journée de traictié sur forme de paix, et ilz le firent. Et le roy eut conseil qu'il l'accorderoit; et fut la journée assignée par accord au tiers jour entre les logis et la ville; et furent les trèves données ce pendant, et eurent bons obstages. Et adonc vindrent ceulx de la ville en l'ost mar- chander, achetter et vendre de leurs marchandises. Lors vindrent à la journée les Sarrazins et leur con- seil; et d'aultre part vint Urian et tous les barons de l'ost des cristiens et parlementèrent de moult de choses l'ung avec l'autre ensemble; et tant firent de chascune part qu'ilz furent d'accord parmy ce que les Sarrazins leur donneroient tout ce qu'ilz avoient froyé par le voyage, et aussi pour eulx en retourner dont ilz estoient venus ; et que chascun an ilz .deve- roient payer au roy Urian .xxx. mille besans d'or, et furent entre les deux parties trèves jusques à cent ans et ung jour ; et en furent donnez chartres et let- tres, et seellées. Et ce convenant le souldan de Barba- . rie, qui fort se douloit de l'espaulle que le roy Urian lui avoit blessée, et le roy d'Antioche, ratiffièrent que jamais ne porteroient dommaige au roy Urian, au

roy Guion et au maistre de Rodes, ne à leurs gens ;
et se aultres roix sarrazins leur vouloient faire dom-
maige, que ilz leur feroient assavoir, si tost qu'il
viendroit à leur congnoissance. Et parmy ce, le roy
Urian leur promist que s'ilz avoient guerre à nul roy
sarrazin pour ceste cause, que il leur viendroit ai
dier à tout sa puissance ; et pareillement le promi-
rent le roy Guion et le maistre de Rodes. Et ainsi
fut fait l'accord, et se retirèrent les frères et leurs
gens au port de Iaphes ; et les convoièrent le souldan
de Damas et le caliphe de Bandas et le roy Anthenor
et moult d'aultres nobles Sarrazins. Et estoit le soul-
dan enamouré de Geuffroy, et luy tenoit toujours
compaignie, et s'ouffroit de luy faire plaisir le plus
qu'il povoit faire. Et Geuffroy l'en mercia. Puys le-
dit souldan mena Geuffroy en Ihérusalem, qui n'es-
toit pas encore reparée de la destruction que Vespa-
sien et Titus, son filz, y avoient fait, quant ilz
allèrent venger la mort Ihésucrist .xl. ans aprez le
crucifiement, à laquelle vengance ilz donnèrent .xxx.
Juifz pour ung denier, en ramembrance qu'ilz
avoient achetté le corps Ihésucrist .xxx. deniers. Et
demoura Geuffroy trois jours au sépulcre en dévo-
tion ; et cependant y allèrent le roy Urian et le roy
Guion, ses frères, et le maistre de Rodes, et moult
grant foison de cristiens.

En ceste partie dist l'istoire que tant sanglèrent
Geuffroy et ses gens par la marine, qu'ilz arrivè-
rent ung soir à la Rochelle, où il fut bien festoié ; et
lendemain s'en partist et alla tant par ses journées
qu'il vint à Marment, où il trouva son père et sa
mère, qui jà sçavoient comment luy et ses frères
avoient besongné oultre mer ; et festoièrent moult
Geuffroy ses frères, et tint Raimondin moult grant

cour, et donna de beaulx dons à tous ceulx qui
avoient esté avec Geuffroy en celluy voyage; et dura
bien la feste par l'espace de huiet jours; et au neu-
fiesme jour s'en partirent, et tindrent chascun d'eulx
pour contens. Or advint en celluy temps qu'il y
avoit ung grant gayant en Guerende, qui accueil-
loit ung grant orgueil, et par sa force il mist tout le
pays à patis jusques en la Rochelle ; et en estoient
les gens du pays moult chargez, mais ilz n'en osoient
mot sonner ne riens dire. Nouvelle en vint à Rai-
mondin, qui moult en fut doulent ; mais il n'en mon-
stroit samblant, de paour que Geuffroy ne le scent,
pour doubte qu'il n'alast confbatre le gayant ; car il
le congnoissoit de si grant cueur qu'il ne laisseroit
point qu'il n'y allast; mais il ne peut estre si cellé
que Geuffroy ne le sceut. Et venu à sa congnoissan-
ce il dist : Et comment diable, mes deux frères et
moy avons tant fait que nous avons treu du souldan
de Damas et ses complices, et ce matin, qui est seul,
tiendra le pays de mon père à patis? Par mon chief,
mal le pensa, car il luy coustera moult chier; et jà
n'y laissera aultre gaige que la vie. Adoncques vint
à son père, et luy dist : Monseigneur, j'ay grans
merveilles de vous, qui estes chevalier de si hault
affaire, comment vous avez tant souffert de ce matin
Guedon le gayant qui a mis vostre pays de Guerende
à patis, et l'aultre pays, tant à vous comme à aultruy,
jusques à la Rochelle. Par Dieu, monseigneur, c'est
honte pour vous. Adonc, quant Raimondin l'enten-
dist, si luy dist : Geuffroy, beau sire, sachez qu'il n'y
a gaires que nous n'en sçavons riens ; et ce avons-
nous souffert jusques à vostre joyeuse venue ; car
nous ne voulons pas troubler la feste ; mais ne vous
en chaille, car Guedon sera bien paié de sa deserte ;

jà luy occist mon père son aieul en la conté de Pon-
thiène, comme on m'a dist en Bretaigne, quant je y
fus combatre Olivier du Pont de Leon, pour la trai-
son que Josselin son père avoit faicte à Henri de
Leon.

Adoncques respondist Geuffroy : Ne sçay ne vueil
enquester des choses passées; puys que mes prede-
cesseurs en ont eu l'onneur et en sont venus au-des-
sus il me souffist; mais de present, ceste injure sera
bien tost, se Dieu plaist, amendée. Monseigneur, il
ne vous en fault jà mouvoir; pour un tel ribault,
par le dent Dieu, je n'y meneray que dix chevaliers
de mon hostel pour moy tenir compaignie, non pour
aide que je vueil avoir contre lui, mais pour moy
tant seullement acompaignier pour mon honneur; et
à Dieu vous commant , car je ne fineray jamais que
je l'auray combatu corps à corps; ou il m'aura, com-
ment qu'il soit, ou je l'auray, au plaisir de Dieu. Et
quant Raimondin entendist ceste parolle , il fut
moult iré et luy dist : Puys qu'il ne peut estre aultre-
ment, va t'en à la garde de Dieu. Et adoncques il
prist congié de son père et de sa mère, et se mist en
chemin luy onzième de chevaliers, et s'en alla vers
Guerende, là où il pensoit plus tost trouver le gayant
Guedon ; et par tout enquestoit de luy, et en enques-
tant, bien est vray que on luy en dist nouvelles ,
et luy demanda-on pour quoy il le demandoit. Par
foy, dist Geuffroy, je luy apporte le patis qu'il a pris
par son fol oultrage sur la terre de monseigneur mon
père, qui est en la pointe du fer de ma lance ; car
jamais, tant que je vivray, n'aura aultre patis, et
en deusse morir en la painne. Adoncques, quant
les bonnes gens l'ouyrent ainsi parler, ilz luy dis-
drent : Par ma foy, Geuffroy, vous vous entremettés

de grant folie ; car cent telz comme vous estes ne
luy pourroient durer. Ne vous chaille, dist Geuffroy;
n'en ay jà doubte ; laissez moy en avoir la paour
tout à par moy. Et ceulx se teurent et ne l'osoient
couroucer, car ilz doubtoient trop la fierté dont il
estoit plain , et le menèrent à une lieue de son re-
cept et luy disdrent que tantost le pourroit trouver.
Et il leur respondist : Et je le verray moult voulen-
tiers, car pour le trouver suys-je cy venu. Et si se
taist l'istoire de plus parler de Geuffroy, et com-
mence à parler de Raimondin et Melusine.

L'istoire nous tesmoingne que Raimondin et Me
lusine estoient à Marment, et vint à ung samedi que Me-
lusine se abscondist celluy jour ; et Raimondin, comme
est dit, lui avoit promis que jamais le samedi ne se
metteroit paine de la veoir, et aussi n'avoit-il fait jus-
ques à celluy jour, et n'y pensoit à nul mal ne aultre
chose quelconques de nulle presumption de mau-
vaisetié , fors tant seullement que bien. Or fut vray
que ung peu devant disner luy vindrent nouvelles
que son frère, le conte de Forestz , le venoit veoir,
dont il fut joyeulx ; mais depuys il en fut moult cou-
roucé , ainsi comme cy aprez vous orrez en la vraye
histoire. Adoncques Raimondin fist grant appareil et
moult noble pour recepvoir son frère ; car moult es-
toit joyeulx de sa venue. Pour fin de compte, et à
brief parler, il vint à luy encontre, et le receupt
moult liement, et aprez allèrent à la-messe, et, le ser-
vice divin fait, ilz vindrent en la salle et lavèrent leurs
mains et se assirent et furent moult bien servis. Las !
orrez se commença une partie de la douloureuse tris-
tesse ; car Raimondin ne pensoit à nul mal , et toutes
fois son frère ne s'en peut tenir qu'il ne lui dist et
demandast sa femme , et fut la manière telle : Mon

frère, où est ma sœur? Faictes-la venir avant, car
j'ai moult grand desir de la veoir. Beau frère, dist
Raimondin, elle est embesoingnée quant est pour au
jour d'uy, et ne la povez veoir; mais demain la ver-
rez et vous fera bonne chière. Adonc quant l'autre
oyt ceste responce, il ne se teut pas, mais luy dist
ainsi : Vous estes mon frère, je ne vous doibs pas
celler vostre deshonneur. Or, beau frère, je vous di-
ray : le commun langaige court que tous les samedis
elle est avec ung aultre en fait de fornication; ne
vous n'estes mie si hardi, tant estes aveuglé d'elle,
de. enquerre ne de sçavoir où elle va; et les autres
dient et maintiennent que c'est une esperit fae, qui
tous les samedis fait sa penitence. Or ne sçay lequel
croire; pour ce que vous estes mon frère, je ne vous
doibs pas celler votre deshonneur; et pour ce suys-je
cy venu pour le vous dire. Adonc quant Raimondin
entendist ces motz, il bouta la table en sus de luy et
entra en sa chambre tout espriz d'ire et de jaleuzie;
et prinst son espée qui pendoit à son chevet et la
çaindist, et alla au lieu où il sçavoit bien que Melu-
sine alloit tousjours le samedi, et trouva un moult
fort huys de fer, et qui estoit bien espés : et sachiés
de vray que oncques mais il n'avoit esté si avant.
Adonc quant il apperceut l'uys, il tira l'espée, et mist
la pointe encontre, qui moult estoit dure, et tourna
et vira tant qu'il fist ung pertuis; et adonc regarda
dedens et vit Melusine qui estoit en une moult grande
cuve de mabbre, où il avoit degrez jusques au font.
Et estoit la cuve de la grandeur bien de. xv. piés au-
tour, et au quarré il y avoit allées bien de cincq piés
d'espès large; et là se baignoit Melusine, et faisoit
sa penitence en l'estat que vous orrez cy aprez.

Comment Raimondin, par l'admonestement de son
frère, regarda Melusine sa femme estant au
baing, et comment il en fut couroucé
contre son frère

n ceste partie nous dist l'istoire que tant
vira et ravira Raimondin, qu'il fist un per-
tuys en l'uys, de la pointe de son espée,
par quoy il peut adviser tout ce qui estoit
dedens la chambre, et vit Melusine qui estoit en la cuve
jusques au nombril en signe de femme, et peignoit
ses cheveulx ; et du nombril en bas en signe de la
queue d'une serpente grosse comme ung quaque
à harene, et moult longuement debatoit sa queue
en l'eaue, tellement qu'elle le faisoit bondir jusques
à la voulte de la chambre. Adonc quant Raimondin
vit ce, il en fut moult doulent, et dist : Ma doulce
amour, or vous ay-je traye par le tresfaulx enorte-
ment de mon frère, et me suis parjuré envers vous.
Adonc il en eut moult grant douleur en son cueur,
et telle tristesse que cueur humain ne pourroit plus
porter. Adonc il courut en sa chambre et prinst de
la cire en une vielle lettre qu'il trouva, et en estoup-
pa le pertuys ; et puys il vint en la salle, où il trou-
va son frère. Et quant il apperceut, il vit bien qu'il
estoit couroucé, et cuida qu'il eut trouvé quelque
mauvaistié en sa femme ; si luy dist : Mon frère, je
le sçavoie bien ; avez-vous bien trouvé ce que je di-
soie? Adonques Raimondin luy escria en ceste ma-
nière : Fuiez d'icy, faulx triste, car vous m'avez fait,
par votre tresmauvais rapport, ma foy parjurer con-
tre la plus loyalle et la meilleure des dames qui onc-

ques naquit, aprez celle qui porta nostre seigneur Ihc-
sucrist; vous m'avez apporté toute douleur, et en
perdray toute ma joye. Par Dieu, se je creoie mon
cueur, je vous feroie mourir de malle mort; mais rai-
son naturelle me deffent de ce faire, pour tant que
vous estes mon frère; allez-vous en, ostez-vous d'icy
et de devant mes yeulx ; que tous les maistres d'en-
fer vous puissent convoier en enfer. Et quant le conte
perceut son frère qui estoit en si grant douleur, il
saillist de la salle, et aussi toutes ses gens, et monta
à chevau et s'en alla grant erre vers la conté de Fo-
restz, moult fort doulent et repentant de sa folle en-
treprise, car bien sçavoit que Raimondin son frère,
ne la mère, jamais ne le vouldra veoir. Cy vous lais-
seray de plus parler, et vous diray de Raimondin, qui
entra en sa chambre.

Ha, ha, Melusine, dist Raimondin, de qui tout le
monde disoit bien, or vous ay-je perdue sans fin ; or
ay-je perdue joye à tousjours mais; or vous ay-je
perdue, beaulté, bonté, doulceur, amitié sans cour
toisie, charité, humilité, toute ma joye, tout mon
confort, mon esperance, mon cueur, mon bien, mon
pris, ma vaillance; car tant peu d'onneur que Dieu
m'avoit presté me venoit de vous, ma doulce amour.
Ha, ha, faulce borgne, aveugle fortune, sure, dure
et amère, bien m'a mis du hault siége de ta roe au
plus bas lieu de ta maison où Jupiter abeuvre les
chetifz maleureux; tu soies ores de Dieu mauldicte.
Par toy fis-je le fourfait de mon treschier seigneur ;
or le me veus trop; hélas! tu m'avoies jetté et mis en
la haulte auctorité par le sens et valleur de la meil-
leure des meilleurs, de la plus belle, de la plus sage
des plus saiges. Or la me fault maintenant perdre par
toy, faulce borgne, triste envieuse; bien est fol qui

en tes dous se fie. Or hais, or aimes, or fais, or deffais et despite ; il n'y a en toy scureté et stabilité, ne qu'il y a à un cochet au vent. Las! tresdoulce amie, je vous ay, par mon velin et traison, tachée ; hélas, ma doulce amie, vous m'aviés mediciné de mon premier velin; or le vous ay cruellement merité comme je vous ay ainsi tachée et ay ma foy perdue ; se je vous pers pour ceste cause, je m'en iray en exil en tel lieu où on n'aura jamais nouvelles de moy. Ainsi comme vous avez ouy se dementoit Raimondin.

Or nous dist l'istoire que en celle douleur et en celle misère demoura Raimondin jusques au jour ; et, quant l'aube du jour fut apperceue, Melusine vint, qui entra en la chambre. Adoncques quant Raimondin l'ouyt venir, il fist samblant de dormir ; elle se despoulla et se coucha toute nue de costé luy ; et lors Raimondin commenca à souspirer comme celluy qui sentoit grant douleur en son cueur ; et adoncques elle l'embracha et luy demanda en ceste manière : Monseigneur, que vous faut-il? estes-vous malade? Et, quant Raimondin vit qu'elle n'eut parolle de riens, il cuida qu'elle ne sceut rien de ce fait; mais pour neant le cuida, car elle sçavoit bien qu'il ne l'avoit descouvert à arme; elle se souffrist quant à l'eure, et ne luy en monstra nul samblant, dont il fut moult joyeulx, et luy respondist : Madame, j'ai esté ung peu malade, et ay eu ung peu de fièvre en manière de continue. Monseigneur, dist Melusine, ne vous esbahissez pas, car vous serez tantost gari, se Dieu plaist. Et adoncques celluy, qui fut moult joyeux, lui dist : Par ma foy, m'amie et ma dame, je me sens jà tout adoulcé de vostre venue. Et elle luy respondist qu'elle en estoit toute joyeuse. Et quant il fut temps d'eulx lever, ils se levèrent et allèrent ouyr la messe, et fut tantost le disner prest, et ainsi demoura tout le jour; et le lendemain prinst congié Melusine, et s'en alla à Nyort, où elle fist bastir une fortresse, et adoncques elle fist deux tours jumelles qui encores y sont. Et cy s'en taist l'istoire, et parle de Geuffroy, et comment il vint en Guerende.

Cy nous dist l'istoire que Geuffroy arriva en Guerende et y fut receu à moult grant joye, et tantost demanda où le gayant Guedon se tenoit; et là estoit qui bien lui enseigna; mais ils demandèrent avant pour-quoy il le queroit. Par foy, dist Geuffroy, je le vous dirai : je luy apporte du patis que toutes les gens de monseigneur mon père luy doibvent en la pointe de ma lance. Comment, disdrent-ilz, le pensez-vous aller combattre à par vous? Par foy, dist Geuffroy, pour aultre chose ne le quiers-je en ce pays. Par ma foy, Monseigneur, se disdrent-ilz, c'est une folle entreprinse, car il a esté combatu par maintes journées de pluiseurs, aulcunes foys de cent, autrefois de deux cens; autrefois de trois cens, et autrefois de mille; et sachiés que nous n'y veismes oncques riens conquester; comment y penseriés-vous donc tout seul resister à sa puissance? Or ne m'en parlez plus, dist Geuffroy, car sachiés qu'il aura tout ou qu'il n'aura riens. Or me menez où il repaire; et ilz luy menèrent tant qu'ilz virent en une montaigne une grosse tour qui surveoit par cincq lieues le pays d'environ, et estoit la tour moult bien fossoiée, et les fossez bien curez, et bonnes tours et haultes, et au parfont des fossez dehors bons murs, et fut la tour bien garlandée, et y avoit deux pons levis, et furent les murs drus semez de fortes tours. Et lors ilz disdrent à Geuffroy : Monseigneur, voiez là la tour de Monjouet, où Guedon le gayant se tient,

et sachiés que, se vous nous voulez croire, il vous soⁿ
fira assez d'avoir veu la tour, et vous en viend₁
avecq nous, car, quant à nous, nous n'yrions p
avant avecques vous pour le pesant de vous de b₁
fin or. Par foy, dist Geuffroy, je vous mercie de c₁
que vous si avant m'avez amené; et se descendis₁
pour soy armer.

Geuffroy adone, comme nous dist l'istoire, des-
cendist de son chevau et s'arma, et puys çaingni₁
l'espée, où il se fioit moult; après bouta le bon bas-
sinet, et monta à.chevau, et demanda l'escu, et le
pendist au col, et prinst une masse d'acier qu'il pen-
dist à l'arson de sa selle, et puys prinst un cor de
voirre et le pendist à son col, et demanda sa lance, e₁
puis dist à ses dix chevaliers en ceste manière : Beaulx
seigneurs, attendez-moy au font de ceste vallée, et,
se Dieu me donne victoire sur le gayant, je sonneray
ce cornet. Adonc, quant vous l'orrez, vous viendrez
tantost à moy; et ceulx le commandèrent en la grace
de Dieu, qui furent doulens de ce qu'il ne les laissoi₁
aller avec luy. Et tantost se partist Geuffroy, et mon-
ta la montaigne, et vint à la porte de la basse tour
et la trouva ouverte, et aprez s'en alla vers la tour,
qui moult estoit forte à merveilles. Adoncques, quant
il fut prez, il la regarde, et fort luy pleut la fasson de
la tour; adonc Geuffroy regarda et vit que le pont
de la basse court et de la haulte estoient levez, car
le gayant dormoit. Adoncques s'escria à haulte voix
en disant en ceste manière : Filz de putain et faulx
gaiant, vien parler à moy, car je t'aporte l'argen₁
du pays que les gens de monseigneur mon père te
doibvent. Et pour vray tant cria Geuffroy que le
gayant s'esveilla et vint à une fenestre, et regarda
Geuffroy tout armé sur le destrier, et la lance sur l₁

...isse ; et aussi Geuffroy l'advisa, qui estoit si grant si membré 'et de fières contenances. Adoncques y escria à haulte voix : Chevalier, que veulz-tu? Par mon chief, dist Geuffroy, je te quiers et non aultre, et te vien challenger, et apporte le treu que tu as eslevé sur les gens de Raimondin de Lusignen. Adonc quant le gayant l'entendist, à peu qu'il n'esraga de fin dueil quant il vit le corps d'ung seul chevalier qui luy commence à faire guerre et le va querir ainsi hardiement jusques à son recept; mais non obstant ce, quant il se fut bien advisé il considera en luy mesmes que il estoit homme de grânde vaillance. Adoncques s'arma le gayant, et lassa le heaulme, et prinst ung flayal de plomp à trois chainnes et une grant faulx d'acier, et vint au pont et l'abaissa, et vint à la court, et demanda à Geuffroy : Qui es-tu, chevalier, qui me viens requerir si hardiement? Et adoncques Geuffroy tantost luy respondist en ceste manière : Je suis Geuffroy au grant dent, filz à Raimondin de Lusignen, qui vien challenger le patis des gens de monseigneur mon père. Adonc quant Guedon l'entendist, il commença à rire et lui dist ainsi : Par foy, follet pour la grant haultesse et hardiesse de ton cucur, j'ay pitié de toi; or te vouldroie faire grant courtoisie, c'est que tu t'en retournez sans beste vendre; car sachies se tu estoies toy et cincq cens telz comme toy, si ne pourroies endurer ma puissance; mais pour pitié que j'ay de mettre à mort ung si vaillant chevalier, comme je cuides que tu soies, je te donne congié que tu t'en retournez à Raimondin ton père; et va tantost d'icy, et pour l'amour de toy je quitte tous les gens de ton père jusques à ung an du treu qu'ilz me doibvent. Adonc quant Geuffroy ouyt qu'il le prisoit si peu, il en fut

doulent et luy dist en ceste manière : Meschante
creature, tu as jà grant paour de moy, et je respons
que de ta courtoisie ne tiens-je conte, car tu la me
veulx faire pour aulcune doubte que tu as de moy.
'Or sachies bien de certain que jamais ne me partiray
de ceste place jusques à tant que je t'auray la vie os-
tée du corps, et pour ce aiez pitié de toy et non mie
de moy, car je te tien pour mort là où tu es, et de
present je te deffie, de Dieu mon createur. Adonc
quant le gayant l'ouyt, il fist samblant de rire, di-
sant ainsi : Geuffroy, follet, tu viens en la bataille
et ne pourras endurer ung seul coup de moi sans
voller par terre. Adoncques Geuffroy sans plus dire
ferist le chevau des esporons et mist sa lance soubz
son bras, et s'adressa vers le gayant tant que le che-
vau peut courir, et le ferist de la lance au fer tran-
chant emmy le pis par telle vertu qu'il le fist voller
par terre, la panse contremont; mais le gayant saillist
sus moult couroucé, et au passer que Geuffroy fist il
ferist le chevau de la faulx si que luy trencha les garres
de derrière. Adonc quant Geuffroy le sentist, il des-
cendist jus moult legierement, et s'en vint vers le
gayant l'espée traicte. Adonc luy vint le gayant
à l'encontre, la faulx empoignée, et là eut fière ba-
taille.

Comment Geuffroy occist le gayant en Guerende.

Ainsi, comme vous avez ouy, fut Geuffroy à piet devant le gayant qui tenoit la faulx au poing, et cuida ferir Geuffroy ; mais il tressaillist, et, au retourner, il ferist de l'espée sur la manche de la faulx, si que il la tron-sonna en deux ; et le gayant prinst adonc son flayel et en donna à Geuffroy moult grant coup sur le bassinet, tant que il fut prezque estourdi. Et adoncques il bouta l'espée au fourrel et vint au destrier qui gisoit par terre, et prinst la masse d'acier et s'en vint au gayant, qui voulut enteser son flayal ; mais Genf-froy le hasta tellement que il luy escout le flayal de la main ; et, ce voyant, le gayant mist la main en son sain, où il avoit mis et apporté trois marteaulx de fer, et en prinst l'ung et le jetta à Geuffroy par grant ire ; et le coup chait sur la manche de la masse auprez du poing, si que il la fist voler par terre, et saillist, et la leva. Et adonc Geuffroy traist l'espée et vint au gayant, qui le cuida ferir de la masse d'a-cier sur la teste ; mais Géuffroy, qui fut fort et legier, tressaillist, et le gayant saillist, et le coup volla à terre par telle vertu que la teste de la masse entra plus d'ung piet dedens la terre. Et Geuffroy ferist adoncques le gayant, sur le bras destre, de l'espée et de toute sa force ; l'espée fut moult bone et bien trenchant, et luy trencha le bras, si que il vola par terre. Adoncques fut le gayant moult esbahi quant il eut ainsi le bras perdu ; et pourtant il haulça l'espée de l'aultre main, et cuida ferir Geuffroy au pis ; mais il s'en garda bien et le ferist de l'espée sur la

jambe, au dessoubz du genoul, par telle puissance,
qu'il la trencha en deux. Et adonc le gayant chait
et jetta ung si treshorrible et hault cry que toute'la
vallée en retentist; et bien l'ouyrent ceulx qui at-
tendoient Geuffroy; mais ilz ne sceurent pas certai-
nement que ce fut; mais ilz eurent grant merveille de
si horrible son. Et adoncques couppa Geuffroy au
gayant les las du heaulme et puys luy trencha la
teste. Et adoncques il prinst son cornet et sonna par
si tresgrant vertu que bien l'ouyrent ses gens qui l'at-
tendoient en la vallée, et aussi firent aulcuns du pays
qui estoient demourez en ladicte vallée; et adoncques
sceurent que le gayant estoit mort, et en louèrent Nos-
tre Seigneur Jhesucrist devotement. Ilz montèrent
sur la montaingne et vindrent sur le fort, où ilz trou-
vèrent Geuffroy qui crioit à ceulx du pays : Jamais
ce triste ne vous tiendra en ses patis; il n'a à pre-
sent talent de le vous demander. Et quant ilz apper-
ceurent le corps du gayant et la teste qui estoit
d'aultre part, ilz furent tous esbahis de sa grandeur,
car il avoit bien xv. piez de long, et disdrent adonc
à Geuffroy qu'il avoit oultrage de soy avoir mis en si
grant peril d'avoir osé assaillir ung si grant deable.
Par ma foy, dist-il, le peril en est passé : car, beaulx
seigneurs, je vueil bien que vous sachiés que jamais
ne commenceroit, ne seroit nulle chose assommée,
et faut avoir en chascune chose commencement et
moyen que la fin viengne et qu'elle prengne fin.

*Comment Froimond, frère de Geuffroy, fut rendu
moyne à Maillières.*

oult furent adonc les chevaliers esbahis,
comme nous racompte l'istoire, de ce que
Geuffroy avoit occys le gayant, et aussi
furent-ilz de la grandeur du gayant, et fut
tantost la nouvelle espandue parmy le pays, et aussi
ès pays marchissans entour. Et aussi Geuffroy trans-
mist à son père, par deux de ses chevaliers, la teste
d'icelluy gayant, et entretant il s'en alla esbatant
parmy le pays, où il fut bien festoyé et receu à grant
joye, et luy fist-on de moult riches presens. Or cy
vous laisseray à present de parler de luy, et vous
diray de Froimond, son frère, qui tant pria son père
et sa mère qu'ilz luy accordèrent qu'il seroit rendu
moyne à Maillières, et y fut vestu par le consente-
ment de son père et de sa mère, et en fut l'abbé
moult joyeulx, et aussi fut tout le couvent. Et sa-
chiés qu'ilz furent leans jusques au nombre de cent
moynes, à compter l'abbé ; et, se lors ilz eurent grant
joye de la venue Froimond, ilz eurent depuys grant
douleur, comme vous orrez ci-après racompter
Mais sachiés que ce ne fut mie pour le fait de Froi-
mond, car il estoit moult devot, et fut tant comme il
fut leans de moult estroite vie ; mais pour raison de
luy il advint leans une merveilleuse adventure,
ainsi comme vous orrez ci-aprez. Il est vray que les
deux chevaliers que Geuffroy avoit envoyé par de-
vers son père porter la teste du gayant Guedon firent
tant qu'ilz vindrent à Marment, où ilz trouvèrent
Raimondin, et luy presentèrent la teste du gayant,

de par Geuffroy, dont il fut moult joyeulx; et fut la
teste moult regardée, et s'esmerveilloit chascun
comment Geuffroy l'avoit osé assaillir. Et adonc Rai-
mondin fist escripre à Geuffroy une lettre comment
son frère Froimond estoit rendu moynne à Mailliè-
res. Helas! tant mal fist que ce fut·la cause de la
triste douleur de la partie de sa femme, dont puys
n'eut joye au cucur, ainsi comme vous orrez ci-
aprez. Vray est que Raimondin fist adoncq beaulx
dons aux chevaliers, et leur bailla la lettre, et leur
dist qu'ilz luy saluassent Geuffroy et qu'ilz portas-
sent la teste du gayant à Melusine, qui estoit à Nyort,
car ilz ne se tordoient de gaires. Et adoncques se
partirent les deux chevaliers, et tirent tant qu'ilz
vindrent à Nyort, où ilz trouvèrent leur dame, et la
saluèrent de par son filz Geuffroy, et luy presentè-
rent la teste du gayant, dont elle fut moult joyeuse,
et l'envoya à La Rochelle, et fut mise sur une lance
à la porte Guiennoise; et donna Melusine aux deux
chevaliers de moult riches dons. Et eulx aprez
prindrent congié et s'en allèrent vers la tour de Mon-
jouet, où Geuffroy se tenoit voulentiers. Et cy se
taist l'istoire et parle d'une autre chose.

L'istoire nous dist que la nouvelle fut tantost es-
pandue par moult de pays comment Geuffroy à la
grant dent avoit occis le gayant Guedon en bataille,
et en furent moult esbahys tous ceulx qui en ouy-
rent parler; et pour lors regnoit en Northobelande
ung gayant qui avoit nom Grimault et estoit le plus
cruel que on eut oncques mais veu; et sachiés qu'il
avoit .xvii. piedz de hault, et celluy grant dyable se
tenoit emprez une montaigne qui est nommée Brum-
blenlio. Et sachiés de vray qu'il avoit destruict
tout le pays d'illec environ, et tant qu'il n'y avoit

personne qui osast habiter à .v111. ou à .ix. lieues prez,
et estoit tout le pays gasté, car les gens y avoient
tout abandonné, et, de fait, luy avoient tout laissé.
Or advint qu'ilz ouyrent les nouvelles, en celluy
pays, comment Geuffroy avoit occis et destruict le
gayant Guedon; adonc ilz eurent conseil qu'ilz en-
voieroient devers Geuffroy et qu'ilz luy offriroient,
se il les vouloit delivrer de ce cruel murtrier, tous
les ans qu'il viveroit, x. mille besans d'or, et que, se
il avoit hoir masle de son corps, qu'il possederoit
d'hoir en hoir tant qu'il viendroit de lignée en lignée
de fille, mais lors en vouloient estre quites. Dont ilz
eslirent huiet messagiers des plus notables du pays,
et les envoièrent devers Geuffroy. Et adoncques che-
vauchèrent tant qu'ilz vindrent à Monjouet, et là le
trouvèrent et luy comptèrent leur messaige. Et quant
Geuffroy les entendist, il leur respondist prompte-
ment : Béaulx seigneurs, je ne reffuse pas l'offre
que vous m'avez faicte; nonobstant, se je n'eusse
maintenant eu nouvelles de vous, sachiés bien que
tout sans cela je fusse ores allé combatre le gayant
pour aulmosne et pour pitié du peuple qu'il destruict,
et aussi pour honneur acquerir. Sachiés que je m'en
iray tantost avecques vous sans nul delay, et, à
l'aide de Dieu, je pense à exillier le gayant. Et
ceulx l'en mercièrent moult.

*Comment le messagier de Raimondin vint devers
Geuffroy en Guerende.*

ors vindrent les deux chevaliers qu'il
avoit envoié devers son père, et le saluè-
rent moult honnourablement de par son
père et de par sa mère, et luy comptèrent
la bonne et joyeuse recueille et les beaulx dons qu'ilz
avoient eu. Par foy, dist Geuffroy, beaulx seigneurs,
ce me plaist. Et puys luy baillèrent les lettres de
par son père. Et Geuffroy les prinst et rompist la
cire, et vist la teneur des lettres faisant mention com-
ment Froimond, son frère, estoit rendu moyne à
Maillières. Adoncques Geuffroy se courouça et mon-
stra si cruel samblant qu'il n'y eut oncques si hardi
qui autour de luy osast demourer, mais vuidèrent
tous la place, excepté les deux chevaliers et les am-
bassadeurs de Northobelande.

En ceste partie nous dist l'istoire que, quant Geuf-
froy congneut les nouvelles de Froimond, son frère,
qui estoit vestu moyne à Maillières, qu'il fut si dou-
lent qué à peu qu'il ne saillist de son sens. Et sachiés
de vray que mieulx sambloit estre en fourcenerie
que aultre chose. Adonc il parla en hault et dist :
Comment! monseigneur mon père et madame ma
mère n'avoient-ilz pas assez pour Froimond mon
frère faire riche, et luy donner de bon pays et de
bonnes fortresses, et de le richement marier, sans le
faire moyne? Par le dent Dieu, ces moynes flatteurs
le comparront, car ilz l'ont enchanté et surtrait leans
pour en mieulx valoir, et, comment qu'il soit, il ne
s'en partira jamais. Par Dieu, il ne me despleut onc-

ques mais tant. Par la foy que je doibz à Dieu et à tous ceulx à qui je doibs foy, par toy, je les paieray tellement que jamais ne leur tiendra de faire faire moyne. Adonc dist aux embassadeurs de Northobelande : Seigneurs, il fault que vous m'atendez cy jusques que je retourne, car il me faut aller à ung mien affaire qui moult fort me touche. Et ceulx qui l'ouyrent garmenter luy disdrent : Monseigneur, il soit à vostre voulenté. Lors fist Geuffroy monter à chevau ses dix chevaliers, et aussi il s'arma et monta à chevau, et se partist de Monjouet esprins de moult grant couroux et de grant hayne contre l'abbé et les moynes de Maillières. Et pour lors estoient l'abbé et ses moynes en chappitre. Et Geuffroy, venu au lieu, entra, l'espée çainte à son costé, audit chappitre, et, quant il vit l'abbé et ses moynes, si leur dist tout hault : Comment ! ribaulx moynes, qui vous a donné la hardiesse d'avoir enchanté mon frère tant que par vostre faulce cautelle vous l'avez fait devenir moyne? Par le dent Dieu, mal le pensates, car vous en beuvrez ung mauvais hanap. Ha, ha, sire, dist l'abbé, pour Dieu mercy, vueillez vous informer de raison ; par mon createur, ne moy ne moyne qui soit ceaus ne luy conseillasmes oncques. Adonc saillist Froimond avant, qui bien cuidoit appaisier l'ire de Geuffroy, et luy dist : Mon chier frère, par l'arme que j'ay à Dieu rendue, il n'y a personne ceans qui oncques me le conseillast, que je le ay fait de mon propre mouvement, sans conseil d'aultruy et par droite devotion. Par mon chief, dist Geuffroy, si en seras paié avec les aultres ; il ne me sera jà reprouché que j'aye moyne frère ; et adoncques il saillist hors, et tira bon huys à luy, et le ferma bien et fort, et fist à toute la maisnie de leans apporter feurre et

buche, et aprez fist bouter le feu, et jura Dieu que il
les arderoit tous là dedens. Adoncques vindrent les
dix chevaliers avant, qui moult le blasmèrent, et
disdrent que Froimond estoit en bon propos, et que
encore par son bien fait et sa prière il pourroit bien
faire moult grant allegement aux ames de ses amis. Par
la dent Dieu, dist Geuffroy, ne luy ne moyne de leans
ne chanteront jamais messe ne matine que tous ne les
arde. Adoncques s'en partirent les dix chevaliers de
luy, et luy disdrent qu'ilz ne vouloient pas estre
coulpables de ceste mesprison comme de ardoir la
maison de Dieu et tous ses serviteurs sans nulle cause.

Comment Geuffroy au grant dent ardist l'abbaye
de Maillières, l'abbé et les moynes.

n ceste partie dist l'istoire que Geuffroy,
si tost que ses chevaliers furent partis d'a-
vecques luy, il prinst du feu et une lampe
ardant qui estoit en l'eglise, et aprez il bou-
ta le feu au feurre, et tantost la buche qui y estoit
fut esprise de feu. Là povoit-on veoir et ouyr moult
grant pitié, car, incontinent que les moynes sentirent
le feu, ilz commencèrent à faire trespiteux cris et
tresamères et douloureuses plaintes; mais ce ne leur
valut riens; ilz reclamoient Jhesucrist et luy prioient
devotement qu'il eut mercy de leurs ames, car des
corps estoit neant. Que vauldroit le long compter? il
seroit bien long; il est bien vray que tous les moynes
furent ars, et bien la moetié de l'abbaye, avant que
Geuffroy se partist de là. Ce fait, il vint à son chevau

et monta sus, et, quant il vint aux champs, il se re-
tourna vers l'abbaye et commença à regarder le
grant meschief et le dommaige qu'il avoit fait. Adonc
commença à gemir et à soy plaindre douleureusement
en disant en ceste manière Faulx , mauvais , des-
loyal, proditeur, ennemy de Dieu, vouldroyes-tu
que on te fist ce que tu as fait aux vrays serviteurs de
Dieu? Certes non. Et moult d'aultre laidure se di-
soit, si que n'est homme qui peut penser le descon-
fort et la desesperance qu'il prinst, s'il ne l'avoit ouy
ou veu ; et croy bien que de fin ennuy il se fut occys
de son espée pour le desconfort qu'il prinst en soy ,
se ne fut que les dix chevaliers y vindrent d'aven-
ture sur luy, qui bien l'avoient ouy en sa grant dou-
leur garmenter, gemir et plaindre. Adoncques luy
dist l'ung des chevaliers : Ha, ha, sire , c'est trop
tart repenti quant la follie est faiete. Adoncques, quant
Geuffroy ouyt ceste parolle, il eut encores plus grant
despit que devant; mais il ne daigna oncques respon-
dre au chevalier; ains chevaucha si fort vers la tour
de Monjouet que à grant paine luy peurent ses gens
tenir route ; et tant erra qu'il y vint. Adonc fist son
appareil pour aller avec les embassadeurs de Northo-
belande, et le lendemain s'en partist , et tourna son
chemin avec les embassadeurs où ilz le devoient me-
ner, et ne mena avecques luy que ses dix chevaliers
et son harnoys et les leurs. Et cy s'en taist l'istoire.
En ceste partie nous dist l'istoire que Raimondin
se seoit à disner à Merment ; lors vint ung messagier
qui venoit de Maillières, qui demanda où estoit Rai-
mondin ; et on le mena devant luy ; lequel messagier
s'agenoilla, et fist moult honnourablement la reve-
rence devant Raimondin, et le salua moult courtoise-
ment ; et Raimondin luy rendist son salut et luy de-

manda quelles nouvelles et dont il venoit. Sire, dist
le messagier, ce poise moy que je ne les vous puys
apporter meilleures, car je les aporte moult piteuses.
Il faut que nous les sachons, dist Raimondin; Dieu
en soit gracié et loué de ce qu'il nous envoye. Et cel-
luy luy dist : Monseigneur, il est bien verité que
Geuffroy au grant dent, vostre filz, a pris en luy telle
merencolie et tel dueil de ce que Froimond, vostre
filz, c'estoit rendu moyne à Maillières, qu'il est jà
venu de fait audit Maillières, où il a trouvé au chap-
pitre l'abbé et tous les moynes; et sachiés pour veri-
té qu'il a bouté le feu dedens et les a tous ars et bien
la moetié de l'abbaye. Qu'est-ce que tu dis, dist Rai-
mondin? Ce ne peut estre ; je ne le pourroye croire.
Par ma foy, monseigneur, il est ainsi, et, se ne me
croiez, faictes-moy mettre et tenir en prison, et, se ne
trouvez qu'il soit vray, faictes-moy mourir de telle
mort qu'il vous plaira. Adonc Raimondin se leva de
la table, et vint en la court, et demanda son chevau;
et on luy admena, et il monta, et s'en partist sans
actendre per ne compaignon, et chevaucha vers Mail
lières tant que le chevau le peut porter et aller.
Adoncques ses gens montèrent à chevau qui mieulx
pour aller aprez luy ; et tant chevaucha Raimondin
qu'il vint à l'abbaye. Et adonc il vit la grant douleur
et le grant meschief que Geuffroy avoit fait, dont il
prinst tel dueil en son cueur que à paine qu'il n'en-
ragoit. Ha, ha, dist-il, Geuffroy, tu avois le plus
bel commencement de haulte proesse et de chevalerie
pour venir au degré de hault honneur que filz de
prince qui fut vivant, et ores tu es du tout desmis
par ta crualté. Par la foy que je doibz à Dieu, je
croy que ce ne soit que fantosme de celle femme; je
ne cuide point qu'elle ait porté chose à la fin qui

viengne à perfection, car elle n'a apporté enfant nul
qui n'ait apporté quelque estrange tache sur terre,
Ne vois-je pas l'orrible qui n'a pas encores sept ans
acomplis, qui a jà occis deux de mes escuiers, et
avant qu'il eut trois ans avoit-il fait mourir deux de
ses nourrices par force de mordre ses mamelles? et
ne vois-je leur mère le samedi, que mon frère de Fo-
restz m'acointa de malvaises nouvelles, en forme de
serpent du nombril en bas? si fis, par Dieu. Et sçay
de vray que c'est aulcun esperit, où c'est fantosme ou
illusion qui ainsi m'a abusé : car, la première fois que
je la trouvay, ne me sceut-elle pas à dire mon adven-
ture ?

En ce parti chevaucha Ramondin tant qu'il vint à
Merment, et là descendist et monta en une chambre
et se coucha sur ung lict, et là se commença à des-
mener et faire griefve lamentation telle, qu'il n'y a
si dur cueur au monde qui n'en eut eu pitié. Adoncc-
ques tous les barons en furent moult doulens, et,
quant ilz virent qu'ilz ne luy peurent appaisier sa
douleur, ilz furent moult doulens. Adoncques ilz eu-
rent conseil qu'ilz le manderoient à Melusine, qui
lors estoit à Nyort et faisoit faire les deux maistres-
ses jumelles, qui sont moult belles à veoir. Adonc
prindrent ung messagier et luy mandèrent tout le
fait. Las! tant mal firent, car ilz les mirent tous deux
en griefz tourmens et en moult grant misère. Or
commence leur dure et amère departie, qui dura à
Raimondin tout son vivant, et à Melusine durera sa
penitence jusques en la fin du monde. Or le messa-
gier tira tant qu'il vint à Nyort, et salua la dame, et
luy bailla les lettres que les barons luy envoioient
Adonc elle rompist la cire et lut la lettre, et, quant
elle apperçeut le meschief, elle fut doulente, et plus

du couroux de Raimondin que d'aultre chose, car elle vit bien que le meschief que Geuffroy avoit fait ne povoit estre aultrement pour le present. Adonc elle fist venir tout son arroy, et manda foison de dames du pays pour luy tenir compaignie, et s'en partist de Nyort, et vint à Lusignen, et là demoura par l'espace de trois jours, et faisoit moult male chière, et tousjours alloit et venoit par leans, visitant hault et bas tout le lieu en souspirant et jettant de foys en aultre de si grans plains que merveilles. Et nous dist l'istoire et la cronique, que je tiens estre vrayé, qu'elle sçavoit bien la douleur qui moult luy estoit prouchaine, et, quant est de moy je le croys fermement. Mais ses gens ne pensoient pas à cela, mais que c'estoit pour la desplaisance qu'elle avoit de ce que Geuffroy avoit ainsi ars son frère et les moynes aussi, et pour le courroux qu'elle sçavoit que Raimondin en avoit pris. En ce parti fut Melusine à Lusignen par deux jours, et au tiers jours s'en partist et vint à Merment moult bien accompaignée de dames et de damoiselles, comme j'ay par devant dit. Et lors les barons du pays, qui estoient assamblez pour reconforter Raimondin, que ilz amoient de bon cueur, luy vindrent à l'encontre et la bienveignèrent fort, et luy comptèrent qu'ilz ne luy povoient faire laisser sa douleur. Or vous souffisse, dist-elle, car il sera tantost reconforté, se Dieu plaist.

Melusine, la bonne dame, qui adonc estoit bien accompaignée de dames et damoiselles et des barons du pays, entra en la chambre où Raimondin estoit, et celle chambre avoit le regard sur les vergés, qui moult estoient delectables, et avoit le regard aux champs par devers Lusignen. Lors, quand elle vit Raimondin, elle le salua moult doulcement et honnourablement ; mais adonc il fut si doulent et si oultré d'ire que il ne luy respondist mot. Et adone elle prinst le parler et luy dist : Monseigneur, c'est moult grant follie à vous, que on tient le p u saige prince que on sache vivant, de vous ainsi démener de chose qui aultrement ne peut estre et que on ne peut amender ne y remedier ; vous vous arguez contre la voulenté du createur, qui tout a fait et deffera toutes foys qu'il vouldra à son plaisir. Sachiés qu'il n'est si grant pecheur au monde que Dieu ne soit plus piteux et plus pardonnable, mais que le pecheur se repente parfaictement et qu'il luy crie mercy de bon cueur. Se Geuffroy, vostre filz, a fait celle oultrage par son merveilleux courage, sachiés de certain que c'est pour le pechié des moynes, qui estoient de mauvaise et desordonnée vie, et a voulu nostre seigueur avoir la pugnition, combien que ceste chose soit incongnoissable à humaine creature, car les jugemens de Dieu sont tresmerveilleux et si secrez qu'il n'est cueur d'omme qui les puist comprendre en son entendement. Et d'aultre part, monseigneur, nous avons assez de quoy, Dieu mercy, pour refaire l'abbaye aussi bonne et meilleure qu'elle ne fut oncques et la renter et doer mieulx et plus richement pour mettre plus de moynes qu'il n'y eut oncques. Et Geuffroy, se Dieu plaist, s'amendera par devers Dieu et par devers le monde ; pour quoy, monseigneur, vucillez laisser le dueil, et je vous en prie. Adoncques, quant Raimondin entendist Melusine, il sceut bien qu'elle disoit vray de ce qu'elle luy disoit, et que c'estoit le meilleur selon raison ; mais il fut si oultré et percié d'ire que raison naturelle estoit fouye de luy. Adoncques d'une trescruelle voix il dist en ceste manière :

*Comment Melusine chait pasmée par terre, pour
la reproche que Raymondin luy dist.*

a tresfaulce serpente, par Dieu, ne toy ne
ton fruict ne sera que fantosme; ne jà hoir
que tu aies porté ne viendra à bon chief
en la fin. Comment rauront leurs vies
ceulx qui sont ars en griefve misère, ne ton filz qui
estoit rendu au crucifix? Il n'avoit sailly bon fruict
de toy que Froimond, or est destruict par art demo-
niacle, car tous ceulx qui sont enforcenez d'ire sont ès
commandemens des princes d'enfer; et pourtant fist
Geuffroy l'orrible, le grant et hideux fourfait qu'il
a fait comme d'ardoir son frère et les moynes, qui n'a-
voient mie mort desservie. Adonc, quant Melusine
ouyt ceste parolle, elle eut telle douleur au cueur
qu'elle chait toute pasmée par terre, et fut demie
heure qu'elle ne rendist aspiration, ne que on ne
sentist en elle aspiration ne alaine. Et adonc fut Rai-
mondin plus couroucé que devant, car lors il fut re-
froidé de son ire, et commença à faire moult grant
dueil, et pour peu qu'il n'affoloit, et se repentist
moult des parolles qu'il avoit dictes, mais ce fut pour
neant, car ce fut trop tart. Adonc les barons du pays
et les dames furent moult doulens, et redressèrent la
dame en son seant, et luy arousèrent le visaige d'eaue
froide, et tant firent qu'elle revint à elle. Et quant
elle peut parler, elle regarda Raimondin moult pi-
teusement et luy dist.

Comment Melusine se revint et parla à Raimondin.

Ha, ha, Raimondin, la journée que je te vis
premierement fut pour moy trop doulou-
reuse. A la mal heure vis oncques ton
gent corps, ta fasson, ne ta belle figure;
mal convoité ta beaulté, quant tu m'as si faulcement
traye; combien que tu soiez parjure envers moy
quant tu mis paine de moi veoir, mais pour ce que
tu ne l'avois mie encores descouvert à personne, je
le t'auroye pardonné en cueur, et ne t'en eusse point
fait de mention, et Dieu le te eut pardonné; car tu
eusses fait ta penitance en cestuy monde. Las, mon
amy, or sont nos amours tournez en hayne, en dou-
leurs, en dureté, nos solas et joye en larmes et en
pleurs, nostre bonheur en tresdure infortuneuse pes-
tilence. Las, mon amy, se tu ne m'eusses faulcé ton
serment, j'estoie jettée et exemptée de paine et de
tourment, et eusse eu tous mes sacremens, et eusse
vescu tout le cours naturel comme femme naturelle,
et fusse morte naturellement, et eusse eu tous mes
sacremens, et mon corps eut esté ensepveli en l'e-
glize de Nostre-Dame de Lusignen, et eusse fait mon
anniversaire bien et deuement. Or suys-je par ton
fait rabatue en la penitence obscure où j'avoie long
temps esté par mon adventure, et ainsi le me fauldra
porter et souffrir jusques au jour du jugement, et par
ta faulceté; je prie à Dieu qu'il te le vueille pardon-
ner. Adonc elle commença à mener telle douleur
qu'il n'y a si dur cueur au monde qui n'en eut eu
pitié se il l'eut vene en ce point; et quant Raimon-
din la vit, il eut tant de douleur qu'il ne veoit, n'en-
tendoit, ne ne sçavoit contenance.

23

L'istoire dist que Raimondin fut moult doulent; et pour vray, l'istoire et la vraye cronique le tesmoingne, que nul homme ne souffrist oncques telle douleur sans passer les articles de la mort; mais quant il fut ung peu revenu en sa memoire, et vit Melusine devant luy, il s'agenoilla et joingnist les mains en disant ainsi : Ma chière dame, m'amie, mon bien, mon esperance, mon honneur, je vous supplie en l'onneur de la glorieuse souffrance de Nostre Seigneur Jhesucrist, en l'onneur du saint glorieux pardon que le vray Filz de Dieu fist à Marie Magdalaine, que vous me vueillez ce meffait pardonner, et que vous vueillez avec moy demourer. Mon doulx amy, dist Melusine, qui regarda que les larmes luy chayoient des yeux à si grant habondance que sa poetrine estoit arousée, le meffait vous vueille pardonner celluy qui est le vray juge et le vray pardonneur, qui est tout puissant, et la droite fontaine de pitié et misericorde; car, quant à moy, je vous pardonne de bon cueur; mais quant est de ma demourance, c'est tout neant, car il ne plaist mie au vray juge.

Comment Raimondin et Melusine chaièrent pasmez.

A ce mot le leva et l'embrascha de ses bras, et s'entrebaisèrent et eurent tous deux si grant douleur qu'ilz chaièrent tous deux pasmez sur la terre de la chambre. Qui lors eut veu dames et damoiselles, chevaliers et escuiers plourer et mener grant douleur en disant en

commun : Faulce fortune, comment es-tu si faulce
et si perverse que tu t'es entremise de ces deux
loyaulx amans? Et en ce disant, s'escrièrent tous à
une voix : Nous perdons aujourd'huy la meilleure
dame qui oncques gouvernast terre, la plus saige, la
plus humble, la plus charitable, la plus privée de ses
gens qui oncques fut sur la terre. Adonc commencè-
rent tous à plourer et à plaindre, et à mener si grant
douleur qu'ilz entreoublièrent les deux amans qui
gisoient par terre. Adoncques Melusine revint à elle,
et ouyt la douleur que ses gens menoient pour sa de-
partie, et vint à Raimondin qui gisoit encores tout
pasmé par terre, et le leva et drescha en son estant,
et dist à Raimondin et à ses gens : Or entendez bien
ce que je vous diray ·

Comment Melusine fist son testament.

M on doulx amy, dist la dame, sachiés que je
ne puys plus demourer avec vous, car il
ne plaist mie à Dieu, pour le meffait que
vous avez fait; et pour ce je vous vueil
dire devant vos gens ce que vous orrez. Or sachiés,
Raimondin, que aprez vous jamais homme ne tien-
dra le pays en si bonne paix que vous le tenez, et
auront vos heritiers aprez vous moult d'affaires; et
sachiés que aulcuns decherront, par leur follie, de
leur honneur et de leur heritaige; mais quant à vous,
ne vous en doubtez, car je vous aideray tout vostre
vivant en toutes vos necessitez; et ne chassez point
Geuffroy hors de vous, qui est vostre filz; car il

sera moult vaillant homme ; et, d'aultre part, nous
avons encore deux enfans , dont l'aisné , qui a nom
Raimonnet, n'a pas encores trois ans, et Thierry n'a
pas environ deux ans ; faictes les bien nourrir ; et
aussi sachez que je m'en prendray bien garde, com-
bien que je ne vueil pas que aiés esperance nulle
quant d'icy seray departie, qui sera bien brief, me
voiez jamais en forme de femme : Et vueil que vos-
tre filz Thierry mains ne soit sire de Partenay, de
Warnont, et de toutes les appendences de la terre,
jusques au port de la Rochelle ; et Raimonnet sera
conte de Forestz, et en laissez convenir à Geuffroy, et
il en ordonnera moult bien. Et elle appella Raimon-
din à part et les plus haultz barons du pays, et leur
dist en ceste manière : Beaulx seigneurs, gardez que
si chier que vous amez vostre honneur et vostre che-
vance, que si tost que je seray departie de cy, que
vous facez tant que Horrible, nostre filz, qui a trois
yeulx, dont l'ung est au front, soit mort tout preste-
ment ; car sachez en vérité, se vous ne le faictes,
qu'il fera tant de maulx que ce ne seroit mie si grant
dommaige de la mort de telz .xx. mille , que de la
perte et dommaige que on auroit pour luy ; car cer-
tainement il destruiroit tout ce que j'ay ediffié, ne
jamais guerres ne fauldroient au pays de Poetou ne
Guienne ; et gardez que vous le facés ainsi, ou vous
ne fistes oncques si grant follie. Ma doulce amour,
dist Raimondin , il n'y aura point de faulte ; mais
pour Dieu et pitié ne me vueillez pas tant deshon-
nourer, mais vueillez demourer, ou jamais je n'au-
ray joye au cueur. Et elle luy dist Mon doulx amy,
se ce fut chose que je peusse faire, je le feroye tres-
voulentiers ; mais il ne peut estre. Et sachiés que je
sens au cueur plus de douleur de vostre departie cent

mille foys que vous ne faictes, car ainsi pour le vray
faut-il qu'il soit, puys qu'il plaist à celluy-qui peut
tout faire et deffaire. Et puys à ce mot le alla acco-
ler et baiser moult doulcement en disant : Adieu,
mon amy, mon bien, mon cueur et ma joye, encores
tant que tu viveras auray-je recreation en toy ; mais
aussi auray-je pitié de toy ; tu ne me verras jamais
en forme de femme. Et adonc saillist sur une fenes-
tre qui avoit le regart sur les champs et sur les jar-
dins, au costé devers Lusignen, aussi legierement
comme se elle eut vollé ou eu elles.

Comment Melusine s'envolla de Raimondin, en
forme d'ung serpent, du chasteau de
Lusignen, par une fenestre.

En ceste partie nous dist l'istoire que quant
Melusine fut sur la fenestre, elle prinst con-
gié de tous en plourant et soy recomman-
dant à tous les barons, dames et damoi-
selles qui furent là presens, et puys dist à Raimon-
din : Mon doulx amy, voiez cy deux aneaulx d'ór
qui ont une mesme vertu ; et sachiés bien de vray
que tant comme vous les aurez, ou l'ung d'eulx, ne
vous ne vous hoirs, s'ilz les ont aprez vous, ne serez
jà desconfis en plet ne en bataille, se ilz ont bonne
cause ; ne jà vous ne ceulx qui les auront ne pour-
ront mourir par armes quelconques. Et adoncq les luy
tendist et il les prinst. Et aprez commença la dame
à faire piteux regrès et griefz souspiers en regardant
Raimondin moult piteusement, et ceulx qui là es-

toient, plourant tousjours si tendrement que tous en avoient moult grant pitié. Encores en souspirant moult piteusement commença à regarder le lieu en disant : Hé, doulce contrée, j'ai eu en toy tant de soulas et de recreation, et y estoit en cestuy siècle du tout en tout ma beneureté, se Dieu n'eust consenti que je eusse esté si faulcement traye ; helas, je souloye estre dame clamée, et souloit-on faire et acomplir tout ce que je commandoye ; or n'en seray-je pas plus chambrière, mais seray en paine et en tourment jusques au jour du jugement ; et tous ceulx qui m'appelloient avoient grant joye quant ilz me veoient ; doresnavant ilz se desvirout de moy, et auront paour et grant hideur ; et les joyes que je souloye avoir me seront plains et tribulations et griefves penitences. Et lors commença à dire à haulte voix : Adieu tous et toutes, et vous prie treshumblement qu'il vous plaise à prier notre Seigneur devotement pour moy qu'il luy pla se à moy alleger ma penitence ; mais toutesfois je veuil bien que vous sachez que je suys, et qui fut mon père, affin que vous ne reprochés pas à mes enfans qu'ilz soient enfans de malvaise femme, ne de serpente, ne de faée, car je suys fille du roy Elinas d'Albanie et de la royne Pressine sa femme, et sommes trois seurs qui avons esté predestinées moult durement d'estre en griefves penitences, et de ce ne vous puys-je à present plus dire ne ne veuil. Puis dist : Raimondin, adieu, mon amy, ne oubliez pas à faire de vostre filz Horrible ce que je vous ay dit ; mais pensez de vous deux enfans Raimonnet et Thierry. Adonc commença à faire un grief souspir, et laissa la fenestre, et saillist en l'air, et trespassa les vergiers, et lors se mua en forme de serpent moult grande, grosse et longue comme de.

xv. piés; et sachiés que en la pierre sur quoy elle passa au partir de la fenestre, demoura et encores est empraint la forme du piet d'elle. Adonc moult grant douleur menoient la baronnie, dames et damoiselles, et especiallement celles qui l'avoient servie, et par dessus tous les aultres Raimondin faisoit dueil moult aigre et merveilleux. Et lors saillirent tous ès fenestres pour veoir quel chemin elle tiendroit. Lors la dame, ainsi transmuée en guise de serpent come dit est, fit trois tours environ la fortesse, et à chacune fois qu'elle passoit devant la fenestre, elle jetta ung cri si merveilleux que chacun en plouroit de pitié, et appercevoit-on bien qu'elle se partoit bien enuis du lieu, et que c'estoit par constrainte. Et adonc elle prinst son chemin vers Lusignen, menant par l'air si grant effroy en sa furieuseté, qu'il sambloit par tout en terre que la fouldre et tempeste y deut cheoir du ciel.

Ainsi comme je vous dis s'en ala Melusine, samblant de serpent vollant par l'air, vers Lusignen, et non pas si treshault que les gens du pays ne la veissent bien, et l'oyoit-on plus long d'une lieue aler par l'air, car elle alloit menant telle douleur et faisant si grant effroy que c'estoit grant douleur à veoir; et en estoient les gens tous esbahis; et tant alla qu'elle fut à Lusignen, et l'environna par trois fois, et crioit piteusement et lamentoit de voix seraine, dont ceulx de la fortresse et de la ville furent moult esbahis, et ne sçavoient que penser; car ilz veoient la figure d'une serpente, et oyoient la voix d'une dame qui sailloit d'elle; et quant elle l'eut environné trois fois, elle se vint fondre si soudainement et si horriblement sur la tour poterne, en menant telle tempeste et tel effroy, qu'il sambla à ceux de leans que toute la fortresse deut cheoir en abisme, et leur sambla que tou-

tes les pierres du sommaige se remuassent l'une con-
tre l'aultre ; et la perdirent en peu d'eure qu'ilz ne
sceurent oncques qu'elle fut devenue. Mais tost aprez
vindrent gens que Raimondin envoioit pour sçavoir
nouvelles d'elle, ausquieulx fut dit comment elle
s'estoit venue rendre leans et la paour qu'elle leur
avoit faiete; et ceulx retournèrent devers Raimondin,
et luy comptèrent le fait. Lors commença Raimondin
à entrer en sa douleur, et quant la nouvelle fut sceue
par le pais, le povre peuple mena grant douleur, et
la regrettoient piteusement, car elle leur avoit fait
moult de biens ; et commença-on par toutes les abbaies
et eglises qu'elle avoit fait fonder à dire pseaulmes,
vigilles, et faire anniversaires pour elle ; et Raimon-
din fist faire moult de biens et prières.

*Comment Raimondin fist bruler Horrible son filz,
ainsi comme Melusine en avoit chargé
en son testament.*

prez vindrent les barons du pays à Rai-
mondin, et luy dirent : Monseigneur, il
faut que nous façons de vostre filz Horrible
ce qu'elle nous a commandé à faire. Et Rai-
mondin leur respondist : Faictes-en ce qu'on vous
à commandé à faire. Et ilz prindrent Horrible par
belles parolles, et le menèrent en une cave ; car se il
s'en fut donné garde de ce que on luy vouloit faire,
ilz ne l'eussent pas eu sans peril ne sans paine. Adonc-
ques l'enfermèrent en fumée de foin moillé ; et,
quant il fut mort, il fut ensepvely en une bière, et
porté à Poetiers en l'abbaye du Moustier-Neuf, où

il fut sepulturé, et son obsèque fait richement ainsi comme il appartenoit.

Comment Melusine venoit tous les soirs visiter scs deux enfans Raimonnet et Thierry.

près, Raimondin s'en partist de là, et vint à Lusignen, et y amena ses enfans Raimonnet et Thierry, et dist que jamais n'entreroit en la place où il avoit perdu sa femme. Et sachiés que Melusine venoit tous les jours visiter ses enfans, et les tenoit au feu, et les aisoit de tout son povoir au mieulx qu'elle povoit; et la veoient bien les nourrices, qui mot ne osoient dire. Et amendoient et plus croissoient les deux enfans en une sepmaine que les aultres enfans ne faisoient en ung mois, dont toutes gens s'en donnoient grans merveilles; mais quant Raimondin sceut par les nourrices que Melusine venoit tous les soirs visiter ses enfants, sa douleur lui allega pour l'esperance qu'il avoit de la ravoir; mais pour neant le pensoit, car jamais puys ne la vit en forme de femme, combien que pluiseurs l'aient vene en forme femenine. Et sachiés que combien que Raimondin eut esperance de la ravoir, si avoit-il telle douleur au cueur que nul ne le vous sçauroit dire; et ne fut oncques puys homme qui le peut voir rire ne mener joye. Et avoit moult én hayne Geuffroy au grant dent, et se il l'eut tenu en son ire il l'eût fait destruire. Mais cy se taist l'istoire à parler de luy, et commence à parler de Geuffroy.

L'istoire nous dist que tant erra Geuffroy qu'il vint en Nortobelande avec les ambassadeurs, avec les dix chevaliers, et quant les barons du pays sceurent sa venue, ilz luy vindrent à l'encontre moult honnorablement, et le receuprent à moult grant solemnité, et luy disdrent : Ha, a, sire, de vostre joyeuse venue devons-nous louer nostre Seigneur Jhesucrist; car sans vous ne povons estre delivrez du merveilleux murtrier Grimauld, le gayant, par quoy tout le pays est destruict. Et adoncques Geuffroy leur respondist : Et comment povez sçavoir que par moy en povez estre delivrez? Adoncques ilz luy respondirent : Monseigneur, les sages astronomiens nous ont dist que le gayant Grimault ne povoit morir que par vos mains, et aussi nous sçavons de certain que il le scet bien, et se vous allés devers luy et vous lúy dictes votre nom, vous ne le sçaurez si bien garder que il ne vous eschappe. Par mon chief, dist Geuffroy, se il est vray que vostres astronomiens vous le ayent dit, il ne peut fouyr, car j'en ay bonne voulenté, mais or me faictes mener devers le lieu où je le pourray trouver, car j'ay moult grant desir de le veoir. Adoncques ilz respondirent : Monseigneur, voulentiers. Et incontinent ilz lui baillèrent deux chevaliers du pays qui le conduirent vers le lieu; mais ilz disdrent tout incontinent l'ung à l'aultre qu'ilz ne l'approcheroient pas de trop prez, et qu'ilz ne pourroient croire que Geuffroy peut avoir victoire envers luy Adoncques Geuffroy prinst congié des barons, et s'en partist, et avec luy les deux chevaliers qui le devoient guider; et tant chevauchèrent qu'ilz virent la montaigne de Brumbelyo; et lors disdrent les guides à Geuffroy : Monseigneur, voiez là la montaigne où il se tient; et voiez-vous bien

ce blanc sentier qui monte tout droit à ce gros arbre ?
Par foy, dist Geuffroy, ouy. Par dieu, monseigneur,
disdrent-ilz, c'est le droit chemin que vous n'y po-
vez faillir, car pour vray dessoubz cest grant arbre
vient-il souvent pour espier ceulx qui passent le
chemin. Or y povez aller si vous voulez, car nous
ne pensons pas aller plus avant. Et Geuffroy leur
respondist en ceste manière : Se je feusse venu sur la
fiance de vostre aide, j'eusse ceste foys failly. Par
mon chief, dist l'ung, vous dictes vray. Lors vin-
drent au piet de la montaigne, et lors descendist
Geuffroy et s'arma bien et bel, et puys monta à che-
vau et mist l'escu au col et la lance au poing, et puys
dist aux dictz chevaliers qu'ilz demourassent là des-
soubz, et que ilz verroient comment il adviendroit
de celle chose; et ilz disdrent qu'ilz y demouroient.

Comment Geuffroy au grant dent vint contre le
gayant Grimault, et comment de la
lance il l'abbatist.

n ceste partie nous dist l'istoire que Geuf-
froy se partist et prinst congié, et monta
la montaigne tant qu'il approcha fort de
l'arbre, et perceut le gayant qui se seoit
dessoubz ; mais sitost qu'il apperceut Geuffroy, il
s'esmerveilla moult fort comment ung seul chevalier
avoit la hardiesse d'aller vers luy. Adoncques il pen-
sa en luy mesmes qu'il venoit pour traicter à luy d'aul-
cuns patis ou d'aulcune paix. Adoncques jura sa
loy que moult peu luy vauldroit. Adonc se leva le

gayant moult atalenti de mal faire, et prinst ung le-
vier en son poing, que ung fort villain auroit assez
affaire à le lever. Adoncques il devalla ung peu de
la montaigne pour venir à l'encontre de Geuffroy,
et cria à haulte voix à Geuffroy : Qui es-tu, di, va,
chevalier, qui as tant de hardiesse de venir vers moy?
Par ma loy, bien t'en paieray, car qui t'envoya icy
n'amoit pas grandement ta vie. Et Geuffroy luy es-
cria : Deffens-toy, je te deffie: Et puis brocha le che-
vau des esporons, et abaissa la lance, et ferist le
gayant emmy le pis si roidement qu'il le fist voller par
terre les jambes contre mont, et puys passa oultre et
tourna tout court et descendist de paour que le gayant
ne lui occist son chevau, et l'atacha par la resne à
une racine d'arbre ; puis traist l'espée et jetta la
targe, car il apperceut bien que à attendre le coup
du levier il feroit grant follie. Adoncques le gayant
luy vint à l'encontre, mais il ne l'apercevoit point à
cause que il estoit si petit envers luy qu'il ne le po-
voit bonnement choisir ; et pour ce baissa la teste, et
le vit adoncques le gayant, et luy dist ainsi : Dy, va,
petite stature, qui es-tu, qui si vaillamment m'a
abatu? Par Mahon, je n'auray jamais honneur. Et
adonc Geuffroy luy respondist : Je suis Geuffroy au
grant dent, fils de Raimondin, seigneur de Lusi-
gnen. Adonc quant le gayant l'entendist, il fut
moult doulent, car bien sçavoit qu'il ne povoit mo-
rir fors que par ses mains ; mais non obstant il luy
respondist : Je te congnois assez ; tu occis l'aultr'ier
mon cousin Guedon en Guerende ; les cent mille dia-
bles t'ont bien apporté en ce pays. Et Geuffroy luy
respondist : Voire pour toy, car jamais ne me parti-
ray jusques à tant que je t'auray osté la vie hors du
corps. Adonc quant le gayant l'entendist, il haulça

le levier et cuida ferir Geuffroy parmy la teste ; mais il y failly ; et adonc Geuffroy le ferist de l'espée sur l'espaulle, car il ne peut attaindre sa teste, et luy tranche les mailles du jasseran, et luy entra l'espée bien palme dedens la cher. Adoncq le sang luy roya jusques aux tallons ; et quant il sentist le coup, il luy escria : Mauldit soit le bras qui de telle vertu scet ferir, et le fevre qui forga l'allumelle soit pendu par my le col ; car onequesmais je n'eus sang trait par taillant, tant fut bon. Adoncques il entoisa le levier, et cuida ferir Geuffroy sur la teste, et tantost Geuffroy moult appertement gauchist au coup, dont il fist que saige : car sachiés de vray que, s'il l'eut attaint, à ce que le levier estoit pesant, il eut ensmé jusques aux dens ; mais Dieu, en qui estoit sa fiance, ne le volut pas. Et devez sçavoir de certain que le levier, au cheier, entra bien un grant piet dedens terre ; mais avant que le gayant peut ravoir son coup, Geuffroy le ferist de l'espée sur le costé, tellement qu'il luy fist le levier saillir des poingz, et en couppa une grant pièce.

Comment le gayant s'enfouyt, et Geuffroy aprez, l'espée au poing.

A doncques fut le gayant moult dolent quant il vit son levier par telle manière froyé et gesir sur la place, car il ne se osa baisser pour le prendre. Adoncques il sallist à Geuffroy, et luy donna ung si grant coup de poing sur le bassinet qu'il luy estourdist toute la teste ; mais il eut le poing tout enflé, et en tomba du grant coup. Et adoncques Geuffroy le ferist de l'espée sur la cuisse, par telle manière qu'il luy abbatit demi piet ou braon. Adoncques quant le gayant vit ce, il se recula ung peu contre mont, et puys tourna le dos et s'enfouyt contre mont sur la montaigne, et Geuffroy aprez, l'espée au poing; mais quant ledit gayant vint à la montaigne, il trouva ung pertuys, et tantost se lança dedens; de quoy Geuffroy s'esmerveilla moult comment il fut si tost en bas. Adoncques il vint au pertuys et bouta sa teste dedens, et luy sambla que ce fut le tucau de une cheminée. Adoncques il retourna à son chevau, et prinst la lance, et monta sur son chevau, et devalla la montaigne, et vint à ses gens et aux deux chevaliers, qui eurent moult grant merveille quant ilz le virent retourner sain et sauf; et y estoit jà venu grant multitude des gens du pays, qui luy demandèrent s'il avoit veu le gayant. Et il leur dist que il l'avoit combattu, et qu'il s'en estoit fouy et bouté en ung pertuys; et si tost envanuy qu'il ne sçavoit qu'il estoit devenu. Et ilz luy demandèrent se il luy avoit point dit son nom, et Geuffroy dist que si avoit, et ceulx dient que c'estoit neant de le trouver, car il sçavoit bien que il devoit morir par la main de Geuffroy. Or ne vous doubtez, dist-il car je sçay bien par où il est entré, et pourtant je le trouveray bien demain. Adoncques, quant ilz luy oyrent dire ceste parolle, ilz en eurent moult grant joye, et disdrent que Geuffroy estoit le plus vaillant chevalier du monde.

Comment Geuffroy alla au pertuys où le gayant
estoit entré, et se laissa couller dedans.

e lendemain par matin s'arma Geuffroy et
monta à chevau, et chevaucha tant qu'il
vint à la montaigne, et trouva le pertuys,
et regarda dedens; mais il n'y vit ne que
ung puys. Par foy, dist Geuffroy, le gayant est plus
grant et plus gros que je ne suys, et cy est entré par
icy, mais cy ferai-je, comment qu'il en advienne.
Adoncques il laissa couler sa lance contre val, et tint
le fer en sa main, et puys entra les piés devant au
pertuys et se laissa couler avecques la lance, et s'en
alla par ung estroit sentier, et vit au loing grant
clarté. Et adonc il se seigna, et s'en alla celle part.

Comment Geuffroy trouva la sépulture du roy d'Al
banie, son grand-père Elinas,
dedens la montaigne.

t quant il vint à large, il trouva une moult
riche chambre où il y avoit moult de ri-
chesses; et y eut moult grans candelabres
d'or et moult grant luminaire; et y veoit-
on aussi cler comme se il eut esté aux champs; et au
millieu de celle chambre trouva la plus riche tombe
d'or et de pierres precieuses qui cuidoit jamais avoir
veu; et par dessus avoit la figure d'ung grant cheva-
lier à merveilles, qui avoit une riche couronne d'or
au chief, et y avoit grant foison de riches pierres. Et

assez prez de là avoit une figure d'une royne d'alhas-
tre, couronnée moult richement, qui tenoit ung ta-
blier qui disoit en ceste manière : Cy gist mon
mari, le noble roy Elinas d'Albanie ; et devisoit
toute la manière comment il avoit esté là mis, et par
quelle cause ; et parloit aussi de leurs trois filles, c'est
assavoir Melusine, Palestine et Melior, et comment
elles avoient esté pugnies pour ce qu'ellés avoient
enfermé leur père. Et parloit comment le gayant
avoit là esté commis pour garder le lieu jusques à
tant qu'il seroit de là dejecté par l'oir d'une des filles,
et comment nul ne povoit jamais entrer leans se il
n'estoit de leur lignage ; et le devisoit tout au long
ainsi comme il est escript icy dessus au chapitre du
roy Élinas. Et à ce veoir et regarder advisa Geuffroy
par grant temps, tant sur le tableau comme sur la
beaulté du lieu ; mais encore ne sceut-il pas qu'il
disoit qu'il fut de la lignée du roy Elinas et de Pres-
sine, sa femme. Et quant il eut bien regardé tout
longuement, il se partist, et erra tant parmy ung lieu
obscur, qu'il se trouva aux champs. Adoncques re-
garda devant luy et vit une grosse tour quarrée bien
garlendée et bien carnellée, et chemina celle part,
et tournoya tant qu'il trouva la porte, qui estoit ou-
verte arrière et le pont abbatu ; il entra dedens, et
vint en la salle, où il trouva ung grant traillis de
garde de fer, dedens laquelle avoit bien cent hommes
du pays que le gayant tenoit tous prisonniers. Et
quant ilz visrent Geuffroy, ilz s'esmerveillèrent moult
et luy disdrent : Sire, pour Dieu, fuyez-vous-en, ou
vous estes mort ; car le gayant viendra tantost qui
vous destruira, se vous estiez ores telz cent comme
vous estes. Et Geuffroy leur respondist ainsi : Beaulx
seigneurs, je ne suys pas cy venu se n'est pour le

trouver ; j'auroye fait tresgrant follie d'estre venu de si loingz jusques cy pour m'en tourner si tost. A ces parolles vint le gayant qui venoit de dormir ; mais quant il vit Geuffroy, il le congneut et vit bien que sa mort approuchoit, et en eut grant paour. Adonc il saillist en une chambre qu'il vit ouverte, et tira l'uys aprez luy. Et quant Geuffroy l'apperceut il fut moult doulent de ce qu'il ne l'avoit peu rencontrer à coup à l'uys de la chambre.

L'istoire nous dist que Geuffroy fut moult doulent quant il vit que le gayant fut entré en la chambre et que il eut fermé l'uys sur luy. Adonc il vint contre l'uys, courant de moult grant radeur, et y ferist du piet si roidement qu'il le fist voller emmy la chambre. Adoncques le gayant saillist hors, qui par ailleurs ne povoit saillir, et tenoit ung grant maillet dont il donna à Geuffroy tel coup sur le bassinet, qu'il le fist tout chanceller. Et quant Geuffroy sentist le coup, qui fut dur et pesant, il le ferist d'estoc de l'espée emmy le pis, tellement qu'il la lui bouta tout dedens jusques à la croix. Adonc le gayant jetta ung moult horrible cry, et cryoit illecq tout mort. Et quant ceulx qui estoient enferrez en la gayole de fer le virent, s'escrièrent à une voix : Ha, a, noble homme, benoite soit l'eure que tu naquis de mère. Nous te prions pour Dieu que tu nous ostez d'icy, car tu as aujourd'uy delivré ce pays de la plus grant misère où oncques gens feussent.

Comment Geuffroy delivra les prisonniers que le
gayant tenoit.

A doncq Geuffroy cercha les clefz tant qu'il les trouva, et les mist hors ; et, ce fait, ilz s'agenoillèrent tous devant luy, et luy demandèrent par où il estoit venu ; et il leur dist toute la verité. Par foy, disdrent-ilz, il n'est pas memoire de nouvelles nulles que depuys quatre cens ans nul homme passast par le cavan, que vous et le gayant tant seullement, et ses antecesseurs, qui de hoir en hoir ont destruict tout ce pays; mais nous vous remainerons bien par aultre chemin. Et adoncques Geuffroy leur donna tout l'avoir de la tour, et ilz le prindrent.

Comment les prisonniers que Geuffroy avoit delivrez
mirent le gayant sur une charette
et l'amenèrent avecques eulx.

A prez mirent le gayant sur une charrette en son estant, et le lièrent tellement qu'il ne povoit cheoir, et puys boutèrent le feu partout en la tour. Et, ces choses faictes, ilz radressèrent Geuffroy au lieu où il avoit laissé son chevau, sur lequel il monta, et descendirent tous la vallée, atout l'avoir, dont chascun en avoit sa part, et firent mener la charette où le gayant estoit à .vi. beufz, et tant qu'ilz vindrent aux chevaliers, et trouvèrent les chevaliers de Geuffroy, et bien la plus grant partie de ceulx du pays, nobles et non nobles, qui tous festoièrent et firent grant honneur à Geuffroy, et luy voulurent faire grans presens, mais il n'en voulut riens prendre, ains prinst congié de tous, et se partist d'eulx. Et ceulx menèrent par toutes les bonnes villes le gayant, duquel veoir les gens en furent moult esmerveillez, et comme ung homme seul osast assaillir ung tel Sathanas; et le tindrent à tresgrandement hardi. Et si se taist l'istoire d'en plus parler, et retourne à parler de Geuffroy.

En ceste partie dist l'istoire que tant erra Geuffroy qu'il vint à Monjouet en Guerende, où ceulx du pays luy firent grant feste; et pour lors estoit venu Raimonnet, son frère, pour l'informer du couroux que leur père avoit et des parolles qu'il avoit dictes sur luy, et luy racompta et dist depuys le commencement jusques en la fin, et comment leur mère estoit partie, et toute la manière, et comment le premier commencement de sa departie estoit par leur oncle, le conte de Forestz, et comment elle avoit dit, à son departir, qu'elle estoit fille du roy Elinas d'Albanie. Et quant Geuffroy oyt ce mot, il luy souvint du tableau qu'il avoit trouvé sur la tombe du roy Elinas, et par ce sceut au cler que luy et ses frères estoient descendus de la lignée, dont il s'en tint plus chier. Mais ce non obstant, il fut moult doulent de la departie de sa mère et de la douleur de son père, et congneut adonc que ceste mauvaise adventure avoit esté engendrée par le conte de Forestz, son oncle, dont il jura la benoite Trinité qu'il le comparroit. Adonc il fist monter son frère et ses .x. chevaliers, et chevaucha vers Forestz, et eut nouvelles que le conte son oncle estoit en une fortresse qui estoit as-

sise sur une roche moult haute ; et estoit celle fortresse
pour celluy temps nommée Jalensi, et de present on
l'appelle Marcelli le Chasteau.

_____

Comment Geuffroy fist morir le conte de Forestz
son oncle.

ant erra Geuffroy qu'il vint au chasteau,
et tantost descendist et monta en la salle,
et trouva le conte, qui estoit entre ses ba-
rons, et adonc il luy escria haultement : A
mort, triste ! car par vous avons-nous perdue nostre
mère. Adoncques traist l'espée et alla vers le conte,
et le conte, qui congnoissoit bien sa fierté, advisa
l'uys de la maistresse tour et s'en courut celle part,
et Geuffroy aprez ; et tant le chassa d'estage en es-
tage, qu'il vint tout au dernier, prez du toit, et voyant
qu'il ne povoit ailleurs fouyr, monta sur une fenes-
tre qui sailloit sur le toit, et par icelle cuida saillir
en une petite guerite pour eschapper la fureur de
Geuffroy et soy saulver. Mais le piet lui faillist, et
tomba tout en bas, tout desrompu et tout mort,
avant qu'il vint contreval. Adoncques Geuffroy le
regarda d'amont et le vit moult hideusement arrée,
mais il n'en eut oncques pitié, mais dist : Faulx
triste, par ta faulce jenglerie ay ma mère perdue,
or l'as-tu comparu. Adoncques il vint à bas, et n'y
eut oncques celluy si hardi de tous les hommes du
conte qui osast lever l'euil, et tantost leur commanda
que le conte fut ensepvely, et si fut-il, et fut son
obsèque fait. Aprez compta Geuffroy aux barons du

pays pourquoy il avoit fait morir son oncle, et en fu-
rent les barons ung peu appaisez, pour la mesprizon
que le conte avoit faicte. Et lors leur fist faire Geuf-
froy hommaige à Raimonnet son frère, qui fut aprez
conte de Forestz. Et cy se taist l'istoire de luy, et re-
tourne à parler de Raimondin son père.

*Comment Geuffroy alla devers son père à Lusignen
et luy cria mercy.*

'histoire dist que tost aprez cest affaire fut
compté à Raimondin, qui fut moult do-
lent, mais il le passa legierement pour ce
que son frère lui avoit anoncé la racine
par quoy il avoit sa femme perdue. Adonc dist à soy
mesmes : Ce qui est fait ne peut estre aultrement, il
me fault appaiser Geuffroy avant qu'il face plus de
dommaige, et pour ce manda par Thierri qu'il ve-
nist devers luy à Lusignen, et Geuffroy vint au man-
dement de son père, et d'aussi loing qu'il le vit, il
se jetta à genoux et luy cria mercy, en disant : Mon
treschier père, je vous supplie qu'il vous plaise moy
pardonner, et je vous jure que leaument feray refaire
l'abbaye plus belle et plus riche qu'elle ne fut onc-
ques, et y feray renter et fonder .x. moynes plus
qu'il n'y avoit. Par Dieu, dist Raimondin, tout ce
peut faire à l'aide de Dieu, mais aux mors ne povez
rendre la vie. Or, il est vray qu'il ne peut estre aul-
trement. Geuffroy, il est vray qu'il me fault aler en
ung pelerinage que j'ay promis à faire, et pource
je vous laisseray le gouvernement de ma terre, et se

d'adventure Dieu fait sa voulenté de moy, toute la
terre est vostre ; mais je vueil que ce que vostre mère
a ordonné soit tenu : elle a ordonné à Thierry Par-
thenay, Merment, Warment et leurs appendences
toutes, jusques à La Rochelle, avec Chasteau Aiglon,
et tout ce qui y pent, et dès cy l'en heritc, et vueil
qu'il ait. Adonc Geuffroy lui dist : Mon chier père,
c'est bien raison qu'il soit ainsi. Ce fait, Raimondin
fist son appareil et monta avec luy foison seigneurs,
chevaliers, gens de toutes offices, et emporta grant
finance, et se mist à chemin ; et Geuffroy et Thierri
le convoièrent certain temps, et en chevauchant,
Geuffroy leur compta comment il avoit trouvé en la
montaigne de Brumbelio la tombe du roy Elinas sur
six colombes d'or, et de la richesse du lieu, et de la
royne Pressine, qui estoit sur la tombe, aux piés du
roy, et estoit figurée du blanc albastre, et le tablier
qu'elle tenoit, et de ce qui estoit dedens escript, et
comment leurs .iii. filles estoient predestinées, des-
quelles nostre mère fut l'une, et toute la besoingne
ainsi qu'elle fut, et comme je l'ay traité au chapitre
du roy Elinas, au commencement de ceste histoire.
Et sachez que Raimondin l'escouta volentiers, et luy
pleut moult, car Geuffroy l'affermoit pour pure ve-
rité, comme de l'avoir veu et leu au tablier, que
leur mère fut fille du roy Elinas et de Pressine, et
puys donna Raimondin congié à ses enfans, et s'en
partirent de luy en plourant de son departement, et
s'en retournèrent à Lusignen, et Raimondin tint
son chemin vers Romme, et au departir il donna à
Thierri l'anneau que Melusine luy avoit donné à son
departement.

*Comment Raimondin vint devers le pape à Romme,
et se confessa à luy.*

n ceste partie nous dist l'istoire que tant
chevaucha Raimondin et sa mesnie en sa
compaignie, qu'il vint ès mons de Mon-
jouet et les passa, et chevaucha tant par la
Lombardie, qu'il arriva ung soir à Romme auprez
Noiron. Et le lendemain vint à Saint-Pierre, et là
trouva le pape Benoit, qui pour lors regnoit, et se
traist par devers luy, et luy fist moult humblement
la reverence, et le pape à luy, quant il scent que c'es-
toit Raimondin, et Raimondin se confessa à luy le
mieulx qu'il peut, et quant est de ce que il s'estoit
parjuré devers sa femme, le pape luy encharga telle
penitence comme il luy pleut, et disna celluy jour
avec le pape Benoit, et lendemain il alla visiter les
saintz lieux à Romme, et y mist bien huict jours
avant qu'il eut tout achevé, car il avoit affaire. Et
quant il eut tout fait ce qu'il vouloit faire, il prinst
congié du pape, et luy dist en ceste manière : Père
sainct, je ne puys pas bonnement considerer en moy
que je doibve jamais avoir joye pour user le rema-
nant de ma vie, si ay esperance de moy aller rendre
en quelque hermitaige. Et adoncques le pape luy de-
manda ainsi : Raimondin, où avez-vous devotion
d'aller? Par ma foy, père sainct, j'ay ouy dire que
il y a une moult bonne et devote place à Monser-
rat, en Arregon. Mon beau filz, dist le père sainct,
ainsi le dist-on. Et Raimondin luy dist : Père sainct,
là ay-je devotion de moy retraire, et moy rendre
hermite, et là prier Dieu devotement qu'il luy plaise

faire aulcun allegement à ma femme. Or, mon beau filz, dist le pape, avec le sainct Esperit puissiésvous aller, et tout ce que vous ferez en bonne voulenté je vous le charge en lieu de penitence. Et adonc Raimondin s'enclina et luy baisa le pret, et le pape luy donna la benediction. Et adonc s'en partist Raimondin et s'en vint à son logis, et fist tantost trosser les sommiers et tout son arroy; et quant est de ses gens, je ne vous vueil gaires faire de mention, ne aussi de son chemin. Mais tantost il commença à chevaucher fort, et tant erra, qu'il vint à Tholouze, et là donna congié à toutes ses gens, excepté tant seullement à ung chappellain et à ung clerc, et adonc leur paya largement de leur sallaire, et escript plusieurs lettres et les sella et envoya à Geuffroy et aux barons du pays, faisans mention comment Geuffroy prist les hommages et aussi comment ilz le receupsent à seigneur. Et adoncques ceulx s'en departirent de luy moult doulens, et moult grant dueil demenans, car il ne leur dist oncques quel chemin il feroit. Mais sachiés qu'il s'en alla bien garni de finance, et tant chemina qu'il vint à Nerbonne, et là reposa ung bien peu.

En ceste partie nous dist l'istoire que quant Raimondin fut venu à Nerbonne, que il fist faire pour lui robes d'ermite plusieurs et moult simples, et aussi pour son chappellain et son clerc, telles qu'il leur failloit. Et puys s'en partist d'illec, et s'en vint au destroit de l'estant de Salses, et passa par dessoubz le chasteau, et vint à Perpignen, et y demoura ce jour, et le lendemain se partist, et passa le vellon et le pertuys, et vint à disner à Funères, et au giste à Gnomie, et tant fist qu'il vint à Barselonne et se mist en une bonne hostellerie. Et là demoura troys jours, et advisa la ville, qui moult luy sambla belle, et puys s'en partist au quatriesme jour, et vint à Monserrat, et visita l'eglise et le lieu, qui luy sambla moult devot, et illec ouyt le service moult devotement; mais encores avoit-il vestu ses robes du siècle. Et adoncques luy demandèrent ceulx qui furent commis à loger les pellerins, si luy plaisoit à demourer celluy jour. Et il respondit que oy. Lors furent les chevaulx logez, et luy bailla-on une belle chambre pour luy et pour ses gens. Et cependant alla Raimondin visiter les hermitaiges, mais il ne fut que jusques au cinquiesme, car celluy lieu estoit si treshault qu'il n'y peut bonnement faire le voyage, et trouva que au tiers lieu n'avoit point d'ermite, car il n'avoit guères qu'il estoit trespassé. Or estoit de coustume que se dedens ung terme qui estoit ordonné ne venoit ung autre qui voulsist estre en celluy lieu, il convenoit que le plus prochain d'embas venist demourer au lieu, et celluy de dessoubz en celluy d'aprez, et ainsi demouroit le lieu vuide qui estoit le plus prez de la terre, tant qu'il venoit aulcune bonne personne meue de devotion qui se mettoit en celluy lieu. Et estoit la cause de celle permutation telle, que le premier traist à mont les vivres pour eulx sept et en prent sa refection la journée, et celluy qui luy est prez plus prochain dessus luy, il le traict à mont en pareille manière. Adoncques tant enquist Raimondin de leur estre et de leur vie, que sa devotion luy vint de plus en plus que devant, c'est assavoir de soy rendre hermite en celluy lieu. Et lors prinst congié de l'ermite, et s'en vint en bas, et demanda le prieur de l'abbaye, et on luy dist que il estoit au villaige dessoubz, qui est à luy, et l'appelle-on Culbaton; et il leur pria adonc que ilz le fissent mener là où le prieur estoit, et ilz luy disdrent que aussi feroient-ilz voulentiers. Et ce fait il laissa ses gens et s'en partist avecq ung des varlès de leans, et avallèrent la salize, qui moult fut droite et roide, et s'en devallèrent par les eschelles, et tant firent qu'ilz vindrent au prieuré, où ilz trouvèrent le prieur, qui fist bonne chière à Raimondin, et Raimondin dist au prieur toute sa devotion, et comment le lieu luy plaisoit. Adoncques le prieur, qui l'apperceut estre homme de belle part et luy sembloit estre homme d'estat et de belle contenance, luy accorda, dont Raimondin en eut grant joye en son cueur.

Moult fut adonc Raimondin joyeux quant le prieur luy eut accordé la place du quart hermitage; il loa moult de ce Nostre Seigneur Jhesucrist; ainsi demoura la nuytée jusques à lendemain avecq le prieur, et au matin montèrent les eschelles, et vindrent à l'abbaye, et fut vestu Raimondin en habit d'ermite, et laissa de tout son vestement du siècle. Et sachiés qu'il vint bien garny de cincq ou de six paires d'habis d'ermite; et chanta-on le service, present Raimondin, qui offrist à son entrée et commencement moult de riches joyaulx et pierres precieuses; et le service fait, s'en allèrent disner, et fist Raimondin porter à ses frères hermites de la pitance, et leur fist signifier sa venue, dont ilz commencèrent à loer Dieu, et en luy priant devotement qu'il les vueille maintenir en bonne devotion; et ainsi demoura Raimondin en l'abbaye, et lendemain, la messe ouye, fut convoie jusques au piet de la salize qui joingt aux chambres de leans, et adonc prinst Raimondin congié et monta en la chappelle; et luy alloit son chappellain tous les jours au matin chanter sa messe, et le clerc luy aidoit à dire ses heures; et

commença Raimondin à mener moult sainte vie,
et fut la nouvelle espandue parmy le royaulme
d'Arragon, et parmy Castellongne, et aussi par
dessa par tout Languedoch, qu'il estoit venu ung
baron à Monserrat pour soy rendre hermite ; mais
on ne sçavoit de quelle contrée il estoit ; et aussi il
n'en vouloit riens dire. Et le furent veoir pluiseurs
nobles du pays et d'ailleurs ; aussi y fut le roy d'Ar-
ragon, les ducs, les contes, les barons et nobles du
pays, et luy enquestoient de son estre ; mais de luy
n'en peurent oncques riens sçavoir. Et à tant se taist
l'istoire à present, et parle des gens de Raimondin,
et qu'ilz firent au departir de Thoulouze.

L'istoire nous racompte que tant chevauchèrent
les gens de Raimondin, depuys qu'ilz furent departis
de Tholoze, parmy la Guienne, qu'ilz vindrent en
Poitou, et arrivèrent à Lusignen, où ilz trouvèrent
Geuffroy et pluiseurs aultres des barons du pays, le-
quel ilz saluèrent de par son père, et les barons aussi,
et puys leur baillèrent les lettres qu'il leur envoyoit.
Quant les barons eurent oy la teneur de leurs let-
tres, ilz dirent à Geuffroy en ceste manière : Mon-
seigneur, puys qu'il ne plaist plus à monseigneur
vostre père de nous plus gouverner, et qu'il nous
mande que nous vous faisions hommaige, nous som-
mes tous prestz de le faire. Par Dieu, dist Geuffroy,
moult grant mercis. Or, beaulx seigneurs, je suy
tout prest de vous recepvoir. Et adonc luy firent
tous les barons hommaige ; et la nouvelle fut es-
pandue parmy le pays comment Raimondin s'en es-
toit allé en exil pour le grant dueil qu'il avoit de sa
femme qu'il avoit perdue. Qui lors eut veu la dou-
leur que on menoit par toute sa terre en regrettant
leur seigneur et sa femme, c'estoit grant pitié à veoir

et oyr, car moult redoubtoient Geuffroy pour sa
fierté; mais pour neant s'en doubtoient, car il les
gouverna tresbien et sagement. Or vous laisseray à
present de plus parler d'eulx, et diray de Geuffroy,
qui estoit moult doulent de ce qu'il avoit ainsi per-
du son père et sa mère par son pechié; car ceulx qui
retournèrent ne luy sceurent oncques à dire quelle
part il estoit allé, ne en quelle region Adonc re-
mordist conscience à Geuffroy moult fort, et luy sou-
vint comment il avoit ars les moynes et l'abbaye
de Maillières, et son frère Froimont, sans avoir
nulle bonne cause de ce faire; et que par son pechié
avoit courroucé père et mère, et par ceste cause avoit
perdue sa mère, dont il menoit tresgrant douleur; et
puys luy souvint du conte de Forest son oncle, qu'il
fist saillir de la grosse tour de Marcelly le Chasteau,
qui est fondé en hault sur la roche, et le fist ainsi
morir. Adoncques commença fort Geuffroy à penser
en soy mesmes de tous les pechiés qu'il avoit com-
mis. Et commença à dire et penser que se Dieu, par
sa benigne grace, n'avoit pitié de luy, que son ame
estoit en voye de dampnation. Adoncques entra
Geuffroy a par soy seullement en une chambre, et
commença à mener moult grant douleur et à plourer
moult entierement ses pechiés; et illec luy prist de-
votion d'aller à Romme, comme Dieu le voulut, et
soy confesser au Sainct Père. Et adoncques il manda
Thierry son frère, le seigneur de Partenay, qu'il
vint parler à luy, car il l'amoit sur tous les autres.
Sitost que Thierri oyt le mandement de son frère,
il monta tantost à chevau et erra tant qu'il vint à
Lusignen, ou Geuffroy le receupt moult liement, et
luy dist qu'il luy vouloit laisser son pays en gou-
vernement, car il vouloit aller à Romme pour soy

confesser de ses pechiés au Père sainct. Et aussi il
luy dist qu'il ne fincroit mais d'aller jusques à tant
qu'il auroit trouvé son père, se il le povoit bonne-
ment faire. Adoncques luy pria Thierry qu'il le
laissast aller avec luy ; et Geuffroy lui dist qu'il ne
seroit pas bon que il fust ainsi fait. Et adoncques
s'en partist Geuffroy à belle compaignie et en riche
estat, et emporta moult grant finance, et admena
avecques luy ung varlet qui avoit esté à Romme et
revenu jusques à Tholouze avec son père, et luy
commanda qu'il le menast par tous les lieux où son
père avoit cheminé, et qu'il le logeast en toutes les
hostelleries où ilz avoient esté logez, et luy dist que
ce feroit-il.

Comment Geuffroy alla à Romme, et se confessa
au Père sainct.

En ceste partie nous dist l'istoire que quant
Geuffroy se fut parti de Lusignen, qu'il
erra tant par ses journées qu'il vint à
Romme, et se traist vers le Sainct-Père,
lequel luy fist moult bonne chière quant il le con-
gneut. Adonques Geuffroy se confessa moult devo-
tement de tout ce qu'il luy povoit soubvenir ; et luy
encharga le Saint-Père de refaire l'abbaye de Mail-
lières, et d'y renter six vingz moynes, et pluiseurs
aultres penitences dont cy à present me tairay.
Adoncques Geuffroy dist au pape comment il vouloit
aller querir son père. Lors luy dist le pape qu'il le
trouveroit à Monserrat en Arragon, car il lui dist au

departir que là se alloit rendre hermite. Et adoncques il prinst congié du pape et luy baisa les piedz, et le pape luy donna sa benediction. Et à tant se departit Geuffroy de Romme, et erra tant et sa mesnie qu'ilz vindrent à Thoulouze, et se loga en l'ostel où son père avoit esté logié. Et illecques demanda le varlet à l'oste se il sçavoit quelle part Raimondin estoit tourné quant il s'en partist de là. Et luy dist qu'il avoit tenu le chemin de Nerbonne, et que plus avant n'en sçavoit ; et celluy le dist à Geuffroy. Par ma foy, dist Geuffroy, ce n'est pas le plus court chemin pour aller à Montserrat ; mais puys que mon père alla par delà, nous nous y en irons aussi. Or furent illecques logez le soir, et le matin s'en sont partis et ont tant exploicté qu'ilz vindrent à Nerbonne, et au propre hostel où Raimondin avoit esté logé ; Car tant enquesta le varlet qu'il sceut bien que là avoit esté Raimondin son maistre logé, et que là il avoit fait faire plusieurs robes d'ermitaige. Et adoncques ledit Geuffroy s'en partist le lendemain au matin, et vint à Perpignen, et erra tant qu'il vint à Barcelonne, et prist le chemin de Monserrat, et vint à l'abbaye, et envoya ses chevaux à Culbaston et entra en l'eglize. Et adonc le varlet advisa en la chappelle au lampe le chappellain de Raimondin, et le dist à Geuffroy, dont il en eut moult grant joye, et alla à luy et le salua ; et quant celluy le vit, il se mist à genoulx devant Geuffroy et luy dist : Chier sire, vous soiez le bien venu ; et luy compta la bonne vie que Raimondin son père menoit, et comment il estoit tous les jours confessé et recepvoit son createur, et qu'il ne mengoit riens qui receupt mort. Et adoncques Geuffroy luy demanda où estoit son père, et il luy dist ; là sus, en tel hermitage,

où il y en a sept contremont celle salize droite, et
il est au quatriesme lieu ; mais, monseigneur, huy
mès ne povez-vous parler à luy, mais demain y par-
lerez-vous bien. Par ma foy, dist Geuffroy, ce me
desplaist ; mais puys qu'il faut que ainsi soit, il m'en
convient deporter. Monseigneur, dist le chappel-
lain, vous orrez la messe au grant autel qui est tout
prest, et entretant je ordonneray vos gens, qui met-
teront à point vostre chambre, et feray appareiller
le disner. Ce me plaist, dist Geuffroy.

A tant se partist le chappellain de Geuffroy, qui
s'en alla ouyr messe, avec luy dix chevaliers, et bien
jusques à vingt escuiers qu'il amenoit avec luy.
Adoncques les moisnes de leans vindrent au chap-
pellain de Raimondin et lui demandèrent : Qui est
celluy grant dyable à la grant dent ; il semble estre
moult cruel homme ; de quoy le congnoissez-vous ?
Est-il de vostre pays ? Par ma foy, dist le chappel-
lain, ouy. C'est Geuffroy au grant dent de Lusignen,
l'un des bons et des preux chevaliers du monde ; et
sachiés qu'il tient moult belle terre. Et ceulx dis-
drent : Par ma foy, nous avons bien ouy parler de
luy. N'est-il pas celluy qui occist le gayant en Gue-
rende, et l'autre gayant en Northobelande ; et qui
ardist l'abbé, tous les moynes et toute l'abbaye de
Maillières, pour ce que son frère y estoit rendu moyne
sans son congié ? Par ma foy, dist le chappellain, si
est. Il est icy venu pour nous faire quelque malle
meschance. Or sachiés, dist l'ung des moynes, que
je me mettray en tel lieu que il ne me trouvera pas,
se je puys. Non, dist le chappellain, sachiés qu'il ne
vous fera jà mal, mais serez tous joyeulx de sa venue,
car il y a tel ceans qu'il aime sur toutes les creatures
du monde. Et ainsi se rasseurèrent les moynes ung

petit; mais, quant ilz le sceurent en convent, ilz al-
loient adonc et venoient parmy leans, faisans net par
tout, et appareillèrent à leur povoir si richement
comme se Dieu y fut venu et descendu du ciel. Et
mandèrent au prieur, qui estoit à Culbaston, qu'il
venist à mont, et que Geuffroy au grant dent estoit
layens venu en pelerinage à moult belle compaignie.
Adonc monta le prieur ès eschelles pour aller à mont,
et vint à l'eglise, et trouva Geuffroy au cueur, qui
avoit oy la messe; et luy fist la reverence moult hon-
nourablement et courtoisement, et luy dist que toute
l'eglise et le convent et tous leurs biens estoient à son
plaisir. Damp prieur, dist Geuffroy, tresgrans mer-
cis. Et sachiés bien de vray que j'ayme ceste place,
et, se Dieu me doinct santé, elle n'empirera pas de
moy ne des miens. Sire, dist le prieur, Dieu vous le
rende. Adoncq vint le chappellain à Geuffroy et luy
dist : Monseigneur, il est tout prest quant il vous
plaira à disner. Et atant prinst Geuffroy le prieur par
la main, et le mena à mont, et lavèrent leurs mains;
puys se assirent à disner, et aprez furent graces dic-
tes; et devisa Geuffroy au prieur et le prieur à luy
grant pièce; et ainsi se passa jusques à lendemain.

En ceste partie nous dist l'istoire que le lendemain
par matin se leva Geuffroy, et trouva le chappellain
de son père qui l'attendoit avec le prieur, et le me-
nèrent ouyr la messe, et aprez la messe le menèrent
jusques à la salize, et monta le chappellain devant
et commença à monter contre mont. Et adonc Geuf-
froy prinst congié du prieur, qui ne cuidoit pas qu'il
y allast pour autre chose que pour veoir l'estat des
hermitaiges, car il n'eut à pièce pensé que son père
eut esté là; et adonc monta Geuffroy aprez le chap-
pellain. Et quant ilz avoient monté environ. xx.

pas, il leur convenoit reposer, et ainsi virer de vingt
en trente pas; et par ceste manière montèrent tant
qu'ilz vindrent au tiers hermitaige, qui avoit quatre
vingz pas de hault et plus. Le clerc estoit devant le
quatriesme hermitage où Raimondin estoit, et ac-
tendoit le chappellain. Et advisa et vit venir Geuf-
froy aprez luy; si le congneut bien, car aultres-
foys l'avoit veu; et adonc entra en la chappelle, et
dist à Raimondin : Monseigneur, vecy venir vostre
fils Geuffroy qui vient avec vostre chappellain. Adonc
quant Raimondin ouyt ce dire, il fut moult joyeulx,
et dist : Dieu y ait part, il soit tresbien venu. Adonc
vintle chappellain, qui le salua; mais Raimondin luy
dist qu'il dist à Geuffroy qu'il ne povoit parler à luy
jusques à ce qu'il eut ouy sa messe; et il cy fist; et
respondit Geuffroy : Or soit à son bon plaisir. Ce
fait, Raimondin se confessa et ouyt sa messe et re-
ceupt nostre seigneur; et en dementiers Geuffroy
regardoit contremont les grans salizes qui sont haul-
tes et droites, et vit les trois hermitaiges qui estoient
encores par dessus luy; et vit la chappelle Saint-Mi-
chiel, qui est le cincquiesme hermitage; et puis re-
garda contrebas; si se donna grant merveille com-
ment oncques homme osast là prendre habitation, et
luy sembloit de l'eglise et de l'abbaye que ce n'es-
toient que petites chappelles. Lors l'appella le chapp-
ellain, et Geuffroy entra ens, et tantost qu'il per-
cent son père, il se mist à genoux et le salua moult
reveramment; et Raimondin le courut embrasser et
le baisa; et lors se assirent sur une scabelle devant
l'autel; et là commença Geuffroy à compter à son
père comment il vint à Romme, et comment il se con-
fessa au Saint-Père, et le Sainct-Père luy dit qu'il
le trouveroit à Monserrat; et avec ce entredirent

moult de choses l'ung à l'aultre, et pria moult Geuf-froy à son père qu'il voulsist revenir en son pays. Beau filz, dist Raimondin, ce ne puis-je faire, car je veuil cy user ma vie, et prieray toute ma vie Dieu pour ta mère, pour moy, et aussi pour toy, que Dieu te vueille amender. Et ainsi demoura Geuffroy toute celle journée avecques son père ; et le lendemain par matin oyt Raimondin sa messe, et se ordonna ainsi qu'il avoit acoustumé, et puys dist à Geuffroy : Beau filz, il te convient partir d'icy, et retourner en ton pays ; et me salue tous mes enfants et mes barons Et Geuffroy prinst adonc congié de son père, tout en plourant, et moult s'en partist enuis ; et aprez descendist de la salize, et vint en l'abbaye, où le prieur le bienveigna, et se donnoit moult grant merveilles pour quoy il avoit tant demouré là sus.

L'istoire nous dist que Geuffroy donna moult de riches dons et beaulx joyaulx à l'eglise, et puys prinst congié du prieur et des moynes ; mais le prieur le convoya jusques à Culbaston, et disna Geuffroy avecques le prieur, et luy dist en secret que Rai-mondin estoit son père, et luy pria moult qu'il se prinst garde de luy, et que l'eglise n'y perderoit riens, et le viendroit tous les ans veoir une foys tant comme il viveroit. Adonc respondist le prieur que de ce ne failloit point doubter, car il en feroit moult bien son debvoir. Aprez prinst Geuffroy congié, et s'en vint à Berselonne au giste, et le lendemain s'en partist ; et tant fist par ses journées qu'il vint à Lu-signen, où Thierry son frère et les barons le receup-rent moult liement, et furent tresjoyeulx de sa ve--nue ; et quant ilz furent à recoy, il compta à Thierry son frère toute la pure verité de la chose et de leur père aussi ; et lors Thierry, qui moult l'amoit, com-

mença à larmoier moult tendrement; et Geuffroy son
frère, ce voyant, luy dist ainsi : Mon tresdoulx frère,
encores vous faut-il demourer cy, car sachiés que je
vueil aller voir nos deux frères en Allemaigne, c'est
assavoir le roi Regnauld de Behaigne et le duc An-
thoine de Lucembourg; mais je n'iray pas degarny
de gens d'armes, car il y a de tresmauvaises gens en
icelles parties, et qui moult voulentiers robent les
passans le chemin. Par mon chief, mon frère,
que nous laissons nos pays en garde à nos ba-
rons, et amainerons avec nous cincq cens bassines,
et qu'il vous plaise que je alle avecques vous, car j'ay
ouy dire qu'il y a moult grant guerre entre ceulx
d'Anssay et ceulx d'Autriche. Par ma foy, dist Geuf-
froy, vous dictes bien : car par adventure s'en pour-
roit bien Anthoine nostre frère mesler de celluy fait.
Et adonc quant ilz faisoient leur ordonnance, Odon
le conte de la Marche vint parler à Geuffroy à bien
soixante bassines ; car pour lors il avoit guerre au
conte de Vandosme ; et adonc Raimonnet leur frère,
conte de Foretz, arriva aussi en celle propre jour-
née par devers ses frères. Ainsi fut moult grande la
feste que les frères s'entrefirent, et furent tous moult
joyeulx quant ilz eurent oy les nouvelles de leur père,
et bien disdrent qu'ilz l'iroient veoir tous ensamble.

*Comment Geuffroy fist refaire l'abbaye de
Mai'lières.*

euffroy, avant son departement, charga et
ordonna gens pour reffaire l'abbaye de
Maillières ainsi comme le Sainct-Père luy
avoit enchargé pour penitence, et leur as-
signa où ilz prendroyent argent pour payer les ou-
vriers; et puys laissa bon gouvernement en son pays;
et aussi fist son frère Thierry au sien. Et quant Odon
et Raimonnet visrent que ilz se mettoyent en che-
min pour aller veoir leurs autres deux frères en Alle-
maigne, si disdrent entre eulx que aussi feroient-ilz.
Si demandèrent tantost aux gens de leurs pays que
ilz leur fussent au devant à Bonneval. Et à ce temps
estoient ceulx frères ensamble, acompaignez de deux
mille bassines et de mille arbalestriers. Et quant le
conte de Vandosme en oyt les nouvelles, il cuida cer-
tainement que ilz venissent pour le exillier, et que
Odon se fut complaint à ses frères de luy; et doubta
tant Geuffroy, que il se vint rendre à Bonneval en la
mercy de Odon, conte de la Marche; et il luy per-
donna tout le meffait que oncques il fist à luy; et le
conte luy fist hommaige de la terre de quoy la hayne
estoit entre eulx deux.

En ceste partie nous racompte l'istoire que les
quatre frères se partirent de Bonneval, et puys se
penèrent tant d'errer que ilz vindrent en la Cham-
paigne, et en leur compaignie pluiseurs grans sei-
gneurs; et se logèrent une nuyt sur une ripvière
nommée la Meuse, dessoubz une fortresse qui est ap-
pellée le Chasteau de Durres, pour ce que il siet sur

la salize en hault sus la ripvière. Or me tairay ung
peu à parler d'eulx, et commenceray à dire et à par-
ler du roy d'Anssay, qui avoit une moult grosse guerre
au conte de Fribourg et au duc d'Autriche, qui l'a-
voyent assiegé en une sienne fortresse qui estoit ap-
pellée Pourrencru, et estoit la place à quatre lieues
de l'abbé. Et adoncques le roy d'Anssay manda le
roy Regnauld de Behaigne, son nepveu, car il avoit
sa niepce espousée, et si avoit mandé le duc An-
thoine de Lucembourg, que ilz luy venissent aidier
contre ses ennemis, qui estoient si fors que il ne les
povoit plus resister. Et estoit le roy Regnauld pour
lors venu à Lucembourg atout quatre cens bassines,
et avoit amené la royne Aiglentine, sa femme, avec
luy, et Oliphart, son filz. Grande fut la joye que les
frères s'entrefirent. Adoncques Anthoine bienveigna
moult Regnauld et la royne sa seur, et son nepveu
Oliphart. Et la duchesse Cristienne leur vint à l'en-
contre, avecques elle ses deux filz, c'est assavoir
Bertrand et Locbier, et sa mesnie. Là eut moult grant
joye faicte des frères, des seurs et des nepveux les
ungz aux aultres. Et tous ensamble en une compai-
gnie entrèrent en la ville, et descendirent au chas-
teau ; et les baignons se logèrent en la prarie ès ten-
tes et pavillons. Adoncq vindrent deux chevaliers
poitevins qui avoient esté avec le roy Regnauld et
avec le duc Anthoine à leurs conquestes ; mais quant
ilz vindrent en la prarie et virent l'ost des baignons
d'une part, et d'aultre les gens du duc Anthoine, ilz
furent moult esbahis que ce povoit estre ; et commen-
cèrent à demander se ilz vouloient tenir le siége de-
vant la ville, et ilz disdrent que non. Adoncques
passèrent les deux chevaliers oultre, et vindrent au
chasteau, et là descendirent, et montèrent en la salle,

où ilz furent bien congneus de toutes pars; et leur
fist-on grant joye; et vindrent devant les deux frères,
et les saluèrent de par Geuffroy et leurs trois aultres
frères, et aussi toute la compaignie. Adoncques,
quant les deux frères ouyrent les nouvelles, ilz leur
firent faire grant joye, et eurent moult bonne et belle
chière, et leur demandèrent se leurs frères estoient
en bon point, et ilz leur disdrent que oy, et sont à
deux lieues d'icy atout deux mille bassines et mille
arbalestriers, où ilz vous viennent veoir. Par ma
foy, dist le roy Regnauld, Anthoine, beau-frère,
veez icy gracieuse compaignie venir veoir ses amis;
au mans ne viennent-ilz pas la main desgarnie. Adoncques
ques il s'escria : A chevau, et faictes tendre toute la
ville. Et ainsi fut-il fait; et montèrent adoncques
les frères à noble compaignie de chevalerie, et en
leur compaignie se misrent les deux chevaliers poi-
tevins; et ainsi s'en allèrent à l'encontre de leurs frères;
et les dames s'en allèrent en leurs chambres pour eulx
atourner.

En ceste partie nous dist l'istoire que tant chevau-
chèrent Anthoine et Regnauld, que ilz encontrèrent
la première route, et leur demandèrent où sont les
quatre frères; et ilz leur disdrent : Voiez-les là, des-
soubz cest estandart qui est demy parti d'azur et
d'argent. Et ilz s'en allèrent celle part. Or est-il vray
que Geuffroy estoit monté sur ung grant déstrier et
coursier, et le baston au poing, armé de toutes pièces,
fors du bassinet; mais ilz sceurent la venue des deux
frères, si firent faire place environ d'eux, que nul ne
les osoit approchier du long de deux lances; et y
avoit foison de gens d'armes devant et derrière qui
tenoient les aultres en ordonnance. Adoncques vin-
drent le roy Regnauld et le duc Anthoine saluer

leurs frères, et les bienveignèrent moult gracieuse-
ment. Là fut moult grande la joye que les frères
firent entre eulx les ungs aux autres; adoncques ilz
se mirent à chemin ensamble, deux et deux, tous les
plus aisnez devant. Odon et Anthoine allèrent de-
vant; aprez, le roy Regnauld et Geuffroy ; et puys
aprez, Raimonnet et Thierry ; et alla tout leur ost
aprez, à banières desploiez, et s'en allèrent vers Lu-
cembourg, qui jà estoit tout encourtinée; et les bour-
goys estoient parez, et les bourgoises, aussi bien pa-
rées, estoient aux fenestres, et les dames au chastel,
moult noblement atournées, qui moult grant desir
avoient de veoir les frères, et par especial Geuffroy,
pour les proesses que on disoit qu'il avoit faictes.
Atant vindrent les frères en la ville, et firent loger
les gens Geuffroy et de ses aultres frères venus avecq
luy, et aprez ceulx de Lucembourg.

Moult fut grant l'effroy au tendre pavillons et
tentes. Or est vray que, quant les frères entrèrent à
Lucembourg, ilz misrent Anthoine et Geuffroy de-
vant. Et sachiés que les nobles et non nobles gens
s'esmerveilloient moult fort de la fierté et de la gran-
deur de ces deux frères, et disoient tous ceux qui
les veoient que ces deux hommes estoient bien taillez
de desconfire ung grant host. Et tant chevauchèrent
que ilz vindrent au chasteau, et là descendirent. Là
estoient la royne et la duchesse, qui se entretenoient
par les mains, et estoient leurs dames et damoiselles
aprez elles, et vindrent tout droit faire la reverence
aux frères. Là eut moult grant joye demenée. On
fist mettre les tables, et le disner prest, et puys aprez
lavèrent et se assirent, et furent moult noblement
servis. Et quant ilz eurent trestous disné, Geuffroy
leur compta toutes les adventures de ses faitz, et du

pays où il avoit esté en diverses besongnes et contrées. Et il commença à racompter et deviser l'adventure et la destinée du roy Elinas, dont ilz sont descendus, dont ilz furent joyeulx. Et puys compta la departie de son père, et en quel lieu il estoit, car du remanant sçavoient-ilz assez. Et puys compta le roy Regnauld comment luy et Anthoine, son frère, s'en alloient secourir le roy d'Anssay, que le duc d'Autriche, le conte de Fribourg, le conte de Salerne, et jusques au nombre de dix conptes d'Allemaigne oultre le Rin, avoient assiegé à Pourrentru. Adoncques respondist Geuffroy en ceste manière : Mes seigneurs et mes frères, nous ne vous sommes pas venus veoir pour reposer, quant vous avez tant d'ouvrages sur les bras ; et se nous eussions sceu au departir de Lusignen, entre nous quatre eussions amené assez de gens, combien que nous ne sommes que trop ; mais, beaulx seigneurs, ne faisons pas icy long sejour, mais allons courir sur nos ennemis. Adonc se dressa, et prinst congié de ses deux frères et de ses nepveux ; et commença à dire en ceste manière : Beaulx seigneurs, qui a à besongnier ne doibt pas actendre le lendemain de ce qu'il peut faire le serain. Et adonc prindrent congié Odon, Raimonnet et Thierry ; et tantost descendirent de la salle ; et adoncques leurs frères et les barons et les dames les convoièrent ; mais il n'y avoit celluy qui ne se donnast grant merveilles de la fierté de Geuffroy. Et quant ilz furent descendus en bas, ilz prindrent gracieusement congié des dames, et montèrent à chevau ; et ne voulurent oncques souffrir que le roy Regnauld et Anthoine les convoiassent, mais leur dist Geuffroy : Prenez congié dès anuyt de vos femmes, mes seurs, et de vos aultres gens, et ordonnez bien et sagement

de vos besongnes ; et je m'en vois à mon logis , et
moy et mes frères, pour ordonner nos gens, et aussi
pour avoir guides qui sachent le pays , car nous fe-
rons l'avant-garde entre nous quatre et nos gens.
Et ceulx retournèrent et disdrent entre eulx l'ung à
l'aultre ainsi : Pour vray, cestuy homme ne peut
longuement durer qu'il ne soit ou mort ou pris , car
il ne craint riens qu'il soit au monde , et aussi à le
conseillier c'est paine perdue, car il ne souffre riens
fors selon son ymagination ; car pour certain le
roy Urian et le roy Guion , nos frères , m'ont bien
mandé comment il se gouverna par toute la terre où
il avoit esté, et aussi en la mer, comment il y a be-
songné ; car, se il n'avoit que dix mille hommes
avecques luy et il en voyoit devant soy deux cent
mille , si se frapperoit-il dedens de sa fierté , sans
prendre conseil de nulluy. Adonc le roy Regnauld
luy respondist : Mon frère , cy se fauldra sur ce ad-
viser d'estre plus sur sa garde, affin que , se il avoit
affaire, que on luy fut prest à secourir pour le peril
qu'il en pourroit advenir ; car de ce je ne luy sçay
nul mal gré, pour ce que, au plus tost que on peut,
on doibt grever ses ennemis ; et , puys qu'il se sent
puissant de soy-mesmes, et qu'il est hardi et entre-
prenant, sa hardiesse, par foy , luy est bien seant ;
car chose hardiement entreprise et poursuyte fait
aussi ensuyvre le fait à bien. Et à tant en laissèrent
le parler. Celle nuyt ilz prindrent congié de leurs
femmes, et leur laissèrent bons gouverneurs ; et aussi
Geuffroy ordonna d'autre costé et se pourveut de tout
ce que mestier luy estoit, et eut bonnes guides. Et
avoit enquis diligamment de ses ennemis, et des pas-
sages par où ilz devoient rapasser la ripvière, et que
ilz ne povoyent rapasser que par Fribourg ou par

Balle. Adoncques il luy sambla que s'il povoit avoir l'ung, que legièrement il pourroit desconfire ses ennemis.

Le lendemain fist Geuffroy sonner ses trompettes et fist chanter la messe et armer ses gens, et se mist à chemin à belle compaignie et en belle ordonnance. Et adonc ses deux frères saillirent hors de la ville, et firent desloger leur ost. Là povoit-on veoir les banières de Lusignen ventiller au vent. Tant chevauchèrent et leur ost, qu'ilz passèrent la Lorraine, et se misrent es plains pays d'Anssay. Ung soir furent logés à six lieues de l'ost et à cincq de Fribourg. Lors appella Geuffroy ses frères et leur dist : Nous ne devons pas courir sur ces gens sans les deffier ; il fault mander qu'ilz se gardent de nous. Et ilz respondirent que c'estoit bien raison de ce faire. Adonc ilz firent une lettre faisant mention de ce, et fut le commencement de la lettre escripte en ceste manière : A vous duc d'Autriche, et à vous conte de Fribourg, et à tous vos alliez, nous Regnauld, roy de Bohaigne, nous Anthoine de Lusignen, duc de Lucembourg nous Odon de Lusignen, conte de la Marche, nous Geuffroy de Lusignen, seigneur de ce lieu, nous Raimonnet de Lusignen, conte de Foretz, et je Thierry de Lusignen, seigneur de Parthenay, vous mandons que tantost, ces lettres veues, vous vous gardez de nous, car nous vous porterons dommaige le plus tost que nous pourrons, pour cause du tort que vous faictes et avez fait à nostre seigneur et bien amé cousin et oncle le roy d'Anssay. Et en ceste defiance misrent leurs six seaux, et fut baillée la lettre à ung herault qui tant erra qu'il vint au siége et la presenta au duc d'Autriche, et fut leue en audience. Comment, se disdrent les Allemands l'ung à l'autre, le diable a apporté tant de ceux de Lusignen en cestuy pays? Il n'est maintenant nouvelles par pays que d'eulx, tant y a que les nouvelles sont espandues par le monde, et entre les Sarrazins et entre les cristiens. Adonc s'en retourna le berault aux frères et leur compta la manière comment ceulx de l'ost s'esmerveilloient dont tant de ceulx de Lusignen povoient venir. Et adonc Geuffroy respondist ainsi Par ma foy, ilz ont ouy parler de nous bien loing, mais tantost, se Dieu plaist, ilz nous verront de plus prez au plus brief que nous pourrons, au plaisir de Dieu. Or fut vray que la nuyt se reposa l'ost; mais Geuffroy dist à ses trois frères qu'ilz feissent l'avantgarde, et qu'il avoit ung peu affaire en certain lieu; et il disdrent de par Dieu, mais qu'il gardast bien où il iroit; et il leur dist : Ne vous en doubtez, je m'en garderay bien, se Dieu plaist. Et atant s'en partist Geuffroy, atout cincq cens bassines et cent arbalestriers, et aussi il eut deux bonnes guides qui bien sçavoient tout le pays, et se fist mener vers Fribourg, et s'embucha entre les hayes au point du jour; et là acténdoit Geuffroy l'adventure.

L'istoire nous dist que adonc il se partist tout seul de l'embuche, et se mist sur une petite montaigne, au point du soleil levant, et estoit armé d'une coste de fer sans bassinet, le plus couvertement qu'il peut, et avoit ainsi fait armer jusques au nombre de dix chevaliers es quieulx il se fioit le plus, et avoient dix grans sacs plains de fain, et avoient larges botes et esperons enroulliés, en guise de gros varles; et avoient avec eulx ung escuier de la duché de Lucembourg, qui moult bien sçavoit parler allemant. Et leur commanda Geuffroy qu'ilz fussent tous pretz quant il les viendroit querre, et aux aultres qu'ilz espiassent se ilz entreroient dedens la porte, et se ilz les y voyoient entrer qu'ilz venissent atout les chevaux aprez eulx. Et ilz luy disdrent que ainsi feroient-ilz. Adonc Geuffroy apperceut que ung peu aprez soleil levant on ouvrist la barrière et le pont et la porte toute arrière; et fist-on grant foison de bestial saillir de leans. Et quant il apperceut ce, il s'en retourna tout court et fist prendre à ses dix chevaliers chascun son sac sur l'arson de sa selle, et prinst le sien ; et lors l'escuier, qui moult bien sçavoit le langage, prinst ung sac aussi, et se mist devant Geuffroy embrunché sur son fardel. Adoncques vindrent à la barrière, et incontinent ledit escuier cria à haulte voix : Ouvrez icy, ouvrez, car nous avons si grant sommeil que plus ne povons, pour ce que ne finames à nuyt de chevaucher. Et on leur ouvrist. Et leur demandèrent que c'estoit que ilz portoient; à quoy ilz respondirent : Ce sont robbes que nous avons gaignées, et les venons vendre en ceste ville. Et ainsi les laissèrent passer, et tantost ilz montèrent sur le pont et entrèrent en la porte, et jettèrent hastivement leur sac jus, et tirèrent leurs espées, et ferirent sur les portiers, et les mirent à mort à terre, et tous les aultres à l'espée. Adoncques quant ceux de l'embuche perceurent qu'ilz furent dedens la porte, ilz brochèrent les chevaulx, et vindrent à la ville, et entrèrent dedens la porte qui mieulx. Adoncq eussiés oy crier : Trahis, trahis. Et d'aultre part : Ville gaignée. Fin de compte, il est vray que tous ceulx qui furent trouvez furent mors; mais grant foison s'en partirent de la ville ; et tantost Geuffroy garnist le pont dessus la ripvière, et y laissa quatre cens bassines et cent arbalestriers; et puys se mist en chemin devers l'ost, et trouva qu'ilz estoient des-

logez ; et avoient les frères de Geuffroy moult grant
paour de luy, mais quant ilz le virent ilz furent
moult joyeulx. Et adoncques il leur compta son ad-
venture, et comment il avoit conquis le passage
pour passer en Autriche; et besoing en estoit. Et ilz
en furent moult joyeulx, et se logèrent celle nuyt
tous ensemble aux plains champs, et jeurent tous ar-
mez, car ilz furent à une lieue de l'ost. Et celle
mesme nuyt vindrent nouvelles en l'ost des parties
adversaires comment Fribourg estoit pris, dont le
conte et tous les autres furent moult doulens ; et leur
compta le messagier la manière comment ce avoit
esté. Par foy, dist le duc d'Autriche, ilz sont soub-
tilz gens d'armes, et sont moult à redoubter. Qui
n'y pourvoira de remède, ilz nous pourront bien
donner ung grant eschat. Par Dieu, disdrent les au-
tres, vous dictes vray. Et ainsy laissèrent· la chose
jusques à lendemain ; et sur ce eurent conseil.

En ceste partie nous dist l'istoire que le lendemain
au point du jour, ouyrent les frères messe, et puys
ordonnèrent leurs batailles. Geuffroy et ses trois frè-
res qui avec luy furent venus, et leurs gens, eurent
la première bataille, Anthoine eut l'aultre, et le roy
Regnault la tierce, et s'en allèrent les banières au
vent. Par ma foy, c'estoit grant beaulté à les veoir.
Adoncques environ le soleil levant, vindrent sur
une petite montaigne, et commencèrent à veoir et
regarder la fortresse du Pourrencru, et le siége en-
tour ; et, ce fait, descendirent la vallée. Et à celle
heure vint ung chevalier qui s'estoit allé esbattre
hors de l'ost, qui cria à l'arme quant il vit venir les
frères. Lors se coururent armer de toutes pars, et se
vindrent renger au dehors de l'ost. Adonc les ba-
tailles s'approchèrent, et au baisser des lances eut

moult grant criée et grant froissée de lances; et moult
fut l'encontre fière et dure; et y eut d'une part et
d'aultre moult d'occis. Les batailles sembloient estre
tout en une. Là povoit-on veoir grant occision ; et
la chose estant en tel estat, Geuffroy tenoit l'espée
empoignée et en frappoit par telle manière que tout
ce qu'il rencontroit il jettoit par terre. Adoncques
les six banières des frères se joindirent ensamble, et
alloient iceulx six frères en une flotte. Là oyoit-on
crier, Lusignen: en pluiseurs lieux, et alloient iceulx
frères desrompant les batailles, et mettans tout en
fuyte. Et fut le duc d'Autriche abbatu du chevau par
terre d'ung revers que Geuffroy luy donna; et, luy
abbatu, il fut incontinent saisi; et Anthoine prinst
le conte de Fribourg, et fut baillé à quatre chevaliers
en garde. Que vauldroit ores faire long compte? La
bataille-fut desconfite, et s'en allèrent ceulx qui peu-
rent eschapper, les ungz vers Balle, les aultres vers
Fribourg; et y eut merveilleuse occision, car il y eut
de vingt et cincq à trente mille tant d'Autrichiens
que de leurs aidans. Adoncques ceulx du fort furent
moult esbahis quant ilz visrent dehors tel toullis,
mais ne demoura gaires que on leur dist que c'estoient
les frères de Lusignen. Adoncques issist le roy d'Ans-
say dehors, et vint aux logis où les frères estoient
logez ès tentes qu'ilz avoient conquises; et le roy
là arrivé les festoya moult amoureusement, et les
mercia moult humblement du noble secours qu'ilz
lui avoient faict. Et tantost luy firent admener le
duc d'Autriche, le conte de Fribourg, et six aultres
contes, et les luy baillèrent, et luy disdrent : Damp
roy, vecy vos ennemis; faictes-en à vostre guise.
Et le roy les en mercia moult humblement. Mais, à
brief parler, ce non obstant, ilz traictèrent ensamble,

tan
pro
d'A
la c
c'est
ce q
si ju
roie
au c
mou
Et là
duc .
et ad
gens
frère
dren
à mo
le ro
leurs
et ses
duche
de sa
et le 1
fille e
depuy
serrat,
tant qu
hermit.
ensaml
ses enf.
departe
joyaul
de l'an
les ung

tant par le moyen des frères comme par eulx, qu'ilz promisrent, par foy et serment, à restablir au roy d'Anssay toute sa perte. Et se vous voulez sçavoir la cause pour quoy la guerre estoit meue entre eulx, c'estoit pour ce que les aultres demandoient à avoir ce qui demoura au roy d'Aussay par ledit traicté. Et si jurèrent et promisrent que jamais ilz ne mouveroient guerre l'ung à l'aultre; et Geuffroy fist rendre au conte de Fribourg sa ville, dont il le mercia moult, et luy offrist moult humblement son service. Et là fut accordé le mariage de Bertrand, le filz au duc Anthoine, à Mellidée, la fille au roy d'Anssay; et adonc, quant ce fut fait, le duc d'Autriche et ses gens prendre congié des frères; et s'en partirent les frères et le roy d'Anssay et Mellidée sa fille, et vindrent à Lucembourg; et là furent faictes les neupces à moult grant joye et solemnité; et, la feste passée, le roy Regnauld et sa femme prindrent congié de leurs frères, et s'en allèrent en Behaigne. Et Geuffroy et ses frères reprindrent congié de leur frère, et de la duchesse et de leurs nepveux, du roy d'Anssay et de sa fille, et s'en retournèrent chascun en son pays; et le roy d'Anssay retourna au sien, et emmena sa fille et Bertrand son mari. Et nous dist l'istoire que depuys se trouvèrent les huyt frères ensamble à Monserrat, et tindrent entre eulx grant feste; et firent tant que Raimondin, leur père, vint au bas de son hermitaige, et fut moult joyeulx de veoir ses enfans ensamble; et aprez ce, prinst Raimondin congié de ses enfans, et remonta en son hermitaige. Et à leur departement donnèrent les frères de moult riches joyaulx à l'eglise, et aprez prindrent congié l'ung de l'aultre, et s'en allèrent chascun en leurs contrées, les ungz par mer, et les aultres par terre.

Cy nous tesmoingne l'istoire que tant que Raimondin vesquist, Geuffroy et Thierry son frère le visitèrent unes foys chascun an ; et estoit assez prez du terme qu'ilz devoient mouvoir, car Thierry estoit venu à Lusignen, et devoient mouvoir dedens trois jours ensuyvans, que advint une adventure de quoy les frères furent moult esbahis et doulens, car la serpente se monstra sur les murs, ainsi que tous la peurent bien veoir à plain, et alla tout autour de la fortresse par trois foys, en signe qu'elle prinst moult douleureusement congié dudit lieu, et se mist sur la tour Pontume, et là faisoit si griefz plains et si tres grans souspirs, qu'il sembloit proprement à ceulx qui là estoient que ce fut la voix d'une dame ; et aussi estoit-ce, comme nous racompte l'istoire. Et adoncques Geuffroy et Thierry en eurent moult grant pitié, car ilz sçavoient bien certainement que c'estoit leur propre mère, et pour ce commencèrent à plourer moult tendrement. Adonc quant elle les perceut plourer, elle s'enclina et jetta ung cry si horrible et si douloureux qu'il sambla proprement à ceulx qui l'oyrent que la tour deubt fendre. Aprez, les frères partirent pour aller à Monserrat, et firent tant qu'ilz arrivèrent audit lieu, et trouvèrent leur père trespassé, dont ilz menèrent moult grant dueil.

Le lendemain vint le roy d'Arragon, la royne et tous les barons et prelas du pays, et pluiseurs aultres ; et y avoit foison de dames et damoiselles, et de bourgoys et bourgoises des bonnes villes du pays ; et y estoient Geuffroy et Thierry moult richement habituez, quant pour dueil faire eulx et leurs gens. Adonc vindrent vers le roy d'Arragon, vers les princes et prelas, et tenoient entre eulx le prieur pour faire congnoistre les seigneurs par nom et par surnom. Et sachiés que Geuffroy et Thierry firent moult honnourablement la reverence au roy et à la royne d'Arragon et aùx aultres barons, et les mercièrent moult honnourablement de l'onneur qu'ilz leur faisoient. Adoncques entrèrent au moustier, et firent commencer le service moult devotement, et fut l'offrande moult grande et riche, et furent les chevaux offers si honnourablement comme on devoit faire pour ung tel prince.

Ainsi comme je vous dis fut fait l'obsèque de Raimondin, et y eut moult grant noblesse; et aprez le service fut ensepveli le corps, et fut bien scellée la sepulture par dessus, qui fut moult riche et moult noblement ouvrée, selon l'usage du temps de lors; et fut le disner grant et noble. Et est vray que le roy et la royne d'Arragon regardoient moult voulentiers Bernardon, le nepveu de Geuffroy et de Thierry, et moult leur pleut, car il servoit les seigneurs si gracieusement que merveilles; et tant que, aprez graces, la royne pria au roy qu'il demandast à Geuffroy qui celluy enfant estoit. Par mon chief, dist le roy, j'avoys en propos de le demander, car il me plaist moult, et tant vault mieulx qu'il vous plaist aussi. Et lors le roy appella Geuffroy, et lui demanda de quel lignage celluy enfant estoit, qui tant bien estoit endoctriné. Par ma foy, dist-il, il est filz de Odon, le conte de la Marche, qui est nostre frère. Geuffroy, dist le roy, il samble bien qu'il soit sailly de noble extraction, et aussi il le monstre bien. Sachiés de vray que l'enfant nous plaist moult, et aussi fait-il à la royne; et vrayment, s'il vous plaisoit à nous le laisser, nous en ferions tant pour l'amour de vous, que vous nous en sçauriés bon gré au temps advenir. Sire, dist Geuffroy, le père en a encores deux et deux filles, et, puys qu'il vous plaist, de bonne heure fut-il né, et il nous plaist bien. Et lors le roy l'en mercia moult, et aussi fist la royne. Et sachiés que celluy enfant eut puys espousée la fille au seigneur de Cabières en Aragon, qui plus n'avoit d'oir; et en sont issus les hoirs de Cabières, qui ores vivent. Adoncques le roy et la royne prindrent congié, et aussi firent tous les aultres barons, des deux frères, qui les convoièrent moult honnourablement, et puys s'en retournèrent à l'eglise et mirent leur nepveu en beau point, et luy baillèrent grant foison de finance pour soutenir son estat, et aussi luy baillèrent ung tressage escuier pour le gouverner, et l'envoièrent au roy moult bien accompaigné; et le roy et la royne le receurent moult liement et l'aimèrent moult. Or vous diray des deux frères, et comment ilz prindrent congié du prieur, et firent moult de bien à l'eglise, et en vouloient amener le chappellain et le clère de leur père; mais ilz ne voulurent oncques partir, et se rendist le chappelain hermite au lieu de son maistre; et le clère demoura serviteur comme devant. Et aprez s'en partirent Geuffroy et Thierry avec leurs gens, et apportèrent le corps de leur père; et, en toutes les villes où ilz gisoient, faisoient autour du corps grant luminaire, et dire et faire prier Dieu par les religieux pour leur père. Et les convoia le prieur de Monserrat jusques à Perpignen; et puys il prinst congié et s'en retourna en son abbaye; les deux frères et leur route errèrent tant qu'ilz vindrent à Lusignen. Là furent adoncques mandez les contes de Foretz et de la Marche, qui estoient leurs frères; et firent faire l'obsèque de leur père à Nostre-Dame de Lusignen. A celluy obsèque furent tous les barons du pays, et fut illecq corps ensepvely à grant noblesse et à grant solemnité. Et y fut faict ung moult grant disner; et fut adoncques Geuffroy tenu pour estre le droit seigneur de Lusignen; et comptèrent à Odon leur frère comment le roy et la royne d'Arragon avoient voulu avoir Bernardon son filz. Et il respondit : Que Dieu y ait part, car je tien à bien employé. Lors prindrent congié les frères et les barons de Geuffroy, et retournèrent chascun en leur pays; et Geuffroy demoura à Lusignen , qui puys fist moult de biens.

Comment l'abbaye de Maillières fut refaicte.

t fut l'abbaye de Maillières refaicte plus grande et plus puissante qu'elle n'avoit esté par avant; et y mist Geuffroy six vingz moynes, et les renta moult bien; et furent ordonnez pour tous temps et à tousjours pour servir Dieu devotement et prier pour les ames des trespassez, et aussi pour les ames de Raimondin et Melusine, sa femme, et pour les ames de tous leurs hoirs, et de tous aussi qui de eulx estoient issus. Et se fist Geuffroy signifier et escripre à la porte ; c'est assavoir la longeur et la grandeur de luy, au plus prez que on peut faire à sa samblance. Et dist l'histoire que le roi Urian regna moult puissamment en Chippre, et aussi firent ses hoirs aprez luy. Et, par cas pareil, regna roy Guion en Armenie ; et aussi semblablement le roy Regnault en Behaigne, Anthoine à Lucembourg, Odon à la marche, Raimonnet en Forestz, Geuffroy à Lusignen, et Thierry a

Parthenay. Et en sont issus ceulx de l'enebrot en Angleterre ; ceulx de Cabières en Arragon, comme j'ai dessus dit ; ceulx du Chassenage du Dauphiné ; ceulx de la Roche, et ceulx de Candillat, si comme on le treuve ès anciennes croniques. Je vous vueil encores parler de Geuffroy au grant dent

Icy aprez nous dist la vraye histoire que, bien dix ans aprez la mort de Raimondin, Geuffroy son filz gouverna sa terre tellement que en ces dix ans on ne rendist aulcuns comptes, ne aussi il ne luy en chal loit. Quant on lui disoit ainsi : Monseigneur, oyez vos comptes, si sçaurez comment vous vivez ; il respondist en ceste manière : Ne faictes-vous à nulluy tort pour rente ne revenue que j'aye ? et quel compte voulez-vous que j'aye, quant vous et moy sommes tous aises ; que mes fortresses sont bien retenues, toutes mes besongnes en bon point ; que vous me baillez argent quant j'en demande et me faictes finances de ce que je vueil avoir ? Quel compte voulez-vous que j'aye ? Quant est de moy, je ne vueil aultre compte ouyr, ne je ne vous sçauroye aultrement requerre. Cuidés-vous que j'aye cure de faire une maison d'or ? Celle de pierre que monseigneur mon père et madame ma mère m'ont laissée me souffist bien. Et ses recepveurs respondirent à luy : Au moins, Monseigneur, ne peut ung prince faire moins que de ouyr ses comptes unes fois chascun an, et ne fut ores que pour la salvation de ses recepveurs et ses gouverneurs pour en faire quittance, affin que on ne leur sache que demander ne à leurs hoirs en temps advenir. Tant misrent-ils de poingz avant à Geuffroy que il se consentist à ouyr ses comptes, et fut le jour assigné. Adonques vindrent tous ses recepveurs de toutes ses terres, et entrèrent en une bonne chambre fermée.

Là fut Geuffroy et ceulx qu'il avoit commis pour les ouyr.

Cy aprez nous dist la vraye histoire que, oyant ledict Geuffroy ses comptes, compta entre les aultres son recepveur de Lusignen lequel, en la fin de chascune année, employoit en despence dix soublz pour le pommel de la tour. Et, ce oyant, Geuffroy demanda tantost : De la quelle tour est-ce que le pommel couste tous les ans dix soubz? Ne le povez-vous faire si fort que il dure plus de dix ou douze ans, affin que on ne compte pas si souvent? Et incontinent ilz respondirent : Monseigneur, c'est rente que nous payons tous les ans. Comment, dist Geuffroy, je ne tiens la fortresse de Lusignen et le chasteau que de Dieu, mon createur tout puissant; à celluy vouldroye bien estre quite pour chascun an pour dix soublz. A qui les payez-vous? Sire, par nostre foy, nous ne sçavons pas. Et comment, dist Geuffroy, vous voulez avoir quitance de moi, et aussi veulz-je avoir la quitance de celluy à qui vous paiez les dix soublz de rente pour le pommel de la tour. Et, par la dent Dieu, dist Geuffroy, vous ne me aurez pas de tel jour, car, se je puys aulcunement sçavoir à qui il est, il monstrera comment je luy doibz, ou il me rendra, ou vous ou aultre qui avez aloé en vos comptes, tout ce que il en a receu. A ce respondirent les recepveurs et gouverneurs à Geuffroy en ceste manière : Monseigneur, il y a bien cincq ou six ans aprez que ma dame vostre mère fut partie de monseigneur vostre père, que tous les ans, le dernier jour d'aoust, venoit une grant main, et prenoit le pommel de la tour Pontume, et l'arrachoit si tresfort qu'il abbatoit moult grant partie de la couverture de la tour, et coustoit à reffaire tous les ans vingt ou trente livres. Adoncques vint ung homme que vostre père n'avoit oncquesmais veu, ce disoit, qui lui conseilla que le dernier jour d'aoust il mist trente pièces d'argent, dont chascune vaulsist quatre deniers, en une bourse, et le fist porter, entour nonne et vespres, au dernier estage de la tour, et que la bourse où seroient mis les dix soublz fut de cuir de cerf et fut mis sur la pièce de bois qui soustient le comble où le pommel est assis, et que ainsi le fist faire et continuer tous les ans, et le pommel demourroit, par ce faisant, tout entier; et ainsi ce a esté tous les jours depuys faict, et oncques puys le pommel ne se bouga ne ne fut empiré, et n'y trouva-on riens léndemain. Et, quant Geuffroy entendist ceste parolle, il commença moult fort à penser sur ce fait, et fut moult longtemps sans respóndre.

L'istoire nous tesmoingne que moult longuement musa Geuffroy sur ce fait; et, quant il y eut assez pensé, il commença à dire tout hault : Et comment cuidez-vous, se mon père a voulu asservir l'eritaige tant qu'il l'a tenu, que pour tant je le vueille ténir à serf quant il est francq. Vous aultres avez veues les lettres comment le bon conte Henry de Poitiers le donna à mon père si franchement qu'il ne devoit riens à nul homme qui vive que à Dieu tant seullement. Par mon chief, je n'en paièray jamais croix à homme pour moi. A tant s'en issist de la chambre tout courousié, et s'en allèrent ses gens aprez luy, que oncques n'y en eut ung qui osast ung seul mot sonner; et leur dist Geuffroy : Gardez-vous bien que jamais ne soiez si hardis d'en paier denier; et sachiés que, se vous faictes le contraire, je vous couronceray du corps : car c'est ma voulenté de veoir qui sera si hardi de demander truage sur ma terre ne

sur moy ; et,' au jour que je le souffriray, soye mort
de malle subite. Mais aportez-moy tantost la bourse
et l'argent au jour que vous avez acoustumé de le
porter. Et ilz disdrent que si feroient-ilz. Et à tant
s'en partirent, et demourra la chose ainsi jusques au
dit jour. Adoncques Geuffroy manda par ung mes-
sagier son frère Thierry en Parthenay, et aussi Ray-
monnet en Foretz, et Odon en la Marche, que ilz
venissent tous à ce jour à luy. Et ilz si firent, et
leur compta cette adventure, de quoy ilz furent
moult esbahis. Et ilz demandèrent à Geuffroy qu'il
apensoit de faire, et il leur respondist : Vous le ver-
rez bien.' Et vint la journée du dernier jour d'aoust ;
et lors Geuffroy oyt messe et se confessa moult de-
votement, et receupt le corps nostre seigneur Jhe-
sucrist ; puys issist de l'eglise et vint au donjon et
avecq luy ses frères et les barons du pays, et se as-
sirent à disner ; et aprez disner Geuffroy se arma de
toutes pièces, et après devalla une estolle que le
chappellain qui luy avoit la messe dicte tenoit, et la
mist entour son col, et la croisa devant son pis ; et,
ce faict, prinst la bourse où les trente deniers estoient,
laquelle en argent valloit loyaulment dix soubz pa-
risis, et la pendist à son col ; puys çaindist son espée,
pendist l'escu à son col, et puys fist par le chappel-
lain jetter de l'eaue benoite sur luy ; et, ces choses
faictes, commanda ses frères à Dieu, en disant en
ceste manière : Je m'en vais veoir se je pourroy trou-
ver celluy qui veult avoir rente sur ma fortresse de
Lusignen ; mais, s'il n'est plus fort de moy et je
le treuve, l'argent me demoura. Et ainsi monta à
moult au plus hault de la tour, c'est assavoir au
dernier estache, et ses frères et les barons demou-
rèrent au dessoubz en moult grant doubte et fraeur

que Geuffroy ne fut peri. Mais Geuffroy, qui ne craignoit riens, actendist en celluy estage moult grant pièce de temps, et regardoit se il verroit riens venir.

Ainsi comme nous tesmoigne l'istoire, actendist Geuffroy depuis nonne jusques à vespres que il ne vist ne oyt nulle chose du monde; et ung peu aprez vespres, il ouyt ung moult grant effroy, et vist tout le comble de la tour qui trambloit; et ung peu aprez regarda devant luy et vit venir ung grant chevalier tout armé qui luy dist à haulte voix : Comment, Geuffroy, me veulz-tu oster la rente que je doibz avoir sur le pommel de ceste tour, qui m'est deue, et en suys en saisine et possession dès le vivant de ton père? Où sont, dist Geuffroy, les lettres que tu en as? Montre-moy comment mon père en fut obligé; et si je voys que tu en aies bon droit, vecy l'argent tout prest pour toy paier. Et adoncques le chevalier respondist en ceste manière : Je n'en eus oncques lettre, mais j'en ay esté bien payé jusques à ores endroit. Par ma foy, dist Geuffroy, se je te les devoie de bonne debte, si aurois-tu grande paine de les avoir. Et, d'aultre part, tu me tiens bien pour subject, qui ainsi me cuides asservir, et sans moy monstrer que tu en ayes nulle bonne cause. Dy, va, qui es-tu, qui as levé le mien ainsi larcineusement par l'espace de quatorze ou de xv ans? Je te deffie de par la puissance de Dieu, mon createur, et te challenge mon heritaige. Par ma foy, dist celluy, il ne t'en fault jà doubter : car de par Dieu snys-je vrayement, et mon nom sçauras-tu assez à temps. Et adonc sans plus dire s'entrecoururent sus, et se donnèrent de moult grans coups et de cruelz, et oyoit-on la noise qu'ilz faisoient moult fort de passer

et de repasser qu'ilz faisoient par celle tour, et des
coups d'espées qu'ilz s'entredonnoient; et bien en-
tendoient que Geuffroy avoit affaire à forte partie;
et y fussent allez les frères, mais Geuffroy leur avoit
deffendu. Or vous diray de la bataille; et bien est
vray que le chevalier de la tour, quant il trouva
Geuffroy si ferme de l'estremie de l'espée, il bouta
l'espée au foureau et jetta l'escu par derrière. Et,
quant Geuffroy l'apperceut ce faire, il jetta aussi le
sien, et haulça l'espée à deux mains, et en ferist le
chevalier sur le bassinet si roidement qu'il le fist tout
chanceller; et il le suyt, et luy donna du pommeau
de l'espée moult grant coup; et celluy l'embrassa à
deux bras; et adoncques Geuffroy laissa aller l'espée,
et le aherdist, et là commença moult fort à lanssier;
et sailloient hurtebillant de telle force que il n'y
avoit celluy qui ne tressuast. Et adoncques le che-
valier advisa la bourse, et empoigna l'argent et tout,
et l'aultre tira de tout son pouvoir, et le pendant
rompist en la main. A celle heure estoit jà le soleil
resconse, si longuement cestoient combatus. Et lors
Geuffroy reprinst l'espée et l'empoingna par la main
destre, et dist au chevalier : Encores n'as-tu pas la
bourse ne l'argent; il te coustera avant du sang de
ton corps; mais certes je m'esmerveille comment tu
te peus tant tenir envers moi. Par ma foy, dist le
chevalier, encores ay-je plus grant merveilles com-
ment tu peus tant durer contre ma puissance. Je te
donne journée à demain, car il est meshuy trop
tard; et me trouveras en ce beau pré là dessoubz la
ripvière par delà, monté et armé pour toy challen-
ger mon droit, mais que tu m'asseures que personne
nulle ne passera la ripvière que toy. Par ma foy,
dist Geuffroy, je le t'asseure. Et, à ce mot, l'aultre se

partist, que Geuffroy ne sceut oncques qu'il devint.
Par ma foy, dist Geuffroy, veez cy appert messagier;
je me donne grant merveilles que ce peut estre. Et
adoncques il descendist les degrez et apporta l'escu
du chevalier qu'il avoit conquis.

L'istoire nous dist et tesmoingne que, quant Geuf-
froy fut embas, l'escu au col, et à la destre main
l'escu du chevalier qu'il avoit conquis, et en l'aultre
main la bourse et l'argent, qu'il fut moult festoié de
ses frères et des barons, et luy demandèrent qu'il
avoit trouvé. Adoncques il dist qu'il avoit trouvé
ung des vaillans hommes, et qui plus luy avoit don-
né de paine que nul que il trouvast oncques, et leur
racompta la manière de la bataille et de leurs pa-
rolles, et comment il cuida oster la bourse, et com-
ment ilz se sont despartis, et par quelles convenan-
ces, et comment il vint et s'en alla soubdainement.
Et ceulx commencèrent à rire et disdrent qu'ilz n'a-
voient oncques mais ouy dire pareille chose; mais
quant ilz visrent Geuffroy avoir le bassinet embarré
par force de coups, et que son harnoys estoit des-
rompu, ilz n'eurent tallent de rire, car ilz veoient
bien que c'estoit à certes. Et lors se desarma Geuf-
froy et souppèrent; et le lendemain matin se leva
Geuffroy et ses frères, et oyrent la messe, et aprez
Geuffroy prinst une souppe en vin, et puys s'arma
de toutes pièces et monta à chevau qui fut moult
fort et viste, et pendist l'escu au col, et empoigna
la lance; et le convoyèrent ses frères et les barons
jusques au ruisseau qui court parmy la prarie devers
Poitiers, et là prinst congie, et passa tout outre la
ripvière, et tantost apperçoit ung chevalier de toutes
pièces armé, l'escu au col et la lance sur le faultre,
et monté sur ung grant coursier liart, et monstra bien

samblant d'omme qui ne doubta gaires sa partie ad-
verse.

L'istoire nous dist que quant Geuffroy apperceut
le chevalier auprez, si luy dist tout hault : Sire che-
valier, estes-vous celluy qui veult le treu sur ma
fortresse? Et celluy respondist : Ouy, par mon chief.
Et lors luy dist Geuffroy : Je le vous chalengeray
bien se je puys, et vous deffendez, car bien besoing
vous en sera. Adoncques, quant le chevalier enten-
dist, si mist la lance en l'arrest, et Geuffroy d'aultre
part ; et se viennent encontre l'ung à l'aultre par
telle vertu qu'il n'y eut si bonne lance qu'ilz ne bri-
sassent jusques à leurs poingz, et se viennent encontre
de corps et de piés, d'espaulles, de chevaux et de
testes, si que il n'y eut celluy à qui les yeulx ne
atinsselassent en la teste, et puys trahirent leurs
espées, et s'en vont entredonnant de si grans et si
merveilleux coups que ceulx qui estoient oultre la
ripvière estoient tous esbahis comment ilz povoyent
endurer telz horions et paines ; et tant se combatirent
qu'ilz n'eurent escu entier ne haberions qu'ilz ne fus-
sent desmaillez en cent lieux ; et ainsi se combati-
rent tant qu'il fut heure de vespres, et tant que on
ne sceut gaires lequel en avoit le meilleur. Et lors le
chevalier prinst parolle et dist à Geuffroy : Atens
à moy, je t'ay bien assaié, et, quant est de ces dix
soublz, je te les quitte ; et sachiés que, tant que j'ai
fait, ce n'a esté que pour le proffit de ton père et de
ton ame, car il est vray que le pape lui avoit en-
joinct penitence pour le parjurement qu'il avoit fait
à ta mère, laquelle penitence il n'avoit pas encores
faicte. Or est ainsi, si tu veulx fonder ung hospital
et amortir une chappelle pour l'ame de ton père,
que ta tour demoura d'ores en avant en son estat

paisiblement, combien que ne sera jamais heure qu'il ny adviengne plus de sauvages besoingnes que en lieu de tout le chasteau. Et Geuffroy luy respondist que, se il cuidoit qu'il fut de par Dieu, que ce feroit-il voulentiers; et celluy luy jura que ouy. Geuffroy luy dist : Or soiez tout seur que tout ce feray-je faire au plaisir de Nostre Seigneur. Mais ores me dis qui tu es; et celluy respondist : Geuffroy, n'en enquiers plus avant, car plus n'en peulz-tu sçavoir à present, mais tant seullement que je suys de par Dieu. Et atant se esvanuist que Geuffroy ne sceut oncques que il devint, ne aussi ceulx qui estaient oultre la ripvière, qui furent moult esmerveillez qu'il povoit estre devenu; et aussi fut Geuffroy, qui adoncques passa la ripvière et vint à ses frères et barons, qui luy demandèrent comment il avoit chevi à son homme ne qu'il estoit devenu ; et Geuffroy leur dist qu'ilz avoient bon accord ensemble, mais qu'il estoit devenu ne leur sçauroit-il dire nulles nouvelles. Et adoncques ilz vindrent à Lusignen, et fut Geuffroy desarmé en la salle, et firent pendre l'escu du chevalier qu'il avoit conquis le jour de devant sur le chevalier à ung des pilliers de la salle, et fut là tant que Geuffroy eut fait faire l'ospital et fonder la chappelle et bien renter, et, ce fait, on ne sceut oncques que l'escu fut devenu. Et lors prindrent congié les frères et les barons de Geuffroy, et s'en alla chascun en son pays. Et cy finist nostre histoire des hoirs de Lusignen, mais pour ce que les roix d'Armenie en sont extraictz, je vous vueil dire d'une adventure qui advint à ung roy d'Armenie.

L'istoire nous dist, et aussi je l'ay ouy dire à pluiseurs, que commune renommée court que, grant

temps aprez le trespas du roy Guion, il y eut en
Armenie ung qui fut moult beau jeune homme et en
challeur de force et de vigeur, et plain de sa vou-
lenté et de grant cuidier, et estoit moult hardi et as-
pre comme ung lyonet, ouyt nouvelles par aulcuns
chevaliers voyagiers qu'il y avoit en la grant Arme-
nie ung chasteau beau et riche, et estoit la dame la
plus belle dame que on sceut au monde, et celle da-
me avoit ung esprevier, où tous chevaliers de noble
sang qui y alloient veillier par trois jours et par trois
nuytz sans dormir, elle s'apparissoit à eulx, et au-
roient ung don d'elle, tel qu'ilz vouldroient deman-
der, voire touchant choses temporelles, sans pechié
de corps et sans touchier à elle charnellement. A-
doncques le roy, qui estoit en sa fleur de beaulté et
de vigeur et en son cuidier, dist que pour certain il
iroit, et ne demanderoit plus que le corps d'elle. Et
ny povoit-on aller que une foys l'an, et y convenoit
entrer la surveille de la sainct Jehan, et y demou-
roit-on celluy jour, lendemain et le tiers jour en-
suyvant, qui est le jour monseigneur sainct Jehan,
et qui y peut par ces trois jours veillier sans dormir,
la dame sans faillir s'apparristera à luy lendemain
par matin, et aura le don que il vouldra demander.
Adonc apresta le roy son arroy, et erra tant qu'il
arriva armé à belle compaignie, et tant erra qu'il
arriva la nuyct de la surveille sainct Jehan au chas-
teau de l'Esprevier, et fist tendre devant ung moult
beau pavillon, et souppa tout à son aise, et puys
s'alla couchier et dormist jusques à lendemain soleil
levant, et ouyt messe et puys menga une souppe en
vin, et aprez s'arma et prist congié de ses gens,
qui moult furent dolens de sa departie, car bien
cuidoyent que jamais ne le deussent veoir. Et

ainsi s'en alla le roy vers le chasteau de l'Esprevier.

En ceste partie nous dist l'istoire que, quant le roy fut à l'entrée du chasteau, ung viel homme tout vestu de blanc vint à luy et luy demanda qui l'amenoit illec ; et il respondist en ceste manière : Je demande l'adventure et la coustume de ce chasteau. Et le preudomme luy respondist : Vous soiez le tresbien venu, et vous en venez aprez moy, et je vous meneray où vous trouverez l'adventure. Dont le roy luy respondist : Grans mercis, et je suys tout prest. Lors se mist le preudomme devant luy, et le roy après, et puys passèrent le pont et la porte. Et moult s'esmerveilla le roy de la richesse et noblesse qu'il veit parmy la tour, et lors monta le preudomme les degrez de la salle ; si vit à l'ung des bous une perche qui estoit de banne de la licorne, et dessus estoit estendue une pièce de velous, et estoit l'Esprevier dessus et le gan emprez luy. Et adoncques luy commença le preudomme à dire : Amy, cy povez-vous veoir l'adventure de cest chasteau, et je vous en diroy la verité ; et sachies que, puysque vous vous estes mis si avant, il vous fault celluy esprevier veillier sans dormir trois jours et trois nuytz, et, se fortune vous vouloit estre icy amie que vous en peussiés faire vostre devoir, la dame de celluy s'apperra à vous le quart jour, et luy demandez seurement quelque don que vous vouldrez des choses terriennes, sans point demander son corps, et sans faulte vous l'aurez ; mais son corps ne povez-vous pas avoir, et sachiés que, se vous le demandez, que mal vous en viendra. Or vous vueillez sur ce adviser, et s'il advient ainsi que vous dormez dedans le terme, prenez bien garde que vous ferez.

*Comment le roy d'Armenie vint veillier
au chasteau l'Esprevier.*

elluy preudomme s'en partist du roy quant il luy eut dit les parolles recitées dessus ; et demoura le roy à par luy ; et commença à regarder les grandes richesses qu'il veoit de tous costés, et puis regarda de l'aultre part, et vit la table mise et la nappe belle et blanche dessus, et y veoit moult de nobles metz ; et adoncques il se traist celle part et en prinst de celluy qui mieulx lui pleut, et menga un petit, et beut une fois ; et se garda bien de faire nul excès, car il sçavoit assez que trop mengier et trop boire attraist fain de dormir. Et cecy considerant, alloit parmy la salle esbatant. Adonc il commença à regarder maintes belles histoires paintes, et y estoient les escrips dessoubz qui donnoient la congnoissance que c'estoit ; et entre les aultres histoires y estoit painte l'istoire du roy Elinas d'Albanie, et de Pressine, sa femme, et de leurs trois filles, et de tout, depuis le commencement jusques en la fin ; et comment ses trois filles l'encloirent en une montaigne appellée de Brumbelyo, en Northobelande, et comment Pressine leur mère les en pugnist quant elle sceut le meffait qu'elles avoient fait à leur père ; et là estoient escripz .tous les faitz et circonstances depuis le commencement jusques en la fin.

Moult prinst le roy grant plaisir de lire en celles histoires et en pluiseurs aultres qui là estoient paintes et devisées, et ainsi musa le roy en regardant et en lisant en ces histoires, jusques au tiers jour qu'il

alloit par leans. Adoncques il perceut une tresnoble
chambre, et estoit l'uys tout ouvert arrière. Lors le
roy entra et regarda parmy la chambre, et y vit
grant foison de chevaliers pains armez, et estoient
dessoubz leurs noms en escript, de quel lignage et
de quelle region ilz estoient ; et par dessus y avoit
escript en ceste manière : En tel temps veilla ceans
ce chevalier nostre esprevier, mais il dormist, et
pourtant il luy fault tenir compaignie à la dame de
ceans, tant comme il pourra vivre ; mais il ne luy
fault riens qu'il n'ait à son plaisir, fors seullement le
departir qu'il ne peut faire de ceans. Mais entre ce
chevalier avoit trois places vuides où il y avoit trois
escns armoiez des armes de trois chevaliers, des
quieulx les noms estoient escrips dessoubz, la region,
et de quel lignage ilz estoient : et par dessus les es-
cus estoit escript ce qui s'ensuyt : En tel an veilla
nostre esprevier ceans cestuy noble homme cheva-
lier bien et deuement ; et emporta sa don. Et ainsi
avoit escript par dessus les deux aultres escus. Et
tant musa le roy en la chambre que par peu qu'il ne
sommeilla, mais il s'en perceut et vint hors de là, et
vit que le soleil estoit jà tout bas, et ainsi passa le
roy celle nuyt jusques au matin.

L'aulbe apparut, et vint le jour ; et ainsi que le
soleil se leva, vint la dame du chasteau en si noble
et riche habit que le roy en fut tout esbahy, tant de
la richesse de l'abbit comme de la beaulté de la da-
me. Et adoncques la dame salua le roy, et lui dist
en ceste manière : Sire roy, vous soiez le tresbien
venu, car certes vous avez faict bien et vaillamment
votre debvoir. Or demandez tel don qu'il vous plai-
ra des choses terriennes, honnourable et raisonnable,
et vous l'aurez sans arrester.

Adoncq respondit le roy, qui fut moult empris de l'amour d'elle : Par ma foy, dame, je ne demande or ne argent, terre ne heritage, bonne ville, chasteau, ne cité ; car, Dieu mercis, je suys riche homme, et ay assez et tant qu'il me souffist ; mais je vueil, s'il vous plaist, ma chière dame, avoir le corps de vous à femme. Et quant la dame l'entendist, elle fut moult couroucée, et luy respondist tout hault : Par foy, sire fol musart, à ce don avez-vous failly ; demandez aultre chose, car ceste ne povez-vous avoir. Et adonc le roy luy respondist : Tenez la promesse, ma dame, de l'adventure de cestuy chasteau, car, à mon advis, j'ay bien fait mon debvoir. Par ma foy, sire roy, dist la dame, je ne debas de ce ; mais ores demandez chose qui soit raisonnable, comment vous a esté dit, et vous l'aurez ; car moy ne povez-vous avoir. Par ma foy, dist le roy, ma treschière dame, ne vueil-je aultre don que vous, car point d'argent ne vous demanderay. Par Dieu, dist la dame, se me demandez plus, il te mesaviendra, et aussi fera-il à tes hoirs, jà soit ce qu'ilz n'y aient nul coulpe. Et le roy luy respondist : Et toutesfois ne vueil-je aultre don que le corps de vous, car pour aultre chose ne suys-je pas cy venu.

Comment le roy voulut prendre la dame,
et comment elle s'esvanuyst.

t lors quant la dame vit qu'il ne muoit point son propos, elle fut moult courou-cée, et lui dist : Fol roy, or as-tu failly a moy et à ton don, et t'es mis en adventure de demourer ceans a tousjours mais, fol, pour ce que tu es descendu de la lignée du roy Guion, qui fut filz Melusine, ma sœur, et je suys ta tante, et tu es si prez de mon lignage, posé ores que je me consen-tisse de toy avoir, l'église ne se vouldroit pas con-sentir pour tant. Et puys luy commença à compter de chief en chief ainsi que vous avez oy et qu'est re-cité au chappitre du roy Elinas, et aussi des hoirs de Lusignen ; et puys luy dist: Fol roy, par ta mu-sardie il te mesadviendra ; car toy et les tiens de-cherrez de terre, d'avoir, d'onneur et d'eritage, jus-ques à la neufiesme lignée, le royaulme que tu tiens, et portera celluy roy nom de beste mue ; et t'en va, car cy ne peus-tu plus demourer. Adonc quant le roy l'entendist, oncques pour sa parolle ne mua sa folle erreur, mais la cuida prendre de faict par force, et tantost Melior s'esvanuist de luy.

Comment le roy fut batu, et ne sceut de qui.

t incontinent sentist le roy descendre sur luy, aussi dru que pluye qui chiet du ciel, coups et horions d'ung costé et d'aultre; et fut moult deffroissé de coups orbes, et fut tiré et mal mené hors de la barrière, et là fut laissé. Et sachiés qu'il ne peut oncques veoir piet de ceulx qui ainsi le servoient, et le plus tost qu'il peut il se redressa le mieulx qu'il peut, et mauldit celluy qui premier luy apporta les nouvelles de ceste adventure, et l'eure qu'il y estoit oncques allé. Et après vint à ses gens, qui bien veoyent qu'il ne re-tournoit pas si freschement comme il y estoit allé, et luy demandèrent : Monseigneur, estes-vous bles-sé? avez-vous eu bataille où vous avez esté? Et il respondit : Je snys un peu blessé, mais bataille n'ay pas eue, et ay esté tresbien batu, et ne sçay de qui, car je n'y vis oncques personne; mais bien ay sen-tu les horions que j'ay receupz ; et sachiés que je ne me suys pas revenché; et pourtant n'ay-je point eu de bataille, car il ne fait pas bataille qui les premiers coups donne, mais celluy la faict qui se revenge. Et ceulx respondirent : Monseigneur, vous dictes verité.

Assez tost aprez fist le roy cueillier son pavillon, et entra en la mer, et s'en alla le plus tost qu'il peut vers son pays, pensant de triste cœur aux parolle que Melior, la dame du chasteau de l'Esprevier, lui avoit dictes ; et moult se doubta d'avoir perdu son boneur ; mais il se garda bien de descouvrir son fait aux sergans. Pourtant il se descouvrit à ung sien frère, quant il fut en l'article de la mort; et cel-

luy estoit jà actendant d'avoir le royaulme aprez
luy ; et luy dist comment il pensast à bien se gou
verner sagement, car il lui en estoit bien besoing.
Ce roy dont je vous parle n'eut oncques puys joye au
cueur, et regna moult long temps, mais de jour en
jour il dechayoit en pluiseurs manières, et en la fin
il mourut. Et sachiés que ses hoirs ont eu depuys
moult affaire, comme il appert encores au temps
present, et en ont eu moult d'anuys et de pestilence,
comme a apparu et encores appert. Cy me tairay des
roix d'Armenie, et en est conclue l'istoire, pour ce
que il est tout cuidant que ilz sont extrais de la no-
ble lignée du roy Elinas d'Albanie et de Lusignen,
et encores au jour de la perfection de ceste histoire,
qui fut parfaicte le jeudi septiesme jour d'aoust, l'an
de grace mil ccc iiij vingz et xiiij (1), est apparant,
car les roix d'Armenie en portent les armes, le cry
et le surnom. Or vous ay dit et devisé, selon les
vrayes croniques et selon la vraye histoire, comment
la noble fortresse de Lusignen en Poitou fut fondée,
et fut retraicte la noble et puissante lignée qui est
descendue des nobles gens qui la fondèrent, dont
Dieu en vueille avoir les ames recommandées en son
saint paradis, qui est le siècle des siècles. Amen.

Ceste noble fortresse de Lusignen en Poitou, de-
puys tout le temps, est allée de main en main, en
oultre qu'elle est venue en la main, par raison et con-
queste de l'espée, de hault, noble et trespuissant prince
Jehan, filz du roy de France, duc de Berry, d'Au-
vergne, conte de Poitou, d'Estampes et de Boulon-

(1) Le texte porte : mil iiij vingz et xiiij. C'est évidem-
ment une erreur, puisque Jean d'Arras dit, dès les premières
pages, qu'il a commencé cette histoire en 1387

gne, mon treschier seigneur et redoubté; lequel m'a
commandé à faire ce petit present traicté selon les
vraies cronicques que j'ay eues, tant de luy comme
d'aultres; et ce que j'ay eu grant desir de faire son
plaisir m'a fait entreprendre de faire ce dit present
traicté, et mettre en prose, lequel j'ay mis au mieulx
que je l'ay sceu faire. Si requiers à mon createur qu'il
luy plaise que mon tresnoble et tresredoubté sei-
gneur la vueille prendre en gré, et aussi à sa tres-
noble seur Marie, fille du roy de France, duchesse
de Bar et marquise du Pont, ma tresdoubtée dame,
et le noble marquis de Moraine, cousin germain de
monseigneur, qui lui a fait requerir qu'elle luy vueille
requerre et luy vueille envoyer ceste histoire; et
aussi je prie qu'elle puisse plaire à tous ceulx qui la
liront et orront lire. Et sachiés que, quant est de
moy, je croy l'istoire estre véritable. Et dist-on pour
certain que depuis la fortresse de Lusignen ne de-
moura mie .xxx. ans acomplis en main d'omme qui
ne soit extraict de la dessus dicte lignée de par pèrè
ou par mère. Et est vray toutesfois, comme vous ay
dit icy dessus et recité en l'istoire, quant la dicte
fortresse doibt changier de maistre ou seigneur, que
la serpente s'appert trois fois par trois jours devant.

Et quant à moy, veritablement j'ay oy dire à mon
tresredoubté seigneur que du temps que Sersuelle la
tenoit pour les Anglois, que le siége estoit de par
mondit seigneur, que Sersuelle luy dist què certai-
nemeut, par peu de temps avant que la fortresse fut
rendue, que icelluy Sersuelle gisoit en son lict au
chastel de Lusignen, avecq luy une femme née de
Sancerre, nommée Alixandre, qu'il tenoit en concu-
binage, il vist lors presentement apparoir devant
son lict une serpente moult merveilleuse, grande et

grosse, et avoit bien longue queue comme de sept à huyt piés, et estoit brodée de couleur d'asur et d'argent, et ne sceut oncques par où elle entra ; car à celle heure tous les buys estoient bien fermez et barrez, et avoit en la cheminée moult grant feu qui bien ardoit et cler. Et celle serpente alloit et venoit, debatant sa queue sur le lict, sans eulx mal faire. Et Sersuelle dist à monseigneur pour certain qu'il n'avoit oncques eu en sa vie ne eut oncques puys si grant paour ; et si luy dist qu'il se dressa en son seant en son lict, et prinst l'espée qui estoit en son chevès ; et luy dist la femme qui estoit avec luy, ainsi qu'il le recordoit à monseigneur : Comment, Sersuelle, vous qui avez en tant de bonnes places esté, avez-vous paour de celle serpente ? Certes, c'est la dame de ceste fortresse, et qui l'a fait ediffier. Sachiés qu'elle ne vous fera jà mal ; elle vous vient monstrer comment il vous fault dessaisir de ceste place. Et dist Sersuelle que celle Alixandre n'eut oncques paour ; mais il dist bien qu'il ne peut oncques asseur estre. Et grant pièce aprez, elle se mua en guise de femme haulte et droicte, et sambloit estre vestue d'ung gros bureau, et çainte dessoubz les mamelles, et estoit affublée d'ung couvrechief à la guise du viel temps.

En celluy estat que je vous dis et ay recordé, jura et afferma Sersuelle à monseigneur qu'il le vit ; et plus il dist qu'elle se alla seoir sur le banc auprez du feu. L'une heure avoit le visage devers le lict et le doz au feu, et si qu'il povoit bien tout à plain veoir sa face, et bien sambloit qu'elle eut esté moult belle femme ; et l'aultre heure, elle tenoit le visage devers le feu, et gaires de temps ne se tenoit en ung mouvement. Et dist Sersuelle qu'elle demoura jusques à une heure prez du jour. Adoncques se trans-

figura en guise de serpente comme devant, et s'en
alla debatant sa queue autour du lict et sur le piet,
sans mal faire ; et puys elle se partit si soudaine-
ment, qu'il ne vit point son partement, ne ne scent
oncques par où elle s'en estoit allée. Et cecy ay-je
ouy dire à monseigneur et pluiseurs aultres que Ser-
suelle luy dist et luy jura sur ses sermens que preu-
domme peut faire et jurer, et depuys qu'il l'eut veue,
ladicte fortresse fut bien brief rendue à mon dit
seigneur, à qui Dieu en donne joye, par sa grâce, et
à ses hoirs.

Encore est-il verité que il y a ung lieu à Lusi-
gnen, emprès le puys, auquel lieu, au temps passé, on
a nourri poullaille, qu'elle se monstroit pluiseurs
foys à ung homme qui est encores en vie, qui de-
moure en la fortresse, et l'appelle-on Godart ; et ne
luy fait point de mal ; et cela retrait-il sur son Dieu
et son âme qu'il est verité. Item Yvon de Gales jura
par sa foy à monseigneur qu'il l'avoit veue par deux
foys sur les murs de Lusignen, par trois jours avant
que la fortresse fut rendue ; et aultres pluiseurs en
ont eues dont qui en vouldront deviser la chose se-
roit trop longue. Et encore plus avant y a ung che-
valier poitevin, nommé messire Percheval de Cou-
longne, qui fut chambellain du bon roy de Chippre,
avec le roy, la serpente s'estoit apparue à icelluy
roy, comme celluy roy luy avoit dit en ceste ma-
nière parlant à luy : Percheval, je me doubte trop.
Pour quoy, monseigneur? dist le chevalier. Par ma
foy, dist le roy, pour ce que j'ay veu la serpente de
Lusignen qui c'est apparue à moy ; si me doubte qui
ne me adviengne aulcune perte dedens brief temps,
ou à Perrin mon filz ; car ainsi apparut-elle quant
aulcuns des hoirs de Lusignen doibvent morir. Et

jura messire Percheval que dedens le tiers jour aprez, la dure adventure que chascun scet bien advint.

Les princes et aultres pluiseurs ont esté examinez, et ay sceu ce que les vrayes croniques et les livres des histoires en dient ; et se j'ay adjousté chose en ceste histoire qui samble à aulcuns increable, si le me vueillez pardonner ; car selon ce que je puis sentir, d'aulcuns acteurs tant de gramaire comme aultre philozophe, a reputé ceste histoire et les croniques estre vrayes, et les choses faées ; et qui dist le contraire, je dis que les secrez jugemens de Dieu et les pugnitions sont invisibles et impossibles à congnoistre à entendement humain ; car il est trop grossier pour entendre l'espèce espirituelle ; ne les yeulx naturelz ne peuvent veoir icelles choses espirituelles, ne ne peut bonnement comprendre que c'est ; et la puissance de Dieu y peut adjouster ce qu'il luy plaist ; comme on racompte en pluiseurs histoires de pluiseurs faées avoir esté mariéez, et avoir eu pluiseurs enfans ; comme ce peut faire ne peut sçavoir humaine créature ; car telz pointz et aultres pluiseurs a Dieu retenuz en ses secretz, et en monstre les exemples ès lieux et ès personnes où il lui plaist. Et plus sera la personne grossière, et plus enuis le croira ; et plus sera deslié d'engin et de science naturelle, plus tot aura affection que ce soit chose creable, combien que les choses secrettes de Dieu ne peult aulcun bonnement sçavoir.

Combien que sainct Paul dist, ès espitres aux Rommains, que toutes choses sont sceues par humaine creature, voire sans les secrettes choses que Dieu a reservées en sa congnoissance sans aultre, car la nature aux humains est à entendre pluiseurs hommes

vaugans qui sont par universes contrées. Par ceulx
sont sceues toutes les choses, par leur declaration de
la parfaicte congnoissance ; non par ung tant seul-
lement, mais par pluiseurs ; et ainsi est de nostre
histoire ; car elle est forte à croire et en pluiseurs
lieux sceue ; et pas par ung seul, et de ceulx qui
l'ont deslié ; donc ainsi que une personne qui n'aura
yssu de sa region ou pais ne pourroit ou ne vouldroit
croire maintes choses qui sont moins de cent lieues
prez de luy, et sera grant estrangeté, et dira qu'il
ne se peut faire, et celluy destournera ce qu'il
n'aura pas veu ès lieux et diverses contrées, pais et
nations, et lira les anciens livres, et les entendra, et
congnoistra le vray des choses samblables. Or de ce
ne vous vueil plus faire mention. Je vous supplie
humblement à tous que se je ay dit chose en ceste
histoire qui vous soit ennuyeuse ou desplaisante,
que vous le me vueillés pardonner et tenir pour ex
cusé ; car se on fait le mieulx que on peult et scet,
on doibt prendre en gré ; car en aulcuns cas, aulcune
bonne voulenté doibt estre reputée pour le fait. Et
icy si se taist Jehan d'Arras de l'istoire de Lusignen.
Et vueille Dieu donner aux trespassez sa gloire, et
aux vivans force et victoire qu'ilz la puissent bien
maintenir.

FIN.

TABLE DES MATIÈRES.

FIN DE LA TABLE.

CPSIA information can be obtained
at www.ICGtesting.com
Printed in the USA
LVOW10s0951300817
546952LV00022B/103/P